獻給里昂、米柯、露絜與蘇菲亞

THE VALUE OF EVERYTHING

瑪里亞娜·馬祖卡托 Mariana Mazzucato——著
鄭煥昇——譯

MAKING AND TAKING IN THE GLOBAL ECONOMY.

萬物的價值

經濟體系的革命時代，
重新定義市場、價值、生產者與獲利者。

目次

誌謝

二〇一三年，我寫了一本書叫《創業型國家》（暫譯，*The Entrepreneurial State*）。在那本書中，我挑戰的是關於單打獨鬥的企業家與新創公司的各種迷思，這些創新理論與實務面的迷思，讓大家忽略了政府作為「第一投資人」（investor of first resort）在創新中的重要角色。創新是種集體創作，公部門裡不同的體系會各自扮演不同的樞紐；但當這些樞紐角色遭到了無視，我們的價值理論便不可能沒有缺陷。若價值理論有缺陷，很大程度上將造成價值分配的不健全。

你握在手裡的這本書，就是對這種論述的正面回應。因為若真想要理解經濟成長，我們就不能不回到事情的最初：什麼是財富？價值又來自於何處？我們就那麼確定現在以「價值創造」（value creation）自居的許多做法，不是包裝過後的「價值萃取」（value extraction）嗎？

為了寫這本書，我不得不投身過去三百年來對於價值的思想演變。這可不是件容易的事！許多好心人都在這項艱巨的任務中幫了我一把——讓我時而得以潛入理論的深淵，時而優游於產業故事的豐富情節。

我要感謝葛利哥．賽門紐克（Gregor Semieniuk）。他的博士學位跟我一樣，都是在紐約的「新學院」（New School）*拿到的——世界上少數還在教授非主流經濟思想理論的地方。他很慷慨地分享了他在價值理論上的淵博知識，包括從重農主義者到古典主義學派。在我嘗試以「使用者友善」的方式去記錄重農主義者、亞當．史密斯與李嘉圖之間的論戰時，也在我想讓讀者知道就連馬克思都未曾以真正的理論去解釋國家貢獻價值的方式，而這是何等的怪事時，葛利哥都扮演了我的重要支柱。

我的編輯麥可．普列斯特（Michael Prest）以高度的專業與無比的耐心提供協助。我時不時會過於艱澀的稿件，因他的一支妙筆而得以輕快些。他會愜意地騎著單車來跟我開會，即便是一年裡最熱的天氣都始終如此。他不僅是名天使編輯，也是個好朋友，總是能讓我在一邊養家活口、一邊在倫敦大學學院（University College of London）籌設新單位、一邊還得把書寫出來的兵荒馬亂裡，帶給我平靜。我們照例每週在康登鎮（Camden）的斯坦利勛爵（Lord Stanley）酒館開會檢查稿子，但這場合常常會一發不可收拾地變成批判現代資本主義弊病的意識流大會——真是人生一大樂趣。偶爾會讓我們欲罷不能，還會喝一杯兩杯酒助興。

我的良師益友還包括了卡洛塔・裴瑞茲（Carlota Perez），她的智慧與見解對本書的風格與內容有很大的協助。以下幾位則是在成書的最後階段針對特定章節試讀並幫忙檢查錯誤的朋友，我要感謝他們無私地提供了智慧與心血：馬提歐・德里狄（Matteo Deleidi）、盧卡斯・福克斯（Lukas Fuchs）、湯瑪索・蓋伯里尼（Tommaso Gabellini）、西蒙・加斯培林（Simone Gasperin）、艾德華・哈達斯（Edward Hadas）、安德莉雅・拉普連（Andrea Laplane）、艾倫・里茲克（Alain Rizk）與喬許・萊恩・柯林斯（Josh Ryan Collins）。當然，如果書中還有漏網之魚的錯誤，或是有流於過度主觀的意見陳述，責任統統依舊在我。

我在企鵝出版的責任編輯湯姆・潘恩（Tom Penn），在我們於大英圖書館裡以咖啡為燃料進行的漫長會議中，提供我不少回饋——細心的他是少見的校對達人，也不會因此忽略內容。無論是經濟學或哲學性的論點，湯姆都深刻地消化吸收。

我還想要感謝這四年來，協助我行政事務的薩塞克斯大學（University of Sussex）「科學政策研究中心」（Science Policy Research Unit SPRU），還有如今我在倫敦大學學院所創立的新單位「創新與公共目的研究所」（Institute for Innovation and Public Purpose，IIPP）。無論是晚上十點的電視新聞、還是某場政策說明，蓋瑪・史密斯（Gemma Smith）都幫我做

＊譯註：新學院位於紐約市，是世界著名的左派大學。

了良好的傳播——她總能將訊息整理到讓普羅大眾都聽得懂。隨著IIPP的新團隊成立，我希望本書想傳達的理念——我們有需要以價值為核心，對相關問題進行重新的辯論——與IIPP希望讓「公共價值之概念」重獲定義的理念連結，特別是公共價值如何創造，如何培育，與如何評價。

最後我想要感謝我的家人卡洛（Carlo）、里昂（Leon）、米珂（Micol）、露西（Luce）與索菲亞（Sofia），謝謝你們忍受我為了書而一次次加班工作到深夜與週末——謝謝你們讓我可以爬上樓去，然後一屁股坐進一個人妻與母親有權要求最幸福也最充滿笑語的晚餐時分——生活在那一瞬間，回到了它該處在的舞臺中心。

序　關於財富創造的種種故事

從一九七五到二〇一七年間，美國的實質國內生產毛額（GDP）、也就是經過通貨膨脹調整後的經濟規模——大致從五點四九兆美元成長到將近三倍的十七點二九兆美元。[1]在此期間，生產力成長了大約百分之六十。但從一九七九年以來，絕大多數美國勞工的實質時薪基本上停滯不前，甚至不進反退。[2]換句話說有將近四十年的時間，一小撮菁英擷取了幾乎經濟成長的所有果實。而你不用四處張望，也能看出這些菁英是誰。這是因為他們的生產力比起其他社會成員要大上很多的關係嗎？

希臘哲學家柏拉圖曾主張誰會說故事，誰就能統治世界。他最偉大的作品《理想國》（*The Republic*）在某個程度上是一本指南，一本告訴人該如何教育理想國領袖——「保護者」（the Guardian）——的指南。而我的這本書，質疑的是關於那些老生常談、現代資本主義中的財富創造者；質疑的是哪些經濟活動具有生產力，哪些不具有生產力；這本書既在質疑價值創造從何而來的故事，也在質疑這些故事是如何發揮其影響力，讓少數人得以以價值創造之名，萃取不成比例的經濟價值到自己手裡。

這樣的故事俯拾皆是。故事背景或許不同——主角有的是金融業、有的是大藥廠，有的是科技業巨擘——但他們自我介紹的臺詞都如出一轍：我在經濟體裡是格外有生產力的成員，我從事的活動可以創造財富，我勇於承擔高風險、所以我值得比單純受益於活動外溢效應者獲得更高的所得。但萬一到了最後，這些說法被證明了只是故事而非事實呢？萬一這些話術被創造出來，只是為了合理化財富與所得分配不均，只是為了讓少數人能說服政府與社會他們應該大口吃肉，其他人只能喝湯吃渣呢？

二〇〇九年，洛伊德·布蘭克范（Lloyd Blankfein）以高盛執行長的身分宣稱「高盛人放眼全球是最具生產力的一群」。[3]但就在前一年，高盛才在一九三〇年代以來最嚴重的金融與經濟危機中難辭其咎且責任重大，美國納稅人必須皺著眉頭掏出一千兩百五十億美元為其紓困。有鑑於這家投資銀行不到一年之前的慘烈與拙劣表現，布蘭克范還能把這種鬼話說得臉不紅氣不喘。在二〇〇七年十一月與二〇〇九年十二月之間，高盛一共資遣了三千名員工，獲利也一落千丈。[4]高盛與若干同業遭到了罰款，但罰款金額相較於日後的獲利，實在很難說是有多高：高盛被罰了五點五億美元、摩根（J. P. Morgan）被罰了二點九七億美元。[5]而高盛後來的獲利，有一部分正來自於他們——與其他投資銀行跟避險基金一起——厚顏無恥地做空那些他們一手創造出來，而且還鬧出這麼大亂子的各種投資產品。

雖然不少輿論呼籲要對造成危機的銀行施加懲戒，但最終並無銀行家遭到關押，相關改革也幾乎沒有影響到銀行持續靠投機獲利：在二〇〇九與二〇一六年間，高盛以兩千五百億美元的營收淨額，達成了六百三十億美元的淨利。[6]光是二〇〇九年，高盛就創下了一百三十四億美元的獲利。[7]雖然美國政府拿納稅錢拯救了銀行體系，他們卻沒有膽子要求銀行為自己的高風險行徑付出一筆費用。能夠把錢拿回來，對銀行來說真的是令人開心的事情。

金融危機不是什麼新鮮事，但要是將布蘭克范的大言不慚回推到半個世紀前，就不是那麼常見了。在一九六〇年代之前，金融業並未廣泛被認為是經濟體中「具有生產力」的一員。金融業此時的重要性，被認為是在轉移既有的財富，而非創造新的價值。事實上，當時經濟學學者堅信金融業扮演的純粹只是輔助的角色，以至他們甚至沒有把包括收受存款與放出貸款在內的大部分銀行業務，列入經濟商品與服務價值的計算裡。當時金融業只能以「中間投入」（intermediate input）的身分，悄悄計算入國內生產毛額（GDP）裡，代表銀行在當年只是各產業中的配角與助手，而真正的價值創造者另有其人。

到了大約一九七〇年前後，事情開始有了變化。國民會計——用統計學來呈現出經濟體規模、組成與走向的工具——開始將金融業納入GDP的計算，讓金融業也開始對經濟體中的商品與勞務總值有所貢獻。[8]伴隨會計上的這種改變，金融監理的自由化也與其他發展一起讓管制變鬆，由此銀行能借多少錢出去、能收多高的利率，還有能賣的金融產品有哪些，都變得較有空間發揮。集合起來，這些變動會從根本上左右金融業的行為模式，並提升對「實體」經濟的影響力。金融業不再是個老成持重的行業，反而變為優秀人才想一躍翻身的龍門。事實上在一九八九年柏林圍牆倒塌之後，東歐部分的頂尖人才就跑到了華爾街工作。金融業自此壯大，自信也不可與過往同日而語。他們開始肆無忌憚地透過遊說來增進自身的利益，並對外宣稱金融業是財富創造中不可或缺的一塊。

時至今日，事情已經不再只是金融業大或小的問題，也不再只是金融業成長如何超車非金融業（如工業）的問題，而是金融業對經濟體中其他成員的行為會產生何種示範。要知道，非金融業裡有很大一部分都已經出現了「金融化」的情況。金融操作與催生出的心態，瀰漫在產業之間，於是企業經營者會選擇把高比重的獲利拿去實施庫藏股，這可以炒高公司股票、股票選擇權與高階主管的身價，而不會把錢用於投資公司的長遠未來。美其名說這叫價值創造，但事實往往相反，如同金融業內部的常態——價值萃取才是這種行為的本體。

但這些關於價值創造的故事，不是只發生在金融業。二〇一四年，大藥廠吉利得（Gilead）將治療致命的C型肝炎新藥「夏奉寧」（Harvoni）三個月療程的訂價，訂在九萬三千五百美元。吉利德堅持說訂價這麼高，是因為此一療法對醫療體系具備「價值」。曾任輝瑞大藥廠研發主管的約翰．拉．瑪提納（John La Mattina）則說特殊藥品（specialty drug）的高價之所以合理，是因其對病患跟社會整體有很大的助益。事實上，這等於把藥價連動到若不治療或只用次好的藥進行治療，該疾病會引發的社會成本。藥業稱這種作法是「價值基礎訂價法」（value-based pricing）。這套說法遭到了抨擊，而批評者提出的反證是有個案研究顯示，癌症藥品的價格與其產生的助益之間，並無可觀察的相關性。[9]在 www.drugabacus.org 上有一個互動式的計算機，可以在上頭根據癌症藥品的價值屬性（患者壽命的延長、副作用等）建立起「正確的」藥價；而以此計算出來的結果顯示多數藥品的合理價格，都遠低於現行的市價。[10]

但藥價還是降不下來。藥業的價值創造話術似乎成功抵銷了批評。事實上，西方國家的醫療成本之所以居高不下，有很大一塊無關醫療行為本身。要理解這件事並不難，看病費用高昂就是因為有這樣在萃取價值的藥廠。

又或者可以來看看科技業的故事。以照顧創業與創新之名，資訊科技（IT）業者常透過遊說來爭取管制放鬆與優惠稅率。隨著「創新」崛起成為現代資本主義中的新勢力，矽谷成功塑造為以科技創新在創造財富的生力軍，從 Google 到 Uber 到 Airbnb，常被形容為「財富創造者」。是它們解放了「創造性的破壞」，而新世代的工作亦將由此而生。

這個版本的價值創造是很誘人的故事，由此決策者制定出各種非常可疑的稅制，像是「租稅優惠政策」（patent box），只要產品中的投入要素具有專利，那賣這產品所賺取的獲利就可以減稅。理論上，此一設計的用意是要讓智慧財產權的產生獲得獎勵，進而刺激創新；但這政策其實一點道理都沒有，因為專利本身就已經讓人獨占獲利二十年之久，等於已經保證了高報酬。為政者努力的目標不該是讓獨占者賺更多，而應該是要讓企業把獲利拿出來再投資在研發等領域上。

科技業中許多所謂的價值創造者，像是PayPal的共同創辦人彼得・提爾（Peter Thiel），常炮轟政府阻礙財富創造。[11]提爾甚至一不做二不休，在加州發動「分離主義運動」（secessionist movement），好讓他認知的財富創造者可以盡可能獨立於政府管制以外。當谷歌的執行長艾瑞克・施密特（Eric Schmidt）面對谷歌如何處理公民數據資料的質疑時，他反問道：「難道你更希望由政府掌握這些數據嗎？」這種立場滋養了一種現代版的老生常談：民間企業等於好、政府等於壞。

但在以當代英雄自居的同時、在合理化他們突破天際的獲利與成山的現金之時，蘋果電腦與其他公司忽略了政府在新科技中扮演的先驅角色。蘋果臉不紅氣不喘地宣稱它們對社會的貢獻不該透過繳稅來實踐，而是透過眾人對他們精巧產品的肯定（與消費）。問題是，蘋果的產品在令人嘆為觀止之餘，其背後的智慧科技從何而來？網路、衛星定位系統、觸控螢幕、SIRI，還有谷歌所使用的演算法——這一切的一切都始於公家機關的資金投入。這麼一來，難道納稅人不該合情合理地在一系列無疑非常精美的3C產品以外，再多獲得一些回饋嗎？但光是我提出這個問題，就凸顯出我們需要澈底不一樣的新論述來說明：是誰一開始創造了財富？後來又是誰才來萃取價值？

並且，在關於價值創造的種種故事裡，政府這塊拼圖位於何處呢？要是各行各業中真有這麼多價值創造者，必然的結論就像光譜兩端——與走路像在小跑步的金融家、大藥廠與創業宅男等遙遙相望的，只能是政府裡那些無能的米蟲官僚。按照這種邏輯，若民間企業是把創新帶到世上的迅猛獵豹，那政府就是慢吞吞在拖死狗又擋路的烏龜；或者換一種比喻，政府就像是從卡夫卡小說裡走出來那種諱莫如深、被公文掩埋的複雜官僚體系，既笨重又缺乏效率。政府被賦予吸血鬼的形象，只會強逼勞苦大眾用血汗錢繳稅來養活自己。這樣的故事永遠只有同一個結論：我們需要讓市場變大，讓政府變小。政府機器就是要追求輕薄短小，追求讓效率提高。

在上述從金融到製藥再到ＩＴ產業的例子，政府都使盡渾身解數對理論上能創造價值的優秀人才與企業招手。政府拿著「輕稅簡政」的肥肉在他們眼前晃啊晃，因為據說官僚作風會阻礙財富創造的能量。媒體會鋪天蓋地地去吹捧財富創造者的本事，政客會將他們捧上天，而在普羅大眾的眼裡，他們是值得崇拜的偶像與值得效法的典範。但是誰決定價值是他們所創造的？又怎麼定義「價值創造」、「價值萃取」，甚至是「價值毀滅」？

我們為何會這麼不經大腦的接受這種正邪二元論的說法？公部門創造出的價值該如何衡量？為什麼公部門老被視為是低效率版本的私部門？萬一這些故事都是空穴來風呢？萬一這

些都是我們被洗腦太久的結果呢？我們有什麼新的故事可以取而代之？

柏拉圖認為故事的力量可以形塑人格、文化與行為模式。「我們的首要任務，是要監督故事的生成，然後從中挑選適合的，並排除其他。我們應該要說服母親與保母，由她們說給孩子聽被選中的故事，藉此塑造他們的心靈與人格，而非他們的體格。按照這種標準，我們現行的大部分故事都要重新選過。」[12]

柏拉圖厭惡所有素行不良的神祇與祂們的神話，而本書要講的是一個現代版的神話、一個關於經濟體中價值創造的神話。這個神話的誕生，我認為，正是大量價值遭到萃取的主因，也是少數人吸乾了社會財富而成為暴發戶的主要原因。馬克．祖克伯年僅十九歲就從哈佛輟學去創辦了臉書。現在的他三十出頭。根據富比世雜誌，祖克伯的財富在二〇一六的前半年就增加了一百八十億美元，由他此的估計身價來到七百零八億美元。這樣的他是全美排名第四、全球排名第五的富人。

主流論述違反理性地堅稱在美國與在許多其他的經濟體中，貧富不均之所以變嚴重是因為非常聰明的個人在創新產業中賺了大錢。財富固然是由集體的努力創造出來，但經濟成長果實在分配上的嚴重失衡，一直以來往往更是因為財富擷取造成的結果，而財富擷取的潛在規模又是被全球化給強力放大。

主流的價值故事會有這麼個令人感嘆的結果，經濟學家難辭其咎。我們放棄了對「價值是什麼」的辯論——結果就是讓一個打著「價值創造」與「價值創造者」旗號的論述為所欲為，如入無人之境。

這本書的任務，是要改變這種現狀，重新為價值的論辯注入生氣，因為價值議題曾經占據經濟思潮的中心，我認為也應該要繼續。若價值取決於價格——理論上由供需兩股力量制定出來的價格——那麼只要一樣經濟活動有成交價，就代表它創造出了價值。由此錢賺得多，就代表你一定是個價值創造者。我會認為「價值」一詞在現代經濟學中的用法，讓價值萃取的活動得以更輕易地偽裝成價值創造。而在這樣的過程裡，租金（非勞動所得）就會跟獲利（勞動所得）混為一談，貧富差距就會擴大，實體經濟中的投資就會減少。此外，若我們無法區別價值創造與價值萃取，自然就無法「賞善罰惡」。如果我們的目標是要創造出更多更創新的智慧型成長，乃至於更普及、更永續，那我們就需要對價值有更深入的理解，並帶領我們走下去。

此一課題不會是抽象辯論，而是會在社會、政治與經濟上都深遠影響每一個人。我們對價值的探討，會左右大公司到一般消費者，也就是每一名經濟主體的行為模式，此行為模式又會反過來影響經濟的運作，影響我們如何測量經濟表現。這就是哲學家所謂的「述行」（performativity，或譯「展演」）：陳述即行動——我們如何說，會影響如何做，進而決定腦中的理論。這是一種「自我實現預言」的概念。

如果我們不能定義好價值的意義，就不可能確切地產出價值，遑論公平地分享價值或維繫穩定的經濟成長。亦即想對「我們的經濟正在往哪兒走」跟「如何改變經濟發展的方向」進行任何一種必要的對話，我們就不能不先對價值二字有所理解。

註釋

1 http://www.multpl.com/us-gdp-inflation-adjusted/table.

2 http://www.epi.org/publication/stagnant-wages-in-2014/

3 「我常聽到有人提到高盛的薪水很高、待遇很好。」布蘭克范先生說，「但他們沒有提到的是，高盛員工人均創造出的淨利，是我們同業平均值的好幾倍。高盛人放眼全球是最具生產力的一群。」http://www.businessinsider.com/henry-blodget-blankfeins-new-defense-of-goldman-bonuses-goldman-employees-are-better-than-you-2009-11?IR=T

4 高盛年報，二〇一〇。

5 http://www.forbes.com/sites/mikecollins/2015/07/14/the-big-bank-bail out/#66d600ee3723

6 高盛年報，二〇一六。

7 高盛年報，二〇一〇。

8 國內生產毛額（Gross Domestic Product，GDP）取代國民生產毛額（Gross Domestic Product，GNP）

成為經濟產出的標準測量指標，是一九八〇年代的事情。兩者的差別並不涉及價值創造。

9 B. E. Hilner and T. J. Smith, 'Efficacy Does not Necessarily Translate to Cost Effectiveness: A Case Study in the Challenges Associated with 21st-Century Cancer Drug Prices', *Journal of Clinical Oncology*, 27(13) (2009).

10 彼得・巴赫（Peter Bach）的互動式計算機網址為 www.drugabacus.org。

11 http://nymag.com/daily/intelligencer/2013/10/silicon-valleys-secession-ists.html

12 Plato, *The Republic*, translated and with an Introduction by H. D. P. Lee (London: Penguin Books, 1955), p. 115.

導　論

製造 vs. 獲取

Introduction: Making versus Taking

那些野蠻的黃金大亨——找到金礦的不是他們、挖掘金礦的不是他們、加工金礦的也不是他們，但不知道是出於哪種莫名其妙的煉金術，所有的黃金都屬於他們。

——「大比爾」·海伍德（Big Bill Haywood）

美國第一個製造業工會的創辦人，一九二九年[1]

以便給的口才，比爾．海伍德表達了他內心的疑團。在二十世紀初期，以及一九三〇年代的經濟大蕭條期間，大比爾都是美國礦工界的代表人物，他對礦產這一行知之甚詳。即便是他這樣的人物，都回答不了這個問題：為什麼資本的擁有者只消在市場上對黃金買空賣空，就可以輕輕鬆鬆日進斗金，而工人勞心勞力尋找金礦、挖礦、送進廠加工，所得卻那麼少？為什麼都是製造的人在流血流汗，真正賺到錢的人卻除了伸手之外，幾乎什麼都不用幹？

類似的問題，直到今天依舊沒有答案。在二〇一六年，英國平價零售商ＢＨＳ連鎖百貨（British Home Stores）轟然倒閉。ＢＨＳ創立於一九二八年，二〇〇四年被知名的零售企業家菲利浦．葛林爵士（Sir Philip Green）買下，對價兩億英鎊。二〇一五年，菲利浦爵士以象徵性的一塊英鎊，將這門生意賣給了英國商人多明尼克．查波（Dominic Chappell）主導的投資人集團。據估計，在控制ＢＨＳ的期間，菲利浦爵士與其家族共計汲取了ＢＨＳ五點八億英鎊的資金，當中包含股息、租金與他們貸款給ＢＨＳ的利息。ＢＨＳ的崩垮讓一萬一千人頓失工作，並且讓退休基金出現了五點七一億英鎊的虧空，但其實在菲利浦爵士剛剛接手公司時，退休基金的收支還是正值。[2]針對這宗商業災難，英國國會下議院的勞動年金特別委員會（Work and Pensions Select Committee）在報告中指控菲利浦爵士、查波，以及他們身邊的「附隨人員」（hangers-on），進行了「系統性的掏空」（systematic plunder）。對於倚賴公司獲致一家溫飽的ＢＨＳ員工與退休人員，這代表價值遭到萃取

——這家公司的利益分配與內部人員的經濟貢獻完全不成比例——這是史詩等級的失衡。但對菲利浦爵士跟其他大權在握的人來說，這則是一個價值創造的過程。

菲利浦爵士的所作所為，固然可以被視為一種過失、一種過度的個人行為；但他會這麼做，其背後的思維卻一點都不特別：時至今日，眾多企業界的巨擘都會將「價值創造」與「價值萃取」混為一談。像是二〇一六年的八月，歐洲理事會（European Commission）作為歐盟（EU）的行政機構，就引發了歐盟與美國之間的喧然大波，原因是歐洲理事會下令要蘋果支付一百三十億歐元的積欠稅款給愛爾蘭。[3]

以股票市值而言，蘋果是全世界第一大的公司。二〇一五年，蘋果在美國以外的地區持有成山的現金與有價證券，總值高達一千八百七十億美元[4]——跟捷克共和國那一年的經濟規模差不多[5]——而它將資金滯留在海外的目的就是為了規避返美會衍生出的課稅問題。與愛爾蘭的協議則可以回溯至一九九一年，蘋果的兩家愛爾蘭子公司獲得了非常慷慨的稅務待遇。在這兩家子公司裡，一家是簡稱ＡＳＩ的「蘋果國際銷售公司」（Apple Sales International），包括歐洲、中東、非洲與印度每一支 iPhone 或其他蘋果裝置賣掉所賺來的獲利，都由ＡＳＩ認列；另一家則是生產電腦的「蘋果歐洲營運公司」（Apple Operations Europe），蘋果利用作帳的方式，以不符合行情的價格，把具體表現在蘋果產品上的開發權利轉給ＡＳＩ。此舉讓美國納稅人損失了科技所應帶來的稅收，但其實蘋果在開發這些高科技產品的初期，都看得到美國納稅人資助的身影。歐洲理事會指稱蘋果取道愛爾蘭認列的應稅獲利，其適用的最高稅率應該是百分之一，但在二〇一四年，蘋果納稅的稅率低到只有百分之〇點〇〇五，而愛爾蘭一般的企業稅率應該是百分之十二點五。此外，蘋果這些所謂的「愛爾蘭」子公司，實際上並沒有真正成為愛爾蘭的「稅務居民」（tax resident），這是因為愛爾蘭與美國對於稅務居民的身分認定有分歧，而蘋果就是鑽了這個漏洞，讓子公司把幾乎所有的獲利都轉到只存在於紙上的「總公司」。由此，歐洲理事會命令蘋果要清償積欠的稅款，理由是愛爾蘭與蘋果間的約定構成了「非法的國家補助」（透過政府支持，讓企業取得對競爭者的優勢）；愛爾蘭並沒有一視同仁地將類似的條件提供給其他業者。歐洲理事會指稱愛爾蘭讓蘋果適用超低的稅率，是為了交換蘋果在當地建立其他事業體來創造就業機會。想當然，蘋果與愛爾蘭都拒絕了歐盟理事會的要求——那些因為利之所趨，而在稅務結構上大展創意的大型公司，蘋果當然不是僅有的一個。

不過蘋果所使出的價值萃取循環，並不僅限於在國際稅務上的操作——這循環在美國本土就發生過了。在這套機制裡，不光是蘋果在萃取愛爾蘭納稅人的價值，而是愛爾蘭政府也在萃取美國納稅人的價值。怎麼說呢？蘋果創造其智慧產權的地點是美國加州，也就是他們的總部所在地。事實上我在前作《創業型國家》[6]中曾經論述過、之後在本書第七章也會稍微提到的一點，便是讓智慧手機得以「智慧」的那些科技，其研發經費其實是公家的錢。

但是在二〇〇六年，蘋果在內華達州的雷諾（Reno）成立了一家子公司來逃避加州州稅，因為內華達州沒有企業所得稅或資本利得稅。有了這家光名字就極富玄機的布雷本資本公司（Braeburn Capital）[7]，蘋果會把一部分的美國市場獲利灌到這家內華達州的子公司裡，而不會向加州申報盈餘。在二〇〇六到二〇一二年之間，蘋果一共在內華達州申報了二十五億美元的利息與股息所得，藉此讓加州課不到它們的稅。要是蘋果能夠完整而精確地在加州申報它們的美國市場營收，那該州深為人所詬病的債務負擔將會降低很多，畢竟蘋果公司的主要價值所在（包含產品的架構、設計、銷售、行銷等等），都起源於加州。由此可見，價值萃取會讓美國的某一州與另一州產生嫌隙，也會讓美國與其他國家為敵。

很顯然，蘋果高度複雜的稅務設計，主要是來最大化營運價值的萃取，最小化回饋給社會的稅金。但這些稅金，原本可以讓蘋果所身處的各個社會受益。蘋果作為一家企業，絕對創造出不少價值，這一點不容否認：但如果因此忽視納稅人曾經提供過的協助，而讓美國各州與世界各國相互抗衡，這條路的盡頭絕對看不到創新的經濟與共榮的成長。要知道，只有共榮的成長，才能讓世上更廣大的人口受益，才不至於使經濟成長的果實成為懂得「玩弄」系統的少數人的專利。

還有另一個層面可以觀察蘋果的價值萃取。那就是不少像蘋果這類的公司，都會利用他們的盈餘來推動其短線股價上漲，而不會把賺來的錢拿去增加長線的生產投資。具體而言，為了衝高股價，企業會拿累積的盈餘去買庫藏股，也就是把籌碼從投資人手上買回來。對外的說法是，這麼做可以為股東創造最大的「價值」（股東根據持股股價而從公司身上賺得的收入）；但不令人意外的一點是庫藏股制度最大的受益者不是一般股東，而是公司派，是薪資待遇中已包括豐厚股票選擇權的經理人——沒錯，就是有權決定實施庫藏股計畫的同一批經理人。像在二〇一二年，蘋果就宣布過令人咋舌、規模高達一千億美元的庫藏股計畫，而其一部分的決策理由，就是平息「激進派」股東要求公司返還現金給他們來「釋放股東價值」的呼聲。[8]相對於進一步投資於營運當中，蘋果寧願把現金轉到股東手中。

這種橫在製造者與獲取者之間，讓大比爾在一九二〇年代就「讚嘆」過的煉金術，至今依舊與我們同在。

「價值萃取」常受到的批判

價值萃取與價值創造之間的區別，非常容易混淆但也非常關鍵，這關係到的遠不只是某間企業與員工的命運，甚至可能會左右整個社會的發展，可以說，價值萃取對於社會、經濟與政治影響力相當深遠。在二〇〇七年的金融危機之前，美國排名前百分之一人口的所得占比，從一九八〇年代的百分之九點四，提高到了二〇〇七年的百分之二十二點六，這已經是會令人倒抽一口氣的水準了。但在此以後局勢更糟。二〇〇九年後，貧富差距的擴大比相較二〇〇八年的金融海嘯之前更加快速。二〇一五年，地球上前六十二名有錢人的身價加總，約等於全球後半段人口、約三十五億人的所有財產。[9]

所以這種妖法一般的煉金術，為什麼停不下來呢？常見對於當代資本主義的一項抨擊，就是這套制度給「尋租者」（rent seeker）的獎勵大於給真正「財富創造者」（wealth creator）的回饋。「尋租」在此指的是一種創造所得的方法，但這種所得的創造不是經由生產出新東西，而是透過收取高於「具競爭力價格」的金額，剝削特定優勢（如勞動力）來削弱市場競爭，以此創造所得。又或者大型企業會透過阻絕其他業者進入市場，來維繫某種獨占的優勢。用來描述尋租活動的常見說法還有：「獲取者」勝過了「製造者」，或是「掠食型」的資本主義擊敗了「生產型」的資本主義。所得前百分之一的人可以君臨後百分之九十九的人口。尋租被認為是一個關鍵的途徑——而且搞不好是關鍵中的關鍵。[10]這類批判最常見的標靶，就是包括銀行在內的各種金融機構，在旁人眼中，這些金融機構的獲利模式就是買低賣高的投機行為、要不然就是收購企業之後把尚餘生產力的資產拿出來轉賣牟利，期間什麼附加價值都沒有創造出來。

更講究一點的分析，會將貧富差距的擴大連結到「獲取者」聚斂自身財富的特殊方法。法國經濟學者托瑪・皮凱提（Thomas Piketty）在深具影響力的《二十一世紀資本論》

（*Capital in the Twenty-First Century*）一書中聚焦由掠奪式金融產業創造出來的貧富差距，主要是這類金融產業沒有被課足稅款。另外，繼承代代相傳的財富而製造出的貧富不均，主要是遺產會讓金字塔頂端的富X代，在富者愈富的比賽中贏在起跑點。皮凱提的分析，切中要害地說明何以金融資產（也就是他所說的「資本」）的投資報酬率會高於經濟成長帶來的報酬，因此也需要更高的資本利得稅與遺產稅來遏止惡性循環的延續。在理想的世界裡，皮凱提認為這類的稅賦應該要打破國界，成為全球性的存在，如此才能避免國家與國家之間競逐較低的稅率。

另外一名引領思潮的美國經濟學者喬瑟夫・史迪格里茲（Joseph Stiglitz），則探究孱弱的監管與因沿成習的獨占是如何為經濟學者口中的「抽租」（rent extraction）提供存在的空間，而「抽租」正是他眼中美國那前百分之一得以崛起的主要因素。[11]對史迪格里茲而言，這種租金是透過對其他企業設下障礙而取得的所得或收入，而所謂障礙包括讓新進業者難以加入某個產業，或是管制鬆綁到讓金融業的規模大到與其他產業不成比例。這當中的假設是，若經濟競爭的運作阻礙愈少，則所得的分配就可以趨向較為平均。[12]

我們的經濟究竟出了什麼差錯，何以所得與財富不均會大到令人難以直視。我認為還可以更進一步分析「製造者vs.獲取者」。為了要了解何以某些人會被視為是在「萃取價值」，也就是汲取國家經濟的財富，而有些人則被認為是在「創造財富」，但卻未能受益於這些財富，我們不能光是觀察理想狀態下的「完全競爭」受到了哪些阻礙。關於租金的各種主流觀念並未從根本上去挑戰價值萃取的發生過程——以至於價值萃取至今屹立不搖。

為了破解這些問題，我們必須檢視價值始於何處。那些被萃取出的，究竟是何物？價值要能被生產出來，必不可少的社會、經濟與組織條件包含哪些？事實上即便是史迪格里茲與皮凱提用「租金」一詞來分析貧富不均的做法，也會受到他們內心認為價值是什麼、且代表著什麼的影響。所謂的租金，只單純是「自由市場」交易的阻礙嗎？抑或租金代表有人可以憑藉地位帶來的權力，「不勞而獲」地賺取所得——不去創造新的資產，而是將現有資產搬來搬去來衍生所得？[13]這將是我們要在第二章深究的問題。

「價值」究竟是什麼？

價值可以用不同的方式去定義，但其核心不外乎商品與勞務的全新產出。這些產出如何從無到有（生產），如何從有再到在經濟體系中分配出去（經銷），以及透過生產所創造出來的盈利該如何運用（再投資）等，都是定義價值時得顧及的關鍵問題。另外一項至關重要的問題，在於被創造出來的東西究竟有沒有用處：製造出來的產品與勞務，是增加或減少了生產體系的韌性？以工廠舉例，就狹義的經濟而言，蓋工廠是有價值的，但要是這工廠對周遭生態的汙染太厲害，那它也可能被視為不具價值。

提到「價值創造」，我指的是將不同類型的資源（人形、有形、無形）籌措起來互動、進而生產出嶄新的商品與勞務的過程；而說起「價值萃取」，我指的是挪動現存的資源與產出，從後續貿易中獲取不成比例利益的活動。

在本書有一個重點，我基本上把「財富」跟「價值」當成兩個可以交替使用的同義詞。這一點可能會有人抗議，因為他們會認為財富的屬性偏向貨幣，而價值則具有跨到社會概念的潛力，這時價值就不會單純是一個金額或數字，而會是一組價值（觀）。因此，我想在此釐清這兩個字眼在本書中的用法。「價值」於我而言，是財富創造的「過程」——是一個「流程」的概念。而此流程自然會導致真實事物的誕生——包括有形（一條麵包）或無形（新知識）。相對於此，「財富」在我眼中是已然創造出的累積價值存量。本書的重點在於價值與能夠生產出價值的各種力量——亦即價值誕生的過程；但這本書也同樣會檢視價值創造過程，周遭的各種聲索與權利主張，形諸於文字就是：財富的創造者是「誰」。所以就這種角度去看，財富與價值確實是一體兩面，可以相互指涉。

價值的概念在很長的一段時間裡，都位居「經濟／生產／後續所得分配」的辯論中心，而關於價值究竟安居在何處，各種不同觀點也曾經如百花齊放般良性呈現。對於經濟學當中若干思想流派而言，決定產品價格的是供給與需求，但產品的價值則源於生產物品時需投入的工作或勞動力、源自於科技與組織變遷影響工作的方式，也源自於資本與勞工之間的關係。後來，這種對於生產、科技與權力關係等「客觀」條件的強調，遭到其他概念取代，包括稀缺的概念以及「經濟主體」（economic actor）的「偏好」：勞動投入量會取決於工人在休閒與賺錢之間的權衡。換句話說在後者的觀察中，價值是一種主觀。

另外，直到十九世紀中之前，幾乎所有的經濟學者都假定，為了理解商品與勞務的價格，客觀的價值理論必須先行存在。而這個理論必須連結到商品勞務的生產條件，包含生產時所需要的時間、雇用的勞動力品質等，由此「價值」的決定因素會形塑出商品與勞務的價格。但再往後，這種想法又開始反轉。眾家經濟學者開始倒過來認為事物的價值決定於市場上支付的價格——換句話說，消費者願意付的價錢。突然之間，價值成了「情人眼裡出西施」的西施，商品或勞務能在市場上獲得認同的價格販售，成為了價值創造的過程。

從價值決定價格，擺盪到價格決定價值。此過程正好與十九世紀末的重大社會變遷同步。在其中一邊，是社會主義的崛起，而社會主義要求改革的部分立論根據，就在於勞動力創造出價值，卻沒有因此得到公平的回報。隨後在社會主義的對面，我們看到了屬於資本家階級的生產者開始集結。這一群人毫不意外地熱中一個替代理論，那就是價格決定價值，而這條故事線，也被他們拿來為自己追求產出最大化的路線辯解，勞動力的地位則因此愈來愈邊緣。

在知識界，經濟學者會希望自己的學門盡量朝「科學」傾斜——多像物理學一點，少像社會學一點——結果就是他們去除了早先的政治與社會色彩。相較於亞當．史密斯（Adam Smith）書寫裡有滿滿的政治與哲學，外加關乎經濟運作的早期思想，有著兩百年悠遠歷史的「政治經濟學」在二十世紀初「脫胎換骨」，以單純的「經濟學」之姿重見天日。比起政治經濟學，經濟學闡述了一個非常不一樣的故事。

慢慢地，關於各種價值理論與價值創造過程的論辯，幾乎從經濟學的各部門消失不見，要不然就是改頭換面之後在商學院的課堂上出現：「股東價值」（shareholder value）、[14]「共享價值」（shared value）、[15]「價值鏈」（value chain）、[16]「物有所值」（value for money）、「評價」（valuation）、「增值」（adding value）等等。所以相較於從前的經濟學學子會充分接觸到五花八門的價值觀念教育，也會學習到經濟學各門派對價值的見解；現在的學生只會被告知價值取決於價格的動態，也決定於物品的稀缺跟人心的偏好。而這類說法，並未被當作一種特定的價值理論，相反的，只是被當成經濟學入門而已。此一在學術上顯得營養不良的價值概念，成了讀過就好的東西，反正書上怎麼寫，學生就怎麼信。同時在本書看來，消失的價值概念，恰恰弔詭地讓「價值」這個位於經濟學思考核心的關鍵概念，更容易遭到有心人鑽空加以利用，甚或濫用。

圖一：生產邊界，圍繞在可產出價值的經濟活動周邊

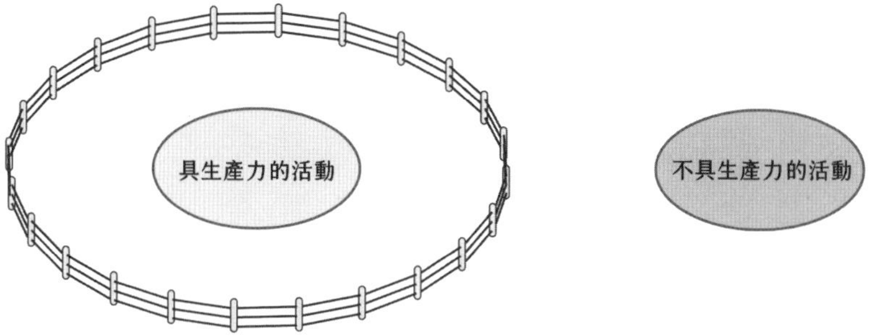

見過「生產邊界」

為了了解幾個世紀以來各種價值理論的演化，我們不妨先思考一下經濟體系裡為什麼有所謂「具生產力」與「不具生產力」的活動。這兩類活動為什麼這樣分，又是怎麼分的。而這種區分的存在，又會如何影響我們在觀念上判斷哪些經濟行為者值得得到哪些報償——亦即價值創造的成果該如何分享。

幾世紀以來，經濟學者與政治上的決策者——就是為政府或企業等組織進行規劃的那群人，都會將各種活動區分成能夠產生價值跟無法產生價值，一邊「具生產力」，一邊「不具生產力」。如此便形成一道邊界，就像圖一當中的圍籬。這道時而被稱為「生產邊界」的概念性界線，就矗立在具生產力與不具生產力兩類活動中間。[17]邊界裡是財富的創造者，邊界外則是財富的受益者，這群人之所以能夠受益，是因為他們有辦法透過尋

租活動來萃取財富，就像在獨占的狀態下那樣。再不然就是因為創造於生產圈內的財富被重新分配，比方說現代社會的福利政策。在古典經濟學者的理解中，租金是不勞而獲的所得，扎扎實實地落在生產邊界外；而相對於租金，獲利則是在生產圈中透過生產活動所賺取到的報酬。

在歷史的長流裡，生產圈邊界的圍籬並不固定。這個圈子的形狀與大小，都會隨著社會與經濟的各種力量而變動。這些變動在過往非常明顯，在現代也不難看見。早年在十八世紀，經濟學者中的重農派（physiocrat）曾高呼地主「不具生產力」，這在當時仍大致屬於農村經濟的歐洲，是對統治階層的攻擊。這種呼聲轉換成政治上具有爆炸性的問題，就是地主是否濫用權力，萃取由佃農創造出的財富，抑或地主提供土地也算是農人得以創造價值的一項關鍵。

這種關於生產邊界應該畫在何處的論辯，有一種變體，而這變體就存在於二十一世紀的金融業。二〇〇八年的金融危機後，各界呼籲應該讓照顧「製造業」的產業政策復活，而與這些「製造者」對立的就是以金融業為代表的「獲取者」。他們的論述是這兩者需要進行再平衡，其中金融業的規模需要透過課稅來令其縮小（因為金融業被歸入了圖一右邊深灰色的無生產力活動圈）。而這裡指的稅，包括對外匯或證券買賣課徵金融交易稅。另一方面，這一派也認為應該要透過政府政策來扶助真正有製造出商品，而不是單純買空賣空的產業（因為製造業屬於圖一左邊淺灰色的生產活動圈）。

但事情沒有這麼簡單，因為把某些產業打成「獲取者」，而把其他產業貼上「製造者」的標籤，並不是重點。生產邊界外的人類活動，有時候也是使生產活動能夠順利遂行的必要條件——少了圈外人的運作，生產活動可能會喪失不少價值。商人的存在是必要的，否則就沒有人確保商品能夠順利抵達市場，並完成有效率的轉手。另外，金融業對商品買賣雙方也都扮演著相當關鍵的中介角色。所以真正的問題不是我們需不需要金融業，真正的問題是金融業的活動要如何設計，才能確實完成他們協助創造價值的使命。

再來，至為關鍵的一點，就是政府的存在角色？政府算是生產邊界的圈內人還是圈外人？政府從本質上就不具生產力嗎？難道就像很多人說的，它唯一的生財之道就是向經濟中有生產力的區塊硬性收稅嗎？若真是如此，那政府要如何讓經濟成長？又或者政府頂多能把遊戲規則訂好，讓價值創造者自行展現效率嗎？

確實，政府規模最適合的大小，是個永遠論辯不完的主題，理論上帶有風險的公共債務過高，終究會逼著人在兩種看法中二選一：一邊是政府支出有助於經濟成長——因為政府也可以有生產力，也可以為經濟增加價值；另一邊則是政府只會給經濟扯後腿，因為政府不具生產力，更等而下之甚至會摧毀經濟價值。這個問題充滿政治意涵，所以也讓現有的爭議變得更加多元，包括英國會討論自家財政究竟養不養得起代號「三叉戟」（Trident）的潛艦彈道飛彈，以及大家會好奇若以「政府支出占全國經濟規模比重」當作政府的「腰圍」，是否會存在一個「魔術數字」，多一分太肥，少一分則太瘦，也就是多了經濟不會變好，少了經濟肯定變壞。如我們將在第八章中探討的，這個問題並未得到應有且扎實的科學證據闡述，反而是被政治立場與意識形態弄得視野模糊。事實上，很重要的認知是，經濟學在核心的本質上是一門政治科學，所以「自然狀態下」的政府理想規模，也會取決於某個人對於政府存在意義的客觀理論根據（又或者是單純的主觀立場）。如果政府被視為是個沒用的東西，或只具備偶爾出來解決問題的功能，那其理論上最適當的規模就免不了會縮小；反之，若政府被賦予成長火車頭的定位，要負責對價值創造的過程進行投資並控制方向，那其規模就得大點。

隨著時間流轉，此一概念性的生產邊界開始向外擴張。比起從前，其涵蓋的範圍開始包含更多、也更多樣化的經濟活動。隨著經濟學者乃至於廣大的社會，都開始用供需平衡來決定價值——有人買，就等於有價值，包含金融交易在內的各種活動，都開始被重新定義為「具有生產力」的東西，一反它們從前被歸為「不具生產力」的過往。（事實上，至今還在生產圈外不得其門而入、因此被貼上「不具生產力」標籤的主要經濟部門，就只剩下政府了。）確實，社會上不少由人提供的服務都沒有收錢，包括爸媽養小孩或健康的人照顧不舒服的人，這些活動都位於妾身未明的尷尬處境。所幸，設法將這些照護行為納入ＧＤＰ計算的諸多課題，已經日益獲得注意。但是除了用新的概念去充實GDP的意涵之外——就像此處提到的照護行為，甚至是讓地球環境永續的各種工作——我們還得從根本上釐清自己為何對價值抱持特定的假設。而在那之前，我們肯定要先來好好研究一下價值本身的定義。

為何價值理論這麼重要

首先，價值概念一旦從經濟學論辯中消失，就會使得原本應該要活蹦亂跳、原本該屬於公眾，且應該在爭議中愈辯愈明的東西不見了。[18]如果不去挑戰價值取決於主觀立場的假設，那麼就會有某些活動被認定可以創造價值、某些被認定不能創造價值，而且端視於某人（通常是既得利益者）的滔滔不絕與能言善辯。某些活動會因為某人的滑鼠一點，就從生產邊際的某一邊跳槽到另一邊，而且根本不會被注意。若是銀行家、房仲業，或博弈的組頭，都宣稱自己是在創造價值而非萃取價值，那即便輿論感到怪異，主流的經濟也會沒有根據來說這些人不對。大言不慚的洛伊德·布蘭克范說高盛員工的產值是世界級的水準，誰能再出來予以反駁？藥廠主張他們的某一款藥賣到天價並不是在勒索社會，而是因為他們確實創造出那樣的價值，誰能再出來仗義執言？政府官員會被這些故事說服（甚至被「脅持」），覺得價值創造真的就是這麼回事。就像近期的美國政府，核准了一項要價高達五十萬美元的白血病藥物療法，而這決策根據的正是製藥產業所主打的「價值基礎訂價法」（value-based pricing）模型——即便這款藥品的研發裡有高達兩億美元的貢獻來自納稅人。[19]

第二，缺席的價值分析，會對社會不同成員的所得分配造成衝擊。一旦由價格來決定價值（而非由價值決定價格），就會變成只要商品、勞務的市場存在，只要買賣之間可以創造所得，就會自動具備合理性。按照這種邏輯，任何一種所得都是「賺取」而來；而一項活動究竟有沒有生產力的分析，將會被丟出窗外，不復存在。

但這種推論其實是一種「循環論證」（circular reasoning），是一個封閉的迴圈。所得的合理性，源自於有價值的東西被生產。但衡量這項東西的價值，又是根據它能賺到的所得？這樣對嗎？你賺的所得是因為你有生產力，而你有生產力又是因為賺到的所得。所以魔杖一揮，不勞而獲的所得就在這世上消失了。所得要是足以證明我們的生產力，而我們又因著自身的生產力而理應有所得，那就算想要不勞而獲也辦不到了，是吧？進入第三章，我們會看到這種循環論證反映在「國民會計」（national accounts）計算上，而國民會計所追蹤並測量的正是國家經濟體系內的生產與財富。理論上，任何一筆所得都沒有過高的問題，因為在市場經濟裡，競爭會跳出來防止人賺取他或她沒有資格賺到的金額。但在現實中的市場是經濟學者所謂的「不完全（競爭）市場」，所以物價與薪資經常是由強者決定，弱者遵循。

在主流的認知裡，價格是由供需決定，任何價格只要偏離「具有競爭力的價格」（根據邊際收入），就一定是肇因於某種競爭上的不完美。只要排除這種不完美，那所得在行為者之間的分配就能回到正軌。至於有某種活動能永久性地賺取租金，其原因只單純是這些活動被認為具有價值的，但實際上，這些活動卻阻礙了價值的創造，甚至對已存在的價值造成破壞，這是一種確實存在，但鮮少有人去討論的可能性。

實際上對經濟學者來說，由供需所推進的市場環境已經變成主觀決定價值的一言堂，其他的價值論述都已經不知所向。這僅存的看法認為競爭的阻礙一旦退場，最終結果就應該會是有福共享的。而不同的價值概念會如何影響工人、公家機關、經營者與股東之間的所得分配（比方說谷歌、奇異電子、英國航太系統公司〔BAE Systems〕），則變得無人聞問。

第三，為了導引經濟朝著特定的方向前進，政治上的決策者——無論承認與否——都無可避免地會受到「價值」觀的影響。GDP成長率在仍有數十億人生活在赤貧中的地球上，顯然是重要的；但世界經濟的重要議題，不光在於經濟成長率，而在於要如何達成具備若干特色的成長。今日很多人在討論的，是我們有需要讓經濟成長變得更聰明（把創新當成投資的重心）、更永續（綠色產業），也更普惠（減少製造貧富不均）。[20]

很多人以為政策應該要一體適用而沒有方向性，應該要單純用在移除障礙、應該專注在為企業「提供公平的競爭環境」；但事實上以量而言，政府決策中有很大一部分都在朝著達成上述三個目標向前進。成長不是自走炮，不會自動自發地朝上述目標入列，我們本來就需要不同類型的政策推動市場，讓企業的競爭環境能倒向我們覺得理想的方向。我必須重申，我的看法與普遍認為「政策應該不具方向性，只專注在掃除營運障礙，讓企業可以順利生產就好」的想法大相逕庭。

決定哪些活動比其他活動更重要，是設定經濟發展方向時的重要關鍵：簡言之，被認定對於達成特定目的更重要的活動，需要增加；比較不重要的活動，則該減少。這樣的事情我們已經在做了。提供給研發等活動的免稅額，就是在刺激對創新的投資。我們補貼給學生教育與訓練的理由是，作為一個社會，希望更多年輕人上大學，或能帶著更好的技術進入職場。在這些政策背後，存在著經濟學模型顯示對「人力資本」（具備知識與技能的人才）的投資，可以增加社會的生產力在前，提振一國的經濟成長在後。同樣地，關於今天大家愈來愈擔心的一件事，那就是金融業的規模（相較於製造業）似乎在某些國家中顯得過大，那或許就可以參酌各種理論，思考我們希望活在什麼樣的經濟體制中，再根據這樣的體制評估金融業應有的規模、扮演的角色。

但一項活動究竟有無生產力，其區隔鮮少取決於「科學性的量測」。實務上，我們對於一項活動是要賦予價值，還是認定不具價值，始終都會牽涉具有可塑性的社經論述，每種論述的源頭都是自成一家的政治立場——有的彰顯、有的隱晦。價值的定義，從不只是狹隘而明確的經濟學觀點，同時也是政治問題，乃至於社會該如何架構。所謂的測量並不是中性的：測量結果會左右人的行為，而人的行為又會反過來影響測量的結果（這便是〈序〉所提到的「陳述即行動（述行）」概念）。

所以重點是不要一刀切，不給某些活動貼上有生產力、另一些活動又貼上不具生產力的尋租標籤。我認為我們該走的路，是更坦坦蕩蕩把對於價值創造的理解，連結到人類經濟活動應具備的結構（無論是金融業或實體經濟中的活動），也連結到經濟成長果實應該如何分配。唯有如此，當今關於價值創造的論述，才能獲得更多檢視與關注。同時，像是「我是財富創造者」的說法，才能對照到關乎財富來源的可信說法，得到有所本的衡量。一家藥廠的「價值基礎訂價法」應該在更為整體而全面的價值創造脈絡下獲得檢討。在這樣的脈絡下，藥廠的研發經費裡有一大筆公家的錢——研發的成果又讓藥廠受益——讓藥廠得以度過風險最高的階段。同樣地，創投業者按行情可以在高科技小公司上市時拿到的兩成報酬，若對照他們實際上而非渲染出的實際風險，真的不能不謂之暴利。至於投資銀行因為會影響一整個國家的匯率波動而進帳巨大的獲利，這筆錢就可以被老老實實地正名為：租金（rent）。

但為了對價值創造的理解達到這樣的境地，我們必須超越看似科學的經濟活動分類，而望向這些活動底下的社會經濟與政治衝突。事實上，關於價值創造的各種主張，始終肇因於人把社會上特定元素的相對生產力擺在一起，令其一較高低；而我們會這麼做，又往往與經濟型態的基本變遷脫不了干係：從農業社會進入工業社會，或從量產經濟演進到以科技為本的數位經濟。

本書結構

在第一與第二章，我要看的是從十七世紀以降，在經濟學者的思考中，經濟發展是如何透過提振具生產力的活動與壓抑不具生產力的活動，而被引導到成長的路上。這種思考，被他們用理論上的生產邊界加以概念化。圍繞著生產邊界的爭論，以及與此緊密相依的價值定義，長達幾世紀皆影響了政府對經濟成長的測量；至於生產邊界的劃定，也因為始終處於社會、經濟與政治狀況的波動中，不斷變化。在第二章，我們會深入其中最翻天覆地的變動。從十九世紀後半葉以來，價值竟從一個客觀的分類，變成相對主觀而與個人偏好相關的分野。此一觀念革命帶來的衝擊，可說是地動山搖。生產邊界本身是模糊的，因為任何東西只要能弄到一個標價，幾乎都可以宣稱自己創造出價值，搖身一變成為具有生產力的產業，金融業就是這樣的例子。而這種方便之門一開，許多經濟主體就開始自吹自擂起本身超凡的「生產力」，於是我們就看到了愈拉愈開的貧富差距。

進入第三章，我們會一探國民會計的發展，然後各位會看到生產邊界的概念是如何持續影響產出的概念。但在這裡我們會看到一種新的生產邊界，而這種新版生產邊界與其前輩們之間存在根本的差別。時至今日，在國民會計中，價值的構成綜合了各種不同元素的決斷，包括任何可以合法訂價並完成交易的東西；符合政治現實的各種決定，像是電腦產業的技術進步乃至金融業大到令人尷尬的規模皆納入考量；還有就是在巨大且複雜的現代經濟體中保持帳目可資管理的現實需求。這些現實考量其實都無可厚非，但是當生產邊界的爭論不再出現在檯面上，也不再公開連結到價值的觀念定義上，意味著經濟的行為者——透過持之以恆的遊說——可以默默地把自己偷渡到邊界內。由此他們的價值萃取活動就會被歸入GDP的計算中，而極少人會注意到這有多嚴重。

第四、五與第六章會檢視「金融化」（financialization）的現象：其內涵分別是金融產業的成長，以及金融操作習性與態度對實體經濟進行的擴散與滲透。在第四章，我要看的是金融業如何崛起成為經濟重要成員，乃至金融業是怎麼從被認為不具生產力，到普遍承認具有生產力的整個過程。最遲至一九六〇年代，國民會計都視金融活動為不能產生價值，僅能轉移現存價值的一種行動，由此金融活動的定位是在生產邊界以外的。到了今天，這種看法已有根本上的改變。在這一代的化身裡，金融業被認為有在營利，而他們賺錢的工具就是具有生產力的服務。我要說明的是，這種驚人的重新定義是如何發生的；而我要質疑的是，金融中介（financial intermediation）是否真的已經完成了過度，真正變身成為本質上具有生產力的活動。

在第五章，我要深究的是「資產管理者資本主義」（asset manager capitalism）的發展：金融業是如何把觸角拓展到銀行以外，進而把數量日益龐大且宗旨在管理資金的中介機構（統稱資產管理產業），統統納入版圖。我要問的，是這些中介機構的角色，乃至他們所承擔的實際風險，是否搭得上賺得的報酬。這就形同我質疑在具有生產力的經濟體裡，資產管理與私募基金究竟有多少貢獻。我要問的另外一點是，今日從事的金融改革，真有可能不去認真過問金融活動是否獲得恰當分類的問題嗎？金融活動賺取的，真的是經營事業的盈餘，還是應該正名為「經濟租」？我們究竟該如何區分這兩者？若我們的國民會計系統真把價值萃取當成價值創造在給予回饋，那價值的毀滅釀成金融危機，似乎也就不足為奇了。

在接受金融是一種生產力活動的假設基礎上，第六章要檢視的是整體經濟的金融化。在尋求快速回本與獲利的過程中，短線的金融活動對產業界造成了影響：企業的經營開始服務起「股東價值最大化」（MSV）的目標。股東價值最大化的概念興起於一九七〇年代，當時為了重振企業表現，一樣被宣稱是企業存在的主要宗旨被召喚出來：為股東創造價值。我的看法卻是「股東價值最大化」對長遠的經濟成長是一種傷害。其中一個理由，就在於股東價值最大化鼓勵一件事：犧牲公司的長遠利益換取股東希望的短期收益——而這種發展與基金經理人在想替客戶與自己尋求投資報酬的過程中，影響力愈來愈大，絕對有很密切的關係。在「股東價值最大化」下方打底的概念，是股東冒了最大的風險，所以有資格拿走最多的回饋，而事實上他們也往往叼走最大塊的肥肉。

承擔風險，常被用來合理化投資人收割利益，第七章將會繼續討論屬於其他類型，但也同樣假風險之名進行的價值萃取。在此討論的是欲催生出有突破性的科技創新，我們需要冒的是哪一種風險？創新無疑是資本主義裡最冒險也最具不確定性的活動：大部分的嘗試都以失敗作收。那甘冒這種險的都是誰？我們需要創造什麼樣的動機？我研究了現行創新論述的偏頗看法：公部門冒的險被視而不見，國家如何被視為只是在輔助私部門，為私部門「去風險化」。這樣的結果就是各項政策（包括智慧財產權系統的改革），都讓各領域的在位者變得更強大，讓創新受到限制而綁手綁腳，也催生出了「不具生產力的創業」。[21]在我前作《創業型國家》的基礎上，會說明創業者與創投公司是如何被吹捧，如何成為當代資本主義中最活潑的一塊——創新——的代言人，又是如何自我標榜為「財富的創造者」。我會拆解財富創造的論述，讓各位看清楚，也讓大家知道這種論述是錯誤的。將創新中的價值占為己有，一如最近一股打著「平臺」概念，還有相關之「分享經濟」所掀起的歪風，多多少少都是假創新之名，行方便自己進行價值萃取，將經濟租中飽私囊之實。

從「偽創新」的論述向下延伸，第八章要問的是何以公部門長年保持遲緩、無聊、官僚與不具生產力的形象。這種形象是從哪兒冒出來的？其存在又最符合哪一方的利益？我認為在金融業被冠上「有生產力」的同一個時間，公部門也被同一種方式打成了「沒有生產力」。現代經濟學的思想，已經將政府貶低到收爛攤子的命格，只具有解決市場失靈的功能，不再承擔積極創造與形塑市場的使命。我堅信公部門在價值創造上扮演的角色被低估了。這種主流看法源自一九八〇年代，誕生於反政府風潮中，從根本上影響了政府看待自己的眼光：躊躇不前、緊張兮兮，就怕一個越線會被扣上與民爭利、排擠創新、圖利特定對象、「西瓜偎大邊」偏心贏家的罪名。在質疑何以公部門活動被排除在GDP的會計計算以外時，我會先問這一點的重要性在哪裡，然後為公部門的價值勾勒出新的觀察角度。

進入第九章，我會總結唯有透過公開的價值辯論——包括價值的來源與孕育價值需要的條件——我們才能引導經濟生產更多真正的創新，並朝減少貧富差距發展，也才能讓金融業在經過轉型之後，澈底專注在為實體經濟服務，培育「價值創造」。光是批評投機行為與短線的價值萃取是不夠的、光是主張要以更前進的稅務系統來針對財富的擁有者也是不夠的，我們還必須將這些批判放進與價值創造有關的討論中，否則無論我們祭出什麼樣的改革方案都將成效不彰，也終將被所謂的「價值創造者」以各種遊說打得灰飛煙滅。

關於價值是什麼，這本書並不會嘗試要大家對某個最正確的理論馬首是瞻，甚或將某種理論定於一尊。相對於此，本書希望的是找回價值理論作為辯論場域的定位，讓大家再次認知到在現今這個混沌不明的經濟局勢裡，價值是一個有意義且值得探究的問題。價值不是理所當然的，也不是斬釘截鐵地不在（生產邊界）圈內就在圈外的存在。價值的存在必然經過形塑、創造的過程。在我看來，今日的金融業所哺育的不是他們理應為其扮演交易齒輪潤滑劑的諸多產業，而是根本在滋養金融業本身的各個環節，這形同是在自肥。這樣的金融業，只有名義上在生產圈內，實際上卻早已身在圈外。但這並不是不能改變的事：我們可以給金融業塑形，以便他們可以名實相符地回歸圈內。這包括我們可以扶植新金融機構，由他們放貸給對長期高風險投資有興趣的組織，這樣的過程就可以促成創新導向經濟的茁壯，另外我們可以運用稅制的改變鼓勵長期而非短期的投資。同樣地，如我在第七章會討論的，目前的專利體系並不利於創新，我們需要做出調整，以便專利可以成為創新的助力而非阻力。

為了讓經濟的運作更趨近於公平，也為了長久共享經濟繁榮的成果，我們必須找回討論的熱情，認真去探究價值的本質與源頭。我們必須把誰是價值創造者的故事拿出來重新檢視一番，然後思考該如何定義它的經濟活動生產力，以及能夠產生什麼啟發。對於所謂「進步」的政治，我們不能令其僅限於對富人課稅，我們還必須對財富的創造拿出新的理解，進行新的論辯，目標是讓不同的意見都能公平公開地暢所欲言。語言亦不得隨便：我們需要為政策設計一套新的字彙。政策不該只用來「干預」，政策應該用來形塑一個不同於現在的未來：共同創造市場與價值，而不光是「補（市場的）破網」或把創造出來的價值加以分配。政策的存在是為了冒險，而不是為了「去風險」。同時，政策的重點不在於把賽場弄平，而在於讓賽場朝著我們理想中的經濟體前進。

這種市場可以由人主動去形塑的觀念，對我們的影響不可謂不大。理解到市場是我們各種決定——包括在商業行為上、公共組織上，與在公民社會中的各種判斷——所造成的結果，我們便有機會去創造一個更理想的經濟體。每天工作八小時、每週工作五天的設計，構成了市場的一部分，而這是勞工組織抗爭得來的成果。如今全球性一片悲觀失望——導致右派民粹政治崛起的那股悲觀失望——其成因或許就是經濟對於我們而言，只不過是貿易規則、技術官僚與新自由主義勢力共同「打造」出來的局面。確實，如本書之後會陳述到的，「價值」理論本身的形象就是一種決定供需互動的客觀力量，而不是深植於特定世界觀的主觀看法。經濟原本就是可以打造、揉捏、形塑的玩意——差別在於你要在恐懼裡這麼做，還是在希望中這麼做。

我在這裡要提出的一項特別的挑戰，就是要超越王爾德這位憤世嫉俗的悲觀主義者。他信手拈來，便能對價格如數家珍，但他卻說不出任何一樣東西的價值所在。我希望超越他，朝著以希望為名的經濟運作邁進，屆時我們將更有權柄去質疑經濟理論。我們不用將各種假設當成真理，也不用照單全收各類規定；在各種可行的道路中，我們將能選擇一條不同於以往的方向。

註釋

1 Bill Haywood, *Bill Haywood's Book: The Autobiography of Big Bill Haywood* (New York: International Publishers,1929).

2 https://www.theguardian.com/business/2016/apr/25/bhs-philip-green-family-millions-administration-arcadia

3 https://www.ft.com/content/cc58c190-6ec3-11e6-a0c9-1365ce54b926

4 https://www.ft.com/content/3e0172a0-6e1b-11e6-9ac1-1055824ca907

5 http://databank.worldbank.org/data/download/GDP.pdf

6 M. Mazzucato, *The Entrepreneurial State: Debunking Public vs. Private Sector Myths* (London: Anthem Press, 2013).

7 譯註：布雷本是原生於紐西蘭，今已很普遍的蘋果品種。

8 W. Lazonick, M. Mazzucato and Ö. Tulum, 'Apple's changing business model: What should the world's richest company do with its profits?', Accounting Forum 37 (2103), pp. 249-67.

9 Oxfam, *An Economy for the 99%*, Oxfam Briefing Paper, January 2017: https://www.oxfam.org/sites/www.oxfam.org/files/file_attachments/bp-economy-for-99-percent-160117-en.pdf

10 即便是保守派的力量，也喜歡把玩「獲取者 vs. 製造者」的類比，其中米特．羅姆尼（Mitt Romney）就稱呼他的私募基金公司為「財富創造」的樞紐，同時還針對社會上有哪些「寄生蟲」在利用福利國家的制度萃取財富這一點，大放厥詞。G. Monbiot, 'Mitt Romney and the myth of self-created millionaires', *the Guardian*, 24 September 2012: https://www.theguardian. com/commentisfree/2012/sep/24/mitt-romney-self-creation-myth

11 J. Stiglitz, The Price of Inequality: How Today's Divided Society Endangers our Future (London: Allen Lane,

2012).

12 近期以一本傑出的著作出自記者拉娜・福洛荷（Rana Foroohar）之手，名叫《大掠奪：華爾街的擴張與美國企業的沒落》（*Makers and Takers*），而這本書所檢視的是生產性產業受到金融業成長的侵蝕，因為金融業服務的是自身的利益，乃至於產業中與金融業狼狽為奸的經理人利益，至於長期性的經濟成長則不在這群人的考慮之列。R. Foroohar, *Makers and Takers: The Rise of Finance and the Fall of American Business* (New York: Crown Business, 2016).

13 我在寫這本書的同時，麥可・哈德森（Michael Hudson）也寫出了對現代金融業的尖銳批判，且此批判同樣奠基在此一「不勞而獲」的概念上：M. Hudson, *Killing the Host: How Financial Parasites and Debt Bondage Destroy the Global Economy* (Dresden: ISLET Verlag, 2015).

14 M. C. Jensen and W. H. Meckling, 'Theory of the firm: Managerial behavior, agency costs and ownership structure', *Journal of Financial Economics* 3(4) (1976), p. 308.

15 M. E. Porter and M. R. Kramer, 'Creating shared value', *Harvard Business Review*, 89 (2011), pp. 62-77.

16 M. E. Porter, *Competitive Advantage* (New York: Free Press, 1985).

17 SNA 2008 (New York: United Nations, 2009), p. 6. 同為生產邊界的討論，見 D. Coyle, GDP: A *Brief but Affectionate History* (Princeton: University Press, 2014), pp. 37-9. 另一關於生產邊界的討論，參見 H. H. Boss, *Theories of Surplus and Transfer: Parasites and Producers in Economic Thought* (Boston: Unwin Hyman, 1990).

18 基本上，我們不該擅自將這段話解讀為是在說經濟學中其他形式的價值討論都無關緊要。見 B. Bozeman, *Public Values and Public Interest: Counterbalancing Economic Individualism* (Washington DC: Georgetown University Press, 2007)，當中有對於經濟學中「公共價值」的精彩探討；見 J. E. Stiglitz, A. Sen and J-P. Fitoussi, *Mismeasuring Our Lives: Why GDP Doesn't Add Up* (New York: The New Press, 2010)，當中有

關於ＧＤＰ的討論；見 G. F. Gaus, *Value and Justification: The Foundations of Liberal Theory* (New York: Cambridge University Press, 1990)，當中有自由思想中關於道德與倫理等議題的探討。唯本書關注的主題是生產價值在經濟體系中的衡量與計算，是如何從根本上影響了我們區別價值創造者與價值萃取的能力，以至於我們無法去區分租金與獲利的差別，而這一點如我們會在第二章所見，會以不同於喬瑟夫．史迪格里茲所提問題的方式，影響到ＧＤＰ。

19 https://www.usatoday.com/story/news/2017/08/22/breakthrough-cancer-drug-astronomical-price/589442001/

20 European Commission Horizon 2020 agenda; OECD, UN.

21 W. J. Baumol, 'Entrepreneurship: Productive, unproductive, and destructive', *Journal of Political Economy 98(5)* (1990), pp. 893-921.

第一章

價值簡史

A Brief History of Value

有一種勞動，可以將價值加諸於其施作的對象身上；另外一種則不具這種效果。由於前者可以產出某種價值，稱為「具有生產力」；後者反之，則是不具生產力的勞動。

——亞當．史密斯，《國富論》，一七七六年身為習慣了繁榮的現代人，會覺得經濟成長是理所當然的。我們覺得下一代的物質生活會比上一代過得更好是天經地義的。但這從來不是通例。在人類歷史的大部分時間裡，一代比一代好是一種奢望，生活水準提升的速度也非常緩慢，所以很少有思想家會費心研究為何有些經濟成長、有些不成長。到了現代的初期，改變的速度加快，原本有如一灘死水的經濟體看見了活力，充滿了流動的氣息。民族國家在歐洲的興起，加上打仗、殖民、機械、蓋工廠、挖煤礦，樣樣都需要錢，還有人口規模的擴大，在各個領域都激發出不同的想法。各國政府與活在不同階層的民眾都想知道，是什麼推著這史無前例的巨變向前，又該透過何種方式去管理控制？哪些稅可以加？為什麼比起資本家的獲利，我領的薪水少得不成比例？現在投資下去，獲利的前景可以有多篤定？創造出價值的，是什麼東西？

要認真回答這些問題，首要關鍵在於弄懂生產的本質。具有生產力的活動一旦被確認，經濟政策就可以嘗試導引經濟發展，包括將更大比重的資本與心力投入到有生產力的活動，藉此推動與維繫經濟成長。但生產力的定義會受到經濟、社會與政治力量的左右而改變。大約三百年前，從開始有經濟學者研究生產條件的變遷以來，就一直苦於無法提出一套論述來明定哪些活動帶有生產力、哪些活動不具此一特性。畢竟，經濟學家也是人，也跟我們一樣受身處的時代所限。因此要釐清價值的內涵就得依靠兩點：首先，是我們要分辨出哪些原則不會隨著時間逝去，哪些又只是一時一地的狀況而已；再者是後面會談到的，各種意識形態的立場是如何被發展出來。

這一章要談的，是十七世紀中期到十九世紀中期的價值理論演變。十七世紀的諸多思想家專注於計算成長，這是為了配合那個時代的需求：舉兵作戰，或增加本國相對於他國的競爭力。比方英國與荷蘭，就是在商場與海軍軍力上的宿敵。而此時崛起的重商主義者（mercantilists），則專注於貿易與商人的買賣需求上。從十八世紀中到十九世紀晚期，經濟學者認為價值源自於投入生產的勞動力數量，一開始這指的是農場上的勞力（重農主義者），後來變成工業上使用的勞工（古典學派）。他們認為投入勞動力所產生的價值，決定了產品最終的售價。這批人的價值理論——財富如何創造出來——屬於一種動態，而其變動所反映的正是一個歷經著社會、政治與經濟蛻變的世界。這些經濟學者聚焦的是客觀的力量：科學技術演進的效應、生產與經銷的架構與分工。但後來，如我們在下一章會講到的，另一種觀點凌駕了這批古典學派，那就是經濟學中的新古典主義。新古典主義不如古典主義關注影響生產的客觀力量，而是更看重經濟體中不同行為者的「偏好」所具備的主觀本質。

重商主義：貿易與金銀財寶

自古以來，人類就把經濟活動一分為二：有生產力跟不具生產力者、符合美德與卑鄙惡劣者、勤勉從事與怠惰偷懶者。至於各組合的前者與後者如何區分，常用的試金石就是看哪一邊更能促進眾人的利益。在西元前四世紀，亞里斯多德把大致上符合美德的職業，進行了一項區別，他用的標準是古希臘城邦居民中的階級（公民或奴隸）。[1]在新約聖經裡，使徒馬太聲言耶穌說「駱駝穿過針的眼比財主進神的國還容易呢！」。[2]在中世紀，教會輕則貶抑、重則譴責「買低賣高」的放款者與商人，[3]這些人固然不懶惰，卻被認為是沒有生產力的旁門左道。

在現代化之前，人們對於工作的生產力，其定義模糊不清。甚至隨著資本主義在十六世紀風起雲湧，這些定義就益發撲朔迷離。歐洲的殖民政策與為了保護貿易航道而兼併的土地，都得花費巨額，政府得想辦法籌錢養軍隊、養官僚、購入奇珍異寶般的外國商品。但事情好像又沒有那麼難：美洲發現了讓人眼睛為之一亮的大量金銀，大批寶藏湧入歐洲。由於這些貴金屬代表財富與繁榮，乍看之下，無論是誰購入、持有、控制貴金屬，這些控制著貴金屬貨幣供應的人，都能算是在從事著具有生產力的活動。

當時有一派學者與政客主張累積貴金屬，可以帶領國家通往權力與繁榮，這群人被稱為「重商主義者」（英文為 mercantilist，拼法源自 mercator，也就是拉丁文裡指「商人」的單字），理由是他們信奉貿易上的保護主義政策與貿易順差來刺激金銀的流入，同時遏止金銀流出。重商主義陣營中最著名的是東印度公司的董事，名叫托瑪斯·孟恩爵士（Sir Thomas

Mun, 1571-1641），在他甚具影響力的著作《英國藉外貿賺得的珍寶》（*England's Treasure by Forraign Trade*）中，孟恩總結了重商主義的信條。他說，我們必須「以每一年價值，賣給陌生人比較多的東西，消費他們比較少的東西」。[4]

重商主義者所捍衛的，還有中央政府必須擴張規模。唯有強大的國家，才能挹注資金撐起戰爭與探險這兩樣保持貿易航道通暢與控制殖民市場所需的工作。在英國、荷蘭與法國，重商主義者推動通過了一部部作為貿易壁壘的海運法案，像英國在一六五一年制訂的《航海條例》（*Navigation Act*），明文規定只有掛著英國國旗的船隻，才能與英國母國與殖民地進行貿易。

隨著重商主義的思想持續發展，加上民眾開始從國家的層面去思考財富生產，國民所得（national income）的估計——所有國民賺得收入的加總——開始出爐了。十七世紀的英國進行了兩次劃時代的嘗試，都是要將國民收入加以量化。第一次嘗試的主人翁，是威廉·佩提爵士（Sir William Petty, 1623-87），這名冒險家、解剖學者、醫師與國會議員，曾經在奧立佛·克倫威爾（Oliver Cromwell）的共和聯邦政府[5]中擔任過愛爾蘭的稅務官吏。[6]另外一次嘗試的主角則是有紋章官[7]身分的葛雷格利·金恩（Gregory King, 1648-1712），他是族譜學者、雕刻家與統計學者。他曾主掌婚姻稅、出生稅與埋葬稅這三種新稅制的課徵，並在撰寫相關著作時對國民收入會計產生興趣。

佩提與金恩能靠著雜亂而不完整的資訊，創造出精細到令人吃驚的國民收入估計，不得不說是天賦異稟。他們掌握的不過是粗糙的政府稅務資料與人口推估數據，外加缺三落四的玉米、小麥與啤酒等基本商品的消費統計。雖然他們的努力非常可敬，但他們的推估少了一樣東西，那就是一套清晰的價值理論：佩提與金恩所關心的，只是把國家的產出計算出來，而不是弄清楚這些產出是如何來的。不過，他們對國民會計的嘗試稱得上史無前例，也為現代的國民會計體系奠定了根基。

一六六〇年代，在佩提的國民收入研究持續推進之際，英國國內正脫離克倫威爾的共和主義實驗；在國際上，英國則與荷蘭、法國進行海權爭霸。佩提想一探究竟的是英國究竟有沒有足夠的資源可以撐過這些國安威脅，他的說法是，他想要「以數學方式證明國家（英國）可以透過課稅來徵集較大的國庫收入，藉此讓承平或戰時的需求獲得滿足」[8]，因為他堅信英國比想像中要更加富裕。

佩提達成了一個決定性的突破。他了解到在國家的層級上，收入與支出應該是相等的。他理解到如果把國家當成一個封閉的系統，那某個人在當中的一鎊支出，就等於另一個人的一鎊所得。這是第一次有人掌握到並利用這項基本的見解。為了補強不足的資料，佩提進一步探究國家收入等於支出的假設（這排除了好年頭會有人把錢存起來的選項，不過佩提有留意到這個差別）。[9]這意味著他可以拿人均支出乘上總人口，就可以得出國家的總收入。而在這樣的過程中，他不知不覺地開始設定起生產邊界，邊界裡是用來花在「食物、住屋、衣服與各種生活必需」產品上的金錢。[10]其他所有「非必要的花費」，按照佩提的定義，統統都被捨棄。

從這樣的做法延伸出去，佩提開始把任何一種不生產必需品的經濟分支，視為不具生產力，因為這些分支對國民收入並無挹注。隨著他的研究繼續往下走，佩提對於生產邊界的認知也愈來愈清楚，界線的一邊是「畜牧者、水手、士兵、工匠與商人等任何聯邦的中流砥柱」，另外一邊則是「從孱弱者與嘗試這些前述職業而失敗的人當中」，「崛起的其他上流職業（great professions）」。[11]所謂「上流職業」，佩提指的是律師、神職人員、公務員、貴族等等。換句話說，對佩提而言，某些「上流職業」僅僅是必要之惡——這些職業之所以需要存在，是為了讓生產更順利，讓現狀能夠維持下去——但這些行業並不涉及到經濟生產或交換的核心。雖然佩提並不認為政府政策應該專注在進出口的控制上，但重商主義者仍對他有很深刻的影響。「商貿，」他主張，「要比製造跟畜牧更具生產力。」「荷蘭人，」他帶著肯定的口氣說，「把他們的畜牧業委外給波蘭與丹麥，好讓自己能騰出手來專心從事更有生產力的『貿易及新奇的工藝』[12]。」英格蘭，他的結論是，也能因為更多人從畜牧改為經商而受益。[13]

一六九〇年代末期，在佩提的《政治算數》（*Political Arithmetick*）初次出版後，葛雷格利．金恩就對英國的收入進行更細緻的估算。跟佩提一樣，金恩也很在意英國發動戰爭的潛力，於是他把英國的收入拿去跟法國與荷蘭做比較。從不一而足的來源多方取得資料後，他鉅細靡遺地計算英國大約二十種不同職業團體的所得與支出，從貴族到律師、商人到乞丐，都在這些行業之列。他甚至搶在「預測科學」問世的兩百五十年前，就進行了包括人口在內的預估。另外，也是他推算了重要農產品的產量。

就像在佩提作品中一樣，隱性的生產邊界也開始在金恩評估生產力的過程中浮現，而生產力於他而言，是「所得大於支出」的。金恩覺得最有生產力的一群，是經商或從事貿易者，他們所得比支出要大上四分之一；再來是「上議院的世俗與神職議員」；接著是各式各樣的上流職業。落在邊界上的是農民，他們賺得差不多剛好可以糊口。而毫無異議落在邊界外的，是水手、勞工、僕役、佃農、乞丐與一將功成萬骨枯的「普通士兵」。[14]在金恩的眼裡，這群在總人口中稍微過半、但不具生產力的群眾，是在吸取公共財富的水蛭，因為他們消耗的要比產出的多。

圖二展示了同樣是「具生產力的」職業，佩提與金恩的版本差異。佩提認為不具生產力的職業，後來幾乎都被金恩認為具有生產力，而好幾種被佩提認為能夠產出價值的職業——水手、士兵與不具技能性的勞工——就沒有通過金恩的考核。這兩人的看法會有所不同，可能跟他們的出身背景有關。佩提出身並不顯赫，想法偏向共和，他一開始是跟著奧立佛．克

圖二：十七世紀的生產邊界劃定

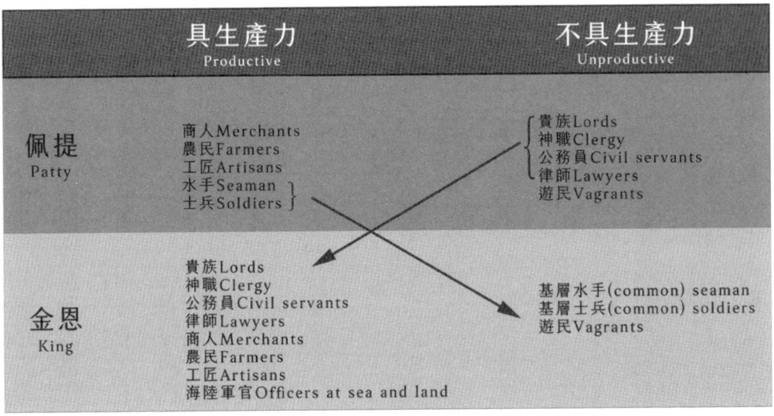

倫威爾做事；金恩出入於貴族與宮廷的圈子，這樣的他或許不太會跟佩提一樣，認為那些「上流職業」沒有生產力。不過這兩位都將「遊民」列為不具生產力，這樣的見解倒是呼應了今日的情形，現今的遊民朋友會向政府領取社會福利，而政府的錢就是取自具生產力部門的稅金。

佩提與金恩的部分想法，並沒有因為時間的考驗而消逝，[15]在他們屹立不搖的成就裡，最重要的一點或許是為兩人異口同聲稱為「政治算數」的東西，也就是我們今天稱為「國民會計」的概念，奠定了基礎。有了國民會計，才能計算GDP。GDP正是各國用以駕馭國家經濟航向的羅盤。

重商主義的觀念，仍能與現今的若干經濟行為產生共鳴。現代政府對於匯率的「管理」，實際上是想藉偷吃步來換取在出口市場上的競爭優勢，進而累積外匯存底。這樣的想法，就與重商主義認為要促進出口來累積金銀的觀念遙遙相望。關稅、進口限額，以及其他用來控制貿易並扶植國內企業的手段，也不禁讓人追憶起早期關於價值如何被創造出來的想法。無論是有人高聲疾呼要保護西方的鋼鐵廠不受中國進口的打壓，還是有人認為要補貼國內的低碳能源生產來取代石油、天然氣與煤炭的進口，都不是新鮮的創見。民粹政客對於自由貿易的強烈否定態度，乃至於他們覺得有必要廣豎各類高牆來阻擋貨物與勞工的自由移動，也都彷彿在向重商主義的時代致敬。他們的共通點都在強調把價格訂對（包含匯率與薪資），而非著眼於長線經濟成長跟為了提高人均所得而進行的必要投資。

在人類初探價值源頭與成因的當年，佩提與金恩都是眼光獨到、見微知著的人物，影響後世深遠。但兩人也都可以恣意為各種職業貼上具生產力或不具生產力的標籤。他們的研究工作，純粹是描述性的，並未嘗試要把經濟系統中不同群體或個人之間的關係量化或模型化，[16]也沒有要量化系統如何自我複製並維繫未來生產條件的過程。換句話說，他們的努力並未連結到某種理論基礎，沒有論述到是什麼構成了財富，哪裡又是財富的出處，也就是我們並未看到「價值理論」。因此任何關乎經濟成長的政策都會變成一家之言，因為我們根本不清楚價值來自何處。所幸在接下來的一世紀，這個局面將會有所改變。

隨著經濟學研究在十八世紀中持續發展，思想家們愈來愈希望能找出一套理論來解釋何以某些國家成長繁榮，某些國家卻又盡走下坡。雖然當時的經濟學者還沒有開始使用「生產邊界」一詞，但此觀念已深植他們研究的核心。對於價值的追求，讓他們開始重視「生產」，而說起生產，第一個會想到的就是土地——在以農業占大宗的社會，是很合理的——隨著工業化的發生，經濟學把目光投向了勞動力。勞動力的價值理論隨著十九世紀中的卡爾・馬克思（Karl Marx）達到極盛，而當時工業化正如火如荼地進行著。

重農主義：答案藏在土地裡

人類首次嘗試想為價值找到一個正規理論，發生在十八世紀中、法國國王路易十五的朝廷裡，也發生在事後證明是法國絕對君主制的落日餘暉裡。在當時，常被形容為「經濟學之父」的馮斯瓦・奎奈（François Quesnay, 1694-1774）是國王的御醫兼智囊。他運用自己受過的醫學訓練，把經濟理解成一種「新陳代謝」系統。在新陳代謝中很關鍵的一點，就是每樣東西都來自某個出身地，也一定要去向某個目的地——這點對奎奈而言，也適用於財富與經濟。奎奈的研究理念使他架構出人類第一個系統性的價值理論，以區分誰在經濟體系內具有生產力，誰又不具備生產力，並將整個經濟體是如何透過一小群成員創造出價值並進行自我複製的過程，做成一個模型。在其出版於一七五八年、開經濟學先河的《經濟圖表》

（*Tableau Économique*）一書中，有張表說的就是新價值如何創造出來，又是如何在經濟體系中循環。在這張表裡，他延續了新陳代謝的類比：泵浦被畫出來象徵新價值的引入，而向外的導管則代表價值如何離開系統。

在奎奈寫書的當時，法國社會已經面臨到在他離世十五年後引發法國大革命的諸多問題。法國的農業奄奄一息，農民被重稅壓得喘不過氣，而跟他們要錢有兩種人：一種正是通常具有貴族身分的地主，他們需要這些錢去撐起奢華的生活方式；一種是中央政府，他們需要這些稅金去打仗跟貿易。雪上加霜的是，面對此時開始積極向外擴張的英國，法國政府採取了重商主義政策，刻意壓低農產品的價格，其邏輯是便宜的農產可以供養國內的製造業，而便宜的製造業產品又可以出口換取政府垂涎的黃金。在當時，黃金仍普遍被認為是國家財富的衡量標準。面對這樣的狀況，奎奈與其追隨者建立了一套強而有力的論述來扶農抑商。他們之所以被稱呼為重農主義者，主要是奎奈寫過一本同名的著作，但其實他們自稱為 Les Économistes，也就是「經濟學家」。

奎奈的想法，與獨尊黃金的主流重商思想形成了劇烈的反差，他認為土地才是所有價值的根源。圖三顯示了按照奎奈的看法，能滋養人生命的萬事萬物都來自地上的土。他指出，人無法真真實實地產出新東西，但大自然可以：穀物源自小小的食物種子，樹木生於樹苗、礦石產自大地，兩者供我們蓋屋、造船、建機器。相對於此，人類無法產生真正的價值，

圖三：十八世紀的生產邊界劃定

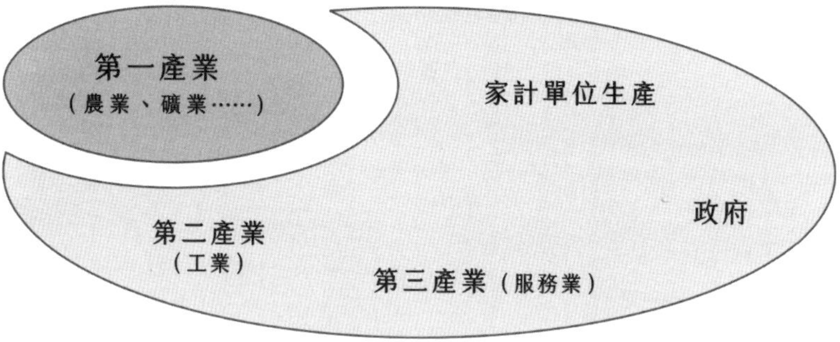

只能改造價值：將種子變麵包、把原木變成木材、將鐵鍊成鋼等。由於農業、畜牧、漁穫、狩獵與採礦（都在圖三的深色泡泡裡）能把大自然的豐美賜予人類社會，因此奎奈稱這些行為屬於「生產性類別」（productive class）。相對之下，所有的其他產業或部門——包括圖三淺色泡泡裡的家計單位、政府、服務業，甚至於是製造業——都不具生產力。

奎奈所採行的是種革命性的分類。與重商主義將交易跟所得（比方黃金）放在價值創造中心位置相比，另闢蹊徑的重農主義者奎奈，率先把價值創造跟生產緊密地連接起來。在區分哪些職業具生產力、哪些則否的過程裡，奎奈把社會拆成三個類別。第一類的組成包括農民，以及工作內容與土地跟水相關的職業；根據奎奈，這是唯一具有生產力的職業類別。再來的第二類，包括製造者、工匠，與從第一類職業獲得原物料，並使其產生變化的各種工人：把木材與石頭拿去組家具、蓋

圖四：奎奈的經濟圖表舉隅

	生產階層		業主		貧瘠階層	
步驟	存款	存貨	存款	存貨	存款	存貨
循環						
0（起點）	0	4 糧食 1 原物料	2	空無一物	0	2 產品
1	1	3 糧食 1 原物料	1	1 糧食	0	2 產品
2	1	2 糧食 1 原物料	0	1 糧食 1 產品	1	1 產品
3	2	2 糧食 1 原物料	0	1 糧食 1 產品	0	1 產品 1 糧食
4	1	2 糧食 1 原物料 1 產品	0	1 糧食 1 產品	1	1 糧食
5	2	2 糧食 1 原物料	0	1 糧食 1 產品	0	1 糧食 1 原物料
6	0	2 糧食 1 原物料	2	1 糧食 1 產品	0	1 糧食 1 原物料
生產						
		2 糧食＋1 產品 遭到消耗 生產出： 4 糧食 1 原物料		2 糧食+ 1 產品 遭到消耗 生產出： 空無一物		1 糧食＋1 原物料 遭到消耗 生產出： 2 產品
新循環→重回頂端起點						

房子；把羊毛做成衣服；把金屬礦物做成工具。[17]但奎奈主張第二類人並沒有讓物質增值，只是把已經存在的價值加以流通而已。第三類是不具生產力的「業主」、「分配」與「貧瘠」等類別，當中的成員包括地主、貴族與神職者。此處的「分配」是一種戲謔性的說法，因為這類人固然會進行價值的重分配，但其唯一的分配對象卻是自己。這些人能不勞而獲，純粹是他們因為坐擁土地。[18]

在奎奈的圖表中，系統中的生產環節完全是由農民一肩挑起，其他人並非無用，而是扮演了能確保系統順利自我複製的角色。圖四詳細地顯示了生產、所得與消費在每一類社經階層之間發生，乃至各階層如何互動的過程。這可能不是人類歷史上第一張試算表，但肯定是人類歷史上第一個能自圓其說的經濟成長抽象模型。

經濟圖表的數值案例

圖四顯示了奎奈模型的邏輯。其中最重要的一點是，初始的價值來自何處、如何創造出來，以及多大的比例被再投資到下一輪（自然界）的生產中，以創造出更多價值——其中再投資的部分，就是經濟成長的精髓所在。在最陽春而不進行擴張的經濟體當中，生產階級會持有一筆初始的「大地產物」（produits de la terre），為了討論方便，在這個例子裡，我們設定價值為五十億里弗爾（livre；法國舊通貨名），其中五分之四是糧食（農民自己的生活所需）、五分之一是要提供給貧瘠階層的原物料。業主持有的二十億里弗爾現金，是從生產階層收來的稅款，而貧瘠階

層則有價值二十億里弗爾的存貨，是工具與各種產品。

循環便以此為起點，在流程裡，每個步驟都會有東西從某一排移動到另外一排，亦即在每一步當中，都會有等值的價值換手，以便為下一輪的生產做好準備。但這不代表會有新的價值被創造出來，循環的第五步到第六步是一個例外，這時不會有等值的價值換手，而是單純有二十億里弗爾的價值換了位子。因為會四處流轉的只有存款，存貨是不會流來流去的。[19]就這樣，到最後，生產發生了：在生產階層方面，有價值二十億里弗爾（兩份）的剩餘產出被創造出來（消耗兩份糧食與一份產品；生產出四份糧食與一份原物料）；在業主階層，有兩份存貨以不具生產力的方式遭到消耗（消耗一份糧食與一份產品；未生產出任何東西）。而在這之後，就又是新一輪循環即將展開。很顯然若是整體經濟的剩餘產出（所得）大於消耗量（支出），那經濟就會在一次次的循環中成長。

（圖中的單位都是十億里弗爾／一份，另外實線代表存貨的「單次」流動，虛線則代表存款的「多次」流通）。[20]

這圖表很俐落地呈現出的一個最大重點，在於在一排一排的流程當中，只要產出大於消耗，那某個數量的價值最終會殘餘下來，然後被拿去再投資，由此經濟就可以持續自我複製。要是不具生產力的社會成員拿了太多走，讓農民可以拿去再投資的東西變少，那經濟的循環會戛然而止。換句話說，當不是生產成員所進行的價值萃取超越了生產成員的價值創造，那麼經濟成長就會停滯。

奎奈本人固然沒有用出這個詞來，但「生產邊界」很顯然是他價值理論中的一環。事實上，奎奈是第一位清晰劃定這條分界的人。由此奎奈清楚地表明一件事，那就是「具生產力」部門所創造出的超額或剩餘價值，確實養活了社會上每一個人。

但接下來其他經濟學者一擁而上，開始對奎奈的分類提出評析與批判。這些學者將批評主軸放在奎奈為工匠與勞工貼上「貧瘠階層」標籤的做法：這個詞對奎奈而言，是用來服務他想要捍衛農業社會秩序的政治目的，但這種主張卻與廣大群眾的日常體驗背道而馳。為了在細部上釐清奎奈的思想，與他同時代的安內．羅貝爾．雅克．杜爾戈（A. R. J. Turgot, 1727-81）保留了價值來自於土地的基本論調，但強調工匠角色對於維持社會運作不墜是多麼重要。他同時也承認社會上需要某些崗位來滿足「普遍性的需求」，像是我們需要法官來主持正義，而這些社會功能對於價值的創造也至關重要。循此，他將奎奈的「貧瘠階層」定義為「受薪階層」（stipendiary class）。由於富有的地主可以決定選擇要親力親為、或拿地租來請人完成工作，因此杜爾戈稱他們為「可替換類別」（disposable class），也就是一種「免洗」的概念。他另外還補充說明了部分農民與工匠會雇用他人來牟利。由於這些農民的身分是從「汗滴禾下土」轉變為他人的雇主，因此杜爾戈主張他們在經營事業而獲利之餘仍保有「具生產力」的資格，只有在放棄對農耕運作的監督之責、單純靠著佃農上繳的價值過活時，才會被認定是「可替換」的收租者。杜爾戈這種比較細緻的分析，是將重點放在（被完成的）工作的性質上，而不光看工作屬於的類別。

杜爾戈的分析極具重要性。在其論述中，我們看到了工資、企業盈餘、佃租等概念浮現：擺明是在指涉財富與所得的分配，而財富分配的討論正是此後數百年經濟學的一大基石，直到今天，都還應用在國民所得會計的計算中。只不過對杜爾戈而言，土地依舊是價值的來源：工作不與土地發生關係者，就不能成為生產邊界的圈內人。[21]

奎奈與杜爾戈幾乎都將生產力跟農業畫上等號，他們這樣做是因為有個更高的目標在上頭。他們筆下明確的生產邊界，讓有地主身分的貴族得以有彈藥去攻擊重商主義的思想與其所青睞的商人階層，而且比起工業社會，這兩人的思想也更適於套在農業社會中。考量到重農主義對工業的輕視，我們不難想像其接收到最具分量的批判，會來自於一個價值創造確定已非農業，而是也有其他新興產業置喙之地的國家：迅速工業化的英國。其中最具影響力的批判者是與奎奈同時代、曾經旅行到法國與奎奈促膝長談的亞當·史密斯。

古典學派：重視勞動力的價值

隨著工業發展在十八與十九世紀飛快地進行，爭相冒出頭來的思想家們也開始百家爭鳴，而這當中包括了亞當・史密斯（1723-1790）、大衛・李嘉圖（David Ricardo, 1772-1823），以及卡爾・馬克思（1818-1883）這位主要作品都在英國完成的德國人。這個時期，經濟學者開始以投入到生產中的工作（勞動）量來測量一項產品的市場價值。由此他們非常在意勞動力與工作條件的變遷、新技術的應用，以及生產獲得組織的方式。

在一七七六年首度出版且廣受肯定的經濟學奠基之作《國富論》（*The Wealth of Nations*）中，亞當・史密斯曾以別針工廠為例，對「分工」進行了甚為知名的描寫，代表他理解到工作組織的改變會對生產力、經濟成長、乃至於財富造成影響。另一本舉足輕重的作品是李嘉圖的《政治經濟學及賦稅原理》（*On the Principles of Political Economy and Taxation*），出版於一八一七年，著名的〈機器論〉（On Machinery）就是其中的一章。他在〈機器論〉中主張機械化造成技術勞工的需求減少，因此會壓抑工資水平。而說起馬克思的《資本論》（*Das Kapital*），其出版於一八六七年的第一卷裡，有一章標題為〈工作日〉（The Working Day），內容講述了英國工廠法（English Factory Acts）的發展，那是一部規定工作環境的法律。看了這一章，你會發現馬克思醉心於將生產視為戰場，而他想為之奮鬥的是工人的權益、工資，以及更好的工作條件。以亞當．史密斯與李嘉圖為首，這一群學者被稱為「古典學派」經濟學家，馬克思這名遲到的先驅則多少獨立於這個名稱的涵蓋範圍外。「古典」（classical）一詞是刻意呼應古希臘羅馬世界中賦予作家與思想家的地位，須知在「古典經濟學」一詞在十九世紀末開始使用時，希臘羅馬思想家的作品仍舊是教育體系中的基石。古典經濟學者所重劃的生產邊界，比較符合他們所處的時代：在亞當．史密斯之時仍能呼風喚雨的「行會」（guild），其底下工匠與師傅的產出於十九世紀後期，開始退位給由都會勞工所撐起的大規模工業，而這些勞工，就是馬克思於一八七五年間所寫到的無產階級（proletariat）。這也是這支新興的古典經濟學又被稱為「政治經濟學」之因。在當時，經濟學被視為是與社會研究密不可分的一個區塊，完全不值得大驚小怪：反倒是今天我們普遍認為經濟學是一門中性客觀、可以獨立於主流社會與政治脈絡來鑽研的科學，可能會讓古人聽了覺得一頭霧水。雖然各個學者間難免有理論上的差異，但既然同為古典經濟學派的成員，他們在兩個基本觀點上有志一同：其一是價值源自於生產成本，而勞動力又是生產成本中的大宗；再者，延伸自第一點，接續勞動創造出價值後的活動，比方說金融，本身並不創造價值。我們後頭會提到馬克思，他對這類區別的認知則更加細微。

亞當．史密斯：勞動價值理論的誕生

一七二三年生於蘇格蘭法夫郡柯科迪（Kirkcaldy of Fife County）一個海關官員家庭的亞當．史密斯，先是成為了格拉斯哥大學（University of Glasgow）的道德哲學教授，然後又轉念研究我們現在稱為經濟問題的東西，只不過在當時，這類問題深受哲學與政治思想的影響。

隨著英國穩穩走在工業資本主義的道路上，亞當．史密斯的《國富論》強調「分工」在製造業上的重要角色。他以別針工廠為例的描述，至今都還是說明組織跟技術變動是如何位於經濟成長過程核心的範例。一名工人不再獨力完成一枚別針，而是只負責其中的一小部分，為何會讓生產力大幅提升？透過對這個問題的闡述，亞當．史密斯說明了「分工」是如何促成「專門化」（specialization），乃至於生產力的提升：

> 我觀察到這類的一家小工廠裡僅雇用了十個人，由此當中某些人得負責兩到三樣不同的作業。雖然這工廠很窮，所以不甚講究地只安裝基本必須的機器，但只要一認真起來，他們還是可以靠著這些條件達成每日十二磅、每一磅起碼四千枚中型尺寸別針的產量。也就是十個人一天可以做出四萬八千枚別針，換算成一個人的日產能是四千八百枚。但要是他們都採取獨立作業，各做各的，再加上沒有人經過這行業

所需的教育訓練，哪怕是寥寥二十枚別針，甚至是一根別針，他們都難以在一日之內做出來；也就是連目前產能的二百四十分之一，或甚至四千八百分之一都沒有。那是靠合宜的分工暨個別作業的協同，才能產生的成果。[22]

這些見解堪稱原創且深刻。亞當·史密斯一邊寫著，工業革命一邊大舉在工廠裡引入機器。機械化一旦為「分工」所用，便能激進地增進生產力，成為經濟成長的主引擎。而且即便是不借助任何機器的勞動力重組——只是讓個別勞工專精在特定領域的技能培養，已經足以讓亞當·史密斯主張此論點時理直氣壯。

同樣值得後人關注的，還有亞當·史密斯分析「市場」如何決定消費者與生產者雙方的互動。他聲稱這樣的互動並非取決於人性的「善意」，也無法以「中央規劃」去控制。[23]真正決定一切的，是市場那隻「看不見的手」。

無論擁有的是多是少，每個人都會持續不斷地設法找出最有利於自身資本的運用方式。他眼界所能及的，不是整個社會的優勢所在，而是他自身的優勢所在。但在研究過自身的優勢後，其結論會很自然也很必然地，領著他偏向運用對社會最有利的資本運作方式……儘管他圖的是自己的好處，但他在此例中，就像許許多多的其他案例，都會被一隻看不見的手領著去促成不屬於他本意的目的。[24]

就跟奎奈一樣，亞當．史密斯對重商主義政策的批判是偏向整體性的，他認為重商主義限縮了競爭與貿易，同時強力支持可以增加儲蓄的政策。儲蓄多了，可以投資的資本金額就多了，而不具生產力的消費（如奢侈品的支出）就少了。但對亞當．史密斯而言，產業裡的工人——而非奎奈所認為的農民——才是居於生產性經濟的核心。製造業的勞動力，而非土地，才是價值的泉源與根據。[25]勞動價值理論於焉誕生。

亞當．史密斯之所以儼然成為當代經濟學理論的一大看板人物，主要是他的研究說明了資本主義是如何奠基於人類行為之上，特別是「自利」與「市場經濟的競爭」兩點。亞當．史密斯「看不見的手」一說，已經被人引用到吐，大家都愛用這比喻來支持現今的正統觀點：市場只要不受打擾，就可以通往對社會而言最合宜的結局。換句話說，自由市場比起國家干預要更對社會有益。

亞當．史密斯的著作，其實是供政治人物跟決策者參考的百寶箱。他非但沒有把社會的命運全部交到市場手上，反而還自認是在扮演為「政治家」指路的角色，讓為政者知道該如何做，才能讓「百姓與國家一起富起來」，[26]也就是增加國家的財富。而這是亞當．史密斯的價值理論可以一展身手的地方。他認為成長有賴於在比例上創造更多的「製造者」——也

圖五：亞當·史密斯版本的生產邊界劃定

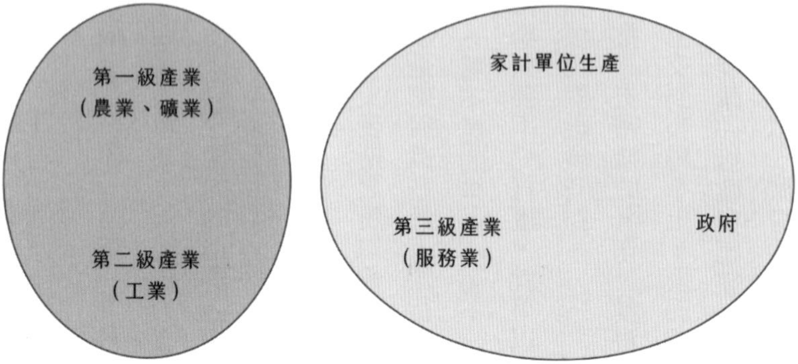

就是可以把原本的獨立匠人或農人雇用為工廠的領薪勞工——藉此改變產業結構。並且，他認為要做到這一點，自由貿易是甚為關鍵的途徑。經濟成長的敵人首先是重商主義者的保護主義政策；其次則是保護著工匠「特權」的行會；第三是把自己弄得前呼後擁、揮霍無度的奢華貴族。對亞當·史密斯（乃至於對奎奈）而言，如果沒有將人力用在生產利用之上（像囤積現金就是一種至今仍戕害著現代經濟的劣習），都是國家在累積財富上的阻力。

亞當·史密斯認為「價值」與勞工花在生產上的時數成正比。為了闡述他的理論，亞當·史密斯假定勞工的工作效率為平均值。圖五顯示他將（生產邊界的）線，全無曖昧地劃在具生產率與不具生產力的勞動行為之間。於他而言，這條邊界所區隔開的是物質生產（material production）與非物質生產（immaterial production），圖中深色泡泡裡的農業、製造業、礦業是物質生產，淺色泡泡裡的則是非物質生產，包括各式各樣的服務業（律師、推車車夫、政府官員等），這些人對於物質的製造雖然有用，卻沒有直接涉入生產過程。亞當．史密斯主張：勞動要被認定有生產力，首先這勞動過程得「實現」在永久性的物件上。[27]他將政府劃歸在生產邊界裡「不具生產力」那邊的做法，也為日後長久的分析定了調，迄今只要爭論政府在經濟體中扮演的角色輕重，他對政府的定位還是會被提到。如同一九八〇年代，英國的柴契爾夫人與美國的雷根都再一次取其精髓地主張：在解決經濟與社會問題的能力上，領銜主演的終究是市場力量。

在亞當．史密斯看來，「再怎麼崇高、實用、不可或缺」的服務，都沒辦法在食衣住等方面複製出價值來，養活不具生產力的勞工。亞當．史密斯認為即便是「主權君主」，包含其中「所有效力於其人之下的司法官與海陸軍官」，都是不具生產力的勞工。[28]神父、律師、醫生、表演藝術者，也都一同被掃進了不具生產力的那一堆裡。

亞當．史密斯在生產邊界問題上的立論基礎，來自他篤信某些類型的勞動無法「複製」養活這些勞工所需的基礎價值。換句話說，如果一定數量的穀物是維持某人生命運作的基本，那麼產生不出這麼多價值的人，定義上就不具生產力。

既然如此，那這些人是怎麼活下來的？這個問題的答案，亞當．史密斯認為在於「剩餘」（surplus）的概念。眾多具生產力的工人所創造的價值，能與養活自己還有剩的作物等量齊觀；一家工廠製造出的產品，能在交易後換得讓全體工人活下去還有剩的作物。這些多出來的價值與作物，就這樣養活了其他不具生產力的勞動者，包含貴族為了能過「奢華生活」而養的「一大群打雜的奴僕與隨扈，外加數不清的犬馬」。

以此為立足點，亞當·史密斯處理起國家財富如何增長的問題。事實上，這可以看作是他的政策建言。他認為把剩餘價值當成薪餉付給不具生產力的勞動者，是一種「浪費」，與其那樣，亞當·史密斯認為我們應該把剩餘價值存起來，投資在更多的生產上，國家才能富裕。[29]亞當·史密斯對富人本身沒有意見，但他確實看不慣有錢人把財富浪費在奢侈的消費上——「當成收藏品的書籍、雕像、圖畫」或是「更加風花雪月的珠寶、飾品、別出心裁的小玩意兒」——而沒把這些財力用在投資生產力（此時畢竟適逢有錢人熱中壯遊的時代，年輕的貴族間很風行遠行到歐陸深造，然後帶著教育跟骨董滿載而歸）。特別吸引亞當·史密斯的是對機械設備的投資，在當時，工廠才正為了提升工人的生產效率而引進機器。

他對於投資的強調，直接連結到他對於租金的想法。亞當·史密斯相信收入有三種：資本主義企業中由勞工領到的工資；擁有生產工具（means of production）之資本家所賺得的獲利；土地所有權人所收到的租金。在市場競爭狀態下被付出去的這三種所得，會聯手決定亞當·史密斯所稱之的「競爭價格」（competitive price）。[30]由於土地不可或缺，所以地租在經濟體裡屬於「自然」的，但這不表示收租具有生產力。對此亞當·史密斯的說法是：

「地主，就跟常人一般，都樂於不勞而獲，因此即便土地來自自然，他們還是會要求以地租的形式分一杯羹。」[31]事實上，亞當．史密斯主張地租的原則還可以延伸到其他的獨占之上，比方說進口某一類商品的特許權利，或是能夠在法庭替人辯護的執業資格。亞當．史密斯不會不清楚獨占造成的傷害，在十七世紀，急於充實國庫的英國政府曾經將各式各樣的獨占權大舉釋出，包括啤酒、鹽巴、鼠夾與眼鏡，對象通常是位居要職的朝臣，這些商品一樣樣成了獨占者的禁臠。一六二一年，英國的特許項目已達到七百種，到了一六三〇年代後期，這些獨占事業每年貢獻十萬英鎊的歲入給英國財政部（the Exchequer）。[32]然而，這種尋租的弊病，非常不受民間歡迎，它就像一雙手掐在經濟的脖子上；獨占也是英國內戰的一項近因，而內戰又造成了英王查理一世（Charles I）遭處極刑。不少英國人聽到亞當．史密斯說自由市場就是沒有租金的市場，他們都心有戚戚焉。

亞當．史密斯針對先進資本主義經濟的運作方式，進行了深刻的分析，為他贏得不少支持者。同樣地，他對於自由貿易的支持，在重商主義漸漸被認為老派的時代裡，他的出版品在最終推翻了英格蘭玉米法（England's Corn Laws）的「自由貿易者」（free traders）之間一炮而紅。說起玉米法，那是一部對玉米課徵沉重進口關稅、用以保護國內地主的法律。在亞當．史密斯眼裡，商人是沒有生產力的一群，因為他們提供的服務只是虛無飄渺的買空賣空，把商品搬來搬去，並未生產出任何具有價值的東西。以亞當．史密斯的思想將自身武裝起來之後，自由貿易者證明了一件事，那就是即便沒有貿易創造的價值剩餘，也沒有黃金的屯積，國家一樣可以日趨富裕。事實上，在他看來，累積黃金絕非必要之舉，也不足以代表完備的經濟成長。巨額的黃金從殖民地流向西班牙，但西班牙王國也未因此在生產力上突飛猛進。

自由貿易者與重商主義者相互為敵，可以視為是兩種不同價值觀的對立，而最終是自由貿易者帶走了勝利。重商主義者認為黃金有其本質上的價值，萬事萬物的價值都可以用金價作為標準來衡量；但身為亞當．史密斯的追隨者，自由貿易者會將價值上溯至勞動，由此價值的邏輯也遭到翻轉。黃金，就跟任何一樣商品一樣，得由生產時耗用的勞動量來判定價值。[33]

亞當．史密斯的理論並沒有金身護體，外界對其一樣有所批評。說起來，亞當．史密斯曾經提出至少兩種價值理論，這也造成了外界的混淆，大家搞不清楚他對生產邊界的立場，也不確定他到底覺得誰才有生產力。問題的關鍵，就在於對服務業是否有創造價值的認知。[34]

追根究柢，亞當．史密斯並沒有澈底釐清物質生產與非物質生產的區別。我們可以知道，對亞當．史密斯而言，一名僕役並沒有「增加」任何可以被主人拿去用來做其他用途的價值，服務主人是其唯一的價值所在。但亞當．史密斯也表示，他認為若製造業工人可以因為把一定量的棉花變成市價三英鎊的布匹而賺到一英鎊，加上這布匹的其他成本投入也值一英鎊，那這名工人的服務對雇主而言就「值回票價」了，因為老闆在這過程中賺到了一英鎊的獲利。從這樣的論述中，誕生出一個無關乎勞動產出是具體產品或抽象服務的生產力定義。在生產的任何一個分支中增添價值，就代表這個行為具有生產力；反之，若沒有增添價值，就意味著生產力缺席。按照這樣的定義，打掃或修車等服務都具有生產力——從而推翻了亞當．史密斯自己以「物質—非物質」作為標準的二元生產邊界區分。以亞當．史密斯的多重價值理論作為戰場，相關的論戰紛擾了數世紀，其他亦出自亞當．史密斯手筆的觀念，像是自由貿易與政府不具生產力的特性，也同樣深遠地影響後世。

但這並不代表他不常被誤解。他對於政治與哲學的理解，在其經濟論述中顯得邊緣。他的《道德情操論》（*Theory of Moral Sentiments*）與《國富論》並不是兩本互相打臉的作品，而是共同組成了他對於三件事的精闢分析，包括人類行為背後的動力、社會的各種組織方式，以及何以某些社會可以成功致富，某些社會則略遜一籌。亞當．史密斯對「自由市場」的分析來自兩個觀念，其一是他對生產一事的理解，其二則是他認為尋租行為有必要受到限制。

大衛．李嘉圖：從根基補強亞當．史密斯的價值理論

在一八一〇年代，英國古典經濟學派的另一名巨擘大衛．李嘉圖（David Ricardo），使用價值與生產力的勞動理論去解釋社會自我再生產的條件。大衛．李嘉圖出身葡萄牙塞法迪

（Sephardic）的猶太家庭，[35]後來舉家先搬到荷蘭，然後在英格蘭落地生根。李嘉圖追隨父親衣缽，在倫敦當起股票營業員，當他後來成為「一位論」（Unitarian）[36]的信徒後便與家人漸行漸遠。投機行為讓他賺取了一般人難以企及的獲利，包括他最具爭議也最經典的「一役」，是一八一五年的英法滑鐵盧之戰期間，李嘉圖利用流傳於坊間的不準確資訊獲利。當時威靈頓將軍即將敗給拿破崙的謠言甚囂塵上，所有人都在拋售債券，李嘉圖反其道而行，結果這一筆讓他賺到（一八一五年的幣值）一百萬英鎊，這在當時是會讓人五雷轟頂的天文數字。不過更厲害的是，他懂得見好就收，此後便急流勇退到鄉間，遠離倫敦的是是非非。

李嘉圖會對經濟學萌生興趣，是受亞當．史密斯的《國富論》吸引，只不過在讀過這本著作之後，他發現一件令他擔心的事，就是亞當．史密斯的價值理論裡缺少一樣不可或缺的東西：他定義的價值該如何在社會中分配——也就是今天所謂的「所得分配」。在今日貧富差距一天天惡化的世界中，這個問題與我們有多麼息息相關。

亞當．史密斯觀察到，由勞動產生出的價值一旦經過販售，就會以薪資、獲利與租金的形式重分配出去；另外一點，他注意到薪資是有高有低的，[37]只不過對薪資如何分配一事，乃至於薪資如何因為職業、國家與時代的區別而有所不同，亞當．史密斯並未提出系統性的見解。[38]相對於此，李嘉圖覺得薪資的分配是經濟學的「主要問題」，且最終會決定一個國家能否成長與富裕，而這也是他在代表作《政治經濟學及賦稅原理》裡強調的問題。

李嘉圖相信勞動價值理論，而且不同於亞當・史密斯，他費盡心思點出商品的價值，不偏不倚地與其生產所需的勞動力成正比。李嘉圖也強調農業，但其理由與奎奈不同。他想要對所得分配提出解釋，而對他而言，農業中的生產力是此一分配轉動的樞紐。李嘉圖認為勞工領到的是度日用的薪資，也就是夠他們換取食物與住處的金額。但食物來自於農業，所以食物的價格會左右薪資水準。當食物價格低（李嘉圖書寫時，以當時常見的玉米為食物代表），代表薪資可以被壓低，而低薪又可以轉化為較高的獲利與投資的動機去創造未來的生產（像是製造業），最終能帶動經濟成長；相對之下，農業生產力不足所引發的高薪則意味著企業獲利降低，製造業的投資減少，經濟成長也會隨之趨緩。

李嘉圖對薪資的這種「憂鬱理論」（dismal theory），承繼自與他同時代的另外一名英國政治經濟學學者湯瑪斯・馬爾薩斯（Thomas Malthus, 1766-1834）。馬爾薩斯主張只要真實薪資高於基本生活所需水準，那人口就會持續成長，對食物的需求會因此推高食物的價格，最終造成薪資降回基本生活水準。[39]

由此在李嘉圖看來，薪資在很大的程度上取決於農業生產力：若農業生產力上升，食物價格下降，那勞工薪資也會連帶下降。而在製造業或經濟的其他分支裡，勞工薪水省下的一塊錢，就是資本家多賺到的一塊錢。所謂獲利，就是工人產出的價值中，無須被拿去消費來換取「生存」（李嘉圖定義為「維持生命、繁衍種族」）的剩餘部分。[40]

這又進一步通往了李嘉圖的成長與財富累積理論——增加資本或財富庫存，以促進此後財富的接續增長。伴隨獲利增長，資本家會從事投資與擴產，而投資擴產會創造就業機會與薪資成長，薪資成長會促成人口增加，然後新增人口的薪資又會慢慢回到基本的生存水準，以此類推。經濟就是個成長的永動機，會持續不斷製造出賺取基本薪資的人類。

但李嘉圖在理論上的天分，實際上是展現在他處理第三類社會階層（地主）上。農業生產有賴於兩種「生產輸入」（input）或稱「生產要素」：生產所需的商品與勞務。其中一種可以依照需求去增加生產、規模化地複製，這一類生產要素包括勞力、機器、種籽與用水；另外一種則無法規模化複製，比如可耕的良田，一如據傳是馬克．吐溫所說的：「買土地就對了，這東西現在已經停產了！」

由於投資與薪資上漲會帶動人口成長，食指浩繁之後就需要生產更多食物來餵養，因此到了某個點上，所有的沃土都會被拿去種植玉米，屆候次等的田地只好開始派上用場。

但由於所有的玉米都是以單一價格賣給工人，而工人的薪水又僅能餬口，因此已經在耕作且產量較高的土地，就會比次等土地創造更高的利潤。而以此為契機，李嘉圖發展出了他著名的租金理論。

李嘉圖定義的租金純粹是因為地主獨占了稀缺的資源，而轉移過去的獲利。在（第二章會討論的）新古典經濟學理論當中，有租金會因為競爭而被奪走的假設，但李嘉圖的租金理論並沒有這樣的建置。李嘉圖認為因資本主義體系裡內建的權力關係，這些租金會繼續留存。在李嘉圖的年代，可耕地大部分控在貴族與仕紳手裡，但實際耕作的是佃農或勞工。李嘉圖認為良田的租金流向地主，是因為佃農之間的競爭。若是資本主義下的農民（佃農）想要繼續付較少的租金來獲致最大的獲利，那地主就可以把租約轉給與之競爭的其他農人，讓願意付較高租金來換取標準耕作利潤的佃農來承租土地。隨著這樣的過程持續推進，加入生產陣容的土地品質會愈來愈貧瘠，也會有愈來愈高比重的所得流向地主。李嘉圖預言租金會因此上漲。

更重要的是，租金上漲的另外一面就是食物價格上漲，主要是高品質的農地會愈來愈少，食物變貴會造成工人需要更多薪水來維持生計。薪資上漲在李嘉圖看來，會造成在製造業等非農產業業主利潤的壓力。隨著經濟發展向前邁進，企業利潤——基本上就是製造業資本家的資本報酬率——會開始下降。全國所得中，流往資本家的獲利比重也會同步下降。相應之下，製造業工人分到的利潤比重會增加，但多賺到的薪水也必須花在因為地主調高地租而變貴的食物上。由此，一國主要的所得，最終還是會落到地主手上。不過由於變低的報酬率不利於製造業等產業冒險投資，因此一國的經濟成長會開始停頓。[41]

透過對地主租金、企業獲利與勞工薪資等不同類型所得的強調，李嘉圖讓大家注意到一個重要的問題：商品賣出去之後，銷售的收益該如何拆帳？參與其中的各方都能根據付出而公平地分得一杯羹嗎？李嘉圖的答案是否定的。

若缺少了生產必須投入的某些要素（比方說可耕的良田），那生產出等量成果（比如一定量的玉米）所需要的成本，就會隨著生產要素的取得難易度而浮動。以成本而言，耕作良田的成本較低，貧瘠土地的耕作成本較高；相對之下在獲利上，耕作良田的利潤會高，貧瘠土地的耕作利潤較低。良田的地主會把肥沃與貧瘠土地之間的獲利差額收到口袋裡，唯一的理由就是他或她獨占了田地這項資產。[42]李嘉圖的理論言之成理的程度，使其直到今天在本質上都還被經濟學用來解釋租金的運作模式。[43]這種意義上的租金，也可以替換成藥品的專利、稀有礦藏如鑽石的控制權，乃至一般人繳給房東的公寓租金。時間來到現代，以「石油輸出國家組織」（Organization of Petroleum Exporting Countries，OPEC）為首的產油國，也是坐擁一項重要的資源而爽收租金。

李嘉圖以經濟停滯為題所描繪出的悲觀遠景，對我們當今的某項論辯也極富意義：近幾十年來的金融業崛起，以及由投機行為中賺取的龐大租金，相當不利於工業生產的投資意願。今日有少數的經濟學者主張，金融業規模一旦（相對於工業等其他經濟部門）變得過大，經濟成長將會下降。理由是真正的獲利來自嶄新的商品與勞務能夠生產出來的，而不是從這些商品勞務賺來的錢轉來轉去。[44]為了讓經濟「恢復平衡」，這派經濟學者認為我們應該讓貨真價實、源自生產的獲利戰勝租金——而這，我們在此可以看出，正是兩百年前的李嘉圖與其一百年後的約翰・梅納德・凱因斯（John Maynard Keynes, 1883-1946）的主張。[45]

確實，就像今天也有一樣的主張，李嘉圖認為（整體不具技術性）的勞工並未手握勝券。在李嘉圖的時代，農工大量湧入快速成長的城市裡，非技術勞工開始供過於求。在無法討價還價的狀況下，這些農民工只得領著可憐兮兮的低薪，過一日算一日。李嘉圖筆下收租壓過生產的光景，也在政治上引發了漣漪。因著李嘉圖理論的影響力，英國在一八四六年廢黜了玉米法，轉而擁抱自由貿易，這也削弱了既得利益者的力量，讓生產成本（而非獨占跟特權）成為主導生產的力量。接續的幾十年，英國成為了「世界工廠」。唯玉米法廢止所造就的不光是經濟上的轉型，還包括政治上的變革：十九世紀的政治權利從原本有利於貴族地主，轉而變成製造業占上風。價值理論會影響政治行為，反之亦然——沒錯，這依舊是本書序章所提到過的「述行」：陳述等同行動。

關於經濟價值的來源與創造者為何，我們還可以從李嘉圖的「財富累積模型」（model of accumulation）中得到一些啟發。與亞當・史密斯一樣，李嘉圖也熱中於理解經濟如何自我再生產。李嘉圖聚焦在耐久財資本投資與單純消費之間的差別：「一國的全年產出若足以替換其全年消費且還有剩，那我們就可以說，國家的資本增加了；若該國的全年消費不能起碼獲得年產量之替換的話，那我們就說，國家的資本減少了。」[46]但李嘉圖也補充，所有生產出的商品——從衣服到推車——都必須獲得消費或使用，否則這些商品就會跟存貨一樣貶值。

在此，李嘉圖對何謂消費提出了基本的論點。消費於他，不只是家計單位的消費，也意味著資本家的消費。一如生產，消費也分具生產力與不具生產力兩類。具生產力的消費，可以是資本家「消費」了他的資本來購買勞動力，勞動力又可以反過來複製資本、創造獲利。不具生產力的消費，則是把資本花在無法複製所耗費資本的奢侈品上。在這個議題上，李嘉圖的立場非常明確：「資本被有能力進行價值複製的人消費，以及被不具能力這麼做的人消費，其差距不可以道里計。」[47]

所以李嘉圖的英雄是工業資本家，是那些「複製價值的人」——這些人養活了勞工，並創造出由他或她判斷該如何善用的剩餘價值。李嘉圖眼中的反派是那些「不進行價值複製的人」，是那些貴族地主，坐擁稀缺土地、收取高額租金，然後把剩餘價值收進自己口袋的傢伙。[48]對李嘉圖而言，資本家會把剩餘價值投入生產的用途，但地主與貴族會將之虛擲在豪奢的生活方式上。李嘉圖在此呼應了亞當．史密斯的看法，兩人都曾親眼目睹貴族過的揮霍無度的生活。作為一個特殊階級，貴族經常給人一種善於花費但不善賺錢的感覺，還有就是貴族會沉迷於最無生產力的活動——「賭博」。但李嘉圖與亞當．史密斯的理論之所以不同，理由在於他並不在意哪些生產活動屬於「物質性」（織布），哪些生產性活動又屬於「非物質性」（賣布）。對李嘉圖而言，這些都是枝微末節。他認為真正重要的是若有剩餘價值，該如何支配才能發揮其生產力。

對我們的討論而言不可輕忽的，是李嘉圖把政府挑出來，認定政府是非生產性消費的大魔王。政府在他看來就像水蛭，剩餘價值就是政府所吸的血。大部分的政府支出都來自稅收，要是政府消費太大比重的國家所得——去養軍隊什麼的，「那民脂民膏與國家財政的基礎就會快速流失，進而帶來痛苦與毀滅」。[49]李嘉圖認為政府從本質上就與生產力無關。

在李嘉圖進行著述的當年，上頭說的都不是紙上談兵，而是至為關鍵的切身問題。早個幾年，英國政府就曾以破天荒的規模大舉徵稅並發行債券來挹注與拿破崙作戰的軍費，而戰後的英國也債臺高築。被李嘉圖理論認為是不具生產力的這些軍費，英國花得起嗎？讓李嘉圖鬆了口氣的是，他發現民間企業產出的價值增長，確實足以支付無生產力的政府消費，而且還有剩餘。不同於亞當・史密斯，李嘉圖並未寫到政府支出裡為生產力創造初始條件的那幾塊：基礎建設（橋梁、道路、港埠等）、國防與法治。此後的經濟學者會刻意忽略政府在生產力中所扮演的角色，可以說就是有李嘉圖開了先河，而其造成的重大影響，就是我們在第八章要討論的內容。

歸根結柢，李嘉圖的價值與成長理論對應了一種特殊的生產邊界，而這種生產邊界無關乎工作或產業別（製造者、農夫或牧師），也無涉於某項生產活動屬於物質性或非物質性。他認為工業生產會整體創造出價值剩餘，並認為真正的問題在於這些剩餘的使用方式。如果被用來挹注在具有生產力的支出，那這些剩餘就具有生產力，反之則否。

李嘉圖把重點放在資本主義者的「困境」，以及他們如何與地主進行抗爭，但他從沒有處理一個尷尬的問題：勞工創造了價值，豐收的卻是資本家——那些高於基本生活所需的剩餘價值，都進了資本家的錢包，勞工只能領到足以餬口的薪資。從十九世紀一路走來，在英國工業化的過程裡，貧富不均與不公不義的狀況不斷擴張。勞動的價值理論在解釋生產之際，也慢慢地讓資本家看起來愈來愈不討喜。

馬克思論「生產性勞動」

比起李嘉圖之前的時代，他對資本主義的動態抱持更加肯定的態度，這種態度也讓一個世代後的馬克思強調經濟體系有能力可以改造社會。一八一八年生於德國城市特里爾（Trier）的馬克思，是猶太律師雙親的九個孩子之一。大學研讀法律的期間，馬克思受到黑格爾辯證哲學的一個關鍵版本所吸引。這個版本經由黑格爾的諸弟子提出，其內容是心智的思想是經由否定與矛盾的方式走完「正－反－合」的流程。馬克思尤其興味盎然的是，不同的物質力量（資本與勞動力）之間的矛盾，以及解決或合成這些矛盾是如何形塑歷史的。在耶拿大學（University of Jena）因為他極端的政治傾向而拒絕授予教職之後，他加入了立場先進的《萊茵報》（*Rheinische Zeitung*）擔任編輯。一八四三年他遷居巴黎，在那兒結識了弗里德里希・恩格斯（Friedrich Engels），也是他日後在著作等工作上的搭檔。兩年之後，馬克思遭到法國驅逐，理由是從事社會主義政治活動，為此他又前往布魯塞爾落腳。一八四八年，他偕恩格斯共同出版了《共產黨宣言》（*Communist Manifesto*）。馬克思終其一生在政治上的著作汗牛充棟，其立場固然與資本主義勢不兩立，但卻不影響他對資本主義進行客觀的分析，主要是他想藉此了解資本主義會將人類帶往何方，而人類除此之外還有哪些選擇。

馬克思發展出他個人版本的勞動價值理論。他強調「具生產力」活動的定義取決於歷史環境——即特定時空下的社會狀態。他同時聚焦在資本主義系統中生產性活動的本質。在資本主義底下，企業生產商品從螺絲、螺帽到整臺機器等各式各樣的東西。商品若完成交換（也就是賣出去了），就會被說是具有交換價值。如果你生產了一樣商品供自身消費，便不具任何交換價值。商品內在價值，必須透過交換價值才能具體呈現。

這種商品內在價值的來源，是勞工特有的一種「商品」：他們的勞動力。或者換一個說法，他們所具備的工作能力。資本主義者用資本購買勞動力，作為交換，他們會付給勞工薪水。勞工用薪資購買食物或住屋等商品，藉此來回復他們工作的能量。透過這種方式，薪資表達出了能回復勞動力的商品價值。

馬克思這種對於價值起源的描述，大致依循李嘉圖的論述。但李嘉圖曾嘗試找出一種外在的商品作為「不動的價值標準」，供其他產品來判定價值，只可惜此舉並未成功。同樣的問題，馬克思的解決之道是把這種不動的價值度量衡，直接設定為勞工本身。他很小心地把「花費在生產中的勞動」與「潛在的勞動力」進行區隔，後者是勞工整體的工作能力。勞工付出的是勞動，而不是勞動力，在這樣的區別當中，就藏有馬克思價值理論的祕密：人類創造的價值，可以高於回復勞動力所需。比方說，如果一名工人必須工作五個小時來生產足以回復其單日力量的價值，那其勞動力的價值就等同於五小時的勞動；但如果工作日為十個小時，那額外的五小時工作就會創造出高於回復勞動力所需的價值。簡言之，勞動力創造出剩餘價值。

按馬克思的分析，資本主義的聰明之處，在於其透過生產重組讓勞工製造出空前大量的剩餘價值。在狩獵－採集或餬口型農業的早期社會中，人類只會工作到足夠讓其活下去為止的價值，不會有所謂的剩餘價值。之後在封建主義制度下，勞工會被迫生產出讓封建領主能進行（非生產性）消費到心滿意足的剩餘價值；而能讓領主們滿意的價值，亞當．史密斯與李嘉圖都知道只會多，不會少。不過在生產要素被從獨立的生產者手中奪走，而且多半是經由暴力或掠奪（如財產權新法讓英格蘭的大地主得以對公有土地進行圈地）之後，原本的自耕農變成了工人，姑且算是「自由」之身，但家無恆產。

資本家有能力購買工人的勞動力，原因就在於工人失去了他們原本可自力更生的生產要素，得靠薪資過活。而資本家利用的詭計，就在於讓工人的工時超過他們創造維生價值（薪資）所需的長度——而所謂維生，同樣指的是購買食物與住處。[50]換句話說，工人受到了剝削，因為他們創造出高於餬口所需的剩餘價值，被資本家收進了口袋。而不同於封建領主，資本家不會把所有的剩餘價值都浪費在消費上，而是有動機地要進行部分的再投資，藉此擴大生產規模賺取更多利益。但馬克思注意到這系統中存在一處矛盾，那就是想要提振生產力的動機，會造成機械化程度的升高，而機械會取代人力，結果反而縮減了獲利的主要來源：勞動力。他同時也遇見了「金融化」持續發生的問題，主要是金融化帶來的金錢遊戲與買空賣空會掏空製造業的根基。貫穿他分析的主題是兩樣東西：改變，以及改變對於價值創造所產生的影響。

確實，馬克思理論中最獨特的一點，就在於他認為資本主義屬於動態的且不斷在改變。但資本主義的動態不光只呈現在經濟層面上，馬克思對於周遭的各種社會動盪相當訝異：他看到鄉村的工人大量進入城市，創造出都會中的無產階級；他觀察到不僅僅是資本主義經濟，而是連資本主義社會都與之前的社會型態極為不同，而且也永遠保持在流動的變化之中——這是直到今天都非常顯而易見的現象，畢竟現在的我們也不斷奮力要與數位、奈米、生物等各式科技達成一個彼此都能接受的結論。

經濟學者曾把「資本」想成純粹具體的存在（例如機械與建築），而剩餘價值則一概被認為是正面的好東西，畢竟剩餘價值可以幫助經濟自我複製與成長。但馬克思一邊賦予了資本社會性的面向，一邊認為剩餘也有其隱含的黑暗面。勞動力產生出剩餘價值，而剩餘價值會促成資本累積與經濟成長。但資本累積不僅是取於生產性的勞力所得，這當中還有其深刻的社會性因素在作用著。因為勞工不具有生產要素的所有權，所以他們與自身的工作間會形成一種「疏離」的關係，同時他們生產出來的剩餘價值，也會從他們手中被奪走。工作只是為了有錢能有得吃、住、穿、活而必須從事的活動。[51]再者，在資本主義市場的社會裡，人際關係的進行是以商品交換作為媒介。在職能分工社會裡，人類相濡以沫地聯手創造社會的產出——國民收入淨額——並有著相互依存的關係，但也正是因為這層亞當・史密斯大加讚揚的分工，讓多數勞工在製造流程中的某個區塊被過度分化，馬克思認為人類的社會關係變成了商品（東西）之間的關係。[52]

馬克思是如此地著迷於資本主義的動態，索性自創一套價值理論來解釋這種動態的運作。不同於他的經濟學者前輩傾向用產業別或職業別來定義生產（農業、製造業，經商或擔任神職），馬克思定義生產邊界時所用的是利益創造的方式。馬克思質疑的是，為何只是掌握了生產要素，資本家就可以盡享剩餘價值，而提供勞動力的工人卻只能領苟活的薪資——這也是「大比爾」・海伍德丟出來的問題。透過把這種區隔放在價值理論的核心，馬克思創造出一個前所未見的生產邊界。馬克思的價值理論因此影響了經濟學很長一段時間。

圖六：卡爾·馬克思版本的生產邊界

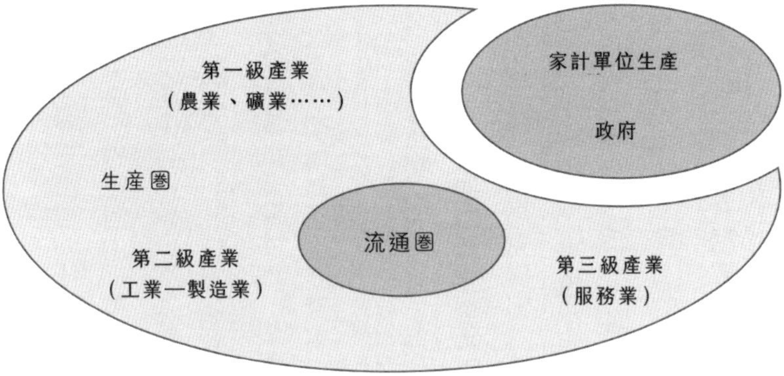

馬克思主張工人既然創造出資本家階層可以納為己有的剩餘價值，那他們就是有生產力的一群。對馬克思而言，資本主義生產中的工人固然有生產力，但劃定生產邊界時的關鍵問題仍是：誰參與了資本主義的生產？誰獲得了生產出來的剩餘價值？

圖六用圖表回答了這個問題。淺灰色泡泡代表的生產圈，涵蓋三類基本的產業：第一級產業構成包括基本的原物料如食物跟礦物（奎奈眼中唯一的價值來源）；第二級產業即工業，是亞當·史密斯與李嘉圖眼中價值創造的基礎；第三級產業，即亞當·史密斯認為屬於「非物質性」的服務業。被包住的深色泡泡，所謂「流通圈」，反映了馬克思認為金融業有某些區塊對生產至關重要，因此值得被放進生產邊界內，這點我們會再回過頭來討論。在生產邊界的另外一端，馬克思追隨亞當·史密斯與李嘉圖的看法，也認為政府與家計單位生產為不具

生產力的元素。

在資本主義經濟裡的任何一個時間點上，都存在著一個「剩餘價值」對上「用於維繫勞工生計的價值」的比例——馬克思直接稱之為「剩餘價值率」（rate of surplus value），決定了經濟生產中可用做資本累積與成長的比例有多高。馬克思把雇用勞工的資本稱為「可變資本」（variable capital）：工人生產了比投資在他們身上更多的資本，所以雇用他們的資本會隨著資本家的總資本而「變動」。沒有用來雇用勞工的資本，會被投資到其他的生產要素上，這部分被稱為「不變資本」（constant capital）——包括機器、土地、建築與原物料——其價值在生產過程中會獲得保存，但不會增加。[53]

用來讓工人餬口的價值，也就是「薪資」，不可以少於讓人回復勞動力所需，否則工人就會活不下去，進而導致資本家無法生產剩餘價值。以史為鑑，窮人的薪資多以能活下去的水準為常態；但馬克思引入了一種強有力且影響後世深遠的新觀念——「階級鬥爭」。工人的薪資是由階級鬥爭所決定的。哪一邊的力量比較大，就可以橫柴入灶地決定對己身有利的工資水準。至於哪一個階級強大，關係到我們今天會說的勞動市場有多「緊縮」（tightness）。若緊縮的勞動市場讓勞工獲致強大的議價能力，進而推高薪資，那資本家就會購置更多機器來取代勞動力，造成更多的失業，也讓勞工間的就業競爭趨於激烈。馬克思認為資本家會嘗試準備好一群待業者「後備軍」，藉此牽制薪資，維持自身在勞工所創造之價值中的分潤。

勞動力的價值，於勞工而言是薪資，於資本家而言是獲利。一家企業的獲利率，是剩餘價值除以變動成本與固定成本的和——大致就是我們今日所稱一家公司的資產報酬率。整個經濟體的平均獲利率，就是全數的剩餘價值除以全數的變動暨固定成本。平均獲利率的高低取決於資本的建構（變動與固定成本的配置比重）以及階級鬥爭的結果——相對於所生產出之價值，勞工的薪資占多少比重。平均獲利率還受到另外一項因素影響，那就是「規模經濟」，主要是勞工的生產力會隨著市場成長與分工變細而增進。[54]比較特別的一點是，馬克思認為農業生產增加，最終並不會通往李嘉圖所說那種靜止的、受糧食所限的世界。[55]馬克思是對的：整體而言，糧食生產始終與人口增長亦步亦趨。馬克思也很敏銳地察覺到科技改造社會的能力。如果地下有知，他肯定不會因為如今自動化取代人力或機器比人類聰明的可能性感到訝異。

馬克思並沒有停在資本主義的遊戲裡誰得到什麼的分析。他把各種資本主義行為者在經濟體裡的不同功能，拿來評比一番。在這麼做的過程裡，他精明地用上了自創的價值理論來指認誰生產出了價值、誰又沒有。如同先於他的經濟學者一樣，馬克思認為競爭有將經濟體裡各個獲利率拉平的效果。[56]但同時馬克思又引入了另一種對其自身乃至於對後續的價值理論都具有重要性的區別：不同類型資本家的獲利方式。被馬克思點名的前兩者是工業資本與商業資本：工業資本生產商品，商業資本則負責透過販賣來流通商品（圖六中淺色泡泡裡的深色區塊），如此賺到的錢便可以提供給工業資本家來購買（新的）生產要素。按照馬克思的解釋，工業資本會創造出剩餘價值，而商業資本則會「實現／兌現」剩餘價值。任何商品只要還沒賣出去，對資本家而言都一無是處，因為即便他或她把勞工剝削得一塌糊塗，最終還是要等剩餘價值兌現才算數。根據馬克思的理論，商業資本已經存在幾千年：從事跨國貿易的商人，像是遠古的腓尼基人與中世紀的漢撒同盟（Hanse）[57]，早就懂得買低賣高的道理。他們沒有做的，是透過資本主義的生產來為產品增值。在資本主義底下，商業資本家實現的是工業資本家所製造出來的價值。若以馬克思的理論套用於今日的案例，我們可以說亞馬遜（Amazon）是種商業資本，因為作為通路商，亞馬遜是工業資本可以販售其商品並兌現剩餘價值的平臺。銀行的轉帳或金流服務也是商業資本的一個例子。[58]

馬克思認為在一開始，主要從事生產的企業也可能進行如商業資本企業的活動，但隨著生產規模日益膨脹，術業有專攻的「物流」或「金流」資本主義企業便紛紛崛起，執行這些商業性的功能。重點是，這些商業資本機構與他們的雇員都只關注資本的「流通」，他們不生產能創造出剩餘價值的商品，因此就這點來看，他們不具生產力。[59]但因為他們也是資本主義企業，所以他們也跟生產者一樣會尋求獲利，由此部分的剩餘價值就會岔出來成為這些商業資本公司的獲利，進而損及整體經濟的平均獲利率。[60]雖然勞動力在負責資本流通的企業中並不會創造出剩餘價值，但這些勞動力還是會被商業資本家視為具有生產力，因為他們正是靠著這些勞動力，確保其能從現存的剩餘價值裡分到一杯羹，也就是企業獲利。[61]隨著商業資本企業走出自己的路，整體經濟的結構也隨之改變，生產型資本企業可享有的剩餘價值多少也受到影響。

馬克思接著指出了另一種生息資本——這類資本主義企業是靠放款給有擴產需求的生產型資本主義企業來賺取利息。之所以能產生利息，是因為在資本主義的世界裡，金錢代表的不光是購買力（金錢可以購買商品進行消費），也有透過投資來錢滾錢的潛力。畢竟金錢也是一種資本。[62]由此從生產型資本主義企業的獲利率中被扣除掉的，就是利息。生息資本，不同於商業型的資本，並不會降低經濟體整體的獲利率；生息資本主義企業只是把經濟體的獲利率拆成兩邊，一邊給利息的收取者，也就是自己，一邊給獲利的賺取者，也就是生產型資本主義企業。

這兩類資本之間的合作關係，有其獨特的好處，正所謂合則兩利。「融資」可以讓資本主義生產的規模與速率有所提升，令製造者更便於獲取額外資本並加速營運「周轉」期（讓資本得以把生產、銷售、與購置新生產要素的循環跑過一遍的時間——也就是一輪生產期的概念）。生息資本與其所供應的信用體系，還可以降低商業資本的重要性，包括前者可以縮短生產型資本等待商業資本把收益替他們兌現回來的時間。不過，由於生息資本不產出任何剩餘價值，因此並不直接具有生產力。[63]

最終，除了上述這幾類資本家，馬克思還增補了一項「稀有物件的所有權人」，稀有物的範例則包括土地、煤炭、專利（權）、律師執照等。這類稀有物件，可以提升生產力到平均以上的水準——同樣的產品，可以用較少的勞動力或其他生產要素製成，而這就能進一步創造出「超額利潤」（surplus profits）（即亞當・史密斯與李嘉圖可能會視為「租金」的東西）給資本家、地主或所有權人，讓這些人完成對自身優勢生產條件的收割。於是，馬克思勾勒出了「獨占」收益理論的輪廓。

在馬克思看來，這當中的關鍵在於勞動力要被認定具有生產力，其條件是勞動力得為身為資本主義體系引擎的「生產資本」生產出剩餘價值——亦即高於勞動力本身薪資價值的超額價值。由此對馬克思而言，生產邊界的界定不是取決於產業別或職業別，而是要看獲利被創造出來的方式，或者說得更明確，是要看特定職業是否在資本主義生產脈絡下執行。只有資本主義企業會累積剩餘價值來進行擴產，而這也就是資本主義經濟自我再生產的方式。

「流通」的存在或利息的所得，並不是這些活動「有用」的證據。馬克思認為這只單純地代表這些活動有其必要性。畢竟少了這些過程，資本就無法周而復始地先變身為商品，再變身為金錢，而這些變身過程是必要的。[64]事實上，馬克思認為一個運作健全的「流通圈」可以為資本縮短周轉期，進而提高獲利率。反之若是「流通圈」的運作卡卡的——比方說提供薪柴的信貸體系欠缺效率——那流通圈就有可能吸收掉過多資本家希望藉由販售商品來創造出的剩餘價值，進而阻礙了經濟成長。

馬克思在細微處修正了亞當．史密斯對於生產性（工業）與非生產性（服務業）之間的區別，令其變得更精巧。如圖六所示，在馬克思的價值理論裡，落在生產圈中的每一家民間企業，無論是否為服務業，都具有生產力。在此，馬克思的成就在於跨過了門檻，不再單純按職業來進行資本主義再製的版圖分配。[65]馬克思生產邊界的跑法，是把商品與勞務的生產放在一邊；至於資本經濟所有其他不能創造出額外剩餘價值的功能，像是放款收息或投機性地進行股票與債券買賣，則放在另外一邊。落在生產邊界以外的資本功能，會以流通資本、提供融資、讓剩餘（獨占）獲利得以成真作為代價，拿走一大塊剩餘價值。

再者，在區別生產、流通、生息與收租等各種資本主義活動的過程中，馬克思讓經濟學者多得到一個可以用來檢視經濟體狀態的診斷工具。流通圈的運作良好嗎？經濟體有足夠的能量（產能）將資本帶到市場上，以便資本的價值可以透過交換行為兌現，進而被再投資到下一輪生產中嗎？有多少比重的獲利被拿去支付利息？這比重對各資本家而言都一樣嗎？專利與發明等智財權系列的稀缺資源，是否替有管道能取得的生產者提供優越的條件，進而為這些生產者創造出「超額利潤」或經濟租金？

李嘉圖與馬克思微調了租金理論，以確立租金的定位是源自於價值重分配的所得，而非源自價值創造的所得。地主自然沒有把土地創造出來，但他或她卻擁有可以「排除其他人（資本家）」不讓他們得到土地去生產價值」的權利，並可以利用這種權利去創造所得。租金不分種類，在本質上都是對整體社會剩餘價值的一種聲索或權利主張，所以也都會對讓生產型資本家的獲利下降。如我們在下一章會看到的，新古典（主流）經濟學已經從根本上將這種觀點下的租金，視為是經濟體系裡一種（可以透過競爭去消除的）缺陷與阻礙。

以上的種種問題，都在二〇〇八年的金融危機後又浮上檯面。這些問題的核心，在於金融業一路以來如何圖利自己，如何沒有真正服務美國經濟學者海曼．明斯基（Hyman Minsky, 1919-1996）口中「經濟體的資本發展」（capital development of the economy）。[66]換句話說，金融業沒有為工業生產分憂解勞，而是崩壞成一座賭場，只是為了將有人創造出來的剩餘價值盡往懷裡扒。[67]問題是：我們究竟該把這座賭場視為無傷大雅的小瑕疵，還是將之視為是不勞而獲的穩定來源（免得讓沒有任何經濟貢獻的活動被洗白）？這項決定，會在擬定經濟改革的政策時產生很大的不同。

馬克思所嘗試進行的生產邊界定義，要比亞當．史密斯跟李嘉圖的方式都來得嚴謹，領先威廉．佩提爵士跟葛雷格利．金恩更是不可以道里計。他援引經濟學前輩的「價值源自勞動」作為基礎，帶入了將勞動力視為客觀恆定價值標準的概念。他跟前人有一點所見略同，那就是政府不具有生產力。包括古典學派在內的經濟學先賢，把價值的概念傳承給了後世

——當中穿插著關乎通貨、保護主義、自由貿易、租金、政府與科技的微言大義——其影響迴盪不下數世紀，且仍餘波盪漾至今。

下一章，我們要一探究竟的是何以馬克思在大英博物館閱覽室裡的墨跡都尚未乾涸，匯集古典經濟巨匠的學術世界就已被顛覆。

註釋

1 *De Republica* and *Nicomachean Ethics*.

2 Matthew 19:24.

3 E. S. Reinert, *How Rich Countries Got Rich and Why Poor Countries Stay Poor* (London: Constable, 2008).

4 T. Mun, *England's Treasure by Forraign Trade* (1664; London: Mac-millan, 1865), p. 7.

5 譯註：這裡指的是在護國公時期（The Protectorate, 1653-59），「護國公」奧立佛・克倫威爾統治下的英格蘭王國、蘇格蘭王國及愛爾蘭王國的聯邦，正式國號為「英格蘭、蘇格蘭和愛爾蘭聯邦」（Commonwealth of England, Scotland and Ireland）。

6 P. Studenski, *Income of Nations* (New York: University Press, 1958), p. 27.

7 譯註：Herald。英國早在十二世紀就有紋章官的出現。開始時，紋章官類似依附於貴族之奴僕，地位相當於魔術師及吟遊詩人。後來被當成比武會上的司儀，宣布比武項目及騎士名單。為識別騎士，必須對盾牌上之盾紋有所了解及認識，因而產生了紋章藝術的知識和技能。

8 P. Studenski, *Income of Nations* (New York: University Press, 1958), p. 27.

9 W. Petty, A Treatise of Taxes and Contributions, in C. H. Hull (ed.), *The Economic Writings of Sir William Petty* (Cambridge: University Press, 1899), vol. 1, p. 306: 'Where a People thrive, there the income is greater than the expence, and consequently the tenth part of the expence is not a tenth part of the income.'

10 Petty, *Verbum Sapienti*, ibid., p. 105.

11 Petty, *Several Essays in Political Arithmetick*, ibid., p. 177. 10. Ibid., p. 267.

12 Ibid., p. 267.

13 Ibid., p. 256.

14 Boss, *Theories of Surplus and Transfer*, p. 21.

15 A. Smith, The Wealth of Nations, Books I-III, ed. A. Skinner (London: Penguin Classics, 1999), Book I, p. 180:「一六八八年，政治算數技巧深受（英國重商主義經濟學者）查爾斯．達夫南博士（Doctor Charles Davenant）讚賞的葛雷格利．金恩先生計算出勞工與室外僕役可以養家活口的正常年所得是十五（英）鎊，同時他估計一個家庭的平均組成是三點五個人。」

16 金恩的圖表重畫於 Boss, *Theories of Surplus and Transfer*, p. 20.

17 Ibid., p. 32.

18 奎奈本人的說法是：「運用在農業、草地、草原、森林、礦坑、漁業等方面上的生產支出，目的是為了讓財富以穀物、飲料、木頭、牲畜、產品原物料等的形式永恆固定下來。」Quesnay in R. L. Meek, *The Economics of Physiocracy: Essays and Translations* (London: George Allen & Unwin, 1962), p. 128. 貧瘠階層位於生產邊界以外，亦即位於價值產出的邊界以外。他們有在工作但並沒有讓財富增加。「貧瘠支出花在製成的商品、住家房間、服飾、金錢的利息、僕役、商業成本、舶來品等項目上。」Ibid., p. 128.

19 請同時注意交付流通的金錢是二十億里弗爾，而這金額足以交換到價值五十億里弗爾的產品。所以「金錢的流速」是二點五；這代表在每一回的生產期間裡，金錢會換手二點五次。

20 I. I. Rubin, *A History of Economic Thought* (1929; London: Pluto Press, 1989), p. 135 and Meek, *The Economics of Physiocracy*, p. 158.

21 涂爾幹也區分了「必要性」的再製與奢侈性的生產，這是一個在李嘉圖與之後的義大利經濟學者皮耶羅・史拉法（Piero Sraffa，1898-1983）的研究中，都非常突兀的主題。

22 Smith, *The Wealth of Nations*, Book I, p. 110.

23 Ibid., p. 119.

24 A. Smith, *The Wealth of Nations*, Books IV-V, ed. A. Skinner (London: Penguin Classics, 1999), Book I V, p. 30.

25 亞當・史密斯並沒有把任何價值歸諸於「資本」。這有可能是一個刻意的主觀決定，也可能單純是環境因素所造成：資本尚且不具有極高的重要性。勞動的價值理論遭到代換，是因為新古典經濟學者引入了資本作為另外一種「生產要素」，但卻沒有對資本提供任何清晰的定義或量尺。

26 Smith, *The Wealth of Nations*, Introduction to Book I V.

27 完整的引言是：「社會上最值得尊重的某些勞動，就像是最不值得一提的僕役一樣，無法產生出任何價值，也無法讓自身固定下來或實現出來，然後展現為某種能在勞動結束後繼續存在的永久性物體或可販賣商品，因此也無法再拿去兌換其他等量的勞動力。像是主權君主，包含在底下服務他的司法、軍事官員、整支陸海軍，都是不具生產力的勞動者。他們是公僕，並且由其他人每年中的一部分產出來供養。他們提供的服務不論多麼高尚、多麼有用、多麼必須，都無法產出日後可以拿去交換等量服務的東西。公眾福利的保護、安全與捍衛，這些相關勞動在今年所產生的效果，並無法拿去購買公眾福利在來年所需要的保護、安全與捍衛。在同屬這種類別的工作中，我們又可以加以排名，當中某些既嚴肅又重要，有些則極為輕浮而無足輕重：教會人員、律師、醫師、各式文人；演員、丑角、樂師、歌劇歌手、歌劇舞者等。這當中最微賤者的勞動，都含有特定的價值，而控制這種價值的原則也就是控制其他每一種勞動價值的原則；而這當中最尊貴也最有用的勞動，則生產不出任何之後可以用來採買或購置等量勞動力的東西。就像演員的慷慨陳詞，像雄辯家的滔滔不絕，也像是樂師歌手的天籟之音，他們的這些作品，通通會在轉瞬間一生一滅。」Smith, *The Wealth of Nations*, Book II, pp. 430-31.

28 Ibid., p. 431.

29 Ibid., p. 447. 完整的引言是：「一名有錢人，可以把收入花在鋪張與奢侈的餐桌上，在維持一大群僕役上，在各式各樣的狗兒與馬匹上，也可以很知足地把收入花在節儉的菜色上跟夠用的僕役上。他可以把一大部分的所得花在自家或鄉村別墅的裝潢上，在實用或裝飾用的建物上，在實用或裝飾用的家具上，在當成收藏品的書籍、雕像、畫作上，在更加風花雪月的珠寶、飾品、別出心裁的小玩意兒上，或虛榮至極地將錢花在衣櫃裡華服的累積上，就像幾年剛死去，一名親王寵臣那樣。」

30 「當根據其自然的費率，任何商品的價格比起地租、勞工薪資、還有為了培育、製備與讓該商品上市所發行的股份所理應獲得的分潤之總金額，兩者並無高低之別時，這項商品就可以說是以『自然價格』在進行販售」(Smith, *Wealth of Nations*, Book 1, p. 158). 再者，在亞當．史密斯的論述中也存在市場價格（市價）。「任何商品的普遍實際交易價格，稱為其市場價格。市價要麼高於、要麼低於，要麼正好等同於其自然價格。每種特定商品的市場價格，會經由實際被送進市場的產品量與願意支付自然價格來購買者的需求之比例來獲得調節，或者會取決於讓產品得以成形所需支付，租金、勞動力成本與股東利潤的總和。」（Ibid., pp. 158-9）。最後，亞當．史密斯確認了市場中存在一股讓市場價格朝自然價格趨近的引力：「自然價格因此可以是說位於中央的價格，而朝著這個中心點，所有商品的價格都會持續受到吸引。不同的意外發展，有時候會使得市價遠高於自然價格，有時候則會迫使市價低於自然價格。但無論是什麼樣的阻礙讓市價無法回歸到此一止息而可持續的的中心點，市價都會持續朝著這個中心點前進……唯雖然每種特定商品的市價都會以這種方式持續受引力吸引——就姑且這麼形容吧——朝自然價格而去，但有時總有些特定的意外、有時總也些自然的因素、有時總有些警方的管制，會讓許多商品的市價維持在高於自然價格很多的水準上，且居高不下很長一段時間。」（Ibid., pp. 160-61）。

31 Ibid., p. 152.

32 C. Hill, *The Century of Revolution 1603-1714* (London: Nelson, 1980), pp. 25-6.

33 D. K. Foley, *Adam's Fallacy: A Guide to Economic Theology* (Cambridge, MA: Belknap Press, 2006).

34 J. A. Schumpeter, *History of Economic Analysis* (New York: Oxford University Press, 1954), p. 590.

35 譯註：塞法迪猶太人，指在十五世紀被驅逐前那些祖籍伊比利半島、遵守西班牙裔猶太人生活習慣的猶太人，是猶太教正統派的一支，占猶太人總數大約兩成。由於長期生活在伊比利半島上，生活習慣與其他分支頗為不同，包括操拉迪諾語（Ladino）這種又稱猶太－西班牙語（Judaeo-Spanish）的羅曼語。塞法迪一詞意思為「西班牙的」，塞法迪是猶太人稱呼伊比利半島的名字。

36 譯註：一位論派，是否認三位一體和基督的神性的基督教派別。此派別強調上帝只有一位，並不如傳統基督教相信上帝由三個位格（即聖父、聖子和聖靈）組成。

37 「在每個社會中，每樣商品的價格最終都會消失在薪資／獲利／租金這三者的某一項，或者全部三項當中；而在每一個先進的社會中，這三項東西都會多多少少以組成分子的身分，進入到更大範疇之商品的價格裡。」Smith, *The Wealth of Nations*, Book I, p. 153.

38 Foley, *Adam's Fallacy*, p. 28.

39 T. R. Malthus, *An Essay on the Principle of Population* (1798; 2nd edn 1803; 3rd edn 1821); critical edn ed. P. James, 2 vols (Cambridge: University Press, 1989).

40 D. Ricardo, *On the Principles of Political Economy and Taxation* (Cambridge: University Press, 1951), ch. 5.

41 換句話說，李嘉圖並不認為農業生產力的增加能持續足以維持食品的低價。迄今的歷史發展並未證實李嘉圖的憂慮；農業生產力的增加（至少從勞動生產力的觀點看來）力道始終保持得不錯，因此食物並沒有成為生產成本中讓獲利窒息的一塊。另見鄧肯・佛利（Duncan Foley）所著《亞當・史密斯的謬誤（暫譯）》（*Adam's Fallacy*）中有對於李嘉圖租金與人口理論精要而生動的討論。

42 Ricardo, *Principles of Political Economy*, p. 71.

43 李嘉圖另一則影響經濟學至今的理論，是其可用以解釋貿易模式的比較利益（comparative advantage）理論。

44 M. Lavoie, *Introduction to Post-Keynesian Economics* (Basingstoke: Palgrave Macmillan, 2009), pp. 1-24.

45 J. M. Keynes, *The General Theory of Employment, Interest and Money* (London: Macmillan, 1936), ch. 24.

46 Ricardo, *Principles of Political Economy*, p. 150.

47 Ibid., p. 151 fn.

48 Ibid.

49 Ibid., p. 151.

50 這是所謂「原始累積」的原則，歷史上關於這項主題的討論充滿了令人膽寒的暴力與冷酷行徑。見 Marx, *Capital: A Critique of Political Economy*, vol. 1 (London: Penguin Classics, 2004), Part VIII: Primitive Accumulation。

51 已經出現在過 K. Marx, *Economic and Philosophical Manuscripts of 1844* (Amherst, NY: Prometheus Books, 1988)。

52 Marx, *Capital*, vol. 1, ch. 1. 49. Ibid., ch. 8, p. 317.

53 Ibid., ch. 8, p. 317.

54 Marx, *Capital*, vol. 3 (London: Penguin Classics, 1992), chs 38 and 39.

55 在馬克思《資本論》第三卷裡，馬克思建構了一個資本主義的危機理論，而這個危機理論的核心問題，便是隨著資本主義的發展，平均的獲利率會以一個趨勢逐步降低。這是因為資本的構成——變動與固定資本——傾向從變動朝固定發展，但那也意味著能用來創造剩餘價值的勞動力會愈來愈少。由此相對於資本家必須做出的投資，剩餘價值的比重會愈來愈低，而這也就代表著獲利率的降低。

56 Ibid., ch. 10.

57 譯註：漢薩同盟（拉丁語：Hansa、Hansa Teutonica 或 Liga Hanseatica，英語：Hanseatic League，又譯漢撒同盟或漢莎同盟），十二至十三世紀中歐的神聖羅馬帝國與條頓騎士團諸城市之間形成的商業、政治聯盟，以德意志北部城市為主。漢薩（Hansa、或 Hanse）一詞，德文意為「公所」或者「會館」。

58 在馬克思的時代，「金錢的轉移」可能會牽涉到金條從某國搬送到另外一國（Marx, *Capital*, vol. 3, ch. 19）。

59 馬克思《資本論》裡（Capital, vol. 3, ch. 17）有好幾個段落有類似的效果，其中一段是這麼說的：「就如同勞工未獲薪酬的勞動可以直接創造出剩餘價值，並將之提供給生產性資本，商業中工薪族所未獲薪酬的勞動也為商業資本保障了一定比例的剩餘資本。」此處的困難點在於：「由於商人的勞動時間與勞動本身並不創造價值，但卻又扎實地確保了商人可以取得一部分已經生產出的剩餘價值。這種狀況，要如何與商人在購買商業勞動力時所付出的「變動資本」（variable capital）兜在一起呢？」

60 Marx, Capital, vol. 3, ch. 17.

61 Ibid.：「對工業資本而言，流通的成本看似等同不具生產力的費用，而這確實也正是實情。對於商人而言，流通的成本看似是獲利的來源，就獲利率來看就與流通成本的規模成正比。所以為了這些流通成本所必須做出的支出，就像是一種商業資本必須進行的生產性投資。而出於這種理由，商業資本所購置的商業勞動力也同樣具備立即性的生產力。」

62 馬克思的《資本論》（*Capital*, vol. 3, ch. 23）：「金錢……有可能在資本主義生產的基礎上轉化為資本，也可能藉此從一個特定的價值被轉化為一種能夠自我擴張或自我增加的價值。金錢能創造獲利，亦即金錢可以讓資本家從勞工身上萃取到一定量的未支薪勞動力、剩餘產出與剩餘價值，並將之占為己有。透過這種方式，金錢除了本身用以購買物品的使用價值外，還取得了一種額外的使用價值，那就是作為一種資本的使用價值——金錢被轉化為資本後所產出的獲利，此時便成為了金錢的使用價值。

63 Marx, *Capital*, vol. 3, chs 21-36.

64 Marx, *Capital*, vol. 3, ch. 17：「這種種……（流通）成本的產生，並不是起源於商品使用價值的生產，而是肇因於商品使用價值的實現。這些成本是純粹的流通成本。它們不會進入最核心的生產過程，但由於它們確實屬於流通流程的一環，所以也自然屬於整體再製流程的一環。」

65 見 I. I. Rubin, *Essays on Marx's Theory of Value* (1928; Detroit: Black and Red Press, 1972) 第十九章裡有關於「勞動力具不具有生產力要視其受到哪一種資本功能所使用」之詳細探討。

66 H. P. Minsky, 'The capital development of the economy and the structure of financial institutions' (1992), Hyman P. Minsky Archive, paper 179.

67 A. Barba and G. de Vivo, 'An "unproductive labour" view of finance', *Cambridge Journal of Economics* 36(6) (2012): http://doi.org/10.1093/cje/ber022; Duncan K. Foley, 'Rethinking financial capitalism and the "information" economy', *Review of Radical Political Economics*, 45(3) (2013), pp. 257-68: http://doi.org/10.1177/0486613413487154

第二章

情人眼裡出價值：邊際主義者的崛起

Value in the Eye of the Beholder: The Rise of the Marginalists

……社會所得的分配，控制在一條自然法則手中……這條法則，若能在沒有磨擦阻礙的狀態下運作，便會讓生產過程中的每一個主體都獲得自身所創造出的財富金額。

——約翰．貝茨．克拉克（J. B. Clark），

《財富的分配：薪資、利息與獲利的理論》

（*The Distribution of Wealth: A Theory of Wages, Interest and Profits*, 1965）[1]

在馬克思的手裡，價值理論成為社會分析的利器。相對於亞當．史密斯讚揚個人對幸福與獲利的追求會帶來許多好處，李嘉圖則為資本主義企業家加上了「經濟發展英雄」的冠冕，馬克思則對兩者進行了不假顏色的針砭。隨著工業革命將不計其數的勞工送進歐洲都會區的貧窮生活裡，馬克思的勞動價值理論不再只是抽象觀念，成為了他批評周遭體系發展的利器。若勞動力產出價值之說不假，何以勞工會持續生活在貧窮線以下？若金融家未創造出價值之說為真，那為何他們的身家如此傲人？

不過當時已是勞動價值理論的末期。這一章要談論的，就是新觀念的崛起如何翻轉了早期認為價值嵌入客觀的生產條件裡，且所有其他的經濟參數，像是商品與勞務的價格，都得服膺於價值底下。就這樣，古典經濟學家失去了江山，新古典主義者完成了改朝換代。

新時代的新理論

社會主義對價值理論的批判，早在馬克思寫出《資本論》之前就已經百家爭鳴。一群自稱「李嘉圖派社會主義者」（Ricardian socialists）搬出李嘉圖的勞動價值理論，要求必須改善勞工的待遇。這群人裡有出身愛爾蘭的威廉．湯普森（William Thompson, 1775-1833）、英國人湯瑪斯．哈吉斯金（Thomas Hodgskin, 1787-1869）與約翰．葛雷（John Gray, 1799-

1883），還有出生美國但曾於英國工作的約翰・布雷（John Bray, 1809-97）。他們理所當然地主張若商品的價值來自於勞動力，那商品販售的營收所得就應該歸於勞工。以這種觀念為基礎，誕生了紡織品製造商勞伯・歐文（Robert Owen, 1771-1858）的「合作主義」（co-operativism）。歐文提出的解決之道是勞工也應該一起當老闆，加入取得工廠或公設基礎建設的所有權。馬克思與恩格斯與部分這類團體交好，但面對他們認為對問題癥結分析不正確的人，兩人的態度卻極為不友善。這組搭檔與意氣相投的團體，共同進行對資本主義的口誅筆伐。

知識分子反對資本主義，實踐在愈來愈多的極端與社會主義社會團體中。這些團體開始把工人往往甚為不堪的生活日常，連結到了撥亂反正的具體計畫上。在英國，憲章運動（Chartism, 1837-1854）分子要求進行政治改革；產業工會主義（trade unionism）開始獲致顯著的號召力；「混成工程師協會」（The Amalgamated Society of Engineers）在一八五一年成立，後於一八六八年有了英國總工會（Trades Union Congress）。在一八八〇年代的經濟衰退期，社會主義日漸深入民心，最終促成一九〇〇年工黨創黨。不過英國在這方面算是步調緩慢，因為德國社會主義工人黨（Socialist Workers' Party）早在一八七五年成立，法國也僅在四年後就成立了法國社會主義工人聯盟（Federation of the Socialist Workers of France）。

面對一波波對現狀的挑戰與威脅，當權者不得不搬出新理論來替自己擦脂抹粉。而其他影響力也鼓勵眾人尋找資本主義如何運作與價值來自何處等難題的新見解：馬爾薩斯對於人口成長會帶來危險的悲觀看法，算是與十九世紀後期對於人類進步的信心產生衝突——但種種事實似乎並不支持他，因為他設想的糧食危機並未如預期降臨。不願與主流唱和的風潮提供了一個道德基礎，讓某些人站上去主張馬克思等人固然對基層民眾陷入貧困一事憂心忡忡，但這種事既非不可避免，也非社會所樂見。自然科學與數學的發展，鼓勵大眾把經濟學也同樣置於「科學」基礎上，而不是早年政治經濟學者所展現的「文組」感。但或許最重要的是，在一個長年由貴族地主與地方仕紳所統治的社會裡，資本家力量抬頭，代表他們需要讓資本主義獲得嶄新的解讀與分析，證明他們的存在具有正當性。

古典學派的式微

與馬克思同時代的思想家與經濟學者，大抵為現代的主流經濟學奠定了基礎。其中為地主辯護、主張他們有生產力的，是一名蘇格蘭伯爵勞德代爾爵士（Lord Lauderdale, 1784-1860）；另一名英國律師兼經濟學者拿叟・西尼爾（Nassau Senior, 1790-1864）則認為獲利天經地義，因為獲利是人忍住不消費所獲得的獎勵。把獲利連結到犧牲的概念上，讓資本家與勞工之間巨大的貧富差距取得了道德上的正當性。[2]再者，由於稀缺的資本可以投資也可以儲存，因此利益不再連結到剝削理論，而是慢慢被單純視為儲蓄不消費的回饋。

為了讓古典學派好好休息，必須要有一套新的價值理論，新古典經濟學就這樣啟動了，其中有兩名挑大梁的建築師，一位是里昂・瓦拉斯（Léon Walras, 1834-1910），另一位則是威廉・史丹利・傑文斯（William Stanley Jevons, 1835-1882）。瓦拉斯是瑞士洛桑一名經濟學教授。對他而言，「科學的特徵，就是在追求真理路上可能會產生的一切後果，且無論是好是壞，是福是禍，人都要無動於衷。」[3]瓦拉斯急於展示的，視經濟學為一門不折不扣的科學，不像社會學或哲學有那麼多模糊空間，所以他想著手發掘理論經濟學這門科學中的「純粹真理」，對應用經濟學則毫無興趣。傑文斯作為倫敦大學學院（University College, London）的政治經濟學教授，曾在一八七一年的論文《政治經濟學理論》（*The Theory of Political Economy*）裡文開宗明義地說，「（經濟學）若要躋身科學之列，就得先成為一門數學。」他為這種命題所提出的論證，在於經濟學所處理的是「量」的問題。他接著表示經濟學裡已經有所謂的「定律」或「法則」，只要補上足夠的商業統計數據，則這些法則便能與其他「精準」科學中的定律一模一樣。傑文斯稱呼他的經濟學理論是「效用與自利的機械」。

另外一名把價值連結到效用的經濟學者，是卡爾・孟格爾（Carl Menger, 1840-1921），他也是奧地利經濟學派其中一名創始者。之後將會看到，所謂的「效用」（utility）是很廣泛的概念。效用的內涵包括一項產品的具體效率（這車跑長途靠得住嗎），也包括滿意度或甚至能帶來的幸福感等比較模糊的概念（這車能讓我在鄰居面前耍帥或有面子嗎）。對孟格爾而言，是效用的價值決定了生產的成本，而不是生產成本（包含勞動的成本）來決定價值。孟格爾的想法是原創的，但無法嵌入認為經濟學必須要更加抽象、必須要能以牛頓物理學那種數學公式表現出來的新論述。

從客觀到主觀：奠基於偏好的新價值理論

瓦拉斯、傑文斯與孟格爾提供了一個正向而「科學性」的觀點來看待再製、交換與所得分配。他們使用的這種架構，後來被稱為「邊際效用」（marginal utility），而他們對新價值理論的倡議，在現在則以「邊際革命」（marginal revolution）[4]為人所知悉——只不過這是一場緩慢的革命。

邊際效用作為一種價值理論，主張的是所有所得都是以某種形式投入生產的獎賞。由於工業革命所豎立起來的工廠與許多龐然大物都牽涉到巨額的投資，因此這種理論很合用於十九世紀後半葉。但邊際效用理論並不是憑空而生，其來源有悠久的歷史發展。在中世紀，思想家主張能反映物品效用的價格，才是「公正價格」（just price）。在《神學大全》（*Summa Theologica*）一書中，十三世紀哲學家兼神學家湯瑪斯．阿奎那（Thomas Aquinas）於〈買賣中的弊端〉（Of Cheating, Which Is Committed in Buying and Selling）這個段落討論到公正價格的概念。公正價格是一種「規範性」的概念，其對立面是從邪惡貪婪中所生出的錯誤價格。中世紀的教會視貪財之罪為大敵，而當時的貪婪或貪財，大致指的是以中間人或放貸者的身分來從事斂財。在但丁《神曲》的地獄篇中，放高利貸的人會被指派到最火燙的第七層地獄，原因是他們賺錢不是靠生產性的來源——「生產性來源」於但丁就是大自然或工藝技術——而是靠著投機與利差。確實，他對高利貸可謂深惡痛絕，以至於他對這些人的發落比雞姦者還低一層。

這種與誠信問題甚至犯罪行為扯上關係的規範性與道德性價格觀，在十七世紀，也就是佩提與金恩的時代以後開始式微。但此觀念澈底被取而代之，還得等到個人效用的觀念誕生：這種觀念認為問題不在善惡，而是在每個個體分別嘗試最大化自身的利益之際，公益能夠如何被顧及。亞當．史密斯發表《國富論》的一七七六年，英國人傑瑞米．邊沁（Jeremy Bentham）主張「至高無上的幸福快樂」理應是「對錯之間的明辨與量測」。[5] 換句話說，一項行動的價值應該取決於其在特定時空脈絡下的後果：殺一個人如果能拯救更多的性命，那就說得過去。這種以效用為本的「效用理論」（utilitarian theory，也譯「功利理論」），其外溢效應也漫入到了生產問題上。在法國，尚－巴蒂斯特・塞伊（Jean-Baptiste Say, 1767-1832）這名亞當・史密斯的「同梯」兼奎奈的死敵，在一八〇三年出版了一本《政治經濟學論》（*Treatise on Political Economy*），當中提到，商品的價值存在於其對買家的效用當中，因此所謂具生產力的勞動，必須是能夠生產出效用的勞動。在塞伊的眼裡，服務業裡的勞動——古典經濟學者認為沒有生產出任何「東西」而落在「非生產性」類別者——其實可以重新歸類為具有生產力，前提是這些服務有行有市，而且勞工也有領到薪資。[6]

在效用理論發展中最具影響力的人物，是十九與二十世紀之交的英國經濟學者阿弗列・馬歇爾（Alfred Marshall, 1842-1924），他在劍橋大學政治經濟學系（至今學系名稱都還沒變）擔任教授。阿弗列・馬歇爾的特殊之處，在於他受的是數學家的訓練。馬歇爾著於一八九〇年的《經濟學原理》（*Principles of Economics*），讓新觀念得以在世世代代的學子間傳開。劍橋大學的經濟學圖書館，也為了紀念他而命名為馬歇爾圖書館；經濟學入門的教科書裡，至今都還看得到馬歇爾於十九世紀所繪的圖表。

在許多層面上，馬歇爾理應是古典經濟學派傳統的繼承人。他接受生產成本決定商品價值的觀念，但他與其追隨者在廣泛研究過資本、勞動與科技等要素的投入量，乃至於這些投入量在小量增加時的報酬率改變後，價值觀便改弦易轍。借助數學微積分的力量，他們把研究重點放在一件事上，那就是某個變數的少量，或稱「邊際」）變動，會如何造成另一項變數的改變：比方說價格的些微變動，會如何影響產品的需求量或供應量。

所以這種新的價值理論，邊際主義，究竟是在講什麼？首先，邊際主義根據的是效用與稀缺的概念，並且具有主觀性：事物的價值，是以它們對消費者的用處高低作為量尺，因此世上不存在絕對客觀的價值標準，畢竟效用因人而異，也因時（代）而異。第二，這種效用會隨著事物的持有或消費增加而遞減。一天當中的第一條巧克力棒，或許可以提供很高的效用與滿足，甚至還會讓你體會到幸福。味美之餘，巧克力還可以止飢。但要是你一根接一根地停不下來，那巧克力就不見得會繼續那麼好吃了，甚至你還會慢慢覺得噁心。總之，從某個點上，巧克力的效用會開始遞減。[7]在這樣的狀況下，最後一根巧克力棒的效用肯定會少於之前的巧克力棒，而且差距可能還不小。這就是所謂的「邊際效用」，以巧克力棒的例子而言是「遞減的邊際效用」。同樣地，若一樣東西愈稀少，則你能得到的效用就愈大，這就是「遞增的邊際效用」。同一條士立架巧克力在孤島上能帶給你的快樂，絕對大於在你家轉角超商買到的幾十條士立架。

「新古典學派」的崛起

由此，價格反映的是買家從商品上得到的效用。商品愈稀少，邊際效用愈高，消費者就愈願意為其付出高價。一項產品在邊際效用上的這些改變，有另一個稱呼是消費者的「偏好」。同樣的原理也適用於生產者。「邊際生產力」指的是多增加一單位產品的生產，會對生產成本產生的效應。產線每多生產出一條新的巧克力棒，其邊際成本都會低於之前的那一條。

這種邊際主義的概念，占據了我們今天所稱「新古典」經濟學理論的核心。而所謂新古典主義經濟學，指的是繼承亞當・史密斯與李嘉圖的古典經濟學理論，並由馬克思延伸出去的一整組觀念。新古典主義這個稱號，反映了新的理論家如何站在巨人肩膀上，走出屬於自己的新方向。個體經濟學理論，也就是研究企業、勞工與消費者如何做出選擇的理論，根據的就是新古典主義對於生產與消費的論述，而新古典主義認為生產與消費的根本就是（企業的）獲利最大化與（消費者與勞工的）效用最大化。

作為一名數學家，馬歇爾向牛頓物理學借來了微積分，以發展自己的經濟學運作理論。在他繪製的模型當中，有一個點，在這個點上，消費者口袋裡的錢比起這些錢能夠買到的額外（邊際）商品單位（一根新的巧克力棒），對他或她而言更有價值。而這個點，也就是系統的「平衡」點，就像牛頓也曾描述萬有引力如何讓宇宙保持平衡一樣。這些尋覓著平衡且持續演化的力量化為平滑且連續的曲線，交織描繪出一個有潛力達成「最適化」的和諧系統。含平衡在內的各種概念被納入到新古典主義的經濟模型中，產生的效果是讓資本主義成為看似會透過競爭機制達成自我平衡的無害體系——這一點與馬克思所描繪的系統有強烈對比。在馬克思所擘畫的體系裡，是階級之間的戰爭外加充斥於各個角落的各種失衡，最適化遠在遙不可及的天邊。而這種失衡所導致的革命若要在物理學裡找對應，大概比較像是艾爾文・薛丁格（Erwin Schrödinger）的量子跳躍與波動力學等概念。

馬歇爾對於尋求經濟學中各種平衡與演化力量，表現在微積分的平滑延續曲線上，可謂不遺餘力。由此在他一八九〇年《經濟學原理》的卷首引言裡，你會看到一句拉丁文「Natura non facit saltum」，意思是「自然發展不會跳躍」。這是在向達爾文（Charles Darwin）一八五九年的《物種源始》（*On the Origin of Species*）致敬。他想藉此傳達的意念是，自然不會飛躍式地跳著發展，而是會一步一腳印地，點點滴滴地累積變異。

這種平衡的概念，在二十世紀初很有賣點，主要是當時正值社會主義與產業工會在歐洲興起，而這新概念也威脅到了專制政權的固有秩序。當時普遍認為資本主義大致上會自我調節，而政府的干預是畫蛇添足，甚至會造成危險。

平衡的前提是稀缺的概念，乃至於稀缺會如何影響報酬率遞減一事：你消費得愈多，就會在某個消耗量（享受最大化）之後，對下一單位的邊際消費愈來愈沒感覺；你生產得愈多，就會在某個產量（獲利最大化）之後觀察到獲利隨每一單位的邊際生產開始遞減。就是這種遞減的回饋率，讓今日的經濟學者得以在圖表中用微積分繪製出平滑的曲線，以便讓極大值或極小值（如顯示成本何以隨著產量增加而改變的U型曲線底部）提供出平衡的目標與效用最大化的位置。

十九世紀的經濟學者喜歡強調稀缺對價值的重要性，為此他們所舉的是水與鑽石聯手出演的悖論。人沒有水喝會渴死，沒有鑽石也不會少塊肉，何以水便宜，而鑽石昂貴呢？？馬克思的勞動價值理論，會天真地主張鑽石的生產比較耗時且費勁，但新興的效用價值理論按照邊際主義者的定義，會認為水與鑽石的價差源自鑽石的稀缺性。水多的地方，水價自然便宜，而水少的地方（像在沙漠），水價自然就高。對邊際主義者而言，這種稀缺的價值理論成為鑽石、水、勞工薪資等所有事物的訂價基礎。

稀缺的概念在經濟學者心目中日益舉足輕重，以至於到了一九三〇年代初期，倫敦經濟學院（London School of Economics）的經濟學教授萊諾・羅賓斯（Lionel Robbins, 1898-1984），這名甚具影響力的英國經濟學者，開始以稀缺來定義經濟學的研究；經濟學於他是「在稀缺的條件下，資源該如何分配的研究」，這定義迄今仍廣泛獲得引用。[8]邊際主義的興起，是經濟思潮發展中的分水嶺。因為有邊際主義，今日作為主流的經濟學理論才能有基礎呼風喚雨。

邊際革命

這些被稱為「邊際主義革命分子」的經濟學者使用邊際效用跟稀缺性來決定價格與市場規模。在他們眼裡，稀缺資源的供應與需求，會負責調節「呈現為金錢形式」的價值。由於在貨幣市場經濟中交易的物品都有價格，因此價格會是價值的最終量尺。此一強而有力的嶄新理論，解釋了價格的產生，以及一樣東西的產量最終為何。[9]「競爭」會確保最後一個賣出的產品，其「邊際效用」會等同於該商品的價格。特定商品的市場規模——即邊際效用（產品售價）無法高於生產成本回收之前需要售出的產品數量——會由投入生產之各種要素有多稀缺（或價格落在哪兒）來決定。價格成為了價值的直接指標。[10]這也代表我們已經與勞動的價值理論漸行漸遠。

但若說這種模型的長才在於海納百川（千百萬個體以各自的偏好，共同決定了價格與價值的落點），其不足之處，就在於此模型無法測量亞當・史密斯口中的「國（家財）富」，即就價值而言，一個經濟體的總生產規模。價值如今成為一個相對的概念——我們可以透過價格與價格的變動空間來比較兩樣東西之間的價值——而經濟體中用來生產商品的勞動力則無法測量，由此當然也就無法估算出有多少財富被創造出來。

邊際效用與稀缺性要搭配上兩種額外的假設，才能讓價格判定按計畫執行完成。首先，所有人類都必須變成一次元的效用計算器，每個人都知道什麼對自己最好、知道什麼商品該付什麼價格，也都對如何做出經濟上的「理性」選擇瞭若指掌。[11]再者，訂價過程不能受到獨占等因素干涉。「均衡」與「完全競爭」的組合——尚－巴蒂斯特．塞伊於十九世紀初期所發展出來：供需澈底平衡的概念——成為經濟學當中一個不可或缺的核心概念。之後我們會說到，這些假設深刻地左右了今時今日的價值創造之辯。

生產邊界出現了可塑性

邊際主義思想對生產邊界帶來的影響，不可謂不深遠。如前所述，古典學派的思想家在對於誰有生產力，誰沒有生產力，各有各的看法。對奎奈而言，唯一有生產力的是農民；亞當．史密斯把服務業加入了「不具生產力」的類別；馬克思定義有生產力的工人是那些在資本主義生產中幹活的人。但在邊際主義的思想裡，以上的分類統統被掃到了牆角，取而代之的概念是：唯有能（合法）在市場上取得交易價格的東西，其生產過程才算是具有生產力的活動。再者，生產力會隨著價格一起波動，這是因為價格決定價值，反之則不然。效用理論因此澈底改變了勞動力具或不具備生產力的分類概念。事實上，生產力有無之別已經名存實亡，因為任何一個為了市場在進行生產的行業，都會交換其產品——而這就意味著確實跟生產力八竿子打不著的產業，已經少之又少了。經濟體系中唯一落於生產邊界外、也不具生產力者，只剩下如圖七所示那些收入單純來自資金轉移的人，這包括收受補貼的企業，或者是

圖七：邊際主義革命

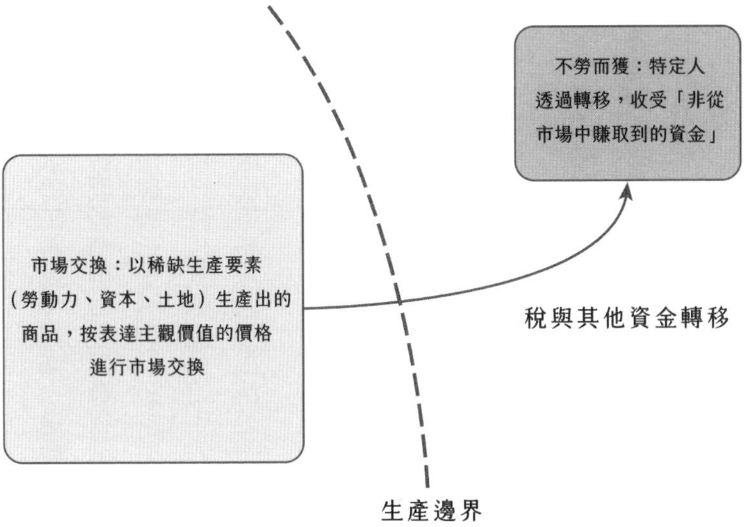
不勞而獲：特定人透過轉移，收受「非從市場中賺取到的資金」
市場交換：以稀缺生產要素（勞動力、資本、土地）生產出的商品，按表達主觀價值的價格進行市場交換
稅與其他資金轉移
生產邊界

領取社會福利的公民。

在馬歇爾版本的「平衡」狀態下，價格不受扭曲，因此每個人拿到的都是符合他們「身價」的薪水——但這身價是會改變的，因為消費者的品味可能改變，科技也可能不斷進步，由此對於合理所得高低的評估，具有很重要的影響。勞工賺到的錢，反映的是他們的邊際生產力，以及他們在休閒與工作這兩個選項之間的外顯偏好（邊際效用）。想如李嘉圖或馬克思那樣，對「勞工對生產所做出的貢獻」進行分析與區別的空間已經不存在了，更別說有人想剝削勞工，肯定是辦不到的。你之所以有價值，是因為你提供的東西具稀缺性。因為在稀缺性面前，我們都是理性效用的

計算機，所以我們不會讓任何東西平白浪費掉。如果不工作能讓他們比領死薪水工作得到更多的邊際效用，那勞工會選擇失業。這種邏輯的必然結論，就是失業都是出於自願。自願失業的概念，出自於視經濟中的主體會在工作與休閒中做出理性選擇（此乃現代經濟理論中的「跨期選擇與效用最大化」〔inter-temporal maximization〕，簡言之就是看時機做決定）。而自願失業的出現，就代表馬克思口中的「勞工預備軍」，憑空消失了。

對此萊諾．羅賓斯整理出了很清楚的描述：

> 首先，孤獨的個體既想得到真實的所得也想要休閒；第二，他沒有辦法同時滿足這兩種空缺；三來，他可以把時間花在增加真實收入或花在更多休閒上；第四，我們可以假設除了例外中的例外，他對於真實所得與休閒有不一樣的程度需求。由此他必須選擇，必須要精打細算一番。[12]

內含在平衡概念當中的，是「每一件事都符合每一個人的利益」的假設。在一九四〇年代，生於俄羅斯的英籍經濟學者阿巴．勒納（Abba Lerner, 1903-1882）建構了他所謂的「福利經濟學第一基本定理」（first fundamental welfare theorem）[13]，其基本內涵是競爭市場會通往對所有人「最適」的結果。一旦在平衡價格下的市場交換發生，就沒有人能夠在不造成他人損失的前提下讓自己過得更好——或是用經濟學的術語來說，沒有人能（比方說藉由接下更多工作）讓自己的福利增加，但又不影響到別人。

時至今日，「沒人可以利己而不損人」的競爭市場，有一個名字叫作「柏雷多『最適狀態』」（Pareto-optimal），其中的柏雷多指的是一八九二年接替恩師瓦拉斯在洛桑大學教授經濟學的維爾弗雷多・柏雷多（Vilfredo Pareto, 1848-1923），是他率先提出了「福利最大化」（welfare maximization）一詞。在他一九〇六年的《政治經濟手冊》（*Manual of Political Economy*）一書中，柏雷多研究經濟均衡，是將之視為個別「目標與限制」問題的解決之道，同時他在經濟學家裡率先主張效用最大化不必然得呈現為「基數」（cardinal number，某人想要某項事物的確切數量），而可以只是個「序數」（ordinal number，某人想要某項東西的強度排序——比方說X vs Y）。這讓微積分的應用變得更加便利，也使得現今不少經濟學裡談到福利概念或性質的名詞，上頭都有柏雷多的名字。他使用自身的理論在義大利倡導自由貿易，讓他成了當時法西斯政府的眼中釘，畢竟法西斯政府的立場較偏向保護主義。

但要達到這些「最適化」的結果，我們必須確保均衡可以保持下去：所有會對均衡造成阻礙的東西，像是愛管閒事的政府、獨占的經營模式，或是其他起源於稀缺的租金收取，都必須要澈底排除。在邊際主義看來，問題單純源自於資本主義機器在欲達成順暢運作時所遭遇到的不完美與局限性。租金不再被視為是「不勞而獲」，那是古典學派的看法；在邊際主義的眼中租金只是一種不完美，而且是一種可以透過競爭去消除的不完美。因此只要任其自由發揮，資本主義便能為所有人創造出最大的價值，而此價值也很剛好的是每個人根據其邊際產出而值得拿到的身價。這種看法與古典經濟學派的歧異顯而易見。對馬克思而言，資本家能僭取剩餘價值，是因為他們付給勞工比其勞動價值少的薪資。亞當・史密斯與李嘉圖認為價值的創造是來自於可直接增加國家財富的各種努力。但在邊際效用的思路裡不再有階級，而只剩下個體，價值的測量也再無法客觀為之。

這套想法，導致一個非常重大的後果。這代表政府應該基本上置身事外，等市場失靈時再跳進來。市場失靈的理論用上了福利經濟學第一基本定理作為其出發點。第一基本定理主張在三種特定狀況下，市場是最具效率的資源配置者：其一，市場的類型包山包海，以至所有可能出現供需的商品與勞務都可以在公諸於世的價格下交易；第二，每一位消費者與生產者都從事競爭的行為；第三，市場因此達到均衡狀態。

違反這三項假設任一，都會導致市場對於資源的配置無效率，也就是邊際主義者所稱的「市場失靈」。市場失靈可能起源於「正外部性」（positive externality）——有益於社會但個別企業難以從中獲利的基礎科學研究；也可能肇因於「負外部性」（negative externality），像是環境汙染之類，有害於社會，但不會被納為企業的成本。如果市場未處於「柏雷多『最適狀態』」，那所有人就都可以因為矯正市場失靈的公共政策而過得更好。[14]但如我們將在第八章討論的，有一派經濟學是由諾貝爾獎得主詹姆斯．布坎南（James Buchanan, 1919-2013）所倡導的「公共選擇理論」（Public Choice theory）。這一派人後來主張政府的失靈（起源於貪腐與征斂）比市場失靈還要恐怖，所以由官僚去矯正市場失靈，有雪上加霜的可能。

從階級鬥爭到獲利與薪資的「均衡」

把任何有標價的東西都定義為有價值的，導致邊際主義者做出一個結論：你拿到多少，就等於你價值多少。獲利不是決定於剝削，而是決定於科技與「邊際資本產出」。資本與勞動力被視為被投入生產的兩種要素，所以一如勞動力是憑藉對生產的貢獻（邊際勞動產出）賺得薪資，資本賺到的是投資的報酬（邊際資本產出）。約翰．貝茲．克拉克（John Bates Clark, 1847-1938）作為從批判資本主義陣營投奔而來的邊際主義革命大將，極不認同勞工遭到剝削的看法。他認為資本不可能剝削勞動力，理由是勞動力與資本只是各自在賺取「公正報酬」（也就是各自的邊際產出）而已。在克拉克的看法裡，資本財本身就是資本家自我克制而獲得的獎賞，他們沒有把獲利消費掉，而是存起來——儲蓄最終將使得對資本財的投資增加（這點我們會在第八章繞回來講）。

均衡的觀點，讓人把目光移開了資本家與勞動者之間的緊張關係，也忽略了關於價值來源與分配的其他理論——自從十九世紀末葉以降，其他替代性的理論幾乎無人聞問，頂多是有幾個例外來自最嫡系的馬克思思想圈子，或是偶爾能在劍橋大學經濟學教授瓊・羅賓森（Joan Robinson, 1903-1983）與在劍橋學習與工作過的義大利人皮耶羅・史拉法（Piero Sraffa, 1898-1983）的思想中，瞥見一些另類理論的影子。這兩人都是新古典主義生產觀點的堅定批判者，都認為邊際勞動產出或邊際資本產出的概念，是意識形態的產物，也無法免疫於以偏概全的「合成謬誤」（fallacy of composition）：新古典主義的生產理論，並不能適用於整個經濟系統。這兩人積極參與後來的「劍橋資本批判」（Cambridge Capital Critique）。這場劍橋對劍橋的論戰，一邊是以英國劍橋大學為根據地的羅賓森／史拉法，另一邊則是出身美國劍橋麻省理工學院的勞勃・梭羅（Robert Solow）與保羅・薩繆森（Paul Samuelson）。

史拉法與羅賓森主張「資本」性屬異質，內涵分歧，因此不能被當成單一的概念使用，不同類型的資本加來加去，會像是把蘋果跟橘子加起來算總數一樣。一九五二年，羅賓森在史拉法的影響下，公開認為用獲利測量資本是一種「套套邏輯」（tautology）：要知道資本的價值，就必須先知曉均衡價格，而要知道均衡價格或是均衡狀態下的獲利率，又不能不先估算出資本的價值。再者，追隨馬克思的觀念，羅賓森與史拉法主張獲利率並非資本對生產做出貢獻的報酬；他們認為獲利率源自社會關係，亦即誰擁有生產工具，誰又被迫替生產工作的所有權人工作。薩繆森沒有全盤否認新古典學派理論的邏輯在繞圈子，一九六六年，在舉足輕重的《經濟學季刊》（*Quarterly Journal of Economics*）裡一篇知名文章中，薩繆森也坦承在邏輯上，羅賓森與史拉法的論點有其成理之處。但同時間梭羅則宣稱新古典主義經濟學不應為了羅、史之流的批判自亂陣腳。也確實，古典與新古典經濟學派之間的論戰會在之後煙消雲散，以至今日的經濟學學子甚至不知道歷史上曾有過兩派論戰。

令人瞠目結舌的是，新古典主義的價值理論歷經百年來的發展，幾乎絲毫未改。效用最大化，已經跨出經濟學領域，開始詮釋起人類的行為，包含犯罪、藥物濫用以及最為人詬病的——離婚模式。其中把效用最大化拿來解釋離婚決定的始作俑者，是拿過諾貝爾獎的芝加哥大學經濟學暨社會學教授蓋瑞·貝克（Gary Becker, 1930-2014）。基本上，貝克假定兩個個體會結成連理，是因為兩人的結合對比各自單身會產生正剩餘。包括兩個人的用度會比一個人有加倍的「規模經濟」、兩個人生活可以互為保險分攤風險。貝克的想法，鼓勵了不少人踏上類似的調查之路。

不僅如此，也開始有人想透過研究總體經濟模式（包括通貨膨脹、失業與景氣週期等整體性的經濟趨勢）與（由個人或企業成之的）個體經濟決策間的關聯，來加以強化與凸顯。如之後會看到，也有研究著重於將「無價」商品（如各種照護）納入ＧＤＰ計算的必要性。

雖然受到諸多批判，但邊際效用理論仍成為具有高度影響力的顯學。認為我們所有人都能受益於完全競爭的狹隘均衡觀點，直到今天都影響著各國政府與重要多邊機構（如國際貨幣基金與世界銀行）的各種決策。所有政策想問的都是：在完全競爭的條件下，個人理應如何最大化自身的偏好，企業又該如何最大化自身的獲利，以至於人類可以全體受益？根據現代經濟學的假設，我們已經無法斬釘截鐵地說出是誰創造了價值，又是誰萃取了價值，由此我們也無法確切地判斷生產的收益（經濟所得）應該如何分配才算合理。在下一章，我們會看到這種判讀價值的主觀性，是如何也對我們透過ＧＤＰ測量國家財富跟所得的方式產生強大的影響。

租金的消失與其意義所在

在課堂上學習個體經濟學（比如怎麼決定各種價格，包含薪資）的學子們，其實被隱瞞了一件事，那就是個體經濟學僅僅是思考「價值」的其中一種方法，而不是僅有的方法。不過對學生而言，價值思考還真的就只此一家，別無分號——由此「價值」一詞就沒有再被提到的必要了。對他們而言，價值這麼基本的概念在上完個體經濟學入門之後，就再也不會出現了。

在為我們的經濟思想史作結之際，應該提出一個問題：這僅僅是學術上的練習，還是因為牽涉我們的權益而值得關心？要說服各位這些問題與我們切身相關，是我寫這本書的目的：價值問題是我們理解何謂價值萃取的關鍵所在，而在了解價值萃取後，我們才有能力加以限制。

「租金」的定義在幾世紀以來的經濟思想流徙中，曾經有過改變，原因是租金正是「價值萃取」得以遂行的主要管道。十八世紀時，經濟學者描述租金是一種「不勞而獲」的所得，他們認為這種所得的產生只是經由把現存的資源加以轉手而已。當時的經濟學者會不假顏色地看待這種不勞而獲，有部分原因如之前講到，是源自中世紀看待放高利貸收息的嚴峻心態。但這當中也有實務面的考量。亞當·史密斯認為一個真正自由的市場，理應是沒有租金的市場，由此執政者應盡可能透過各種政策來消除租金。作為亞當·史密斯的後繼者，李嘉圖認為收租的地主沒有為土地生產力做出任何貢獻，所以是經濟上的寄生蟲；他強烈否認透過土地所有權獲取的任何所得或租金中存有價值。租金就是不勞而獲，沒有一點可以跟生產邊界沾上邊。但亞當·史密斯與李嘉圖都了解，要讓經濟免受租金的桎梏，需要強而有力的干預——由政府出手來阻絕價值萃取。新古典學派在這點上與亞、李二人看法一致，他們也認為租金阻礙了「自由競爭」（市場中各類生產者與消費者的自由進出），一旦這些障礙被移除，競爭就可以惠澤社會上的每一分子。

在邊際主義者的主觀看法裡，租金——乃至於薪資跟獲利——都源自於「最大化」：個人最大化「效用」，企業最大化「獲利」。由此勞動力、資本與土地成為了彼此平起平坐的生產要素，沒有誰高誰低。社會階級之間的分界消失了，包括誰擁有什麼樣的標記，都遭到抹消，原因是一個人究竟會成為出借資本還是會為了薪水上班的一方，取決於理由莫須有的初始資源稟賦。[15]

薪資的高低，是勞工在工資（遞減）的邊際效用與工作的負效用（如休閒時間變少）之間取得平衡的結果。在主流的薪資水平下，工時會決定所得，而這當中假設了工作量可以彈性調整。若工作量不能彈性調整，則逕行就業的邊際效用將可能少於從同等休閒時間中獲得的效用，到時候就會有人選擇不工作。而這我們前面提過，意味著所有失業都是出於主觀意願。

獲利與租金的決定也大致類似：資本（金錢）的所有權人會持續將錢借出到這麼做的邊際效用低於把這些錢拿去消費花掉為止。地主或房東處置他們的不動產，也是一樣的邏輯。比方說，一名房東可能先將房子租出去，後來又決定讓自己的女兒白住，其中後者就等於是在消費資本，因為租金獲利在這過程中遭到放棄。租金獲利的合理性，因此關乎到（屬於心理學範疇的）個人選擇，也關乎到認為延後消費的效用較低的心理假設（延遲享受而降低快樂程度）。由此，源自資本與土地的報酬，可視為對未來邊際效用的一種補償——如果不出租資本與土地，則可以馬上消費而享受到那些邊際效用。

在古典學派裡，租金是複製過程中的「正常」環節；在新古典學派裡，租金代表一種均衡，而這種均衡低於理論上可能之「異常」獲利。兩派理論主要的相似處，在於雙方都視租金是一種獨占所得，但租金在這兩種論述當中卻占有非常不同的地位。何以致此？主要理由是兩種論述之間存在著價值理論的歧異：古典經濟學相當清晰地定義租金為源自非生產性稀缺資產的所得。其中包括新科技的專利，新科技一旦生產（發明）出來，就不需要再重新生產（發明）一遍。此外像是僅限有銀行執照之機構才能發行信用貨幣的權利，或是有牌律師才能代表客戶出庭的權利，都是這類非生產性稀缺資產的實例。[16]基本上，這是對馬克思所謂「社會剩餘價值池」的一種權利主張——這些剩餘價值比起個別的生產型資本家、流通型資本家、地主／房東、專利所有權人等人的身價，都要大上非常多。

相對之下在新古典主義的經濟學裡——在整體均衡的狀態下——所得按定義會反映生產力。這當中並無租金存在的餘地，亦即沒有人可以憑空不勞而獲。如瓦拉斯就曾語驚四座地寫到對於被生產出的價值，企業家既不能增其一毫，也不能削其一分。[17]一般均衡（理論）講述的是靜態的屬性，其間無論是租金或創新都沒有可以容身的空間。而較近期的微調，也就是比較具有彈性的部分均衡（partial equilibrium）理論，則讓人可以忽視租金與其他產業的互動，並引入「準租金」的概念。這也催生出自一九七〇年代以來，一種透過人造獨占來「尋租」的概念，貿易關稅就是一例。問題是，我們欠缺一種拳拳到肉的標準來評估企業究竟是創造出了良善的新事物，還是單純在設立人為的障礙藉以尋租。

新古典主義對於租金的看法，大致上是目前主流的看法，也是本書討論的核心。如果價值真如新古典理論所言源自價格，那來自租金的所得就必然具有生產力。因此演變至今日，不勞而獲的概念已消失不見。從最早被亞當‧史密斯、李嘉圖與其徒子徒孫看作是半寄生蟲的行為——自創造價值的活動中萃取價值——「收租」現已在主流經濟論述中成為通往「完全競爭」之路的單純「障礙」。銀行在身為一種獨占的形式之餘，被判定「大到不能倒」，因此變相收受政府補貼，但它們竟被認為對GDP是有貢獻的，就跟這些銀行裡的肥貓高幹一樣。

我們對於租金與價值的認知與理解，會深刻地影響到我們如何測量GDP、如何看待經濟的「金融化」一事、如何面對創新、如何定義政府在經濟中的角色、如何將經濟發展導向由更多的投資與創新來推動的方向，乃至於如何在這些投資與創新中兼顧到永續與普惠的原則。進入第三章，我們首先會討論到GDP作為一個有如信仰圖騰般的經濟概念，會把哪些東西包括進去，又省略不計哪些東西，然後我們會一起思考用GDP作為標準來評估價值，會讓我們得承擔什麼樣的後果。

註釋

1 J. B. Clark, *The Distribution of Wealth: A Theory of Wages, Interest and Profits* (New York: Macmillan, 1899), p. v.

2 A. Roncaglia, *The Wealth of Ideas: A History of Economic Thought* (Cambridge: University Press, 2005), ch. 4.

3 Léon Walras, *Elements of Theoretical Economics*, trans. and ed. by D. A. Walker and J. van Daal (1883; Cambridge: University Press, 2014), p. 5.

4 亞力山得羅・朗卡格里亞（Alessandro Roncaglia）（《西方經濟思想史》（*Wealth of Ideas*, p. 278）引用李察・豪威（Richard Howey）說菲利普・威克史提（Philip Wicksteed）與費德列克・馮・維瑟（Friedrich von Wieser）都是首批在一八八四年使用「邊際」說法的人，而「邊際主義」一詞要到一九一四年才會問世。

5 Jeremy Bentham, *A Fragment on Government* (London: 1776), Preface, p. ii. Niccolò Machiavelli, in his masterpiece *The Prince* (1513), 表達了類似的論述。

6 Jean-Baptiste Say, *Traité d'économie politique* (Paris: 1803); Roncaglia, Wealth of Ideas, p. 165.

7「所謂的效用，指的是任何物體中的一種特質，而這種特質可以生產出利益、優勢、快樂、良善或幸福（這些東西以我們手中的討論而言，可以視為同一件事）或是可以避免掉無常、痛苦、邪惡、不幸（同樣可視為一體）發生在討論的主體身上。」Bentham, *An Introduction to the Principles of Morals and Legislation* (1789), quoted in W. S. Jevons, The Theory of Political Economy, ed. R. D. Collison Black (Harmondsworth: Penguin Classics, 1970), ch. 3.

8 L. Robbins, *An Essay on the Nature and Significance of Economic Science* (London: Macmillan, 1932).

9 古典主義經濟學者都深知供應與需求會改變價格——比方說馬克思在《資本論》第三卷的第一部分所言——但他們也視之為圍繞著由勞動時間決定的價格，所出現的一種波動。

10 P. Mirowski, 'Learning the meaning of a dollar: Conservation principles and the social theory of value in economic theory', *Social Research* 57(3) (1990), pp. 689-718.

11 行為經濟學糾集了心理學、社會學、神經學等學科來檢視個人如何真正做出決定，而這樣的一門學問質疑了邊際主義的單純假設。見 A. Tversky and D. Kahneman, 'Advances in prospect theory: Cumulative representation of uncertainty', *Journal of Risk and Uncertainty*, 5 (4) (1992), pp. 297-323; doi:10.1007/BF00122574

12 Robbins, *Essay on the Nature and Significance of Economic Science*, pp. 73-4.

13 這個詞是勒納從維爾弗雷多・帕雷托處「拾人牙慧」的東西，這個見解其實是帕雷托在一八九四年首先提出。V. Pareto, 'Il massimo di utilità data dalla libera concorrenza', *Giornale degli Economisti* 9(2) (1894), pp. 48-66. 此一主張後來被進一步由其他經濟學者釐清，當中也包括勒納，而時至今日，此見解較廣為人接受的證據來自於由肯尼斯・艾羅（Kenneth Arrow）在一九五一年所詳述的作品：'An extension of the basic theorem of classical welfare economics', in *Proceedings of the Second Berkeley Symposium on Mathematical Statistics and Probability* (Berkeley and Los Angeles: University of California Press, 1951), pp. 507-32.

14 E. N. Wolff, *Growth, Accumulation, and Unproductive Activity: An Analysis of the Postwar U.S. Economy* (Cambridge: University Press, 1987).

15 T. Veblen, 'The Limitations of marginal utility', *Journal of Political Economy*, 17(9) (1909), pp. 620-36.

16 See Foley, 'Rethinking financial capitalism and the "information" economy' for further examples.

17 'entrepreneur ne faisant ni bénéfice ni perte'; Walras quoted in J. A. Schumpeter, *History of Economic Analysis*, p. 860.

第三章

國家財富的測量

Measuring the Wealth of Nations

我們測量的標的，會影響我們的行徑；我們的測量有誤，我們的決策也會扭曲。

——約瑟夫·史迪格里茲、阿馬蒂亞·森（Amartya Sen）
與尚－保羅·費圖希（Jean-Paul Fitoussi）
《人生的誤測（暫譯）》（*Mismeasuring Our Lives*, 2010）

政客、媒體與專家幾乎天天都要做的一件事，就是對一個國家的GDP品頭論足一番。GDP是用來計算某經濟體中商品與勞務產值的工具，而經濟體中的商品、勞務生產總值，就是所謂「國家的財富」。GDP管理工作的成功或失敗（無論是實際或想像中的），都可能導致大至政府小到個人職涯的成功或失敗。GDP若連兩季萎縮，就代表有「經濟衰退」（recession）的危機。若GDP規模的跌勢維持超過一年，那就是「經濟蕭條」（depression）。但這種經濟測量方式是怎麼冒出來的？人類對價值的理解又如何影響它？

邊際效用到今天，已經對經濟活動的測量與成長具有重大的影響力。我們以邊際效用判斷一個經濟活動有無生產力——第二章提到，按照邊際效用的觀點，任何能（合法）取得市場價格、有行有市的東西，其背後的經濟活動都算得上有生產力。在邊際主義者看來，由於價值源自價格，所以高薪便代表個人的生產力跟價值。在此同時，任何一名姑且算是有在工作的人，都理應已經用行動反映他們對工作的偏好：即工作的效用大於休閒。GDP經由測量，可以表達出生產的商品總量，或是賺取到的所得總額（外加某些下方會加以審視的調整）。但若所得不必然是生產力的象徵，還代表別的東西呢（像古典學派就視租金為「不勞而獲」的偽所得）？這會如以影響以GDP作為經濟生產力的量尺？

比方說金融產業中的所得增長，就會對GDP產生影響。於是各產業受到何種不同的評價，也會影響到我們對於成長率的計算，進而左右我們要把經濟這艘船開往什麼航向。換句話說，我們測量GDP的方式，取決於我們看待事物的價值觀，由此計算出的GDP數據，又會影響我們的生產數量。這就是陳述即行動：我們怎麼說，就會怎麼做！

但要是我們測量GDP的方式出了問題，那決策者就可能被訊號誤導，弄錯了經濟中哪些活動有生產力。自從邊際效用理論問世後，對於社會中哪些活動有無生產力的討論，就不太明確了。任何商品或勞務只要能在市場上拿到一個價格，就有資格被納入GDP，至於它們究竟是貢獻價值還是萃取價值，則無人聞問。結果就是獲利與租金之間的區別模糊了，價值萃取從此可以戴上面具，假扮起價值創造。

這一章會帶著大家檢視政府透過國民會計帳戶來計算經濟成長的各種方式、這些計算方式與價值理論間的關係，以及由此所生出各種匪夷所思的亂象，包括特定活動（如兒童照護）遭到低估，而某些活動（如高汙染的產業）遭到高估。除此之外，第四章要來討論邊際效用理論如何未能處理現代資本主義中的一個關鍵問題：由金融業進行的價值萃取活動。

GDP：一種社會性的發明

首先我們要記住，所有的會計方法都是演化出來的社會發明——定義這些會計方法的不是物理定律，也不是客觀的「現實」——會計方法只是反映了不同時代與時空下的觀念、理論與意識形態。[1]一張試算表的建構方式，本身就反映了某組價值觀。一個有趣的例子是耶穌會（Jesuit Order）。話說在十六世紀，這個新成立的天主教修會綜合了宗教願景與金融觀念，設計出一種創新的會計系統。為了讓金融運作能與修會的價值一致，他們安排讓現金盒得齊備兩支鑰匙才能開啟：一支交由管錢的人，也就是等同今日財務長的帳房保管，另一支則交由負責修會大政方針，就像是企業執行長的會長保管。[2]此例告訴我們一件事情，那就是會計並不中性客觀，也不是訂了就不能改。會計方式可以先透過揉捏去配合某個組織的成立宗旨，然後再反過來影響這個組織的演進。

同理，現代GDP的會計概念也受到了潛藏在其算式中的價值理論影響。GDP的計算，根據的是一國經濟中各產業的「附加價值」（value added），而所謂附加價值，等同於產業所生產產品的貨幣價值減去投入要素／物料（亦稱「中間消費」〔intermediate consumption〕）的成本：基本上就是營收減去原料成本。會計師稱呼這種中間消費（物料投入）為「平衡項目」（balancing item），理由是其平衡了「生產帳」（production account）：成本加上附加價值，就等於產值。但是附加價值，是特別為了國民會計而計算出來的數據，等於：資源端（投入）與使用端（消費）之間的殘餘差異（殘差）。

經濟體中由全體產業創造出的殘差總和，就是所謂的「附加價值毛額」（gross value added，GVA）。基本上扣除一些稅務上的細微修正，GVA跟GDP是一樣的。GDP

可以從生產端算出來，也可以透過所得端得出。若走後者這條路，我們就得集合所有能創造附加價值的產業，然後把當中收付的所得統統加起來，這包含全數的獲利、租金、利息與權利金。如我們後面會提到，計算GDP其實還有第三條管道：把所有最終產品的索價／費用（即需求）加總起來，因為最終產品的價格加總起來，就等於整條生產鏈中的附加價值加總。所以GDP可以從生產的角度去觀察（被生產出來的商品與勞務總和），可以從所得的角度去看（各種所得的加總），也可以從需求的角度去看（所有被消費掉的商品與勞務，加上庫存）。

所以究竟是哪些產業在貢獻附加價值？按照邊際主義思想的邏輯，今日的國民會計在GDP裡納入所有被標上價格的的商品與勞務，而這也就是所謂的「綜合性（生產）邊界」（comprehensive boundary）概念。如在第二章提到過，邊際主義認為在生產邊界以外的經濟部門只有政府（靠生產性產業繳的稅款運作），還有多數的社會福利領取者，救濟金的來源也同樣是稅。採用這種原則來計算GDP，看似在邏輯上沒有問題，事實上，這種算法產生了一些兜不起來的地方，令人不得不質疑國民會計系統的嚴密性，以及價值在經濟體中的配置方式究竟合不合理。這些兜不起來的事，包括如何評價政府的服務、如何評價具未來性的投資（如研發工作的投資）、如何看待高薪的工作（如金融業的職位），以及重要但無價（如照護）或沒有合法價格（如黑市）的服務該如何處理。為解釋這些怪現象的發生，並解釋這系統何以這麼古怪又這麼多例外，我們必須很快地看一下國民會計與「附加價值」概念在這幾百年來，歷經了什麼樣的發展。

國民會計簡史

在極長的一段時間，價值理論都位於國民會計的核心。早期最具指標性的一次相關嘗試，發生在十八世紀末的法國，當時至少有八路思想家嘗試根據奎奈的土地價值理論來估計法國的國家生產值。因為如前面提過，對奎奈而言，生產邊界的圈內只有農業一枝獨秀——其他人都被認定是靠著農業部門的價值轉移來過活——製造業被放在邊界外，不被認為具有生產性。期間但凡有人（抱持功利主義）提出異議的聲音都會遭到忽視，像是塞伊從廣義的功利主義出發，主張能產生出效用的勞力就是生產性的勞力，他認為若某項產品有人想買——代表這東西對其有效用——那製造這項產品的行為就算是具有生產力。

將製造（業）排除於國民生產計算之外，對奎奈一門理所當然，就像我們今天也覺得把所有「有價」的東西都納入國民生產計算是天經地義的。這些早期的法國估算者並非等閒之輩，當中包括法國文豪伏爾泰（Voltaire, 1694-1778）、現代化學的奠基者安東萬・羅弘・拉瓦節（Antoine Laurent Lavoisier, 1743-1794），以及與拉瓦節為友的數學家約瑟夫・路易・拉格朗日（Joseph Louis Lagrange, 1736-1813），其中拉格朗日今時為人所知的，除了他在力學上的研究成果以外，也包括由他所發現、經濟學者仍在使用的數學技巧。事實證明，奎奈的觀點非常耐久：最遲到一八七八年，法國某次國民生產估算仍是以他的理論為基礎。[3]

具有類似影響力的，還有亞當．史密斯對於價值生產的看法。亞當．史密斯版本的國民所得估計，僅在定義內納入源於農業與工業勞動力的生產或所得，因為農人與工人生產的是摸得到的物質性商品，而排除了一干服務（業），包括政府或銀行。亞當．史密斯的想法甚至在大革命時期的法國挑起了首次國民生產帳估算的大梁：一七八九年，拿破崙任命了亞當．史密斯的門徒夏爾．加尼爾（Charles Ganilh, 1758-1836）來負責這項工作，他想藉此對法國最新的國民所得有精準的掌控。[4]

十九世紀尾聲，邊際效用理論占領主導地位。雖然與早期經濟學者的思想天差地遠，但邊際效用理論仍繼續凸顯價值理論在國民會計中的重要性。漸漸地，在邊際效用理論的影響下，國民會計的執行者開始把所有能以所得購入的東西都納入計算。對他們來說，所有來自市場活動的營收，不分產業別，會共同加總成為國民所得總額。所得稅統計資料於此時變得唾手可得，而這也方便了他們根據所得資料來建構估計值，並針對個人的所得分配進行分析。

阿弗列．馬歇爾作為英國的邊際效用理論之父，是將該理論應用於國民所得估算的幕後推手。[5]在其具有高度影響力的《經濟學原理》書中，他清楚寫到國民生產額可以如何獲得估算。他另一本較早出版且與妻子瑪麗・培里・馬歇爾（Mary Paley Marshall, 1850-1944）合著的《產業經濟學》（*The Economics of Industry*），則明言效用是國民所得計算的根基：「一年當中所有生產的東西、提供的服務，乃至於所有被創造出來的嶄新效用，都屬於國民所得的一環。」[6]

與此同時，勞動的價值理論在經過馬克思的完整發展後，將生產力的深植於「剩餘價值」之上。只不過馬克思的論述在國民所得的領域裡，要不是爭議極大，就是無人聞問。到了二十世紀初期，馬克思主義已與一連串的革命脫不了干係，因此光定義上無法在那些被馬克思主義者嚴厲批判的國家立足，更遑論與這些國家的官方統計數據合作。當然，事情在共產主義者掌權的國家會大大不同：早期有一九一七年布爾什維克（Bolshevik）革命後的蘇聯，後期有二戰後的東歐（當這些共黨國家在建立「物質產品體系」〔material product system〕來獨尊物質產品的價值之際，他們該找的不是馬克思，而是亞當・史密斯）。總之，此時除了這些社會主義國家之外，以所得總額作為國民產出計算基礎的觀念——包含其對應的「綜合性」生產邊界——已開始以燎原之勢在各個國家中快速擴散。[7]

在二十世紀前半，邊際主義者也慢慢意會到自身理論的瓶頸，開始爭論是否要把非市場活動納入國民所得會計。馬歇爾的門生暨劍橋大學政治經濟學教授亞瑟・西塞爾・皮古（Arthur Cecil Pigou, 1877-1959）主張市場價格僅代表從交易中獲得的滿足（效用），而國民所得應該更進一步：應該把「福利」（welfare）納入測量範圍。福利在皮古看來，是人能透過貨幣所獲得效用的指標——換句話說，福利代表的是物質生活水準。其一九二〇年出版的代表作《福利經濟學》（*The Economics of Welfare*）裡，皮古進一步定義「我們探索的範疇」應該「限制在社會福利中可以直接或間接與貨幣量測發生關係的部分」。[8] 一方面，皮古所說的是任何未能真正改善人類福利的活動（可以回想一下第二章討論到柏雷多提出的福利原則），即便它們得花錢買，都應該排除在國民所得的計算之外；反之，他強調那些能夠為人類創造出福利的活動，即便分文不收，也應該被收納在國民所得的範圍之內。而免費或有補貼的政府服務，就被他列為這第二種活動。

第一個針對一九三〇年代經濟大蕭條時期，提出估算美國國民所得減少幅度的人，是皮古門下一位享有盛名的弟子，一九七一年以國民會計研究獲頒諾貝爾經濟學獎的白俄羅斯裔、哈佛經濟學教授顧志耐（Simon Kuznets, 1901-1985）。與其恩師不同，顧志耐從生產邊界排除了所有未立即流向家計單位的商品或勞務產出的政府活動，統統排除在生產邊界以外，因為他認為這些活動會引發成本，卻不會增加最終的經濟產出，符合這描述的有公共行政、國防、司法、國際關係、基礎建設等。[9]

顧志耐還認為某些家計單位支出並不能提升物質生活的水準，而只是現代生活必然的成本——特別是「都會文明附帶的膨脹生活成本」，這包括現代人都會在銀行開個戶頭、都得繳工會會費，或是具有某些社團的會籍，代表你得負擔某些社會義務。顧志耐估計，約有二到三成的消費支出流向這些服務。[10]不過他主張無償的家務應該納入國民會計，因為它很明顯有助於經濟福利。由此，顧志耐根據哪些活動可以提升物質生活水準，哪些活動不能來劃定生產邊界。

或許在承平時代，顧志耐的觀點會有更大的施力點；但二戰的極端狀況，逼得各國政府不得不專注在戰爭上。經濟學者因此步上了不同的道路：估計國家的產出規模是當務之急，而非福利。就這樣，認為「國民產出等於市場價格總和」的經濟學者占了上風。

此後，透過估計產出來計算GDP的各種辦法，看似遵循邊際效用理論，但實際上卻與之脫節。首先，這些辦法忽略了價值與效用是一體兩面的概念——價值等同效用，而效用就是能提供給消費者的利益；而納入皮古－顧志耐的福利概念，認為效用只是價值創造之「必要條件」。他們沒有評估最終消費是否增加了效用，而一股腦把所有的最終消費都加進國民所得。顧志耐的說法是：「許多食物與藥品按照營養或醫療的科學標準來看，都是分文不值的；許多家計單位的附屬物品，也與經科學確立的居住與舒適需求無涉；許多服務、活動乃至商品之所以有人想要，只是為了讓外國人或同胞覺得我們好厲害，基本上不太經得起我們面對全人類時的行為倫理原則考驗。」[11]從這個角度來看，新國民會計誇大了福利的指涉範疇。

第二，經濟體中的競爭，大都不是完全競爭——這是現實，而且是讓接受新古典主義訓練、受到完全競爭與均衡觀念薰陶之國民會計核算者深感不安的事實。單純把所有市價加總，讓這些人忽視了一件事，那就是這些價格不見得能萬無一失地出現均衡，並且兼容「完全競爭」的狀態；比起均衡狀態，實際上的物價可能高、也可能低，由此反映出的價值創造將遭到扭曲。簡而言之，在戰時，實務面的操作與主流理論嚴重脫勾——換句話說，效用的價值理論並未解決當時因為戰爭而顯得迫切的各種問題。

就許多方面而言，我們今天所熟悉的國民經濟會計都是兩件歷史發展的產物：一個是一九三〇年代經濟大蕭條造成的創傷，另一個則是第二次世界大戰中各種與軍事相關的需求。在這些發展中，一如在許許多多其他的問題上，凱因斯都扮演了舉足輕重的角色。在其一九三六年寫於大蕭條期間的的傑作《就業、利息與貨幣的一般理論》（*The General Theory of Employment, Interest and Money*）中，凱因斯假定工人會低估他們薪資的購買力，由此他們會生產超過實際所需。如此，勞工非自願的過度生產，會反過來創造非自願的失業——因為有人多做工作，而需要完成的工作量不變，就代表人力的需求變少了——由此經濟體就會處於一種低產出的均衡狀態。在這種狀態下，經濟中的各種力量（如供給與需求）會處於平衡，看不到改變的動機，即便整體的經濟產出偏低，薪資與就業也遭到壓抑。凱因斯用這種看法發展出總體經濟理論——把經濟視為整體的學問——其中他認為在企業投資過少的時候，政府支出可以跳出來穩定景氣循環，甚至可以提振經濟的產出。

為了帶領經濟走出蕭條，政府需要資訊來衡量政策是否奏效。在那之前，政府基本上是矇著眼睛在開飛機的：他們原本並不需要詳細的統計數據，因為理論上經濟會自我調節。凱因斯在一九四〇年出版了《戰爭的經費何來（暫譯）》（*How to Pay for the War*）一書，提出用一組帳目紀錄國民所得的概念。澈底改變政府運用資訊的方式。

從一九三〇年代尾聲到一九四〇年代，國民經濟會計採行凱因斯的見解，開始將政府支出視為對經濟產出的直接挹注。就這樣，在現代經濟思想的演化史上，政府支出頭一回變得重要——這一點與顧志耐在國民所得中略去眾多政府服務的做法，形成強烈的對比。重新將政府定義為國民所得的貢獻者，是價值理論中一次決定性的發展。凱因斯的觀念很快就廣獲接納，也與其他力量共同促成第一本GDP計算手冊的出版，那就是聯合國的《國民經濟會計制度》（*System of National Accounts*，SNA），這本巨著目前出到第四版，篇幅厚達六百六十二頁。

國民會計制度的成型

二戰之後正式訂定了國際通則，關乎生產、所得與支出的國民會計核算標準化。由聯合國編纂第一版的SNA，於一九五三年問世。[12]在簡介裡，SNA形容自己「作為一個統計架構，可提供兼具綜合性、一致性與可塑性的總體經濟帳目來回應政策擬定、分析與研究等目的」。[13]SNA定義國民會計的內涵是在測量「經濟體中發生了什麼，這些事發生在哪些主體之間，其發生又是為了達成什麼目的」。SNA的核心是「商品與勞務的生產」，[14]「簡言之」，GDP「就是透過生產所創造出的附加價值的總額」。[15]由於這過程直白地被定義拿來測量價值創造，因此我們也可以說國民會計制度有一條生產邊界存在。

SNA能在戰後初期出現，很大程度上得歸功於對當時而言記憶猶新的經濟、政治與學術發展。經濟蕭條與戰爭的經驗，重重地壓在執政者的心上。戰時的政策擬定在前所未見的大量經濟資訊基礎上，被不少國家視為成功的案例。政治壓力的影響也不容小覷。在美國，一九三〇年代的「新政」與戰時的完全就業，讓為數眾多的選民相信政府應該要對經濟進行良性而漸進的干預。在歐洲，戰後左翼政黨的力量有所強化（例如英國工黨在一九四五年的勝選），這象徵著民眾態度的變化。由此更為完整且精確的國民會計變得不可或缺。但一直以來的關鍵問題依舊橫在那裡：國民會計應該用什麼樣的價值理論打底？

「簡單版」的國民所得估計，有三種可能：一種是把經濟體中生產（減去中間商品）的價格加總起來；一種是把經濟體中所有主體的所得加總起來；一種是把所有主體對最終產品的支出加總起來。國民生產＝國民所得＝國民支出。為了進行這種估計，我們會以為SNA

的作者群將在方法論上選擇主流的經濟價值理論，也就是邊際效用理論。但他們沒有這麼做——或至少沒有完全這麼做。事實上，他們最終做出來的模型，從當年到現在，都是一個奇怪混亂的綜合體，當中「效用」是主要成分，但不是唯一的成分。

SNA從幾世紀以來的經濟思想中，集合了各種曾經登場的國民所得評估方式。每一樣東西該不該納入生產邊界，被形容決定得很「隨興」。[16]事實上，國民會計的執行者也承認，SNA中關乎生產的認定規則，是「由傳統、對資料準確性的主觀判斷，以及對經濟理論的共識所混合的大雜燴」。[17]這當中包括SNA人員會根據「常識」設計出會計解決方案，以及以「計算方便」之名做出的一些推定——但這會對我們評估經濟成長時，得到的實際數據產生相當重大的影響，還包括有特定經濟利益團體會跑來對SNA人員進行遊說。

平心而論，SNA的人員一路以來隨興（或者說臨時）地拼拼湊湊，都有他們的苦衷。經濟體中的各個面向，從研發工作、專職家務、環境議題到地下經濟（黑市），都很難用邊際效益來評估。很顯然，全面的國民會計體系必須要同時納入來自市場交換與非市場交換的所得——特別是不能忽略政府的存在。相對於由市場調節活動構成其核心的邊際價值觀念，國民所得的多數估計者仍想要採行更海納百川的做法。[18]

集大成的國民所得會計

由此，國民所得會計的實務綜合了各式各樣的核算方法。這系統讓人得以用整合性的觀點，去在同一時間觀察經濟的不同面向（包括所得的生產〔產出〕與分配），並讓統計人員必須要一個蘿蔔一個坑地把每項產品與某人的所得連結起來，進而確保每一筆資料都對得起來。為了讓生產、所得與支出之間沒有項目落單，國民會計人員必須記下所有生產的價值、所有收入口袋的所得，以及每一筆為了購買中間或成品所付出的款項，並將其登錄為經濟體中不同主體間的交易——經濟主體在此包括政府、家計單位，或特定的產業部門——每個主體都會被賦予屬於自身的帳戶。這種做法，有助於看清經濟整體的詳細情況。

花在最終產品上的支出，加總後的和必然等於GDP（因為中間產品的價格會包含在最終產品的價格中）。所以從支出或費用端來計算GDP是可行的，一如我們在第一章所見，佩提早在十七世紀就用這種方法來估計國民產出。至於現代國民會計帳目，則是將支出區隔為下列的項目：

GDP＝家計單位消費（C）＋企業投資與居民對於住房的投資（I）＋
政府支出（G）

這個等式可以寫成：**GDP = C + I + G**

為求簡潔，我們會忽略出口淨額的貢獻。在此，觀察到的重點如下：在支出端，企業僅以投資者之姿現身（其需求為來自其他公司提供的最終投資商品）。其餘的支出（總體需求）則被區分為家計單位與政府兩部分。政府支出只包含政府真正對外花掉的錢，也就是不包含政府轉移給家計單位的部分（如退休金或失業補助），而只代表社區（民眾）所進行的集體消費。只看政府的純支出，就形同將政府定義為是「不具生產力」，處於生產邊界以外的存在。

測量政府貢獻給GDP的附加價值

在第八章，我們會談到政府鮮少被認定是價值的創造者（當然，這看法不符合事實）。其實過去半個世紀以來，國民會計早已開始默默追蹤政府對附加價值的貢獻，而且這貢獻著實不小。等到第八章，我們會好好地說明經濟學家與（其輔佐的）政治領袖是如何看待政府的——是價值創造的主體或只是經濟的拖油瓶——而在本章，我們會把重點放在這個問題如何影響GDP的計算。在這些分析當中，最令人驚異的一點是，相左於多數經濟學者的看法，政府確實對經濟有增值的效果。

圖八顯示的是美國政府自一九三〇年代以來的附加價值與支出。在二戰期間，美國政府

圖八：美國政府的支出與附加價值占 GDP 比重，1930～2014 年[19]

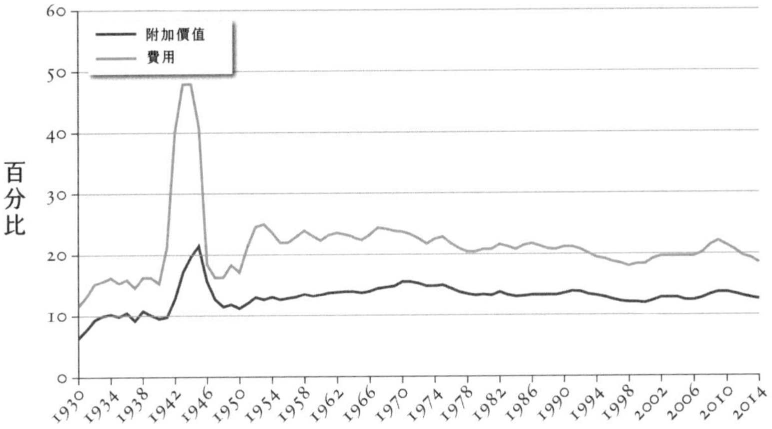

購入了令人吃驚的半數國民產出。從這張圖中，我們可以看出政府提供的附加價值，始終於戰後盤旋在GDP的百分之十一到十五之間。作為對照，金融業僅在美國貢獻百分之四，在英國貢獻百分之八。但這張圖表也顯示出一個耐人尋味的背離狀況：政府的費用支出穩定地高於政府創造的附加價值，並達到GDP的百分之二十到二十五。

在此必須強調的重點是，附加價值與最終支出的差別並不等於政府的預算赤字。事實上，預算赤字應該是政府歲入（主要是稅收）減去政府支出，包括從政府轉移給家計單位的支出，比如退休金與失業補助——在這部分，由於退休金跟補助金最終會從家計單位的手中花出去，所以在國民會計的定義裡，這兩筆錢是家計單位而非政府的支出

（因為真正重要的是「最終」支出）。家計單位支出會被算成是整體經濟之最終需求者。所以這到底是怎麼一回事？

支出與價值

在回答這個問題之前，我們必須要認知到政府的附加價值無法跟其他產業用相同的方式計算，因此成了國家統計機構的一大困難。不少政府活動都不是以市價收費的，所謂市價，是用來支付所有生產成本（包含薪資、租金、利息、權利金與各種投入要素的價格），還要能讓私部門的企業有一定的利潤，由此得出的價格。相較之下，政府的活動或服務之提供，都是低於市價、不合成本的價位，甚至是免費的。就拿公立中小學、國立大學、公共醫療、大眾運輸、公園綠地、休閒娛樂、藝術，警消服務、法庭、環境保護（含治水等防災事務）等而言，這些基本上都由稅金或舉債來支應。

由於這些政府商品與勞務都對應著低廉的價格，因此通常用來計算私人企業附加價值的方式並不合用。還記得嗎？原本的附加價值是由產出的價值減去中間投入的成本而得出。以私人企業為例，附加價值基本上就等於員工的薪資加上企業的經營剩餘，其中後者大致接近企業會計報表裡的營業利益毛利（gross operating profit）。所以把政府活動對應的「非市場價格」加總起來，就很可能得出一個較低的附加價值，畢竟政府辦理各項活動的初衷與經商不同——政府運作的目的不在營利，而在於提供服務給社會大眾。若這些政府活動的非市場價格低於中間投入的要素成本，那其附加價值甚至會變成負數——沒錯，政府活動會「減損」經濟價值。但若說（執行公務的）教師、護士、男警女警、消防員等角色會摧毀經濟中的價值，實在太違背常理了。很明顯地，我們需要的是一套不同的算法。一如查爾斯・畢恩（Charles Bean）這名曾任職英國央行（Bank of England）副行長，負責經濟政策擬定的經濟學學者在二〇一六年版的《英國經濟統計之獨立評論》（*Independent Review of UK Economic Statistics*）[20]中所言，公部門透過服務對於經濟體所做的貢獻，必須要以其「提供價值」（delivering value）[21]的角度來加以測量。但若政府提供的這種價值不是金錢，那又會是什麼呢？

從事國民會計的人長年採用所謂的「輸入＝輸出」法。一旦輸出獲得定義，附加價值就可以計算出來，因為中間投入的成本（如員工要用的電腦）都是已知的資料。但由於政府的產出基本上是中間投入加上勞動成本，因此其附加價值就等於員工（公務員）的薪水。採用這種算法會導致一個重要的結果是政府附加價值的估計——對比於企業附加價值的估計——不會在薪資支出之上再加上獲利或營業剩餘的設定（圖八中的深灰色線代表的是政府附加價值占GDP比重，而這大致上會等於公務員所得占GDP的比重）。在獲利被視為具有生產力之結果的資本主義體系裡，這一點有其獨特的意義，因為這讓業務多半產生不了盈利的政府變得「不具生產力」。

但那條代表政府的最終消費支出的淡灰色線，又該當何解呢？我們已知由政府支付的退休金與失業補助是家計單位最終消費支出的一部分，而不是政府支出，更進一步說，政府何以得跟家計單位一樣有所謂的最終消費支出呢？這點實在令人費解。畢竟企業並不被分類為最終消費者，企業的消費被視作是中間過程，後面接續的是要生產出給家計單位的最終產品。既然如此，何以政府支出不能比照辦理被分類成中間支出？認真說來，數以百萬計的學子與病患，不都是政府服務的最終消費者嗎？

沒錯，按照這種邏輯，政府對企業而言也是中間投入的提供者。把教育、道路、警察、司法等服務視為生產各類產品所需的投入，應該不過分吧？但這裡有一個微妙的地方是，若政府支出增加，就意味著政府產出的中間商品變多，且企業起碼會購買一部分（某些公眾服務還是有費用的）。這麼一來，企業花在政府產出上的錢會變多（比起政府什麼都沒有產出，也因此什麼原料都不需要向企業購買的狀況），企業的營業剩餘與附加價值則無可避免地會縮水。政府占GDP的比重會提高，但GDP的絕對規模會維持原樣。這樣的局面，自然與凱因斯的願景背道而馳，因為凱因斯想證明的是政府支出增加可以帶動GDP成長。

不少經濟學者在一九三〇與一九四〇年代，就曾提出這樣的主張——特別是顧志耐。顧志耐認為低於市價或免費的政府商品只有在提供給家計單位的時候，才可以被認定是增加了ＧＤＰ。儘管如此，政府支出應該全數算成最終消費的論點，在經濟大蕭條與二戰期間興起，主要是當時的美國需要一個說法來合理化龐大的政府支出（圖八的淡灰色線條在一九四○年代初期直衝雲霄）。這些支出被呈現為對ＧＤＰ的挹注，國民會計帳也配合而有所修改。[22]

二十世紀後期，開始不斷有人嘗試釐清特定政府支出被算成是中間或最終消費的亂象。具體而言，這麼嘗試的人會去認定哪些政府活動提供低於市價或免費的服務給家計單位（如公辦教育），哪些政府活動又是提供給民間企業的中間服務（如金融／銀行監理）。這當中的區別並不好拿捏。政府造橋鋪路，但道路的價值有多少在於讓家家戶戶可以假日出遊，又有多少在於讓貨運公司的卡車得以把關鍵零組件從工廠送到客戶手上？修路這件事，尋常家庭或貨運公司都無能為力，但出遊的家庭會增加最終需求的總量，而貨運公司只代表下游企業的中間成本。

一九八二年，國民會計從事者估計，瑞典、德國與英國的ＧＤＰ有百分之三到百分之四是之前被分類為最終消費支出，但其實應該重新分類為企業所需（中間）投入的政府支出。這一項誤差，就讓政府的整體附加價值下降百分之十五到二十。[23]舉例來說，在二○一七年，英國通訊管理局（Ofcom）作為電信事業的主管機關，敦促民營企業英國電信（British Telecom）將旗下寬頻網路事業 Openreach 轉為獨立公司，主要是之前不斷有消費者或其他寬頻服務提供商投訴，英國電信在其國內部署網路的進度過緩，且服務也有未臻理想之處。由此，英國通訊管理局至少有一部分的運作成本可視為對民間電信產業有益。但傳統就是傳統，政府的一切支出都仍得被算成最終消費，強大的阻力讓改變無法成行。

這麼一來，何以圖八中政府的最終消費支出會大於其附加價值，就不難理解了。政府的附加價值僅包括員工薪資。但政府其實也向私人企業採購很多商品與勞務，從咖啡到公務車、從鉛筆到機票，甚至是讓英國通訊管理局有地方辦公而租下的大樓，都是政府的採購項目。只是這些附加價值的功勞不會歸給政府，而是會記在這些商品、勞務的生產者身上。由於政府被視為是最終消費者，因此其對商品與勞務的採購都屬於支出。很顯然，政府的支出會高於其索取的費用（如各種手續的規費），政府收稅就是為了弭平這種收支的不平衡。但只是因為價格訂定的方式不同，政府的價值就應該吃悶虧嗎？因為想不到辦法而沒有能力去捕捉政府的價值創造（反倒是很強調政府所扮演的「燒錢」角色）的國民會計，也推波助瀾地讓政府只是「價值創造的配角」成為一種根深柢固的迷思。我們在第八章會講到，這種迷思會反過來影響我們對於政府的觀感、影響政府的行為模式，也同時讓那些夸夸自詡是財富創造者的人得以見縫插針，使政府為他們所利用。

國民會計帳裡的一件怪事：GDP跳躍發展了！

除了上述對於政府的奇怪看法外，國民會計帳還有諸多會計上的詭異之處引人側目。首先，GDP並沒有把投資於未來生產能力的成本（如研發成本）清楚區隔出來；再者，某些對經濟有其價值的服務（如照護工作）可以不透過金錢交易，因此這些服務在GDP計算者的面前就變得透明；第三，黑市活動也可能構成經濟體中很大的一塊。此外，一項資源被汙染給毀滅了，也不見得會被列為GDP的減項——但若汙染由服務業者完成清除，則GDP卻又會增加。不過，跟上述這些千奇百怪相較，真正的怪中之怪還是「金融業」。

金融業單純只是在輔助現有價值的交換，抑或金融業也創造出新的價值？一如我們將在第四章與第五章所談到的，這貨真價實是個輸贏得以十億美元為單位來計算的問題：要是這問題答錯了，那我們就得面對「金融業的持續成長並未反映經濟的成長，而是代表某些經濟主體在不勞而獲地擷取租金」的場景。因此，我們首先得來思考一些令人感覺矛盾的地方。

對於未來產能的投資

首先，讓我們來看國民會計帳是如何認定「研發」的。在二〇〇八年之前，SNA認為企業內部的研發是一種生產投入[24]——換句話說，一家公司花在研發上的錢（研發器材、設備、實驗室、研究員等等）被視為是一種成本，必須從公司最終的產出中扣除。但在二〇〇八年版的SNA中，內部研發重新分類為一種公司對於「知識存量」的投資，其價值必須在「包含生產用的固定資產成本在內的整體生產成本」之基礎上來進行評估，亦即研發成果的價值會變得與成本相對應，而不是成本的一部分。[25]由此研發變成最終生產活動，而不只是進入生產活動之前的中間成本。

SNA的這個決定，其立論根據不是價值理論，而是基於常識：「知識」對於生產的貢獻顯然不小，被認可也是剛好。研發之所以被改列為生產性的活動，是對其重要性的一種肯定。

由此，自二〇〇八年以降，GDP的規模就因為年度研發成本的納入而擴大，這中間包含了研發用固定資產的折舊。到了二〇一三年，美國也跟進施行這項變革，結果一夕之間，那年的研發環節就貢獻了四千億美元的價值到國民所得裡面——約美國GDP的百分之二點五。[26]當然，較重視研發的產業也因此擴大了它們在GDP中的比重，在士農工商各產業中的地位也隨之升高。

家務的價值……與家的價值

接著來討論家務。女性主義者長年抗議家務在經濟貢獻上遭到忽視。國民會計帳排除所有家務，也同時將女性大部分的付出排除在生產範疇以外。打造出第一與第二版SNA（一九五三年與一九六八年）的英國經濟學者李察・史東爵士（Sir Richard Stone, 1913-91），除了有諾貝爾獎得主的光環外，也被尊稱為「國民所得會計之父」，他曾針對此問題做出見解。在為某聯合國委員會執筆，以協助其草擬出家計單位生產的第一次SNA評估時，史東的主張是：「將家務與家計單位設備的服務算成所得，是沒有必要的，甚至這麼做會令人感到難堪，不僅是因為這方面的資料付之闕如，而且這麼計算的原則基礎也相當模糊。」[27]換句話說，史東爵士就是覺得窒礙難行，正所謂巧婦難為無米之炊；且即便技術面的困難解決了，這麼做也會讓他覺得丟臉。

事隔七十年的如今，由於我們依舊提不出論來解釋何以家庭主婦／夫的付出不應被包含在GDP的計算裡，於是SNA的建構者築起了另類的防禦工事。他們表達出對將家務納入GDP計算的「保留態度」，理由是雖然家務形同由僕役所完成的工作，但「按照傳統……只有專業家務員的薪資可以被視為是產出的價值」。[28]SNA言必稱傳統，但這種「傳統」卻諷刺地非常接軌馬克思的價值理論，也就是只有為某名資本家生產出剩餘的人，才算是創造出剩餘價值。但馬克思的論點其實會連結到其價值理論與其對於資本主義何以行得通（或行不通）的理解。在此例中，SNA把傳統「挑」出來用，只因為主事者需要一樣東西來自圓其說。

在解釋何以家務被認定為不具生產力時，國民會計帳務人員持續被迫退守到他們主張的「綜合性」生產邊界，並咬著牙關援引「常識」來護身。他們的託辭包括：「這些活動相對孤立／獨立於市場外。要對家務的價值進行有意義的經濟性估量，難度極高；對於政策擬定、市場（失衡）分析等目的，納入家務會讓國民會計帳的參考價值變低。」[29]

根據這種尷尬的邏輯，一個國家想讓ＧＤＰ成長不難，我們只要付錢給鄰居幫我們洗衣燒飯帶小孩，他們也付錢給我們幫他們洗衣燒飯帶小孩即可。[30]把這款用來對付家務工作的「常識」掀開，會發現底下是效用的價值理論：在市場上交易（換）的東西，才是有價值的。隱性的生產邊界，取決於一項金錢有沒有為了某項服務而轉手。由此，家庭主婦／夫的付出才會「極難」被賦予價值，畢竟她／他們都是不領薪在做這些事情。

相對於此，國民會計帳的人員真是煞費苦心，說什麼也要把房屋本身納進ＧＤＰ，即從事所謂非生產性家務勞動者的財產。相對於在「家」裡發生的家務完全不被承認具有生產性，家這個殼本身卻在國民會計帳裡被認定能產出服務，然後這服務的價值又會納入ＧＤＰ。以美國為例，房子的「產出」貢獻高達百分之六的ＧＤＰ——換算成金額就是一兆美元，酷吧——但當然這些錢都是紙上富貴，看不見也摸不著。

這麼荒謬的產出與價值，會計師是怎麼想出來的呢？他們設算每個人住在自己的家裡，都默默地繳了一筆「租金」。他們會先評估一棟房子若拿去市場上出租的租金水準，然後再設定由自住屋主付租金給身為房東的自己，而跟這「租金」有對價關係的就是這棟房子所提供的服務。由於推算出的租金被視為所得，因此計入國民會計帳，成為一種生產產出。會計師被問到這個問題的辯解是，「若不對自住房屋所提供的服務估算出一個價值，則居住服務不論就生產或消費的角度而言，其跨國與跨時代的比較都會遭到扭曲」。[31]

這該從何說起呢？首先假設有兩個國家供我們比較。在國家A，全部的人都是租客，且全都把租金付給不動產業者等業主（二〇一四年在瑞士，租屋者就比自住屋主多）；在國家B，所有人都是自住的屋主（美國與英國的房市都是買多於租）。由於在國家A，房地產創造的附加價值與所得都是源自真正收到的租金（相對於估算出來的假定租金），因此國家A會不公平地較國家B享有更高的GDP，至少就房地產占GDP比重這一點來說是這樣沒錯。

從另一個角度去看——即便我們不認為租屋比買房的價值高（包括在沒有租金管制的地方）——還是可以從源頭質疑何以不動產的租金應該被計入附加價值裡。另一個值得商榷的問題是，何以漲租該讓不動產業者產出的價值增加，尤其若租屋服務的品質沒有進步的話。這點問倫敦與紐約的租客就對了，他們最清楚什麼叫作租金漲而服務不漲——房租漲幅在倫敦尤為誇張。[32]

還有一點值得注意，國民會計帳將房屋等不動產（包括住宅與商用不動產），以企業視之。買住房或買廠房稱為「投資」，而這當中的假設是所有權人會持續不斷「維護」這棟建物，包括投入資源進行修繕與改善，因此他們獲得的所得不純然是不勞而獲的租金，而是耕耘後的收穫。買賣房地產賺到的錢，被定位為開公司或持有金融資產賺到的是同一種資本利得——但其實一棟建物能具有生產力到什麼程度，當中是存在爭議的。持有房地產所獲致的資本利得，源自於土地的增值，而土地價值本身取決於集體或公共投資（道路、學校等）——這些都壓根兒不是房地產所有權人的功勞。

就像跟隔壁鄰居「易家務而做」可以換得GDP一樣荒謬，SNA對房屋的處置就像在說，一個由自住者形成的國度，可透過人為強化其GDP，而灌水的方式就是把房子跟鄰居交換，然後相互付房租給對方。統計人員強力捍衛他們處理房產所得的方式，但當房地產價格飆漲的時候（像在二〇〇七年之前的美國與英國，以及金融危機後也未見頹勢的許多黃金地點，比方說倫敦），測量時就會衍生出很多亂象。房價上漲意味著隱性租金上漲，而隱性租金若被納入計算，則國民所得也會跟著上漲。這會產生一個弔詭的結果：若遇到房價泡沫，成因多半是利率環境偏低或放款條件寬鬆，其結果卻會表現在GDP的成長上。這是為何？因為家計單位提供給自身的服務（自己當房東並向自己收房租）突然在價值上大幅上漲，而這個價值會被歸類為所得，然後灌進GDP。反之，若把這些估算的租金除去，金融危機前的GDP成長會比二〇〇九年後慢。[33]

性交易、汙染與生產

所以說國民會計帳人員採取的評價策略，會左右生產邊界的位置，而且這些影響有時候非常耐人尋味。在荷蘭，性工作是納入政府管制的合法產業，因此稅務機關會要求性工作者申報所得，並納入國民所得計算。在別的國家，比方說英國，性工作的獲利不會納入國民所得，除非是透過對地下經濟的估計間接為之。

同等重要的是，生產邊界遇到環境問題就會轉彎。試想有一條溪流遭到工業廢棄物汙染，而當汙染者花錢清理河川時，這筆錢會被視作成本而吃掉一部分獲利與GDP。但當今天出錢收爛攤子的是政府時，這筆支出就會變成GDP的加項，因為付錢給工人會增加經濟價值。若清除汙染的成本由汙染者以外的人來負擔，則這筆錢就稱為「外部性」（externality）——這種成本位於汙染當事人損益表的「外部」——並且會增加GDP。顧志耐認為這樣的計算應該納入由汙染所創造出的「負效」來達成平衡，由此，此一負效代表的成本應該從附加價值的計算中扣除。但國民會計帳並沒有這麼做，實際上，他們認為「由經濟帳目出手，將這類推定的機構失誤納入考量來進行修正調整，也就是將成本指定到社會不打算承認的生產者頭上」是一種既不合宜，也在經濟分析上派不上用場的做法。[34]

這種某樣東西究竟在分析上是否派得上用場的問題，被國民會計帳目人員呈現為一場迷糊仗，為此他們絕口不提價值二字。持平而論，他們提出的某一點警示也沒有說錯，那就是要將這些沒有標價的外部性（即生產過程中各種正向或負向的「副作用」）全面成本化（也就是列為成本），是有極高的挑戰性的。這一切的一切，都只是凸顯著會計標準上要前後一致、生產邊界的劃定上要明確清晰，會是多麼困難的一件事情。

馬歇爾宣稱自然不會跳躍發展（請回想一下第二章的相關討論），但這件大自然做不到的事情，國民所得似乎做到了！若自雇者（含小農或性工作者等自營生產者〔own-account production〕）的重要性愈來愈高，或是我們有朝一日能找到將「外部化」成本化的辦法，那國民所得就會在統計人員決定將之納入的時候瞬間一日千里。

黑色經濟進入SNA的領域

類似的情形，也會發生在黑色經濟——或用正式的委婉語稱為「非正式經濟」身上。一旦某國判斷國內的黑色經濟規模太大，主政者就會認真考慮將其納入國民會計帳。屬於已開發國家的義大利就是一例。以經濟規模作為標準的七大工業國組織（The Group of Seven, G7），估計二〇一五年非正式經濟占其成員國義大利百分之十二點六的GDP。[35]這計算還不包括非法的經濟活動，因為義大利的統計人員決定將之排除在GDP的測量以外。自二〇〇八經濟大衰退以來，愈來愈多義大利人在失業後從事非正式的生產。由高所得國家組成的經濟合作發展組織（OECD）估計在二〇一三年，義大利的黑市（包含占GDP約百分之一的非法活動）赫然貢獻其GDP高達百分之二十一。[36]同一筆研究發現在其他歐洲各國中，非正式的經濟活動占GDP比重落在百分之七與百分之二十八之間——這些活動在一九九三年與二〇〇八年版的SNA建議下，被納入了國民會計帳計算。

這些狀況逼著我們去問一個問題：我們應該把起點跟終點畫在哪邊？國民會計帳究竟應該包含什麼，又不包含什麼？這些難以回答的問題，足以說明會計體系是多麼無法定型，又多麼捉摸不定。而這當中一個最莫名其妙之處，就是所謂的「銀行問題」：如何估算金融業的生產力？

較之於其他產業，金融業特別能凸顯現代國民會計帳在劃定生產邊界時的欠缺標準與恣意為之。金融業以規模而言尚且不成氣候時（即在一九七〇年代爆發之前），排除掉金融業並不是什麼困難的事；收取利息不光是個經濟問題，也是道德問題（莫忘高利貸存在的爭議）。但是隨著金融產業的規模愈來愈大，將之排除在國民產出以外也變得愈來愈尷尬。經濟學者——或者應該說全體社會——長年認為銀行沒有生產力，但與戰後金融業的穩定成長，兩者間產生極具張力的拉鋸，也就衍生出了今天所謂的「銀行問題」。

在一九七〇年代之前，銀行的主要獲利來源——淨利息支付，也就是存放款利息之間的差額——是被排除在國民會計帳外的。銀行所得中唯一被列入國民會計帳者，只有扎扎實實從上門客人手中收到的服務費，比方說開戶費或房貸試算的顧問費。

後來發生了一項劇變。金融業原本被認為只是在轉移現有價值與不勞而獲的「租金」，但他們後來搖身一變，成為了新價值的生產者。產生這個天搖地動的變化主要是因為兩件事：一件是商業銀行的活動被重新標示為「金融中介」（financial intermediation），而投資銀行的活動則被重新貼上「風險承擔」（risk-taking）的標籤。與此同時進行的還有金融業的監理鬆綁，而鬆綁也代表著金融業的規模得以膨脹。這個故事——金融業如何從幽靈人口，變成在國民會計帳中有個「戶口」——說來話長，下兩章再來專心跟大家談。

獲利vs.租金

如第二章所說，關於社會中哪些部門有生產力、哪些沒有生產力的討論，是在邊際效用理論出現後才變得比較複雜。再者，如在本章中所說，只要商品與勞務能夠取得市價，就會被視為有資格納入GDP計算，這一點與它們究竟是在貢獻價值還是萃取價值無關。如此的結果就是獲利與租金之間的界線被模糊了，而價值萃取（租金）可以假扮成價值創造且不被發現。

評估政府附加價值的複雜性，在SNA模糊難辨獲利與租金的狀況下變得不值一提。因此將獲利與租金的糾結解開，是理解價值的關鍵所在。如之前講到的，古典價值理論認為來自生產邊界外的活動所得，都是不勞而獲的。被視為不勞而獲的租金，在分類上屬於由具生產力的部門朝不具生產力之部門所進行的轉移，因此被排除在GDP以外。但若如邊際效用主義所主張的，地主／房東或避險基金經理人的服務都被視為「具有生產力」，那這些服務就都會很神奇地突然變成GDP的來源。

SNA一般會把勞工的所得連結到付薪水給他們的產業。鋼鐵工人領的是鋼鐵廠的薪水，便利超商店員領的是零售商的薪水，保險業務員領的是保險公司的薪水，以此類推。但來自房地產、股票或債權的所得，就不一樣了，因為領到錢的人不見得能直接連結到這些所得的來源（租金、股利、利息）。鋼鐵廠商若租了間辦公室，他們付租金的對象可能是其他產業的企業、政府，甚至可能是某個家計單位。富裕的投資人可以從數量不等的具生產力公司，來獲得股息所得，債權人（比如銀行）可以同時放款給若干家企業或家計單位來賺取利息，這五花八門的所得類型，都不容易在生產帳戶中獲得明確的定位。

雖然二〇〇八年版的SNA嘗試處理這個棘手的問題，但以財產所得為例，SNA並沒有斬釘截鐵地指出這種所得是生產獲得的報償，只保守地說「當金融資產或天然資源的所有權人，將這些財產交由其他機構單位處理的時候，就會衍生出財產所得。」[37]

光束拼西湊出一個國民會計，是不夠的

所以，雖然在理論上，國民會計在所得與支出間取得平衡的前提是：必須對生產邊界的位置（即價值是從哪裡創造出來的）有很清楚的概念，但在實務上，這條邊界從沒清楚過。目前的國民會計體系絕對贏過兩手空空，且國民會計體系也確實帶來許多好處，包括可以持續比對不同國家與時期的資料。但即便為了制定國民會計體系做出許多努力，SNA仍欠缺一以貫之且經得起推敲的價值理論。

政府機構如美國的經濟分析局（Bureau of Economic Analysis，BEA）與英國的國家統計局（Office of National Statistics，ONS），都使出了人海戰術來估算GDP、決定哪些人事物能產生擴大國家財富的嶄新價值。我們會覺得這一幕很神奇，這是個高度專業的領域，裡頭使用超精密的現代統計方法評估各種社會生產的價值：以複雜的數學把經濟成長率提早幾年評估出來，包括每一季的潛在「產出」與GDP的量測，都可以達到百分零點一的精度。

但事實上，國民會計不斷透過修修補補，以配合需求面與經濟面的改變。在前面介紹過將環境損害納入計算，但將幸福快樂納入計算則是另一回事。如果你覺得把幸福量化是天方夜譚，或至少與經濟無關，我要提醒你一件很基本的事：不能讓人過好日子的經濟，沒有任

何意義——不過分地說，好日子在某個程度上就是幸福的日子。一九八一年獲頒諾貝爾經濟獎，且在耶魯擔任經濟學教授的美國經濟學者詹姆斯・托賓（James Tobin, 1918-2002），曾經如此寫道：

> 經濟的完整宗旨，就是要產出商品與勞務供現在或未來消費。我認為相較於生產得多的人，舉證的責任永遠都應該落在那些生產得少的人身上，落在那些讓人員、機器與土地遭到閒置的人身上。我覺得很不可思議的是，像這樣的浪費行為，竟然能找到一票理由自圓其說：害怕通膨、害怕國際收支平衡出現赤字、害怕預算失衡、害怕外債暴增，還有就是害怕美元失去公信力。[38]

要決定將哪些商品與勞務納入GDP當中，牽涉到兩樣很基本的事情，一件是古典經濟學派的生產邊界概念（區別有生產力與沒有生產力的活動），另一件則是作為區別基準的價值理論。但這樣的理論是像在佩提與金恩的作品裡那樣，得靠假設推敲出來？還是得像在馬克思的著作裡那樣，白紙黑字寫得明明白白？另外，國民會計的統計者是如何定義一件活動原本只是原有價值的流動，後來又覺得這活動其實有創造新價值？還有，最重要的一點是，所謂的「成長」又是什麼？

我們定義與測量成長的方式，自然會受到價值理論的影響。而如此計算出來的成長數字，又可能用來告訴我們哪些活動重要。結果就是在這樣的過程裡，經濟結構可能遭受扭曲。

GDP會讓許多民眾與政治人物牽腸掛肚：GDP有在成長嗎？是在衰退嗎？成長或衰退多少？這麼一來，對GDP組成的理解就變成一件很重要的事了。

不同於亞當．史密斯或馬歇爾時代的統計者，現代政府有滿手的資料與精密的國民會計系統可以追蹤整體經濟與個別產業的成長。一方面，這讓人可以很仔細地去檢視經濟系統裡面做了什麼——誰是「價值的創造者」？每個人各自對國家產出貢獻了多少？另一方面，考量到其設立的方式，現代的國民會計比起奎奈、亞當．史密斯或馬克思的分類，也很難說是一種相當客觀的價值量尺。

本質上，經濟主體的行為表現，取決於會計準則設計者的世界觀。現代國民會計體系底下的邊際主義價值理論，會導致「生產力」的光環大量灑在高所得的人身上，而弱勢族群則會有生產力遭到低估的現象。這麼做，代表我們默許所得與財富上的嚴重貧富不均，也代表我們讓價值萃取洗白成價值創造。

說得直白點，任何有價的東西都可以算成GDP的加項。負責決定誰屬於GDP加項的是會計師，但會計師做這決定憑的是什麼標準呢？答案是一個集邊際效用、統計可行性，以及某種常識的大雜燴。這種絞肉般的集合物不會讓邏輯與理性靠過來，反而會招致一大群想要進行遊說的蒼蠅。沒錯，生產邊界與國民會計這麼重要的事情，就操之在這種混雜的標準裡。

進入下一章，我們會把重點放在從生產邊界外「鯉魚躍龍門」到邊界內的案例裡：最令人髮指的金融業——這個原本不被認為有生產力的產業，彈指之間成了價值創造的來源。

註釋

1 C. Busco, M. L. Frigo, P. Quattrone and A. Riccaboni, 'Redefining corporate accountability through integrated reporting: What happens when values and value creation meet?', *Strategic Finance*, 95(2) (2013), pp. 33-42.

2 P. Quattrone, 'Governing social orders, unfolding rationality, and Jesuit accounting practices: A procedural approach to institutional logics', *Administrative Science Quarterly*, 60(3) (2015), pp. 411-45.

3 Studenski, *Income of Nations*, p. 127.

4 Ibid., p. 121.

5 Ibid., p. 20; J. Kendrick, 'The historical development of national-income accounts', *History of Political Economy*, 2(2) (1970), p. 289.

6 A. Marshall and M. Marshall, *The Economics of Industry*, 4th edn (London: Macmillan, 1909), p. 52.

7 Studenski, *Income of Nations*, chs 7, 8, 9.

8 A. C. Pigou, *The Economics of Welfare* (London: Macmillan, 1926), Part 1, ch. 1, p. 5.

9 A. Vanoli, *A History of National Accounting* (Washington, DC: IOS Press, 2005), p. 280.

10 Ibid.; and E. J. Mishan, *The Costs of Economic Growth* (New York: Praeger, 1967).

11 S. Kuznets, *National Income: A Summary of Findings* (New York: National Bureau of Economic Research, 1946), p. 122.

12 United Nations, *A System of National Accounts and Supporting Tables*, Studies in Methods, series F, no. 2, rev. 1 (New York, 1953).

13 http://unstats.un.org/unsd/nationalaccount/docs/SNA2008.pdf

14 SNA 2008, p. 2.

15 Ibid.

16 P. S. Sunga, 'An alternative to the current treatment of interest as transfer in the United Nations and Canadian systems of national accounts', *Review of Income and Wealth*, 30(4) (1984), p. 385: http://doi.org/10. 1111/j.1475-4991.1984.tb00487.x

17 B. R. Moulton, *The System of National Accounts for the New Economy: What Should Change?* (Washington DC: Bureau of Economic Analysis, US Dept. of Commerce, 2003), p. 17: http://www.bea. gov/about/pdf/sna_neweconomy_1003.pdf

18 所得與成長估算的發展，有時候會被描述為純粹憑藉經驗為之的事務，幾乎不受到理論的影響（R. Reich, *The Work of Nations: Preparing Ourselves for 21st-Century Capitalism* [New York: Knopf, 1991]）。事實上，某些「成長估計史」確實傾向於斷開其與亞當・史密斯跟馬克思都氣沖沖描述過的理論關係，而單純地評論說有一種「包容性測量概念」（comprehensive measurement concept）在十九世紀末的資本主義世界裡勝出（Studenski, *Income of Nations*; Kendrick, 'The historical development of national-income accounts'）。某些個別的估算者——像是可能對經濟理論不是特別熟稔的澳洲工程師提摩西・考夫蘭（Timothy Coughlan），就曾自視為中性的統計者，因為他們認為自己只是單純地把「顯然」或「常識中」的價值彙整起來。但其實這些個別的統計者——跟命人把統計數據交上來的政治人物一樣，都很可能只是凱因斯口中「某個報廢經濟學家的奴隸」罷了——如在此例中被罵到的就是邊際主義經濟學者。

19 Source: Bureau of Economic Analysis (2016), NI PA Tables 1.1.5: GDP, 1.3.5: Gross Value Added by Sector, and 3.1: Government Current Receipts and Expenditures.

20 https://www.gov.uk/government/publications/independent-review-of-uk-economic-statistics-final-report

21 Ibid., p. 40.

22 Coyle, *GDP*, p. 14.

23 U. P. Reich and K. Horz, 'Dividing government product between intermediate and final uses', *Review of Income and Wealth*, 28(3) (1982), pp. 325-44.

24 SNA 2008, p. 583.

25 Ibid., p. 119.

26 B. R. Moulton, 'The Implementation of System of National Accounts 2008 in the US National Income and Product Accounts' (Eurostat Conference: The Accounts of Society, Luxembourg, 12-14 June 2014), p. 4.

27 完整的引言是：「將家務與家計單位設備的服務算成所得，是沒有必要的，甚至這麼做會令人感到難堪，這不僅是因為這方面的資料付之闕如，而且這麼計算的原則基礎也相當模糊。但就另一方面而言，若今天要去與日常所需跟家庭生產有其重要性的國家做對比，則相關的設算問題就必須正面處理；事實上，若為了這種比較的目的，比較理想的做法或許是以不同的方式去建構會計體系。」R. Stone, 'Definition

of the national income and related totals', in Sub-committee on National Income Statistics, *Measurement of National Income and the Construction of Social Accounts* (Geneva: United Nations, 1947), p. 25.

28 SNA 2008, p. 99.

29 Ibid.

30 在一九八〇年代，一本講述國民所得會計的教科書就大膽地宣稱因為約半數的成年女性人口都在家裡工作，所以「有不下四分之一的總生產並沒有被納入紀錄」。G. Stuvel, *National Accounts Analysis* (Basingstoke: Macmillan, 1986), p. 29. 吉哈特・史都維（Gerhard Stuvel）認為家計單位工作也是工作，也是生產，所以這當中一定有什麼東西不見了。事實上這引發了一個有趣、且讓人聯想到馬克思的問題：某單身男性若雇用了一名家政婦，並依法付給她薪水，那她的薪資所得自然會被記入GDP，但要是這名單身男性娶了家政婦為妻，那就算她繼續操持與原本一模一樣的家務，其勞動對於GDP的貢獻也會歸零，因為她的身分已經從家政婦變成「家庭主婦」。

31 SNA 2008, p. 99.

32 設算租金的建議方法是這麼說的：「本身為屋主的家計單位會在正式紀錄中被視為在居住服務上自產自用的獨資企業。若結構完善的租屋市場存在，則屋主自住作為一種另類居住服務的產出，就可以根據自產自用之其他商品或勞務所適用的一般性原則，按照市面上同等級的服務來定價。換句話說，屋主提供給自己的居住服務產出，其價值會被估為同等級居住條件的租金，包括地點好壞、鄰近的生活機能、房屋本身的坪數與屋況等因素都會被納入考量。這個價值，會被記錄在家計單位最終消費支出的分類下。唯在許多案例中，結構健全的租屋市場並不存在，因此有別於此的方式必須發展出來評估屋主自住的服務價值（SNA 2008, p. 109.）。

33 以在美國而言，我們可以比較GDP成長率與「屋主自住」的設算租金水準來得出這一觀察。(Bureau of Economic Analysis, US Department of Commerce, 'Imputed rental of owner-occupied housing', table 7.12,

line 154, last revised on 3 August 2016; accessed 13 March 2017).

34 SNA 2008, p. 48.

35 https://www.istat.it/it/files/2015/12/Economia-non-osservata.pdf?title=Economia+non+osservata+-+04%2Fdic%2F2015+-+Testo+integrale+con+ nota+metodologica.pdf

36 S. Merler and P. Hüttl, 'Welcome to the dark side: GDP revision and the non-observed economy', Bruegel, 2 March 2015: http://bruegel.org/2015/03/welcome-to-the-dark-side-gdp-revision-and-the-non-observed-economy/

37 SNA 2008, p. 150.

38 被引用於 P. A. Samuelson and W. D. Nordhaus, *Economics*, 13th edn (New York: McGraw-Hill, 1989), p. 75.

第四章

金融業：一隻巨獸的誕生

Finance: A Colossus is Born

若是英國的金融體系可以按照計畫，在脫歐後的世界裡發光發熱，那其產業規模就不會是 GDP 的十倍而已，屆時的金融業會在四分之一個世紀裡茁壯為英國 GDP 的十五到二十倍。

——英國央行總裁馬克・卡尼（Mark Carney），

二〇一七年八月三日

龐大而持續成長的金融產業，一直是英美兩國強盛的表徵，因為在兩國的製造業與農牧業都衰退為入超的時節，正是他們的金融業動員資本來推動英美的經濟發展與整體出口表現於不墜。在一九九〇年代，類似的金融業擴張成為其他國家的野望。這些國家也希望追隨這兩個工業國家的步伐，藉此舒緩自身對於從英美「金融中心」引進資本與服務的依賴性。這種金融業的擴張會受到推行，是因為有人相信國家會在金融業由小變大的過程中受益。這種觀點認為，隨著金融業的擴張，金融總資產（銀行放貸、股票、債券與衍生性金融商品）會放大為GDP的數倍，對於一國GDP與出口的貢獻也會變大。

但是政治領袖與菁英銀行家對金融業的吹捧，並沒有獲得經濟學者的普遍認同。事實上，這種看法衝突到了商業投資者與家計單位的共同經驗，對他們而言，金融機構對金流的控制，只不過是保證了他們自身的蓬勃發展，對銀行客戶的助益並不彰顯。對於那些沒有大筆財富，或是許多有「管理資產」（assets under management）被銀行揣在手中的人來說，銀行能夠創造經濟價值的說法在二〇〇八年金融危機之後更為虛弱空洞。金融危機讓各國政府不得不出手援助其「淨值」根本是一場騙局的大型銀行，而且為了紓困挹注金融業，社會因此付出了巨額的成本，十年來我們仍有大量的公共預算受到排擠、沉重的家計單位負債難以消除，還有實質上的負利率讓存款族吃虧。

回顧近代的歷史，大部分的時候，人類的態度都與現今把金融業的成長視為繁榮的象徵形成強烈的對比。有很長一段時間，銀行與金融市場都被視為是經商的成本。倘若銀行與金融機構的獲利能夠反映附加價值，那麼只能是他們改善了一國的資源配置，並交叉補貼一個可靠的支付系統。反覆出現的金融危機暴露出一個常態，那就是銀行會不停地把資源投往不具生產力的方向（基本上就是投往金融業中的其他區塊），最終破壞了實體經濟中的金流與物流。從一九八〇年到二〇〇八年，成長最快速的金融活動是資產管理（替有存款的民眾投資具流動性的金融資產與不動產，藉此錢滾錢），以及對家計單位的放款，至於企業放款倒是較不受青睞。金融業還讓眾多訓練有素的科學家與工程人才離開了第一線的生產崗位，因為他們給得起較其他產業高七成的薪水。金融業獲利這種不合常理的漲幅，無論是在金融危機之前或之後，都反映了二十世紀一個不單純的決定，那就是生產邊界刻意將金融機構劃入生產圈以內——並且在賦予了金融業具生產力的新身分之後，原本關於收費與風險的各種監管枷鎖也順勢解除。

這一章要看的是銀行業的擴張是如何讓政治（根據經濟學上有爭論的假設來）承認銀行業在國民會計中的價值，乃至於這些決定如何帶動了金融監理解禁，最終點燃了金融業突破天際的成長率。而在接下來的兩章裡，我要探討的是金融業成長與經濟中其它部門的「金融化」，兩者間有什麼關係。

當銀行與金融市場成為盟友

執政者對於金融價值的信心，在二〇〇八年的金融業內部自爆之後也絲毫未減。事實上，政治家對於全球性金融危機的反應是堅持各經濟體得指派更多「資本」進入私部門的銀行，並用超級寬鬆的貨幣政策支持這些銀行，這當中趨近於零的利率就不說了，甚至央行還會大買政府公債或公司債來維持其高價。這些做法，大大增加了世界主要央行報表中的「資產」（端）規模。

嚮往美國式繁榮的諸多國家，早已長年催促他們的多邊債權人（世界銀行、國際貨幣基金等），進行「金融深化」（financial deepening），也就是銀行與金融市場的擴張與監理解禁。這正是這些多邊組織發展策略的核心。與此同時，這些債權組織把限制銀行成長的政策，像是訂定利率上限、限制跨境放貸，名之為「金融壓迫」（financial repression），暗指金融自由化是世界整體自由化的一環。在二〇〇八年之後，就跟發生在之前區域性的金融危機後一樣（如一九八二年與一九八三年襲捲拉丁美洲的金融風暴，以及一九九七年的亞洲金融危機），這類主張金融自由化的經濟學者都曾質疑金融業的鬆綁是否做得太過火？但他們最終的結論，總是千篇一律地認為解禁難免會讓金融業成長快一點，而開快車難免會讓行路顛簸一些，沒什麼大不了的；所以從二〇一五年以來，國際貨幣基金在一份「重新思考」金融深化的大部頭研究裡，做出一項結論：雖然金融業擴張的正面效果可能會在人均GDP達到較高水準時有所弱化，但即便金融業真的成長過快，「促進金融穩定與推動金融發展之間，也鮮少或根本沒有衝突之處」，且「多數新興市場的金融發展都仍處於相對安全與有助於經濟成長的地帶。」[1]

這種認為金融業的成長在經濟進步中不可或缺、銀行又是金融業主幹的看法，在許多方面都與直覺有違逆之處。如果金融中介真的能動員資本，令其發揮最佳作用以促進經濟成長，那表現在GDP上的國民產出就應該要成長得比金融業的產出還快才是，但這麼一來，金融業占GDP的比重就會下降。對不少成功的「新興工業化國家」而言，這種情形應該要出現才是，前提是英美的金融業真如它們所稱已經透過資本與服務的出口，從母國走向世界。若銀行與金融市場真的比以往有效率，那企業應該會愈來愈愛用它們的服務，而不再像以往那樣喜愛運用內部的保留盈餘來作為投資的資金。但實務上，眾多研究發現，企業仍持續在大部分的（生產與新品開發）投資上使用內部保留盈餘來作為資金。企業會這麼選，是因為外部的金融業者對本國企業活動較不了解，所以會要求較高的報酬抵銷其較高的風險。[2]理論上假以時日，金融市場會透過效率的提升而取得成長，並在過程中犧牲掉銀行，主要是銀行的定位是在股債市場發展不健全且資訊不能自由流通的地方，讓資金可以從存款者流往借款者之間的平行管道。[3]但即便是在最現代化的資本主義經濟體中，銀行都還是在金融業的宇宙中屹立不搖。這些銀行不但沒有縮小，而且還尾大不掉到可以在其無力償債與流動性枯竭的二〇〇八年，對政府頤指氣使地要求全面紓困。

銀行問題

如我們之前所提，國民會計帳面臨的問題是，有些經濟活動看似能創造附加價值，但產出卻沒有標價。不少由政府或志願部門（voluntary sector）所提供的服務，都屬於這個範疇；另外像私部門裡也有免費產品，比方說Google的搜尋引擎與Mozilla的網頁瀏覽器（最常見的就是火狐Firefox）。傳統上，國民會計會指定一個價值給這些服務，但主張自由市場的批判者會抗議非經市場交易的商品與勞務，是由市場交易部門的生產者交叉補貼，而這會造成市場交易部門的價值流失，進而讓國民生產力遭到減損。[4]

另外一個同等嚴重的問題在於某項產品或服務具有價格（所以也能帶來獲利），但這產品或服務卻看不出能提供什麼價值。在經濟體中大部分的區塊裡，這類產品或服務會被安上獨占與租金萃取的汙名。有人會將某個市場「圈地」起來，然後控制供應量來創造高價產品；有人會純為牟利而在買賣家之間卡位，並搶在雙方接觸前賺取莫須有的佣金。這兩種人都會被指責為不事生產而只懂聚斂，一如號稱「此路是我開」的土匪要旅人留下買路財。在一九七〇年代之前，金融業都被認為是財富的流通者而非創造者，其從事的活動毫無生產力。在當時，兩個原因造成了金融業被從生產邊界的外頭移到了內部，一個是金融業獲得了經濟面上的重估，另一個是金融業對政壇施壓——但這樣的過程與結果也弄得世界天翻地覆。

十九世紀的歐洲各政府都認為銀行能增加經濟價值，且對工業現代化與經濟成長的達成不可或缺。這些政府尤其熱中於扶植投資銀行，因為投資銀行被認為在導引資金進入生產性投資，以及協調企業與產業去提升效率與投資報酬率的這兩件事情上，扮演了重要的角色。投資銀行在將專業投資人之資金導入生產性產業上的重要性，推升其政治上的議題性，主要是早期（從家計單位吸收存款的）儲蓄銀行常把存戶的錢虧損在詐騙或高風險的牟利之舉中，以至於被主管機關要求只能以購買政府公債為主。[5]因為政府只發照給少數的投資銀行，所以形同給這些業者獨占的力量，讓投資銀行可以聯手操縱相關產業的擴張，並藉此獲取足以吸收高風險的豐厚獲利。[6]銀行在此經濟發展中的獨特角色，可以在二十世紀若干經濟學者的觀點中獲得確認，其中較著名的包括約瑟夫·熊彼得（Joseph Schumpeter, 1934）與亞歷山大·格申克龍（Alexander Gerschenkron, 1962）。[7]

「銀行問題」會出現，是因為隨著二十世紀繼續前行，銀行在提供經濟發展薪柴上的角色日漸式微，這一點在理論與實務上都有目共睹。但與此同時，銀行創造營收與獲利的能力卻穩定提升，因為家計單位、企業與政府都會花錢在銀行的業務上。於是到了二十世紀中葉，經濟體中有一塊快速擴張的部門在國民會計中變得沒有立足之地。曾經認為銀行在經濟發展中扮演關鍵角色的經濟學家（如熊彼得與格申克龍），此時卻明言銀行能坐大到今天，是因為它們在某個程度上手握獨占的力量，因此可以一手收租金，一手賺獲利。同時主流意見則持續視銀行為中介者，亦即它們是收費在扮演買賣家（借款人與存戶）間的橋梁，由此它們的所得是擷取自他人的價值，而非自行創造出來的價值。確實到了今天，若用附加價值的公式（薪資加上獲利）來算，我們會發現金融業貢獻給英國與美國的GDP比重壓根不是什麼百分之七點二與七點三（根據二〇一六年國民會計資料顯示），而是零，什麼都沒有，甚至是負值。按照這種量尺去看，金融業在這個社會上是一種深沉且根本不具生產力的存在。

由此「銀行問題」對國民會計的從事者而言，成為一個不知該拿它怎麼辦才好的特例：傳統上，商業銀行與多數投資銀行的主要所得來源是利差，它們用相對的高利放款給客戶，然後付給存戶較低的利息，並且將利息的收取用不同的辭藻合理化。有一說，利息是「等待的獎勵」，是給放款人的獎勵，因為他們犧牲了自己馬上可以花錢享受的機會，把這錢讓出來給別人花。還有一種說法，宣稱利息是放款者願意冒險的報償。這種說法認為錢若沒有當下立刻花掉，日後就有可能提供較低的滿足感：包括把錢借去花的人可能會損失掉部分或全部的金額，又或者這錢的購買力可能會受到物價上漲或匯率下跌的侵蝕。除非塞進襪子裡藏著，否則所有沒花的錢都難免會被借出去，但沒有人能保證這錢能準時並全數還清。借錢的人可能會生意失敗而血本無歸，也可能對方根本是從你那兒把錢偷走而悍拒還錢。所以較之以往那頂「高利貸」的大帽子，現代的利息有了新的面貌。現在的利息被解讀為放款者錢可能拿不回來的補償，而且風險一高，利率也理所當然地墊高。

但賦予利息在經濟上的功能，本身並不能解釋銀行如何創造出價值。經濟學者對於「銀行問題」的傳統解答，是假定銀行用其他辦法創造出價值，並使用（存放款）利差來間接捕捉這些價值。經濟學者認為銀行之所以出此下策，是因為它們藉以創造價值的服務很難訂出價格。銀行的存在，被認為提供了三種主要的「服務」：（一）期限轉換（maturity transformation），將短期存款轉換為房貸或企業融資；（二）流動性（liquidity），透過短期放款或透支的方式來為有支付需求的企業或家計單位創造立即性的現金流；還有或許是最重要的（三）信用評估（credit assessment），對貸款申請案件進行徵信，以便判斷對方適不適於授信，授信的條件又該如何訂立。除了作為引導資金從放款者流向借貸者的渠道以外，銀行還架設了不同的支付系統來連結買方到賣方。這些活動，特別是將短期存款換成長期放款與用透支方式確保客戶流動性，也意味著風險從私部門的其他企業處轉移到銀行身上。而這些服務捆在一起，就共同構成了「金融中介」的概念。因此一般解讀的銀行收息的意義，就是上述服務費的間接收取。

想要計算出「間接衡量之金融中介服務」（financial intermediation services, indirectly measured，ＦＩＳＩＭ）之成本，就是要看銀行可以在某個最低利率的基礎上調高客戶的貸款利率到何種程度。國民會計人員會假設市場上存在一個參考利率，是存戶樂於收取，與貸款者樂於支付的水準——即「純」借貸成本。而對於ＦＩＳＩＭ的測量，他們會去看銀行可以在純借貸成本的基礎上，將付給存戶的利率壓低到什麼程度，又能將收自借款人的放款利率拉高到什麼程度。把這利差乘上已經放出去的貸款，就是銀行針對金融中介收取的服務費。

在發明出ＦＩＳＩＭ的經濟學者眼中，存在利差代表銀行確實有在做「有用」的事。更進一步說，若存放款的利差上漲，就代表銀行的表現肯定愈來愈棒。這種說法特別能在一九九〇年代尾聲以來成立，畢竟從當時到現在，主要銀行都成功地做到了兩件事情：一件是直接調漲了各種名目的服務費，另一件是繼續以利差的形式收取間接的費用。[8]

按照這種邏輯，銀行確實對國民產出做出了正面的貢獻，而他們調漲客戶的借貸成本到他們取得存款的成本，就是這種能力的最好指標。ＦＩＳＩＭ被納入到國民會計的芻議，最早在一九五三年被提案，但直到一九九〇年代，ＦＩＳＩＭ所對應的服務都被假定全由金融與非金融的企業所消費，亦即完全沒有觸及最終產出。不過，一九九三年版的ＳＮＡ修正案仍啟動了將ＦＩＳＩＭ計入經濟附加價值的流程，由此ＦＩＳＩＭ正式準備好了對ＧＤＰ有所貢獻。原本被視為「無謂損失」的東西，一夜之間成為了經濟附加價值的準來源。這項變革在二〇〇二年的國際官方統計協會（International Association of Offical Statistics，ＩＡＯｓ）會議上被正式提案，正好提供了足夠的時間讓各國將ＦＩＳＩＭ納入國民會計，好一起參加二〇〇八年金融危機派對。[9]

經濟齒輪的順暢運作，自然少不了銀行服務的輔助，但這並不表示利息與對金融服務使用者收取其他費用就一定是生產性的「產出」。若所有企業都可以把保留盈餘（沒有發放給股東的獲利）轉為企業投資的資金，而所有的家計單位都可以用儲蓄來支應生活所需，那私部門就不需要貸款，也不需要付利息，銀行貸款這種東西也就沒有存在的意義。

國民會計常規認列這種不協調之處的做法，是將使用金融服務的成本（ＦＩＳＩＭ加上直接收取的手續費與規費）視為企業或政府的生產成本。這種源自於（提供企業／政府活動資金的）金融機構之「生產產出」，就這樣像變魔術似地消失在公部門與非金融業私部門中的中間消費裡。照理來說，能算成是最終消費的，只有源自於非金融業企業（與政府）的商品與勞務流動；但提供給一國家計單位與非居民（non-resident）企業的金融服務，被容許成為例外。這些服務，加上由金融機構收取的直接手續費與規費，就這樣被當成了一種最終產出，連同家計單位與非居民所消費的一切事物，聯袂被計入了ＧＤＰ裡頭。家計單位借貸在英美乃至於ＯＥＣＤ國家的穩定增長已自一九九〇年代以來，不假他人之手地推高了銀行經測定對GDP的貢獻，而這當中就包含它們從家計單位手中收到的利息愈來愈多。繼續把錢借給信用並非最佳且已經債臺高築的家計單位，是危險性居高不下的行為，但這也同樣有助於銀行對GDP的貢獻，畢竟此舉可以導致放款利率高於基準的溢價更多，只不過增加的風險並沒有獲得適當的調結。[10]關鍵銀行於同業間的拆款利率——也就是常見的基準利率——據稱常遭到「以多報少」，而這一點更是讓二〇〇八年LIBOR（倫敦同業拆放利率〔London interbank offered rate〕的縮寫，為全球眾多私部門借貸利率的基準）遭各銀行聯手操控的醜聞爆發期間，其貢獻被過度地放大。

FISIM的存在，確保了金融業對於GDP的貢獻自二〇〇八年到二〇〇九年的金融亂象以來仍能持續成長，特別是在美國跟英國。但若中介服務的效率提升，則其吸收自客戶端產出的金額應該要變少而非變多，其對於GDP的貢獻比重應該要隨著其效率變高而降低才對。就以房仲業為例，他們的收入來自與每一筆成交金額中的抽佣，若仲介撮和的效率提高，則市場競爭自然會壓低收佣的百分比，而剩餘的業者則會努力壓低成本，用較少的佣金所得存活——由此他們對GDP的貢獻也會降低。

但金融業有不同的玩法。國民會計現今的說法，是我們有愈多的所得流向替我們「管錢」的人，或是流向拿錢去賭博的人，那我們的日子就會愈變愈好。如果職業的投資者可以在景氣好的時候投資各種資產（如不動產）賺到錢，那新的會計準則就會將其在GDP裡記上一筆功勞。另外像是放空（股市裡稱借券或融券），也就是把不屬於自己的資產借來賣掉，然後等價格下跌時買回來還，[11]也是一種在會計新規下能夠貢獻GDP的投機行為。若在市場崩盤前放空與不動產相關的投資產品，一如避險基金經理人約翰・保羅森（John Paulson）在二〇〇八年崩盤前所做的，那相關的獲利同樣會被算進GDP。假若今天公車票價在實質上猛漲，我們的反應一定是質問公車業者何以營運效率差勁，並採取行動去對付那些利用獨占地位硬漲票價的公司吧？那何以今天金融中介的費用持續實質上漲，我們非但不抗議，反而還拍手叫好說銀行與保險業好繁榮呢？

根據認為金融業具有生產力的各種理論，金融業不斷擴張並不會傷害到經濟；的確，發達的金融業也可能促進商品與勞務的流通。只不過太多的案例告訴我們，投資基金與銀行業者的所作所為都是在圖利自己，而不是在把獲利轉換為其他類型的投資，比方說與環保有關的綠色科技。澳洲麥格理銀行的做法是，鎖定被私有化的標的進行併購，藉此成為世界級的基礎建設投資人，而外界很快注意到麥格理，是因為它們會拿收購進來的資產去額外舉債，由此他們的營收除了分紅給股東，就是要拿去繳利息。二〇〇六年，在併購泰晤士水務公司（Thames Water，英國最大自來水供應商）之後，麥格理透過證券化將自身的債務水位從三十二億英鎊提高到二〇一二年的七十八億英鎊，同時間卻規避各種重大基礎建設的投資。[12]這樣的策略，在二〇一七年引發了環保界的警覺，因為麥格理在那一年併購了「綠色投資銀行」（Green Investment Bank），這間五年前由英國政府設立的金融機構，宗旨在於挹注資金給再生能源與節能計畫。有朝一日，當這些放款機構意會到自己承擔的債務背後並無顯著價值支撐後，便只能繼續舉新債來還舊債，等到實在借不下去了，這些債務就會大幅下跌，就像二〇〇七年與二〇〇八年起發生在歐洲與美國，十年後依舊在拖累全球經濟成長的狀況一樣。而最後承擔投資狂潮成本的倒楣鬼，就是由普羅大眾構成的整體社會：失業率上升、薪資凍漲甚而向下，之前沒趕上經濟擴張列車的人更是遍體鱗傷。換句話說，價值被從獲利中屬於勞工的這一塊，被萃取去彌補企業獲利損失的那一塊。

由此很難不把金融業定位為「收租者」：價值的萃取者。這確實就是經濟學對於金融業在一九七〇年代被納入國民會計之前的判決，只是沒想到後來會殺出一道決定，認定銀行與金融市場活動也能創造經濟附加價值。這個決定將經濟學者原本毫無疑義地歸因於銀行獨占能力的金融獲利，說成是生產性活動的成果。要知道銀行會有那樣的獨占能力，是跟經濟規模有關，也與政府承認有些銀行大到不能倒有關。生產邊界經過重劃來納入金融業，有一部分原因是在回應銀行的遊說，而遊說工作正是市場實力與影響力的展現。藉由將自身標榜為國民產出一項重大而成長性強的來源，金融業成功推翻了金融監理舊有的邏輯。而曾被視為莽撞與尋租行為防火牆的金融監理，一轉眼被醜化為讓金錢與風險等有價值的交易對象遭到打壓的枷鎖。

金融自由化與崩盤的種子

金融業在一九七〇年代初期，曾受到嚴格的監管，即便在擁有國際金融中心的英美等國也不例外。各政府視金融監管為必要的工作，因為長遠的國際銀行崩盤史，乃至於投資失敗或詐騙的諸多案例，都顯示若對金融業不聞不問，金融業者很難不玩掉存戶的錢，一旦出事，經濟秩序被打亂，甚至造成社會動盪，後果往往不堪設想。處於彼此競爭狀態下的銀行會傾向提供過高的報酬給存款者，為此它們就得把錢投入到更高風險的投資計畫上，不到災難一場（像是破產）不肯作罷。雖然透過「限制進場人數」，並讓現有銀行獲得某種獨占權利，讓源自於競爭的不穩定性獲得扭轉，仍不能避免銀行在其他方面對整體經濟造成傷害——銀行會刻意提高貸款的成本，也會透過買賣的聯合操控製造出各大宗商品的漲跌循環。中小型銀行是格外脆弱的一群，因為它們（與其客戶）的各種經濟活動較無法完整分散到不同的產業與區域市場。但大銀行的問題是一下子變得「大到不能倒」，就會像是領到免死金牌似地確信自己會即便擴張過度，政府也會不計代價紓困，因為它們倒了，經濟上的後果誰也承擔不了。這樣的自信，只會讓大銀行行事更加不顧後果。

在一九三〇年代全球經濟大蕭條之後，政府對於金融監管的胃口大增，畢竟當時經濟崩盤的主因就是股市與銀行受到的監管不足，間接的原因則是世界大戰。一九三三年，在華爾街股災發生後，美國政府將商業銀行（收取存款的金融機構）從投資銀行（透過債券或股票的發行、企業合併與收購，以及以證券自營交易來為企業籌資的金融企業）獨立出來，史稱格拉斯－史迪格法案（Glass-Steagall Act）或「一九三三年版銀行法」。這項法案對應的監管制度，在某方面獲得一九四四年布列敦森林協定（Bretton Woods Agreement）的補強。按照所謂「凱因斯計畫」（Keynes Plan）的精神，布列敦森林體系對國際資本流動加諸了嚴格的管控，目的在於維繫固定匯率的國際金融體系——進而大規模遏止此前顯然是經濟震盪與投機獲利主要來源的跨境投資與匯兌交易。布列敦森林協議還要求各政府要維持對其國內金融業的嚴控——包括資本適足率（總資產中的資本比率）與準備金比率（銀行總資產中的流動性預備）都規定了下限，利率則訂出了上限，以及在美國有嚴格的規定將商業與投資銀行進行區分。布列敦森林貨幣體系的基石是金本位制，也就是每一塊美元都可以用每盎司三十五美元的價位轉成黃金。

這些措施，讓金融機構難以將業務轉移至低稅率與低監管的地區。而這些規定反映了主政者的共識是，金融機構頂多能像潤滑劑一樣輔助實體經濟——農業、製造業與商業——但其本身並不具備太多的生產力。他們害怕的是無人監管的金融業會變得過度投機，進而造成國內經濟的斲傷，以及本國貨幣的對外價值受損。但到了一九六〇年代，點到為止的「輕觸」（light-touch）式監管日益成為顯學，結果就是嚴管的措施在大西洋兩岸被視為是經濟發展需要設法繞過的阻礙。

在這段期間，銀行從未停止以遊說的方式反對監管制度讓他們失去廣大市場，乃至如格拉斯－史迪格法之類綁住他們手腳，讓他們無法同時活躍於不同市場的規定。除了推動讓嚴格的金融監管劃下句點以外，銀行還很擅長以三寸不爛之舌讓政治家相信限制性的金融監管效果不彰，主要是銀行會想方設法證明「上有政策，下有對策」。衍生性金融商品的投機性交易禁令在美國於一九三〇年代公布施行，主要是這類交易被認為是一九二九年美股崩盤與經濟大恐慌的一大戰犯，但後來隨著衍生性商品交易（over-the-counter）[13]於一九八〇年代爆炸性成長，且抗拒被監管，此一禁令已然形同虛設。[14]再者，銀行發明了所謂的「境外貨幣」（off-shore currency）來規避跨境的資本管制，效果極佳。一九四四年，布列敦森林體系將美元價值釘住了黃金，但等到戰後憑藉製造業帶動的景氣於大約一九七〇年代後繼無力時，「輕觸式」的溫和金融監管愈來愈切中大西洋兩端為政者的下懷。金融業趁勢揣摩上意，發展起了一種「新」貨幣——歐洲美元（Eurodollars，儲蓄在美國境外的銀行，不受美國聯邦儲備系統監管之美元）。

由於以歐洲業者為大宗的非美國公司，藉著對美出口與原油銷售累積了大量的美元，金融業者意會到他們可以把這些錢當成籌碼來從事銀行的借貸生意，而歐洲各國政府都管不到這一塊，畢竟發行美元的不是它們。英國各銀行早在一九五七年就很精明地調動其美元存款，主要是長期的國際收支赤字迫使英國政府嚴控本國銀行不能以英鎊進行海外交易。[15]俄羅斯銀行也加緊使用歐洲美元，原因是懼怕來自美國的金融制裁。後來美國銀行也跟著這麼做，因為它們準確地預測到美國政府會中止以美元兌換黃金，避免美國對外赤字持續惡化。倫敦成為了歐洲美元市場的交易中心，然後變成了世界級的金融中心。這些歐洲美元沒有被投資在美國經濟裡來建設新的工廠或研發實驗室，而是被汲取到開發中國家去追求已開發經濟體當時無力提供的高報酬。這麼做的結果就是後來被稱為「美元短缺」（dollar shortage）的局面，意思是連發行美元的美國自己都有美元不夠用的問題。[16]一九七一年，在同時間面對到越戰軍費支出與通膨上漲的狀況下，美國總統尼克森終於出手，避免位於諾克斯堡（Fort Knox）的美國金庫坐吃山空，為此他下令停止以美元兌換黃金。此舉非同小可，因為這形同為布列敦森林體系畫下休止符，也象徵著國際社會得開始尋找新的方式來管理國際貿易跟國際收支，而且新的方法肯定要更加市場導向。以此為起點，展開了一段經濟零成長與通膨率高漲交織成的「停滯性通貨膨脹」歲月，雪上加霜的是石油輸出國家組織在一九七〇年代讓油價成為原本的四倍。到了一九八〇年，黃金已經飆高到每盎司八百五十美元的天價。

工業國家面對的經濟困局，被某些人視為是資本主義的危機。只是當時未料想到的是，金融市場竟會被推崇為危機的出口。金融業搖身一變，成為了彷彿成長激素般的存在，一針下去就能找回經濟穩定成長的動能。

金融業的解禁與轉型，既是一九七〇年代起各種社會與經濟劇變的「果」，同時也是「因」。全球化催化了競爭，特別是製造業者間的競爭，在西方國家，不少以製造業起家的社群——從做玩具到煉鋼鐵——都觀察到他們的工作機會開始向東朝亞洲移動。美國中西部、英格蘭北部，還有如比利時瓦隆尼亞（Wallonia）等歐陸地區的一條條「鐵鏽帶」，都開始在社會解構中掙扎。能源價格飆漲，又進一步推高通膨，讓家計單位支出處於更大的壓力。由此衍生出的經濟成長放緩，拖累了富國中的薪資漲幅，政府稅收也同步遇到瓶頸。所得與財富上的貧富差距開始擴大，主要是企業獲利占國民所得比重相對高於勞工薪資的上揚，這又反過來對勞工的談判能力造成影響，如工會的權利遭到限制、勞動法條的強度遭到稀釋。

倫敦與紐約這兩個互別苗頭的金融中心經過沙盤推演，判斷出它們能藉由監管力道的放鬆來吸引更多業務，因為監管鬆綁代表「法律遵循」的成本較低。在當時的美國，普遍的認知是中小企業與家計單位較難獲得授信，也就是信用的供給不足。但事實上，真正的問題在於信用的價格過高，而這點較常被經濟學者怪到各種監管措施迫使金融業成本升高，而銀行的獨占力量又讓它們在規費上予取予求。針對這個問題獲得的回應是，容許放貸者之間進行更多的競爭。從一九六〇年代，聯邦銀行監管者在寬鬆解讀格拉斯－史迪格法之餘，便容許金融機構從事各式各樣的營運活動。家計單位借貸開始拔地而起。一九七一年，在首相艾德華・希斯（Edward Heath）的治下，英國實施了名為「競爭與信用管制」（Competition and Credit Control）的短期性政策，藉此拿掉銀行放貸的量化天花板，同時商業銀行的存款準備率（reserve ratio）也得以降低。[17]一九七八年，紐約證交所廢除了交易佣金（手續費）的下限，算是掃除了競爭的障礙，也讓股市成交量得以向上。一年之後，柴契爾夫人領導的英國政府取消了外匯管制。

然後在一九八六年，倫敦金融城（City of London）推動了以「大霹靂」（The Big Bang）的名號為人所知的金融改革，一方面取消了在倫敦證交所買賣股票的固定手續費，一方面讓外國人可以控有英國券商的過半股權，還引入了承認雙重身分的作法，讓造市者可以是券商，券商也可以反過來扮演造市者。這麼一來，倫敦多數的證券經紀商與造市企業都被國內外的大銀行吸收殆盡。到了一九九〇年代尾聲，在資訊科技革命的大力推進下，證券市場成交量大幅爆衝。此時的商業銀行，可以使用來自存戶存款的巨大資產負債表來進行投機交易。商業銀行中的投資銀行分支，連同高盛等獨立的投資銀行，也因應時勢發展出令人看了頭暈目眩，極其複雜的金融投資工具。

貨幣的創世神

大型金融業者的策略是小心翼翼地取得金融管制的鬆綁，而非諾貝爾獎得主經濟學者費德里希．海耶克（Friedrich Hayek）等自由市場主義者倡議的澈底去監管制。大型金融業者所持的道理如下：為了維持自身的高度獲利，大型的商業與投資銀行仍需要監管者將潛在的競爭者擋在市場外。銀行的發照若受到限制，現存的大型業者就能受益。諷刺的是，大型銀行倒行逆施觸發二〇〇八年的金融危機，反而逼使（特別是歐洲）主管機關將原本就很困難的申請執照流程弄得更加冗長、複雜，進而打亂了監管者想要讓一群飢渴的挑戰者來圍攻大銀行的如意算盤。在零星發照的狀況下，政府與央行等於默認了一件不願意公開承認的事：私部門銀行放貸有超乎尋常的能力可以決定貨幣創造的速度，也因此可以決定經濟成長的幅度。

銀行創造貨幣仍是個高度爭議的概念。事實上在一九八〇年代，這種說法在英美都是政治上的忌諱，因為當時這兩國的經濟政策都是以貨幣主義作為前提，亦即貨幣供給是精準地操控在政府手上，而貨幣供給的成長會決定通膨的幅度。銀行傳統上的形象只是單純的金融中介者，安安分分地扮演好自己將家計單位儲蓄收進來作為存款，然後放貸給企業進行投資的角色。主流經濟學者接受這樣的明確定位，也接受這代表銀行在替經濟體「動員」儲蓄上扮演了關鍵的角色。但事實上銀行在獲得授權去創造貨幣，並看似將之從經濟體中的某個環節引導到另一個環節的同時，並沒有花很多力氣將家計單位的儲蓄轉成企業的投資。以美國為例，針對金流進行的詳細分析顯示，家計單位完全將其儲蓄「投資」在非耐久財的消費上，至於大型企業則透過保留盈餘來挹注投資所需。[18]

這就得提到經濟學者不得不忽視的一項事實：當企業的投資或家計單位的消費超過他們的存款，差額必須訴諸借貸時，那些借來的錢就像是變魔術般憑空而生。當銀行借錢給你的時候，比方說像房貸，他們並不會真正把白花花的鈔票交到你手上。借過房貸的人就知道，銀行只是會把房貸的信用額度計在你帳上。也就是在彈指之間，錢被創造出來了；但與此同時，銀行也創造出了自身帳上的一筆負債（對應你的帳戶裡新增的存款餘額），而銀行為此必須要具備足額的存款準備金或現金（兩種形式都是央行發行的錢），來因應你可能會要求繳款給其他銀行或進行現金提款。他們還必須持有預備的資本，以免貸款收不回來，造成銀行周轉不靈而失去本身的償債能力。這兩種準備規定，都限制了銀行放款的能力，也意味著銀行普遍會避免貸款給在信用良窳與可預期獲利上不符合特定標準或條件的個人或企業。貨幣創造也會發生在你用信用卡刷晚餐錢的時候。事實上以英國而言，現金（或所有由政府背書的「命令貨幣」〔fiat money〕，也就是「法定貨幣」〔legal tender〕，或稱法幣）只占貨幣總額的百分之三，其餘都是由銀行所創造的。一直要到二〇〇八年的金融危機後，英國央行才坦承現實是「貸款創造出存款」，而非合理地由存款創造貸款。[19]

因此，發照與監管這兩件事，讓中小銀行在成本這一節上相對大銀行而言，處於非常不利的位置，因為大銀行可以將與官僚打交道的成本（與風險）攤得更平，同時它們籌資的成本也比較便宜。在這種狀況下，新進者要切入市場不是件容易的事情。對已經在市場裡的業者而言，可以萃取的獨占租金實在太大量了，且輕易可以動用默契來規避過度競爭，根本不需要明目張膽透過正式（但違法）的卡特爾（cartel，藉以壟斷市場的企業同盟）來勾結；但客戶信任銀行正是因為監管者有在看著銀行，所以很少會去質疑銀行的做法或財務健全。比方說在二〇〇〇年，英國的競爭委員會（Competition Commission）就針對國內銀行業者中的「四巨頭」進行調查，結果認定它們操作了複雜的獨占手段奪取中小銀行也能提供的服務。四巨頭利用其合計九成的市占率，擷取了全年金額高達二十億英鎊的獲利，並使其平均的股東權益報酬率達到百分之三十六。它們能這樣大撈一筆，就是因為四家業者說好了彼此不競爭。[20]銀行的賭博若在任何時點上威脅到它們的償債能力，政府都得用公家的錢前往搭救。有默契保證的政府紓困，降低了大銀行籌資的成本，而籌得的資本又可以鞏固大銀行的市場影響力。

金融與「實體」經濟

幾世紀以來，利息所得都被視為是對生產性企業的減損，收息的行為不是生產性企業的表徵。這是一種道德與經濟上的雙重價值觀。我們前面提過，羅馬天主教會在中世紀的大部分時期，都實施收息禁令，啟蒙時代的哲學家則認為所謂銀行家，說穿了就是中間人，如約翰．洛克（John Locke）就曾在一六九二年寫道：「（銀行）只是『吃』掉了一塊交易利益，本身卻沒有創造出任何利益。」[21]即便經濟學在十八世紀末正式成為一門學問之前，許多知識分子與著書者就已經下了個結論：銀行既未生產任何價值，也往往在行事或營運上符合公益都做不到。

對於重農主義者而言，金融並不屬於農業的一環，因此不被認為具有生產力。亞當．史密斯的看法也大致如此，只是他鮮少直接點名開銀行的人。按照亞當．史密斯的想法，所謂的銀行家只能把價值收進來，此外他們創造不出別的價值；對他而言，錢滾錢的概念到最後，是不會產生任何效果的——只有銀行家能藉此把口袋賺飽。

卡爾．馬克思引入了另一種概念。他把金融業歸在資本循環週期中的流通階段，也就是由生產創造出來的價值透過分配實現，最終在消費中用完。對馬克思而言，金融是一種觸媒，金融可以將金錢資本轉換成生產資本（包括廠房、機器設備與勞工等生產要素），由此任何付出去或收進來的所得，都源自某人製造出來的價值；但金融業沒有貢獻價值，金融業只是從生產流程製造出的剩餘價值中，拿走了一部分——至於拿多少算是合理，並沒有天經地義的比例。二十世紀經濟學者推定金融業的獲利會永遠受限於（並少於）生產性企業的獲利，甚至可以透過自身的起伏來平衡實體經濟中的獲利流動，這也算是從馬克思這位資本主義的死對頭處，獲得一些對資本主義的信心吧（別不相信，這還蠻常發生的）。

但這樣的說法，在金融危機後成為被抨擊的對象。金融商品（工具）交易的成長，大大超越了實體商品的交易，反過來刺激了金融商品當作獲利來源的價值波動——因為金融商品本身就創造出一種買低賣高的機會。事實上，系統性的波動已經成為市場每十五到二十年就崩盤一次的歷史性因素了。[22]市場崩盤顯示投資銀行的「風險承擔」服務——也就是讓銀行被納入GDP計算獲得合理化的那種服務——是空口說白話，真正在風險的只有納稅人，因為給銀行紓困的，永遠是納稅錢。但即便是二十世紀最具影響力的「烏鴉」——凱因斯與明斯基——都沒能從根本上挑戰金融機構在經濟政策與在國民會計中享有的特殊尊榮。讓凱因斯的關注被打槍、明斯基的預警被模糊掉的，是金融服務業占國民產出比重，在一九三三年到一九四五年都低於百分之四且持續下滑，事實上在一九七〇年代之前，這項比重都不曾爬回一九三〇年代的水準以上。

作為活躍在一九三〇年代，也是當時批判金融業最力的一支經濟學健筆，凱因斯對金融投機行為會衍生出的後果直言不諱。終其一生，凱因斯始終秉持著對金融市場的觀察，也對金融交易之公共形象變化進行了觀察。他發現金融交易本身變成了目的，不再是讓實體經濟得以順利成長的工具。當金融投機行為從有錢有閒的階級擴散到廣大的普羅大眾後，其產生的效果依序是：股市泡沫、華爾街崩盤，乃至於一九三〇年的經濟大蕭條；後來雖然有公共支出協助恢復民眾的就業與收入，但有錢人卻於此時再一次把股市當成賭場。凱因斯說華爾街「作為一種社會機制的宗旨，是要導引新的投資進入以未來報酬率而言獲利最豐的渠道」，按照這種標準，凱因斯的評論是，華爾街「沒資格被宣稱是『放任式資本主義』的一大勝利，這一點都不令人驚訝。尤其華爾街裡最優秀的人才都心有旁騖地在想著另一個不同的目標。」[23]

這裡所說「不同的目標」，在凱因斯的看法裡，不是某種不同類型的生產，而是「賭注」——其中的獲利只是「單純的（資金）轉移」[24]，而這種資金轉移應該要受到限制，以免某個人會毀掉自己的人生或在這個過程中傷害到別人。再者，凱因斯主張，由於賭博憑的是運氣，因此金融投機牽涉到任何技術的假象不應該存在，因為一扯到技術、技巧——或是投機者有任何的生產力——意思就等於有人想要給另外一個人設套。凱因斯還認為這類賭博或投機行為的收益應該要收歸國有，避免有人經不起誘惑藉此牟取私利。[25]按照這樣的理論，凱因斯接著強調這種投機（價值萃取）與真正生產性投資（價值創造）之間的不同。他認為後者對經濟成長非常重要，而且只有在周遭的投機性工具獲得排除後才能有可行性。「若一個國家的資本發展淪落成賭場活動的副產品，那這項工作的品質肯定堪慮。」[26]

深受凱因斯影響的明斯基，曾大量討論過金融業有一種自行趨於不穩定的傾向。在其關於金融不穩定性的著作中，[27]明斯基將凱因斯提出的批判，歸在一種另類的貨幣理論中。這種理論的起點距離主流非常遙遠，但當戳破泡沫的「明斯基時刻」（Minsky moment）在二〇〇八年中斷了長年的經濟榮景後，此一理論硬是從邊陲地帶站回了檯面上。重點是，該理論認為經濟體中的貨幣數量是由不同經濟力量的互動所產生的，而不是由外在的主體如央行所創造的。央行被兩（種）人吹捧成無所不能（所以也得為所有的金融不穩定負責），其一是米爾頓・傅利曼（Milton Friedman, 1912-2006，一九七六年諾貝爾獎得主），另一則是因為一九七〇年代停滯性通膨而爆紅的貨幣主義學派。但實際上，含美國聯準會在內的央行只能透過基本利率的設定來間接且孱弱地控制私部門的銀行與銀行的貨幣創造。明斯基描繪了銀行體系何以終將投入「投機性金融」的懷抱，開始捨棄從生產性活動中創造所得，改以追逐資產增值來獲得利益。

銀行與投資基金可能相信它們確實從新生產中獲致了所得，且其手中的風險模型會讓它們認定自己可以在任何想得到的金融衝擊中活下去，理由是它們的投資組合有充足的分散程度。但話說到底，它們的所得仍是轉移自其他金融業者，因此一旦往來同業的履約能力瓦解

（如債務違約或股利縮水），它們的所得也會跟著枯竭，然後連鎖反應就會在金融業內推倒骨牌，一片又一片。雷曼兄弟這家美國投資銀行就是這樣的第一張骨牌，而它所推倒的就是二〇〇八年的金融海嘯。

只要金融資產可以在合理的時間內正常買賣且不衍生虧損，加上債務可以用借新還舊的方式向前滾，市場就能保持流動性，經濟也能運作順暢。只是一旦投資人意會到借款人沒能賺到足夠的錢來支付利息與本金（利息的根據），債權人就會停止投入資金，並盡快將資產出售變現。金融泡沫可以被視為是價值遭到萃取後的結果：在各次金融危機期間，價值實際上是遭到了毀滅。其造成的影響不僅可以用經濟產出與工作機會的流失來衡估，也可以反映在政府不得不灌注到（大到不能倒的）民間銀行裡的紓困金額上：金融危機後，簡稱QE的量化寬鬆（quantitative easing）計畫誠然曾被用來協助穩定經濟，但最終這些錢只是拉了銀行一把而已。其中牽涉到的金額大到驚人。在美國，聯準會一共進行了三種不同的量化寬鬆計畫，總計規模在二〇〇八到二〇一四年間達到四點二兆美元；在英國，其央行在二〇〇九年與二〇一二年間承作了三千七百五十億英鎊的量化寬鬆；而在歐洲，歐洲央行從二〇一五年一月到二〇一七年三月承諾每個月挹注六百億歐元的流動性。[28]

回到一九八〇年代中期，為了避免銀行系統投身投機性的金融，明斯基研擬了一套經濟發展「菜單」，簡言之就是一種「大政府、大銀行」（big government, big bank）的方案。

在他的願景裡，政府會以身為「最終雇用者」的身分「創造就業機會」，並以「最終借貸者」的身分承擔有狀況之金融業者的資產負債表。[29]在金融業者間關係如此緊密的此刻，非常有可能的狀況是，一家銀行先出事，就會傳染給下一家銀行，最終可能導致全球各地的銀行破產。為了避免這種蝴蝶效應，明斯基較青睞對金融中介者進行強力的監管。在這點上他是凱因斯的追隨者，主要是在戰後國際秩序於一九四四年的布列敦森林被設計出來的同時，凱因斯曾倡議「回復國際借貸與信用體系來供應正當用途」，同時強調人類有必要「控制短線的投機炒作或貨幣的流竄，無論這錢是想逃出債務國，或是要從一債權國流向另一債權國」。[30]

按照凱因斯與明斯基的看法，金融危機的可能性永遠都存在於一個問題上，那就是金錢會流動——此處說的金錢流動不是作為交易的工具，而是為了流動而流動（這是個大抵源自於馬克思的思想）。凱因斯與明斯基認為政府必然得干預遏止或管理危機。這種想法雖然曾在一九三〇年代（主要是其底下隱隱透著社會主義與中央計畫的身影），以及後來（主張「自由」銀行體系應不受監理的自由市場經濟學派復活後）兩度造成爭議，但干預市場的想法既不算新穎，也談不上激進。早在十八世紀，亞當．史密斯認為自由市場指的是有自由免於租金影響的市場，而這其實就暗指政府應該採取行動去消除租金。現代那些挾亞當．史密斯自重卻又堵住他嘴巴的自由市場分子，根本不會在這點上同意這位老祖宗。

金融監管者一直把重點放在引入更多的競爭，手段包括拆解大銀行，並讓新的挑戰者進場，因為它們認為這麼做是預防金融危機再度發生的重要一步。但這種「競爭的量化理論」就好像問題的關鍵只在於規模與其參與者數量，而不在於根本的行為模式上，且逃避一個刺眼的現實，那就是金融危機源自於眾多經濟主體之間不受節制的互動。

由多重主體參與的複雜體系，當中必然存在一定的危險。當若干大公司確實認真服務著實體經濟，並且在過程中受到嚴格的監管來確認它們真正在創造價值而非萃取價值，那經濟整體的穩定性或可達成。相對於此，設計用來讓金融業部分振興起來的去監管化，會促進冒險行為——這正好與自由化的用意背道而馳。二〇〇八年，阿岱爾・透納爵士（Lord Adair Turner）在經濟體系崩盤的狀況下，就任英國當時的金融監管單位英國金融服務局（Financial Services Authority）主席。等到塵埃落定後，透納爵士曾語重心長地說：「金融服務（特別是批發型的金融交易活動）中，包含了比重不低且報酬豐碩的經濟活動，但其衍生出的效果純屬分配……國民所得帳內建的辨識能力，對於辨認有意義的價值重造活動，與本質上只是在萃取租金並加以分配的活動，還有很大的進步空間。」[31]

如今是主流投資組合與資本市場理論重要執筆人的威廉・J・包默（William J. Baumol, 1922-2017）曾以對「非生產性創業」的描述來解釋許多金融活動，透納更是在金融危機後創立的紐約非營利經濟智庫「新經濟思維研究所」（Institute for New Economic Thinking）

中扮演重要的領導人。然而無論是包默還是透納爵士，都不怎麼以價值理論的角度去切入對金融產業的探討。不過這兩人的想法仍舊表示金融業需要從根本上改革，才能在生產邊界的內部開始創造價值，而金融業中處於生產邊界外的那些元素，則應該大手筆加以縮減，要麼直接砍掉，要麼透過競爭來消除。在危機開始十年後，透納爵士哀嘆為了多創造一美元的GDP，所需舉債的金額愈來愈高，且他追根究柢地認為這狀況有很大一部分源自於健康借貸產生的整體負面效果。這些本質健康的放款，是「民營銀行基本上不會考慮的選項」。透納爵士的解決方法，是要求以更多更聰明的金融監管去監控系統的整體風險，也就是暗指政府或主管機關得更用力、更長期地設法讓市場變成一個對民營銀行（與影子銀行）的獲利而言，是安全的地方。

過去幾十年來，凱因斯與明斯基對任由金融產業亂來可能產生的毀滅性結果，提出了見解與警告，但言者諄諄聽者藐藐，時至今日，主流的經濟思想仍持續主張金融市場的規模愈大（以參與之主體數量而言），或是發展更深化，市場就會更加有效率，更能逼近出「真實」的價格，也逼近美國諾貝爾獎經濟學家尤金．法瑪（Eugene Fama）所定義的價值。[32] 一個「有效率」的市場，在法瑪的定義裡，是一個透過所有資產一一加以定價，讓人無法進一步透過買賣牟利的市場。這種想法，為大型金融市場中的高薪金融業員工緩頰的效果，因為理論上這些高所得反映了金融服務為經濟體做出的龐大貢獻。[33]

由此從邊際效用理論的角度去看，金融業的擴張無疑是好事一樁，因為擴張代表其附加價值提高，而附加價值提高又可以對GDP的成長做出正面貢獻。[34]但是，國民會計一開始就將金融業視為具有生產力的部門，仍舊是便宜行事。[35]

要想弄清楚金融業的崛起，就不能不對讓其得以繁盛的背景動態進行分析，包括了去監管化與貧富差距的擴大。

從利息到證券化產品

商業銀行看似手握印鈔票的權力，主要是它們可以透過放款機制無中生有，產生出金錢，還可以在利率上借低貸高。但這樣的放款機制也是一種冒險的的獲利來源，因為放出去的錢總是會有收不回來的風險。而且因為借錢出自於家計單位與企業本身的意願，所以這門生意也有高度的週期性，景氣興衰得視投資起伏而定。因此從一開始，商業銀行業者拿著自身創造出的錢（以及從存戶那兒收到的錢），就不會只是將之借給潛在有需求的人而已。它們的眼神已經飄向看似有利可圖的金融市場——買賣股票與債券，包括代客或自營操作——作為開源的方向。這就是何以格拉斯－史迪格法案與其在各地的類似立法，會因為逼著銀行在「乖乖收存款」與「去市場裡闖蕩」二擇一，而在銀行界惡名昭彰，也是何以銀行業者會因為該法案在二十一世紀之交遭到廢止而歡欣鼓舞。

投資銀行的業務，還因著金融去監管化的其他面向而更加令銀行垂涎。去監管化讓投資銀行得以把槍口瞄準某些商業銀行最肥的客戶：那些為了取得投資資金，可以捨銀貸而發行公司債的大企業，還有尋求私人銀行業務的高淨值個人客戶。這麼一來，銀行界可以接觸一票嶄新的金融市場來當成下注的目標，這包括各種長期為人所知，但監管單位說碰不得的金融交易工具。

其中有兩類金融交易工具，因為一九七〇年代以降的去監管化而接觸到投資者，也在日後金融市場的規模與利潤暴增中扮演要角。第一種金融交易工具是「衍生性金融商品」，也就是承諾未來將交付某筆金融交易工具或商品的合約，而這合約讓投資人得以賭一把這金融交易工具或商品的價格會如何漲跌；第二種則是「證券化」，也就是把會產生收益的金融工具綑成一綑，將之變成某種可以買賣（並方便納入衍生性金融商品合約）的有價證券。商業銀行在二〇〇〇年代初期達成了最大的突破，主要是它們開始將舊的債權「證券化」，然後把賣出這些證券化商品賺到的錢再借出去。為此，首先鎖定的是房貸。而房貸的證券化也讓像英國的北岩銀行（Northern Rock）等銀行業者得以用空前的速度擴大放款規模。此舉受到政壇的一致好評，理由是銀行此時的放款對象往往是那些之前借不到錢的窮人家。在二〇〇八年的金融市場崩盤之後——部分原因是房貸違約造成被證券化的債務淪為一文不值——銀行又開始把腦筋動到其他類型債務的證券化上，當中包括含「個人合約方案」（personal contract plan）在內的各式車貸，包括學生貸款、也包括住宅租金。

政治人物與金融專家開始歌功頌德，他們認為金融市場此舉讓商品勞務市場的運作效率提高，也讓資本主義的齒輪轉動更加潤滑。後來擔任美國聯準會主席的班・柏南克（Ben Bernanke），在二〇〇四年的「大緩和」（The Great Moderation）演講中說道：「深度與精密程度日增的金融市場、各產業的去監管化、經濟重心從製造業朝向服務業進行的位移，乃至於貿易與國際資本流動的日益開放，都在在證明了結構性的變革可以促進總體經濟的彈性與穩定。」[36]衍生性金融商品的驚人成長——即便其對應的資產後來或原本就無法交付，衍生性商品也可以照樣交易——被認為有助於降低系統性風險並「讓正確的資產價格浮現出來」。相關的暴利，被美化為是衍生性商品實現了某種正面社會目的的報償，而這裡所謂的正面社會目的，就是透過風險的攤平與管理，讓原本信用太差而被拒於銀行門外的弱勢者可以在天寒地凍中進到門後，得到購物的機會：也就是有錢人覺得理所當然，不會多瞅一眼的房地產。

如我們在第三章所提到的，銀行會調高上門借款者的利率，並將此指涉為自身的附加價值（FISIM）：最具代表性的虛構金融價值。但這只是冰山一角。時至今日，掛頭牌的投資銀行如高盛與J・P・摩根並未從陽春的借貸之間賺得其員工的傲人薪酬，這些投行的獲利大宗來自為公司債與公司股票的初次公開上市（IPO）進行承銷、來自出錢出力經手合併與收購（M&A）的案子、來自設計期貨與選擇權合約來轉移非金融企業的營運風險，也來自買低賣高這些與其他各式金融交易工具所獲致的資本利得。

銀行業的生產力在過去約莫二十年間，經由重新定義而出現微妙但根本的變遷，對應的是其對於經濟剩餘價值愈來愈顯著的掌握。金融業巨大而不成比例的成長之起點（乃至於全球性金融危機的禍根），可以追溯回二〇〇〇年代初期。從一開始，銀行就不斷透過批發性金融市場來增加對其他金融機構的放款，絲毫不考慮自身並無相應的存款。在英國，「客戶融資缺口」（customer funding gap）作為銀行放款與家計單位存款（傳統上最穩定的銀行資本來源）之間的差額，從二〇〇一年的零，擴大到二〇〇八年超過九千億英鎊（約一兆三千億美元），直到金融危機爆發到二〇〇一年，這個數字才降到不足三千億英鎊。[37]銀行等各式放款機構發現籌措「批發性融資」（wholesale funding）比起從零售或企業客戶那累積存款，前者成本低上許多，尤其是可以透過銀行客戶現有的借款（比方說房貸），作為擴大放款規模的擔保。這些銀行看似受益於某種良性循環，因為額外的放款帶動了金融資產價格升高，而金融資產增值又會強化這些銀行的資產負債表，讓它們在觸及資本適足比率的下限之前，能有更大的空間去借錢來放款。所謂資本適足率，就是銀行相對放款餘額所必須具備的資本規模。

除了對同業與零售客戶擴大放款以外，近三十餘年來，銀行還開始鎖定高風險但也承諾高報酬的業務範疇，而這一塊的故事已經為大部分人所熟知，畢竟無論是媒體報導或流行文化中的書籍與電影，對此都有廣泛的著墨，比如《黑金風暴》（*Inside Job*）、《黑心交易員的告白》（*Margin Call*）與《大賣空》（*The Big Short*）。銀行自覺有必要進一步以身涉險，是因為同時間政府正嘗試降低公共借款的需求來平衡預算，由此低風險資產（如美國與歐洲政府公債）的殖利率降得很低。銀行還認為它們自身因應風險的能力已經大進：透過投資組合的正確設定，包括透過信用違約交換（credit default swap，CDS）這種金融工具來當成借款人錢還不出來時（能得到代償）的保險，藉此保護自己，或是它們會把高風險的投資組合賣給對風險胃口更好的其他投資者。投資銀行會放款給避險基金與私募基金業者，也會根據次級房貸等資產開發出各種充滿神祕色彩的金融工具來進行交易，理由是這些金融商品的報酬率要遠高於融資給產業或政府。

在將短期存款導入長期貸款的過程中，銀行傳統上就是在冒險——特別是在它們把錢借給需要中頭獎（公司業績爆發或房價大漲）才能有機會還錢的借款人時。表面上，這樣的風險在一九九〇年代與二〇〇〇年代初期，神奇地消失了，主要是「證券化」的做法將次級房貸與各種貸款捆在一起，將之變成（信用等級可高達AAA）優級房貸，也就是我們後來知道的房貸抵押證券（mortgage-backed security，MBS）。

為了達成風險分化與流動性增加等目的，證券化確實確扮演過具有價值的角色。二〇〇六年，當時在任的美國聯準會主席艾倫．葛林斯潘（Alan Greenspan）與卸任的紐約聯邦儲備銀行總裁提姆．蓋特納（Tim Geithner），宣稱衍生性金融商品是市場中一股穩定的力量，因為可以分散風險到最具能力來因應風險的金融機構中。[38]在危機來襲的十年前，葛林斯潘曾經否決過要對透過櫃檯買賣的衍生性金融商品進行監管的提案，他當時宣稱這類商品根本不需要管理，因為「櫃買市場在未享有商品交易法（Commodity Exchange Act，CEA）的好處下還能運作得如此有效率，證明我們應該發展一個更不造成交易負擔的監管機制，來對應期貨交易所的衍生性金融商品」。根據一九三六年通過的商品交易法，所有實體商品的期貨合約都必須要在有組織的交易所中進行買賣。如二〇〇八年所見，衍生性金融商品在轉移與賠付風險上的能力，其實只存在於個別的金融機構之上。因此若將之拉高到整體的市場或經濟層次，這些存在於個別金融機構的風險，就會以交易對手風險（counter-party risk）的形式轉移到其他的金融中介機構處，並且消失在原始風險持有者的資產負債表上。這一點以及消失的風險跑到誰的手上經常不明朗，導致市場狀況變得比以往更加撲朔迷離且左搖右晃。[39]

證券化也沒有逃過被濫用的命運，而且有時候幾乎跟詐騙沒有兩樣。這類的濫用，無疑在後金融危機的年月中影響了監管機構。相對低品質的債權會被重新包裝成AAA等級的有價證券，主要是信評機構經常以高評等為證券化後的低評價債務背書，代表他們低估了債務違約的可能性，尤其是住宅房貸這一塊。為了加倍確信自身的高報酬可以不受到相應高風險的影響，眾家銀行紛紛加入風險「轉移」的行列，將證券化後的債權指派給「特殊目的機構」（special purpose vehicles，SPV），主要是這些特殊目的機構的債務並不會出現在銀行自身的資產負債表上。自二〇〇五年起，所得不高的借款人開始掙扎著還不出錢後，證券化債券的AAA信評開始名不符實，而特殊目的機構也開始跳回到銀行的資產負債表上。高報酬與低風險的黃金組合，原來只是統計上的幻象，而且還是個國民會計跟二〇〇八年之前的企業帳戶都熱情拍手叫好的幻象。

家中的負債

自一九七〇年代以降，財富與所得上的貧富差距就深刻地形塑了金融業的發展。同時金融業的成長也反過來讓貧富差距加速擴大，其中一項原因是金融業者的影響力與遊說能力變強，它們最愛的就是減稅、減少社福開支，並促進金融市場的波動性方便買低賣高者累積財富。

隨著去監管化的開展，家家戶戶能夠取得的融資增加，也成了銀行獲利大增的主因。商業銀行從車貸、房貸、度假貸款等林林總總的直接（消費性）貸款與信用卡帳單中獲利，而投資銀行想賺錢則會把商業銀行的「產品」證券化，然後把這些它們親手「製造」出來的衍生性商品拿來買賣。手握立法權的國會議員，或許任由金融中介者「自律」，也可能考量到相關產品設計實在太過艱澀難懂而只施予起碼的監管力度。按邊際主義者的看法，市場被視為具備「效率」——因為健康的競爭自會阻絕金融中介者從事魯莽的行為。

實際上，原本保守的銀行開始用信貸額度轟炸消費者，就此帶著人類進入誘人的信用卡促銷傳單每天掉進數百萬戶信箱的時代，家計單位的借貸一飛衝天且一去不返。放大到整個金融業來看，房貸授信受控管的放鬆，造就了銀行獲利的另一處來源，也擴大了家計部門借貸的規模。相對於一九七〇年代時，房貸在英國是有額度限制的，到了二〇〇〇年代初期，購屋者已經可以全額貸款，甚至還有超貸者。到了二〇一六年，英國累計家計單位借貸總額已經來到一點五兆英鎊——約為英國國民產出的百分之八十三，也相當於英國平均每名成年人負債達到將近三萬英鎊——遠高於他們的平均年所得。[40]

政府亦樂見銀行把房貸提供給低收入者，它們相信這些債權很快就會被「證券化」，然後轉售給其他的投資人。在政府的眼裡，證券化讓銀行借錢給低所得者不像是魯莽的賭注，反而成了一種社會制度的創新。這麼做不僅讓擁有房產的人變多，讓「由屋主構成的民主社會」壯大，而且還可以讓原本就不缺錢的投資者階層賺到更多的所得流入。金融業成長與相關高階採購所帶動的稅收增加，甚至還推動美國與英國的政府預算，在二十一世紀之交產生了難得一見的盈餘。[41]

放寬信用的供應管制來維繫消費動能，本身未必是一件壞事。但這當中確實有其凶險之處。首先第一點得談到貸款的成本，也就是利息。趁利率偏低或走勢向下時放鬆融資管制，看似是合理的決定；若利率一旦回漲，那被錯誤的安全感給吸引去貸款的借款人就會進退兩難，到時候原本合理的政策就不再合理了。另外一個根本的危險是，經濟體系本來就有過度擴張的傾向：包括國際清算銀行（Bank of International Settlements）都於近期承認信用易放難收。[42]當債務成長與舉債購買的資產增值並駕齊驅時，這個體系勉強可以保持穩定，但只要市場開始有人質疑資產的價值，這個體系就會出現裂痕。美國房地產價格在二〇〇八年崩盤之際，上演的就是這樣的故事。屋主發現房屋的淨值落入負數，甚至會被銀行查封回收，但之前繳的利息也早就被收走了，不可能拿回來。認真來說，銀行永遠有空間可以提供放款以外的服務。當未來的不確定升高時，銀行甚至可以將錢囤積起來而不去投資——這種決定通常都算穩當，畢竟用高利率把錢貸放出去，就伴隨著投資無法回本的高風險。

私人債務在英美兩國的攀升，導致了家計單位儲蓄占其（扣除稅金後）可支配所得的比重下滑，特別是在經濟穩定增長的期間（一九八〇年代、一九九〇年代末期與二〇〇〇年代初期）。與此同時，家計單位消費支出則持續熱絡，熱絡到超過可支配所得的增速，由此消費對GDP的貢獻程度也有所攀升。[43]

在過去四十年裡，所得上的貧富不均在先進國家中普遍擴大，英美尤其顯著。以貧富差距在美國的惡化為例，是一種三合一的問題[44]：首先，實質薪資對眾多中低所得家計單位而言，不是下跌就是停滯不前，若以源自OECD的美國經濟數據來看，你會發現實質最低年薪（按二〇一五年幣值計算），從一九七五年的一萬九千兩百三十七美元降至二〇〇五年的一萬三千美元（二〇一六年則為一萬四千八百九十二美元）。第二，在幾乎全數的OECD成員國裡，GDP裡的薪資占比重相對於獲利占比，都下降了數個百分點，但其實同一時間，這些國家裡的實質受雇薪酬是上升的。[45]如圖九所示，這是在許多國家裡，平均生產力成長速度超過平均或中位數實質薪資增長所造成的結果，其中這一點在美國又格外明顯。

第三，個人之間的所得與財富分配變得益發不均衡。在美國與英國，乃至於不少的OECD成員國當中，所得層級最高者占國民所得總額的比重從一九七〇年代以來不斷爬升，一如圖十所示。再者，所得的分配也非常極端地朝向超高所得者傾斜，而且不是金字塔頂端的百分之十，甚至也不是百分之一，而是鳳毛麟角的百分之零點一，成為最大的受益者。[46]財富分配也顯示出類似的模式，二〇一七年在一份由樂施會（Oxfam）所出具，名為《屬於百分之九十九人類的經濟》（*An Economy for the 99%*）的報告裡，我們發現二〇一六年的全球富人排行榜前八名，其財富相當於全球較窮的百分之五十人口的所有資產。在早

圖九：美國自 1974 年以來的勞動生產力與薪資走勢對比（左）；
英國自 1972 年以來的勞動生產力與薪資走勢對比（右）[47]

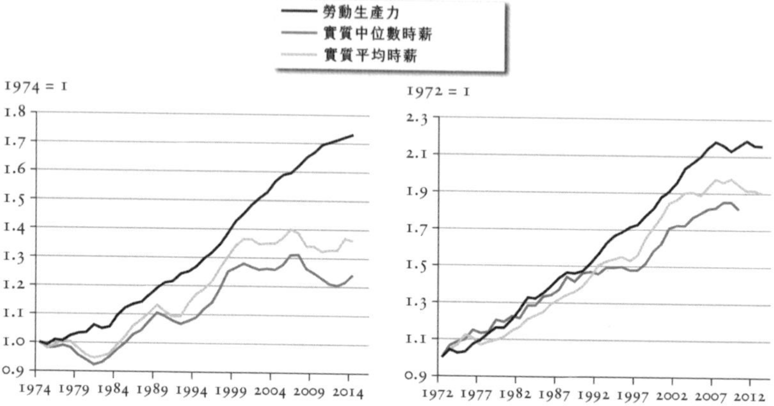

一年發布的另一份報告《屬於百分之一人類的經濟》（*An Economy for the 1%*）裡，樂施會計算出以全球最有錢的百分之一作為門檻，富人俱樂部的規模從二〇一〇年的三百八十八人縮減到二〇一五年的六十二人。換句話說，即便在那雲深不知處的超級富豪世界裡，最最最最有錢的人都比最最最有錢的人更快變得更富有。這六十二個人的財富，在截至二〇一五年的五年當中，增加了百分之四十五，相當於絕對金額增加了超過零點五兆美元。同一期間，後百分之五十人類的財富成長，不進反退地縮水了超過一兆美元，跌幅是百分之三十八。[48]

所得與財富兩方面貧富不均惡化的結果，便是以一九八〇年代作為分水嶺，勞工若是想繼續享有二戰結束以來的生活水準，就得背負起益發沉重的債務負擔。以經濟大勢來看，若

圖十：1960～2010 年統計，英美兩國所得上的貧富不均[49]

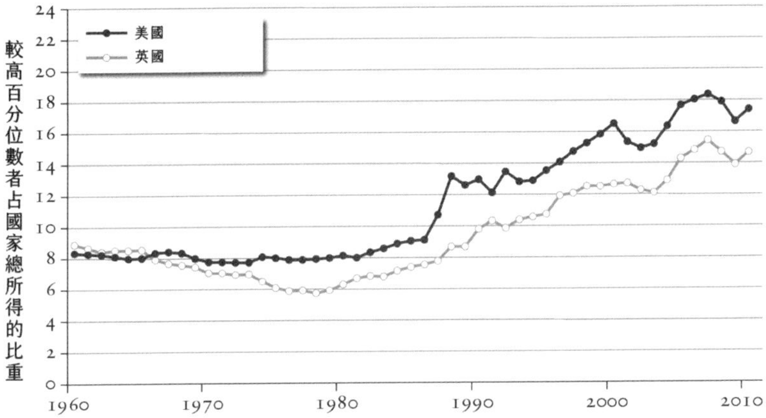

少了家計單位債務的持續成長，一路以來的市場需求會比較弱，企業的營收也不會那麼高。而在這當中，搭起橋梁的便是金融業所端出各種前所未見的信貸產品，而這些消費性貸款所衍生出的利息與規費，也撐起了金融業擴張的半邊天。

就這樣，以家計單位債務為主的私人債務，占可支配所得的比重顯著升高。圖十一顯示在一九九五年到二〇〇五年間，美國整體家計單位債務占可支配所得比，成長了四十二個百分點，在英國成長了五十三個百分點。

在美國，房貸是家計單位負債的主因（見圖十二），反映了家計單位傾向於從持有房產的增值中擷取淨值。[50]

二〇〇七年，美國國會預算辦公室支持了主張房地產增值代表典型「財富效應」的看

圖十一：英美家計單位負債與所得比，1995～2005 年[51]

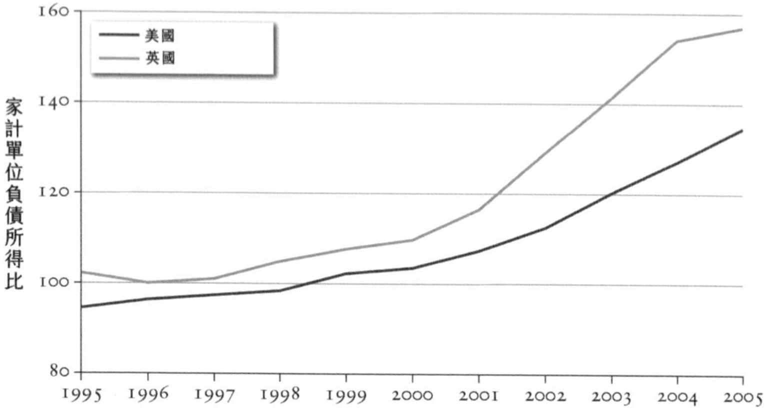

法。它們預設隨著房價上漲，屋主在心理上會覺得自己變有錢了，因而比較願意或敢於消費。美國不動產價格的上漲，轉化為民眾拿房貸淨值去借錢的比率（比方說二胎房貸），最終衝高了消費性的支出水準。[52]

美國聯準會做的消費性金融調查（Survey of Consumer Finances）顯示，愈是貧困的家庭，就愈有可能債臺高築。圖十三是以二〇〇四年（金融危機前）的資料，針對償債金額占可支配所得達四成以上的家計單位製成。這些家庭按照其所得級距（百分位數高低）與負債的程度分成各組，其中在所得最低的一組，也就是所得分配中屬於最後百分之二十的家庭裡，「高度負債」的比例是百分之二十七。而在最有錢的百分之十那組，高度負債的比例只有百分之一點八。這意味著窮人家相對於有錢

圖十二：家計單位負債占可支配個人所得比[53]

	消費者信用貸款	房屋抵押貸款	其他類型負債	負債總額
1980	17.8	46.2	8.1	72.1
1990	19.2	58.3	9.1	86.7
2000	24.2	66.7	11.7	102.8
2010	24.5	97.5	11.1	134.1

圖十三：負債程度與家計單位所得的關係（2004 年）[54]

家計單位所得的百分位數	負債比達四成以上（高度負債）的比例
20 以下	27.0
20–39.99	18.6
40–59.99	13.7
60–79.99	7.1
80–89.99	2.4
90–100	1.8

人家，前者負債的程度要嚴重許多。窮困級距家庭的實質所得停滯或縮水，逼著他們不得不借錢來消費。

透過家計單位借貸來維繫成長，被精準地定義為「私人化的凱因斯主義」[55]，因為原本應該舉債來刺激經濟的角色從政府換成了個人。[56]但面對無法由加薪帶動需求成長的窘境，這種靠私人舉債來為經濟成長添柴火的做法只是治標不治本。在政府政策的教唆與幫助下，中央銀行放棄了自己作為最終借貸者的職責，化身成為面對金融業的第一借貸者，具體而言就是降息來為金融業澆熄危機。但這樣的政策也推高了股票、房地產等資產價格，更進一步鼓勵家計單位借貸。這麼一來，家計部門就正式被推入了用高度金融化的消費來間接操弄需求的火坑——而這些消費還算不算是真正的私人行為，已經很難有定論，可以確定的是，如此高度金融化的消費行為，導致消費者錢愈欠愈多，距離脫貧也愈來愈遠。

結論

到了二十世紀晚期，金融在世人眼中的生產力已與過往不可同日而語，另外金融業也成為執政者眼中的瑰寶，有了金融業，它們才好維繫經濟成長的表象，並讓財富與所得的貧富差距不至於爆炸。但社會為此所付出的代價，是家計單位債務的不斷累加，以及政府仰賴金融業稅收的程度日深。

所以對於價值問題與金融業之間的關係視若無睹，是一種高度不負責任的行為。但說到底，真正的挑戰不在於為金融業貼上價值創造或價值萃取的標籤，而是得從根本上改造，使其能貨真價實地創造出價值。要做到這一點，需要注意包含時間框架在內的各項元素。欠缺耐心的金融活動（對短線報酬的追求），會傷害到經濟體系的生產力，也不利於社會發揮創新的潛力。

確實，二〇〇八年的市場崩盤，確認了凱因斯、明斯基等人對過度金融化的危機警語所言不虛。市場崩盤與後續的金融危機固然弱化了銀行，卻依舊讓其停留在經濟裡的優勢位置上。而那些在金融業內爆之前曾讚賞金融服務價值的人，也才因此逃過了尷尬，保住了顏面。

金融危機至今，我們不意外地看到了監管制度（在某些方面）轉了一百八十度的彎。在政治的壓力下，加上體認到自己或許讓商業與投資銀行共處一屋簷下的做法太過火，自二〇〇八年以來歐美的監管機關已尋求將這兩種銀行的距離拉開一點。各種改革接續出爐，包括美國在二〇一〇年推出《陶德－法蘭克法案》（*Dodd-Frank Act*）來防止投資銀行染指其商業銀行母公司的存款（這些存款始終有政府根據存款保險機制來加以保障），主要是怕投資銀行會鋌而走險地拿這些存款投資賺錢。新規定至少在某些層面上，開始導引投資銀行回到它們原本的功能，也就是拿在批發性金融市場中籌得的借款來投入風險交易——這種市場即便在主流的經濟學者考中，也偶爾會被比喻成賭場。

但時至今日，金融化似乎又捲土重來，業績再次蒸蒸日上，而對於生產力的質疑似乎沒造成太多影響。金融化仍舊是一股強大的力量，其萃取價值的能力幾近毫髮無傷。許多希望能抑制金融業（無助於社會）的玩火行為，或起碼讓外界的光線能夠照進去，不讓金融業黑箱作業的行動，最終都只是將金融業逼入更晦暗的角落。對於造成前次經濟危機的金融活動，政府不是沒嚴加監管，但這些做法僅是鼓勵銀行改道，而非就此停手，且同時間它們依舊沒有放棄過遊說讓管制鬆綁（若是沒這麼做，就代表銀行覺得新管制可以幫它們把新對手擋在門外）。而對於銀行體系新增加的監管，讓那些監管較為鬆散的「非銀行金融機構」及「影子銀行」接手了正牌銀行不得不縮手的地方。因此我們現在得將目光轉至這些新冒出頭的金融中介機構所交織出的遼闊網絡。我們要去看的，是這些想賺快錢的狠角色，會對企業組織乃至於產業的演化造成什麼樣的效應與影響。

註釋

1 R. Sahay, M. Cihak, P. N'Diaye, A. Barajas, R. Bi, D. Ayala, Y. Gao, A. Kyobe, L. Nguyen, C. Saborowski, K. Svirydzenka and S. Reza Yousefi, 'Rethinking financial deepening: Stability and growth in emerging markets', IMF Staff Discussion Note SDN/15/08 (May 2015): https://www.imf.org/external/pubs/ft/sdn/2015/sdn1508.pdf

2 C. W. Park and M. Pincus, 'Internal versus external equity funding sources and early response coefficients', *Review of Quantitative Finance and Accounting*, 16(1) (2001), pp. 33-52: https://doi.org/10.1023/A:1008336323282; T. Hogan and E. Hutson, 'Capital structure in new technology-based firms: Evidence from

the Irish software sector Centre', Financial Markets Working Paper series WP-04-19 2004, University College Dublin School of Business, Centre for Financial Markets.

3 C. Furse, 'Taking the long view: How market-based finance can support stability', speech at Chartered Institute for Securities and Investment, 28 March 2014: http://www.bankofengland.co.uk/publications/Documents/speeches/2014/speech718.pdf ; Z. Moradi, M. Mirzaeenejad and G. Geraeenejad, 'Effect of bank-based or market-based financial systems on income distribution in selected countries', *Procedia Economics and Finance*, 36 (2016), pp. 510-21; B-S. Lee, 'Bank-based and market-based financial systems: Time-series evidence', *Pacific-Basin Finance Journal*, 20(2) (2012), pp. 173-97.

4 R. Bacon and W. Eltis, *Britain's Economic Problem Revisited* (Basingstoke: Macmillan, 1996), pp. 15-33.

5 H. Oliver Horne, *A History of Savings Banks* (Oxford: University Press, 1947), pp. 118-67.

6 M. da Rin and T. Hellmann, 'Banks as catalysts for industrialization', William Davidson Working Paper 443 (October 2001): https://deepblue. lib.umich.edu/bitstream/handle/2027.42/39827/wp443.pdf?sequence=3

7 J. Schumpeter, 'The theory of economic development', *Harvard Economic Studies*, 46 (1934); A. Gerschenkron, Economic Backwardness in Historical Perspective (Cambridge, MA: Belknap Press, 1962).

8 L. Akritidis, 'Improving the measurement of banking services in the UK national accounts', *Economic & Labour Market Review*, 1(5) (2007), pp. 29-37.

9 L. Fioramonti, *Gross Domestic Problem* (London: Zed Books, 2013), p. 111.

10 B. Sturgess, 'Are estimates of the economic contribution of financial services reliable?', *World Economics* 18(1) (2017), pp. 17-32.

11 放空的概念是先以相對高價賣掉借來的證券，等要交付證券給買方的時候，價格若已然順利下跌，放空者就可以低價買回須歸還的證券，而當中的價差就是放空的獲利。

12 J. Allen and M. Pryke, 'Financialising household water: Thames Water, MEIF and "ring-fenced" politics', *Cambridge Journal of Regions, Economy & Society*, 6 (2013), pp. 419-39.

13 譯註：相對於集中市場買賣，透過券商營業櫃檯進行詢議價而完成的有價證券交易，亦稱店頭或場外交易，唯今日不少國家的櫃買市場已經喪失此一本意，成為另一種次於主要市場的小型集中市場。

14 L. A. Stout, 'Why the law hates speculators: Regulation and private ordering in the market for OTC derivatives', *Duke Law Journal*, 48(4) (1999), pp. 701-86.

15 S. Strange, *International Monetary Relations* (Oxford: University Press, 1976), p. 180.

16 B. Eichengreen, *The European Economy since 1945: Coordinated Capitalism and Beyond* (Princeton, NJ: University Press, 2008), p. 76.

17 C. A. E. Goodhart, 'Competition and credit control', Financial Markets Group London School of Economics, special paper 229 (2014).

18 N. Ruggles and R. Ruggles, 'Household and enterprise saving and capital formation in the United States: A market transactions view', *Review of Income and Wealth*, 38(2) (June 1992), pp. 119-63.

19 M. McLeay, A. Radia and R. Thomas, 'Money creation in the modern economy', *Bank of England Quarterly Bulletin*, Q1 2014, pp. 1-14.

20 Competition Commission, 'The supply of banking services by clearing banks to small and medium-sized enterprises: A report on the supply of banking services by clearing banks to small and medium-sized enterprises within the UK' (2002), summary online at: http://webarchive.nationalarchives.gov.uk/20111202184328/http://www.competition-commission.org.uk/rep_pub/reports/2002/462banks.htm

21 B. Christophers, *Banking Across Boundaries* (Chichester: Wiley-Blackwell, 2013), p. 38

22 Eichengreen, *The European Economy since 1945*.

23 J. M. Keynes, The General Theory of Employment, *Interest and Money* (London: Macmillan,1936), p. 59.

24 J. M. Keynes, 'Evidence to the Royal Commission on lotteries and betting' (1932), p. 400, quoted in Barba and de Vivo, 'An "unproductive labour" view of finance', p. 1492: http://doi.org/doi:10.1093/cje/bes048

25 Ibid.

26 Keynes, *General Theory of Employment*, p. 159.

27 H. P. Minsky, 'The Financial instability hypothesis: An interpretation of Keynes and an alternative to "standard" theory"', *Challenge*, 20(1) (1977), pp. 20-27.

28 L. Randall Wray and Y. Nersisyan, 'Understanding Money and Macroeconomic Policy', in M. Jacobs and M. Mazzucato (eds), *Rethinking Capitalism: Economics and Policy for Sustainable and Inclusive Growth* (Chichester: Wiley-Blackwell, 2016).

29 H. P. Minsky, *Stabilizing an Unstable Economy* (New Haven and London: Yale University Press, 1986), p. 369.

30 J. M. Keynes, 'Proposals for an International Clearing Union', April 1943, reprinted in J. K. Horsefield, *The International Monetary Fund 1945-1965: Twenty Years of International Monetary Cooperation* (Washington, DC: IMF, 1969), pp. 19-36.

31 A. Turner, *Economics After the Crisis: Objectives and Means* (Boston, MA: MIT Press, 2013), p. 18.

32 E. Fama, 'Efficient capital markets: A review of theory and empirical work', *Journal of Finance*, 25(2) (1970).

33 M. Mazzucato and A. Shipman, 'Accounting for productive investment and value creation', *Industrial and Corporate Change*, 23(4) (2014), pp. 1059-85: http://doi.org/10.1093/icc/dtt037

34 B. Cournède and O. Denk, 'Finance and economic growth in OECD and G20 countries', OECD Economics Department Working Papers no. 1223 (2015).

35 P. Hill, 'The Services of Financial Intermediaries, or FISIM Revisited', paper presented to the Joint UNECE/

Eurostat/OECD Meeting on National Accounts, Geneva, 30 April-3 May 1996: http://www.oecd. org/dataoecd/13/62/27900661.pdf

36 https://www.federalreserve.gov/boarddocs/speeches/2004/20040220/

37 Bank of England, Financial Stability Report, 30 (December 2011), p. 16; available at https:www.bankofengland.co.uk/media/boe/files/financial-stability-report/2011/december-2011

38 Ibid.

39 Lavoie, *Introduction to Post-Keynesian Economics.*

40 http://www.bbc.co.uk/news/uk-37873825

41 使用OECD的資料，我們可以看到應英國的預算盈餘在一九九〇年為百分之零點七二，在二〇〇年為百分之一點一一，二〇〇一年為零點三九；而在美國，預算盈餘在一九九九年為零，二〇〇〇年是百分之零點八。

42 C. Borio, M. Drehmann and K. Tsatsaronis, 'Anchoring countercyclical capital buffers: The role of credit aggregates', BIS Working Paper no. 355 (November 2011).

43 A. Glyn, *Capitalism Unleashed: Finance, Globalization and Welfare* (Oxford: University Press, 2006), p. 53; 美國從一九九五年到二〇〇〇年將近八成的需求增加總額，都來自於家計單位在消費與住宅投資上的支出。

44 A. Barba and M. Pivetti, 'Rising household debt: Its causes and macroeconomic implications-a long-period analysis', *Cambridge Journal of Economics*, 33(1) (2009), pp. 113-37.

45 Glyn, *Capitalism Unleashed*, p. 7.

46 T. Piketty, *Capital in the Twenty-First Century* (Cambridge, MA: Belknap Press, 2014), p. 438.

47 Source: A. Haldane, Labour's Share (London: TVC, 12 November 2015), p. 32, adapted from J. P. Pessoa and J.

Van Reenen, 'The UK productivity and jobs puzzle: Does the answer lie in labour market flexibility?', Centre for Economic Performance Special Paper 31 (2013), compared to 65-70 per cent during similar periods at the end of the 1960s and during the 1980s.

48 https://www.oxfam.org/sites/www.oxfam.org/files/file_attachments/bp210-economy-one-percent-tax-havens-180116-summ-en_0.pdf。

49 資料來源：作者根據 piketty.pse.ens.fr/capital21c 所進行的闡述。

50 見 A. Greenspan and J. Kennedy, *Estimates of Home Mortgage Originations, Repayments, and Debt on One-to-Four-Family Residences*, Finance and Economic Discussion Series 2005-41 (Washington, DC: Board of Governors of the Federal Reserve System, 2005). 葛林斯潘與詹姆斯．E．甘迺迪（James E. Kennedy)(p. 5) 把「房貸淨值」（mortgage equity）的擷取定義為「對成屋淨值的萃取，即由屋主根據自身判斷，主動將自家房屋的淨值轉換為現金，而其手段便是在住房房貸市場中進行借貸。」

51 資料來源：作者根據 OECD 資料所進行的闡述。

52 https://www.cbo.gov/sites/default/files/110th-congress-2007-2008/reports/01-05-housing.pdf

53 資料來源：修改自 Barba and Pivetti, 'Rising household debt' 的表一。

54 Source: Federal Reserve, 2004 Survey of Consumer Finances.

55 C. Crouch, 'Privatised Keynesianism: An unacknowledged policy regime', *British Journal of Politics and International Relations*, 11(3) (August 2009), pp. 382-99.

56 Ibid., p. 390.

第五章

賭場（式）資本主義的興起

The Rise of Casino Capitalism

相對於退撫基金、共同基金與保險業理應帶來的金融保守色彩，貨幣管理者所代表的資本主義反而開啟了一個無孔不入，賭場式資本主義的時代。

——海曼．明斯基，一九九二年[1]

說起金融，我們不可須臾稍忘其面貌之多樣。傳統的金融活動如銀行放款依舊重要，但已經不能獨享全部的光芒。話說分享，甚至掩蓋傳統金融活動光芒的其中一種另類金融業，就是所謂的影子銀行。誕生於二〇〇七年的影子銀行（shadow banking）一詞，形容的是五花八門執行類銀行業務，但又不似銀行處在政府監管下的金融中介者。[2]當鋪、發薪日融資業者、點對點（peer-to-peer）的網路借貸媒合平臺、非銀行的房貸業者、由科技公司與貨幣市場基金所分別搭建起來的行動支付系統與債券交易平臺，都算是影子銀行。在二〇〇四年與二〇一四年之間，全球由「非正規融資產業」服務的資產價值從二十六兆美元激增到八十兆美元，可能占全球金融體系四分之一的規模。影子銀行各項活動——由非銀行機構在無人管理的狀態下所進行借款、放款與資產交易——全都看得到一項共通點：它們都在不同的金融節點上，移動現有資金，也就是靠搬錢來賺錢。另一種讓金融業壯大的發展，是資產管理行業的興起，而資產管理一詞底下可以涵蓋各式各樣的元素，這包括廣告打得超凶的共同基金，包括避險基金，也包括私募基金。隨著平均所得的成長，讓還過得去的中上階層存到一些錢，加上平均壽命拉長，政府又對社會保險與退休金撥備日益意興闌珊，世界各地的家庭開始感受到壓力，要讓他們的錢來幫自己多賺點錢。而把錢交給別人「管理」，人家多半會跟你收點費用——通常是按管理資產的比例收取，跟對方選股的績效或操作策略有沒有幫你賺到錢無關。這些力量結合了傳統銀行，但又從讓金融業者的規模與風險胃納（risk appetite）受到限縮的監管機制釋放出來，結果就是其成長帶動了金融業爆發性的擴張。

關於金融業的長期成長，以及這一點對於實體經濟的影響，或者說是「金融化」造成的影響，可以分成兩方面來談，而這兩方面的討論也就是這一章與下一章的內容。我會把重點放在英國與美國，因為這兩個面向，或說這兩種形式的金融化，都在英美兩國發展得最快速。其中金融化的第一個面向，也是本章的主角，是金融業表現在絕對數字與占整體經濟比重上的擴張。今天，金融業已經遠遠擴散到以銀行為主的傳統金融業邊界以外，將多到不可勝數的金融交易工具納入版圖，並創造出一股現代資本主義的新勢力：資產管理。金融業如今占經濟附加價值與獲利的比重已經不容小覷，且持續放大。只不過，這樣創造出來的資金，只有百分之十五前進到非金融產業的企業當中。[3]其餘的錢都在金融機構彼此間的交易中流動，亦即它們的獲利模式只是不斷讓這些錢換手。這種快速發展的現象，正是明斯基所稱的「貨幣管理者資本主義」（money manager capitalism）。[4]或者換個方式說：金融業服務的對象已不再是實體經濟，它們服務的是金融業自己。

金融化的第二個面向，也就是下一章的內容，是從事金融活動之動機對非金融產業的影響，比方說能源、製藥、資訊科技等產業。此類金融化，可以包括提供金融交易工具給客戶，比方車廠提供車貸給準車主，還有更重要的是，這類金融化會包括使用獲利炒高股價，而不會把獲利拿去轉投資於實際的生產上。

金融化的這兩種面向，都讓我們看到在金融業成長的過程中，價值創造是如何與價值萃取混為一談的，造成經濟上與社會上非常嚴重的後果。金融業一方面是所得與財富貧富不均的受益者，也是一部分的始作俑者。這種狀況一開始是在「盎格魯－薩克遜」國家中，但自一九九〇年起，開始擴散到原本金融化程度較低的歐洲與亞洲國家。若是能促進經濟成長加速，那升高的貧富差距或許還勉強說得過去，畢竟我們總是能收穫一些經濟上的收益，主要是當企業家賺多了，他們也會有資源與動機增加投資，進而帶動基本所得或平均所得上升一些。問題是，近期伴隨貧富差距擴大所出現的，卻是經濟成長的減速，[5]這又連動到對社會的衝擊，也讓已經偏低的所得進一步探底。關鍵的問題在於：如此龐大又複雜的金融業，在經濟中究竟扮演什麼樣的角色？這角色能合理化金融的規模與無孔不入嗎？時不時可以從避險基金（用借來的資本或信用從事投機行為的投資基金）或私募基金等金融活動中賺到的豐厚報酬，真的代表實際上的風險也有那麼大嗎？

（有飛機駕照的）普羅米修斯掙脫了鎖鏈

這類的問題並不新鮮。早在一九二五年，時任財政大臣的溫斯頓・邱吉爾（Winston Churchill）就開始對金融業的改變看不太順眼。很多人知道他寫過自己希望看到「金融業不要那麼囂張，而製造業可以順遂一點」。[6]執政者（與其身邊剛開始出現的經濟幕僚）的疑慮是，金融業者相對製造業所處的位置，相當於工業革命前地主與佃農的關係——前者幾乎不流一滴汗，就可以把後者賺到的錢分去一大塊。被動收取貸款利息或股票股息的投資人，就像傳統意義上的「收租者」，都靠著（常經由繼承取得的）雄厚本錢進行剝削，他們如此不勞而獲的被動所得——若是沒有恣意揮霍掉——會讓他們的身價更高，畢竟那是個低稅率當道的時代。

放款者與股市投資人所萃取到的獲利，無法運用在工業擴張與現代化的努力上，這是一件令人憂心忡忡的事，特別是在英國，因為英國在工業力量的發展上，看似一去不返地落後德國與美國等工業強權（特別是在可以轉化為軍事力量的工業部門），這點所日漸引發的關注，也早自十九世紀末期以來，就是國會追根究柢的課題。當年以英國為根據地的金融家族與信託基金會傾向把錢導向海外尋求更高的報酬，而外國投資者則透過股市買進英國的資產。這兩種做法，都深化了國會的擔心，主要是愈來愈多的殖民地開始鼓動獨立，國際局勢烏雲密布，預示著第一次世界大戰的風雨欲來。邱吉爾的財政大臣身分，也讓他對尋租的行為產生警覺——有人開始遊說政府訂定規則與進入門檻強化金融業的獲利，還開始有人借錢給人炒股——當時國際股市正處於從一九二九年華爾街崩盤中反彈的前夕。

但就邱吉爾寫下那句話的當時，金融業占英國的經濟比重只有百分之六點四。[7]二次大戰之後的頭三十年，金融業也是以相同的速度緩步前進。然後，來到命運的一九七〇年代，一系列的監管鬆綁與（前一章提過的）生產邊界位移導致金融業油門一催，一舉大幅超車實體經濟——私部門中的製造業與非金融服務業、志工組織，還有政府部門。透過從收租者被重新分類為金融「附加價值」的創造者，新點燃的這一把「火」——也就是縮寫成 FIRE 的「金融、保險與不動產」——成功轉型為具有生產力的業別，並讓十八、十九，乃至於二十世紀上半葉的經濟學者驚為天人。

在美國，從一九六〇到二〇一四年，金融業占經濟附加價值毛額的比重翻了不只一倍，從百分之三點七上升到百分之八點四；在同一個時期，製造業占經濟產出的比例則腰斬還有剩，從百分之二十五降至百分之十二。同樣的情況也發生在英國：製造業占經濟附加價值的比例從一九七〇年的三成以上降至二〇一四年的一成，而金融與保險的占比則從不到百分之五先升到二〇〇九年百分之九以上的峰值，再於二〇一四年小小拉回到百分之八。[8]所以，在歷經了三十個年頭的去監管化後，金融業的發展速度全面超越了實體經濟。圖十四清楚顯示的就是這樣的趨勢。

隨著各種金融監管於一九八〇年代初期一一殞落，美國民間金融業者的獲利占整體企業獲利的比重從二戰後前四十年間穩定的百分之十到百分之十五，先突破百分之二十，然後在二十一世紀初期達到百分之四十的巔峰（圖十五）。

圖十四：英國經濟附加價值毛額，1945～2013年（基期1975年＝100）[9]

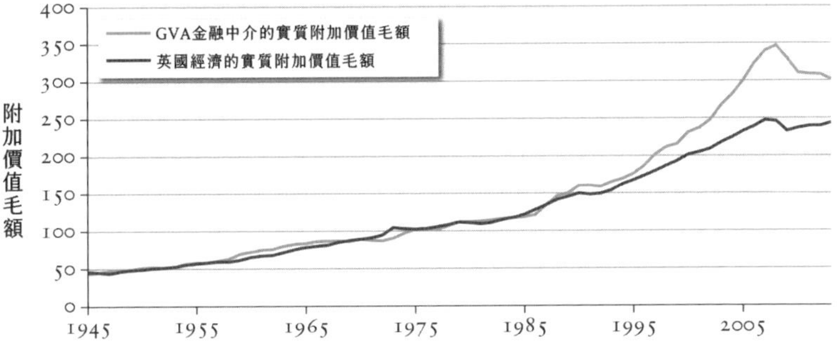

圖十五：美國金融企業獲利占其國內企業獲利比重[10]

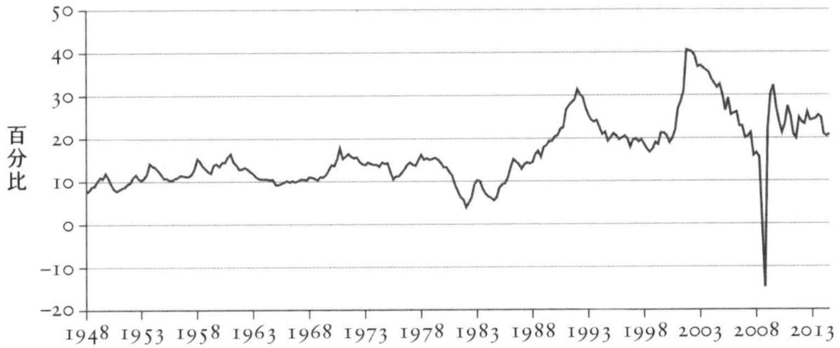

流向金融業勞工的薪資比重也反映了該行業的成長。以一九八〇年作為分水嶺，在這之前，金融業對所得與就業的貢獻度幾乎相同（比例為一）。此後，這個比例直線飆高：到了二〇〇九年，所得貢獻度與就業貢獻度的比例幾乎翻倍到一點七（圖十六）。[11]所以說，金融業的利潤非常

圖十六：金融業員工薪資占比與金融業雇用人數占比之比值[12]

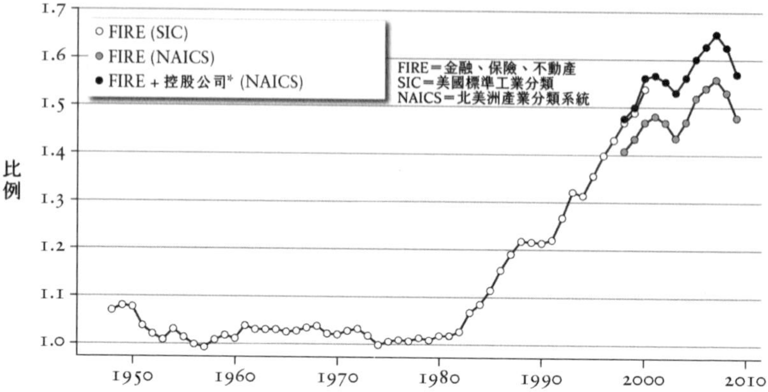

*這一分類包括非金融的控股公司

可觀，特別是分別坐擁倫敦與紐約這兩個世界金融中心的英國與美國，由此金融業占這兩國GDP的比重也持續升高。社會大眾會一同搭上「金融創新」的列車，其實也不足為奇，畢竟是人就會花錢。從倫敦到香港，世界金融中心的零售與休閒產業都把生意做得風風火火。

從一九八〇年代以來，金融業就懷抱一種「使命感」要說服政府一件事，那就是它們是經濟中具有生產力的成員。在主政者的心目中，金融業確實愈來愈有生產力行業的模樣，所以就輪到政府積極灌輸這個觀念給普羅大眾。

現在看起來可能有點怪，但主政者大多忽視了金融危機有多危險。在二〇〇四年的倫敦市長官邸演說中，戈登·布朗（Gordon Brown）口沫橫飛地讚賞倫敦金融城的金融與商業菁英多麼有生產力，相隔沒幾年，時任工黨內閣財政大臣（任期從一九九七到二〇〇七年，二〇〇七年六月底就任英國首相）的他，就在經濟看似還很穩健的時候聲稱金融業者、監管機關、政治人物與眾家經濟學者是何等的傲慢。但在二〇〇七年的預算報告書裡，也就是崩盤危機的跡象開始出現在地平線的幾個月之前，布朗又嚴肅地（但非首次）聲明：「我們不會回到以往那種景氣榮枯的套路。」

布朗，以及其他許多的人，怎麼會錯得這麼離譜呢？這種災難性誤判會發生的癥結，在於他們忽視了一項關鍵因素：價格與價值的區別。在過去幾十年裡，該區別已不復存在。邊際主義革命讓幾世紀以來的價值理論變成了價格理論，這也讓邊際主義暴露出其終極的「同義反覆」：金融業之所以能賺到錢，是因為它有價值，而這個價值的證明，就是金融業的非凡利潤。

所以當全球金融危機在二〇〇七年找上門時，首當其衝被吹得東倒西歪的便是讓金融化一路以來得以理直氣壯的意識形態。只不過，這場危機並沒有從根本上改變金融業被認定具有的價值：事隔兩年，高盛的老闆仍可以臉不紅氣不喘地聲稱自家的銀行員是世界上最有生產力的一群。而出身高盛的財政幕僚充斥歐巴馬與川普的執政團隊中，也顯示出美國政壇不分黨派，有多把高盛那一套創造價值的「故事」當一回事。

在現代的資本主義裡，金融業不僅整體規模膨脹，其觸角所及之處也有顯著的分化，其中資產管理就是崛起甚為快速，影響力與地位也不容小覷的一環。涉獵資產管理的除了傳統上處於價值論戰核心的銀行以外，現也加入各式各樣的金融主體。明斯基認為資產管理將經濟體系重塑為他口中的「貨幣管理者資本主義」，但說起價值創造，資產管理究竟做到了多少？

二戰結束後的三十年當中，西方經濟體展現出強勁的成長力道，並在過程中累積了巨額的儲蓄。這「黃金三十年」，或是法國人口中的「光榮三十年」（trente glorieuses），也同時見證了退休金提撥的遽增，主要是人民的壽命增加，所得成長也由得他們有餘裕未雨綢繆。儲蓄與退休金所代表的財富增長，催生出統籌運用的需求，投資管理於是應運而生，進而激發整體金融業的規模與獲利。個別投資人，也就是原本在股市活動中不容小覷的散戶，逐漸讓位由專業基金經理人所主導的大型機構投資人，不少這些拿客戶的錢去投資的基金經理人，不論在態度上與待遇上，都跟基金所投資的公司高層一模一樣。

金融體系的演化，為的是滿足存款人在未知的數十年後之需求。投資必須長期、必須具有一定的流動性（變現能力），還必須提供誘因夠強的報酬率，畢竟投資報酬必須面臨通貨膨脹無可避免的侵蝕。退休金在這些投資當中是一支主力，特別是英語系國家。在這些國家中，退休基金構成幾乎全體薪資階級半數的退休財源。此時此刻，我們很難不強調退休金對於個別受益人與對整體經濟的重要性：退休金維繫了經濟的整體需求，因為這筆錢讓年長者得以在退休後仍有能力消費。但退休金也對整體金融體系至為重要，一方面是因為其規模——退休基金所持有的資產規模甚大；二來更要緊的是，因為私人退休金產業是以獲利以及給股東的回饋作為發展的動力。共同退休金（mutal pension）的提供者——由其成員共同持有的公司——其數目正穩定下滑中，主要是他們要麼轉型為股東制的企業，要麼透過整併來與股東制企業競爭。

雖然退休金產業早在二十世紀初就存在，但其脫胎換骨的成熟期是伴隨福利國家觀念的浮現而出現於戰後。在那個由大公司主導下，完全就業的年代裡，強制加入的退休金制度會由雇主與受雇者共同堆積出龐大的資產。此外，自願提撥的退休金儲蓄也算普及，壽險亦為重要的儲蓄工具，唯繳款購買壽險保單一向不具強制性。在英國與美國，政府長年給予退休金儲蓄不算少的稅務優惠來鼓勵私人儲蓄，畢竟這可以減輕國家提供國民退休金的負擔。

在此，我要談的是投資產業與投資銀行雖然看起來高度競爭，但其行為模式其實更像是不受競爭威脅的獨占局面。它們會為了圖利經理人與股東而去萃取租金，至於其終端的客戶——身為小老百姓的股票投資人、退休金受益人與保單的持有者——往往只能用繳費換取超普通報酬率，基金的成長與獲利的好處並未回到他們身上。

經濟中的新主體

戰後儲蓄的累積，讓資產管理者站上舞臺的中央，但他們並非全新的角色。在英國被稱為「單位信託」（unit trust）的共同基金早在戰前就有，而投資信託本來在英國就是一種中產階級偏好的儲蓄方式。

唯單憑其龐大的投資規模，連同其對應的社會責任，使得基金經理人儼然成為經濟體中的新主體。他們的工作不是要投資企業家手中具有生產力的資產，而是暫時擔任存款的管理人，拿這些存款去投資具有流動性，且以金融資產（而非不動產或其他資產）為主的標的。在美國，資產管理（AUM）的規模從一九五一年的三十一億美元遽增到二〇一五年的十七兆美元。[13]在英國，資產管理產業在二〇一五年底的規模是五點七兆英鎊，相當於該年度英國GDP規模的三倍多。[14]

監管的變遷，在資產管理的擴張中也扮演要角。在美國，退休基金曾有義務要善盡謹慎管理人的義務，如履薄冰地避開投機與高風險的投資。但到了一九七〇年代，這條「謹慎管理人」（prudent man）的投資規定獲得鬆綁，退休基金得以選擇非傳統的投資方式，比方說私募（PE）與創投（VC）。接著在一九七四年，受雇者退休安全法（Employee Retirement Security Act）開放讓退休基金與保險業者投資五花八門的基金，包括股票型基金、高收益債券基金、私募基金與創投基金。基金經理人會推動投資範疇的放寬，是為了鎖定高報酬率的投資標的，但政府也樂於配合演出，理由是私部門的基金成長愈快，由國家提供退休金的需求就相應減輕。在此期間，富豪人數的增加——術語叫「高淨值資產人士」（high-net-worth individuals, HNWIs）——也帶動了名為專業資產管理的理財需求。高淨值資產人士現在一般的定義是，金融資產淨值（排除不動產）達到一百萬美元作為門檻。這原本只是富國才有的現象，如今已然擴散到全球，主要是以美元計價的百萬富翁甚至億萬富翁在新興國家如雨後春筍大量增加，特別是亞洲與拉丁美洲。按照凱捷（Capgemini）這間管理諮詢業者所言，高淨值資產人士的數量從一九九七年的四百五十萬人增加到了二〇一四年的一千四百五十萬人。中國的億萬富翁人數已經超越美國。[15]二〇一五年，擁有最多高淨值資產人士的城市是倫敦（三十七萬人），緊追其後的是紐約（三十二萬人）。[16]

隨著基金管理市場的擴張，私人投資者的比例也相應縮小。在美國，個人持有股票的比重，從一九五〇年的百分之九十二降至今天只剩下大約百分之三。[17]說起散戶比重，美國還算是高的——因為日本只有百分之十八，英國更低到只剩下百分之十一。[18]一九六三年，英國散戶占股市比重還高於百分之五十；保險集團、退休金團體、單位信託（共同基金）與海外投資者（外資）僅合占一成。從那之後，趨勢開始反轉：退休基金與尤其值得一提的外資開始狂掃英國股市，由此英國股市的外資比重在二〇一四年達到五成以上。[19]在美國，約百分之六十的公開發行股票控制在共同基金手中。再者，基金管理產業的集中度也來到相當高的水準，特別是在美國，僅約二十五名基金經理人就控有全數法人手中六成的持股。[20]

近二十年來，基金的類型持續分化，其中又以避險基金、私募基金與創投基金最令人側目。目前美國有約五千支避險基金，總管理資產達兩兆美元。避險基金看來光鮮亮麗——在倫敦，不少同業都群聚在梅菲爾（Mayfair），這個高檔服飾店、餐廳、酒店與別墅櫛比鱗次，尊貴的小天地裡——某些避險基金經理人的待遇之高：二〇一六年，就有四十二人躋身全球億萬富翁之列，[21]當中不乏舉世知名的人物。喬治．索羅斯（George Soros）成功躍上報紙的頭條，因為他眾所周知地在一九九二年九月十六日「擊潰了英國央行」。他在與歐洲匯率機制（European Exchange Rate Mechanism，ERM）的英國成員對作中勝出，賺進一億美元，迫使英國退出歐洲匯率機制。那天因此成了歷史上的「黑色星期三」。

不過，避險基金究竟是什麼，不是那麼好定義。它們主要的特徵既是放空（賭投資標的的價格下跌），也是做多（賭投資標的的價格上漲）。諷刺的是，這樣的操作初衷是要規避掉投機行為中的風險，亦即用放空「對沖」做可能的價跌風險。實務上，這種多空組合讓它們得以一擲千金地「賭單邊」追求暴利，為此往往不惜（融資）拉高槓桿以倍數放大微小的價差收益。較之其他的管理基金，避險基金的其他特色包括投資組合流動率高，且投資的資產類型較為多元，從不動產到大宗商品都看得到。不少傳統投資基金在投資的風格與區域上較為局限。

私募基金公司以企業作為投資對象，通常會取得其所有權或經營權，日後——通常在三至七年後——出售該企業牟利。順利的話，私募基金的獲利來自償清債務之後，公司股權價值的增長。至於實現公司股權價值成長的方式，則是經由將公司售予他人（如另一家私募基金）或透過IPO的方式讓公司在股票市場掛牌。

這些公司被稱為私募（股權）基金，既是因為它們購入的企業是未上市的公司，也是因為它們自身的股權未於公開市場中交易。換句話說，它們本身是私人擁有，投資標的也是私人公司。在美國，私募公司控有大約三點九兆美元的資產，占資產管理市場的百分之五，[22]包括若干知名大企業幕後的老闆都是私募基金。比方在英國，美國的私募基金KKR（Kohlberg Kravis Roberts），就砸下將近兩百五十億美元的重金入股廣見英國鬧區的藥妝連鎖店聯合博姿（Alliance Boots）。二〇一五年，在KKR售出聯合博姿所有的持股後，據傳其原始投資已經翻成四倍。[23]其他有頭有臉的私募基金公司還包括貝恩資本（Bain Capital）、BC Partners、黑石資本（Blackstone Capital）與凱雷集團（Carlyle Group）。

私募基金公司宣稱由它們擔綱企業實質上的老闆，多少有助於企業表現得更有效率且獲利更高。理論上，將公司所有權人（股東）與經理人分開，可以解決經理人只顧自己薪水或獎金的高低而不管公司股價起落的矛盾（這說明了何以近代資產管理者會奉股東權益的最大化為至高無上的目標，具體而言，就是股價高於一切）。但批評者主張私募基金入主一家公司會產生負面影響，主要是批評者認為私募基金的目標是盡快壓低成本，為此裁員或減少投資都是可能的選項。畢竟唯有盡快壓低成本，私募基金才能在出售企業時迅速獲利，而犧牲的就是企業長期的體質健全與否。

私募基金的所有權人稱為ＧＰ，也就是「普通合夥人」（general partner）。他們用來收購企業的資金，來自退休基金、基金會、保險業者與個別富豪等投資人，其中公共與私人退休基金貢獻了私募基金總投資金額的大約三分之一，而這幾種投資人稱為ＬＰ，也就是「有限合夥人」（limited partners），因為他們的投資是有期限的，比方說十年。在這十年內，投資人不可以提取資金。只不過，不少私募基金手中的資金都被歸類為債務，就好比投資人把錢借給私募基金買股，然後預期在股價上漲後得到連本帶利的償還。私募基金常被批評的就是會把這筆債務放到它們所購入企業的帳上，同時間繼續拿企業的股利卻放著債務不還。ＫＫＲ第一筆受到矚目的收購，也就是一九八八年開槓桿收購穀片與菸草集團ＲＪＲ納貝斯克（RJR Nabisco）的案子，就被寫成了書《門口的野蠻人》（*Barbarians at the Gate*），又拍成同名電影，[24]主要是當時那筆交易讓這家賣方形穀片出名的業者不僅債臺高築，還就此一蹶不振，反倒ＫＫＲ自此平步青雲地踏上全球擴張之路。私募基金最會的就是借錢買下企業，然後安排企業發給自己一筆與收購價金額相當的「特別股利」來確保自己立於不敗之地，乃至於可以快速獲利，也不管把債轉到別人帳上輕則影響被收購公司將來的賣相，重會讓被收購公司的經營難以為繼。私募基金 TA Associates 在二〇一四年，拿到一筆十七點七億美元的聯貸（銀行團點頭是因為它們隨即將債權證券化後轉售），並放在千禧實驗室（Millennium Laboratories）這家藥品測試業者的帳上，然後二話不說地安排一筆十二點九億美元的特殊股利中飽私囊。這筆交易完全符合二〇〇八年之後用來預防私人併購者對所收購企業進行「資產剝除」（asset stripping）的種種規定，也就是沒有違法之虞。隔年當千禧實驗室宣布破產時，法院竟然為 TA Associates 與千禧實驗室的其他股東（公司之前的經理人）背書卸責，確認這些股東不用理會債權人提出已發股利應該退還的主張。要知道，在這之前已爆出一件醜聞：美國政府作為千禧實驗室最大的客戶，在實驗室詐領測試費的訴訟上獲勝，和解金額高達二點五六億美元，但公司方面與安排貸款轉售的金融機構（J．P．摩根）竟沒有把這件事告知債權人。[25]

金融業如何萃取價值

金融業究竟是怎麼萃取價值的？大致上有三種彼此相關的答案：一、見縫插針，以交易成本的形式在融資的提供者與接受者之間卡位；二、善用獨占，這一點尤其是銀行的愛招；

三、以風險之名義收取高費用，這點以基金管理業最為常見。

在經濟特定領域裡，上述交易成本被認為有損效率並破壞價值，亦即無助於創造價值。政府一課徵所得稅，就會被扣上無效率的大帽子——因為這筆稅款在勞工賺到的錢跟可以花在休閒上的錢之間，安上了路障，產生從中作梗的效果；抑或當政府拿從薪資稅（payroll tax）去補貼社會福利時，也會被指責，因為這會讓薪資成本無法反映整體的勞動成本。當工會為成員爭取到加薪時，會被批評說是讓勞工賺到了，因為勞工做的事沒變，對生產過程的貢獻也沒有變多。

至於對銀行來說，它們扮演借貸中介角色的效率，或合理地根據它們縮小成本間隙，讓借貸之間的那根「梗」變小的能力來評斷。效率的最大化與無摩擦的資本主義，理論上可以藉由利差的消失來達成。但國民帳戶對於金融中介服務所採行的「間接」衡量（FISIM，如第四章所示），則假設附加價值的上升會反映在變大的「梗」上（或若利差的梗變小了，那就是中介者可以直接收取的手續費與規費會增加）。這裡的重點，自然不在消除利息——若利息真的是金融中介的價格——而是要確保這筆錢可以反映出系統效率的提升，比方說拿去投資科技的升級，就像金融科技（Fintech）發展所展現出的那樣。

銀行若拿來跟賣場比，有一點差別非常之大。話說我們都看著金融服務在二十世紀變得愈來愈貴，但同時間，金融業的規模快速擴大，顯示金融服務的消費者並沒有受益於金融產業的規模經濟。相較之下，大賣場以美國的沃爾瑪百貨（Walmart）跟英國的特易購（Tesco）為代表，明顯有規模愈大，單價愈低的現象。要解釋這個現象，基本上就是銀行有而賣場沒有的獨占力量——或著說的更精確一點，是寡占的力量。

二〇一〇年，美國五大銀行控制了衍生性金融商品合約百分之九十六以上的市占。[26]二〇一六年，英國前十大金融機構合占櫃買衍生性金融商品成交量的百分之八十五，以及外匯成交量的百分之七十七。[27]只有最大型的銀行有本錢承擔衍生性金融商品在發行上與交易上的風險，畢竟也只有大銀行的資產價值與負債相減能提供萬一資產價格下跌時的淨值緩衝。放眼全世界只有寥寥幾家銀行大到可以承擔在市場裡擔任自營商（用本身而非客戶的戶頭交易）的高風險，也才有在風險果然過高時，讓政府出手相救的分量。

由此，各國政府或大公司想要發行公債或公司債或新股等，又希望有人能替它們在證券市場裡造市，能夠期待的就只有那寥寥幾家銀行。業者數量的稀少，即便在像倫敦或紐約等金融中心，都無可避免地讓各家銀行手握強大的訂價權，這點跟它們之間有沒有相互勾串已經無甚相關。在面對一般民眾的零售金融市場中，銀行最低的核心資本門檻（二〇〇八年之後有所提升，二〇一三年到達風險性資產〔risk-weighted assets〕的百分之四點五，二〇一五年到達風險性資產的百分之五點五，二〇一六年到達百分之六），[28]加上必須符合金融監管的限制，因此政府與央行能發出的銀行執照數量始終不高，這也讓少數已經拿到入場券的銀行把持了可觀的市場力量。這種力量讓相關銀行得以在二〇〇二年掌握美國高達四成的企業獲利（遠高於一九八五年僅百分之十三）。即便在後金融危機時代的二〇一〇年，銀行獲利也占美國企業獲利的百分之二十三，二〇一二年更回復到百分之三十的高水準——可以說只有二〇〇八年短暫降至百分之十。整體看起來，這段期間的企業獲利的增長速度都大大超前勞工的所得成長或GDP成長。[29]

批發與零售金融市場中的獨占程度之高，跟業者能在二〇〇八年崩盤後持續從萎縮的公私部門中萃取租金，有很大的關係。英國自金融危機以來，主管機關就把目標放在新銀行與點對點網路借貸平臺等另類金融中介的扶植上，希望藉此刺激競爭。英國在金融危機後成立的少數銀行，稍嫌樂觀地被稱為「挑戰者銀行」。但這些新銀行所構成的挑戰，迄今尚未傷到英國主流銀行的寡占體系。另外，那些另類的金融中介管道也未能有效取代銀行的霸業。只有領到執照的銀行可能透過放款創造貨幣，[30]跟單純在存戶與借款人之間轉移資金就有天壤之別。一旦市場力量讓銀行的獲利能力膨大到足以從其他產業萃取租金，它們的高層員工就可以連帶操作內部的勞動市場力量，牽引一部分的租金進到自己口袋裡，這也構成了金融業獨特且根深柢固的分紅文化雛型。

除了獨占帶來的租金以外，金融市場還另闢了一條蹊徑讓投資銀行跟其他專業「玩家」可以拿到高昂的報酬率，還不用承擔傳統認知中高報酬必然帶來的高風險。金融市場會根據一家公司未來的獲利展望來即時調整公司的股債價格，由此不論是藥廠的明星藥品取得藥證可以進軍醫院、社群媒體平臺業者找到可以將百萬用戶「貨幣化」的商業模式，或是礦業公司得知自身原本乏人問津的稀有金屬將被用於新世代的手機製造上，它們可預期的獲利成長都可以提前以股價漲幅的形式獲得品嘗。比起好好工作、慢慢存錢，然後再拿賺到的血汗錢去投資，擁有資產然後看著資產的價值水漲船高才是快速致富的王道。[31]尤其在這個利率處於歷史新低的時代，資產價值一夕「重估」與一步步累積資產之間的致富速差，更是遭到了強化與擴大。

資產價值重估的收益在實體經濟裡，被吹捧成經濟效率提高與社會發展進步的表徵。真正創造出有用的發明，並從中獲利的企業家，可以宣稱他們從真正具有生產力的冒險活動中收穫了耕耘的成果，尤其是當他們取代了世襲的地主，進駐到富豪榜上後，代表社會的一種進步。但多半我們看到的狀況是，當資產價值重估發生時，股權早已與原始發明家各奔東西，落到私人股權或公開市場投資人的手裡，是公司有無上市而定。由此，多數的重估利益會落到被動而非主動投資人的手裡。金融化讓押對寶的投資銀行家與選對股票的基金經理人多半靠著運氣而非努力，賺到應該讓費盡心血設計出產品的發明家的利潤。而一旦掌握到由發明者創造出的價值後，他們也會毫不猶豫地將之攫取，然後投入到房地產或各種設計來保值的金融投資產品裡，至於將錢轉投資到其他創新的生產之上，則不在他們的考量之列，因

圖十七：金融業對美國就業機會與薪資所得的貢獻度比值[32]

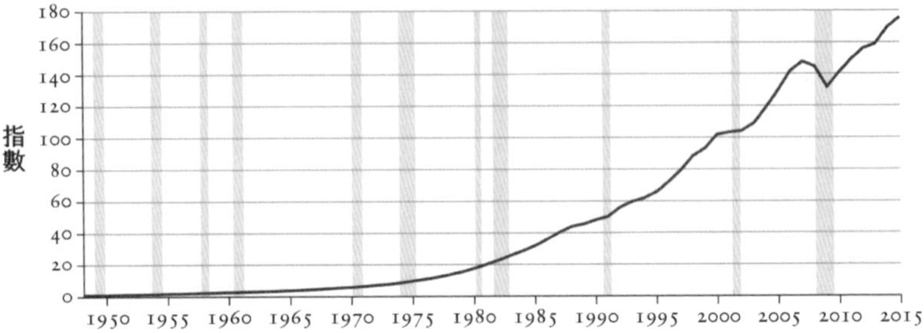

為創新產品要連莊讓他們挖到金礦，機率實在不高。

我們先看看金融業創造的就業機會比重，與其從業人員所得比重，就可以大致得知發生了什麼事情。在一九八〇年之前，金融業貢獻的就業機會與薪資所得比重在美國幾乎是完全相同（比例為一比一，比值為一）。但如圖十七所示，這個比值幾近翻倍到一點八。金融業人均所得幾乎沒有因為二〇〇八年崩盤而放緩的陡升，在支持者的眼裡是金融業生產力提升的象徵，也是社會應該將更多資源導入金融業的明證。但這種生產力成長如第四章所示，高度倚賴生產邊界的重新定義來衡高銀行等金融業者之「附加價值」。金融業所得／就業貢獻之比值升高還有另一種解釋，那就是金融業強化自身萃取價值的能力，並從其他私部門活動中獲致了獨占的租金。

銀行放貸與金融市場交易集中在少數大型業者身上的狀況，在衍生商品市場中格外極端與明顯（圖十八），這種集中狀況所凸顯的是金融「附加價值」可以追溯回獨占或寡占

圖十八：美國衍生性金融商品合約的集中程度（十億美元；2010 年第四季資料）[33]

	前五大銀行	占整體衍商市場比重	其他銀行	占整體衍商市場比重	所有銀行	占整體衍商市場比重
期貨與遠期合約	32,934	14.2	2,775	1.2	35,709	15.4
交換契約	145,440	62.9	3,807	1.6	149,247	64.6
選擇權	31,136	13.5	939	0.4	32,075	13.9
信用衍生性商品	13,407	5.8	743	0.3	14,150	6.1
合計	222,917	96.4	8,264	3.6	231,181	100.0

租金的程度。[34]維持金融業者的家數偏少，雖然會衍生出業者間聯合行為的風險，卻無疑符合金融監管者的利益：監管者會希望能綜觀市場中所有成員的曝險程度，藉以防範系統性風險的發生，像（在二〇〇八年危機後）將櫃買衍商交易（未於股市掛牌之衍生性商品在銀行等專業投資人之間進行，常以客製化條件為之的交易）納入較透明之集中平臺上的決定，就會讓各國監管者好辦事一點。事實上，在金融危機後，指標性利率LIBOR遭到操縱的情形，背後可能就有若干監管力量間達成的默許或縱容，至少在詐欺指控中成功為自己辯護的交易員是這麼說的。[35]此一利率的操控，加上後續關於誰因此受益或吃虧的爭論，凸顯出今日的銀行與各金融市場成員是如何為了主要由非金融企業創造出的剩餘價值在時而你爭我搶，時而狼狽為奸。

銀行無疑有將資金從較不具生產力的經濟部門移至較具生產力的一定功能，包括衍生商品、期貨、選擇權等金融工具，都可以實實在在發揮避險的作用，尤其對於經濟體中，面對價格與匯率等不確定性的生產者而言，這些金融工具都有其在營運上的重要意義。但話說回來，某些銀行活動顯然並無生產力可言，特別是當它們相對於實體經濟的需求顯得過於複雜，也過於龐大。如之前提過的房貸抵押證券（MBS）市場就是一例。二〇〇九年，美國的房貸相關債務餘額達到約九兆美元，亦即在十五年間成長了驚人的百分之四百，其規模占美國債券市場中流通債務的四分之一以上。每年可產生自這些債務的利息收入，據估計在二〇〇一到二〇〇七年間達到二百億美元。[36]在二〇〇八年的金融危機後，這門生意澈底人間蒸發。放眼全球，美國MBS的持有者蒙受了巨大的損失，進而導致金融危機的連鎖反應在各國之間一發不可收拾，主要是拿著這些MBS當抵押品的借款人開始周轉不靈。銀行聲稱其營收是為客戶「管理」風險與「分散」風險的服務費，但它們的所作所為反而擴大了風險。

信用違約交換（Credit default swaps，CDS）又是另外一例。原本是作為貸款違約的一種保險，CDS慢慢幾乎變成一種賭人還不出錢來的賭注。對於自身的周轉能力有賴於債務人償債能力的某些個人而言，CDS原本不是沒有正面意義，但是在「裸式」（naked）CDS的例子裡，CDS的投機用途還是名符其實地赤裸裸呈現出來，這種金融工具也正是主權與企業債務違約在大西洋兩岸鬧得不可開交的罪魁禍首。裸式CDS之所以得名，是因為交換契約的買方在根本未持有被保險的標的，也就是被保險的資產就算遭到違約，於他也沒有切身利益的損失，所以事實上，裸式CDS的買方為了拿到對賭獲勝的「賞金」，巴不得債務人違約。這就像你替鄰居的房子保火險一樣，最符合你利益的結果是隔壁燒個精光。所以CDS的買方根本不樂見借款人（與整個體系）的風險下降，他們滿心的希望都是隔壁的大火愈燒愈旺。

但即使債權人只是單純地買CDS當成保險用途，這種產品本質上依舊危險，因為這當中還得考慮到系統性風險——在系統性風險的作用下，違約風險不再僅限於少數幾名借款人，而是會遍及市場裡的每一個人。遇到危機時，不同契約間的違約會變得高度連動。A還不出錢，會觸發B也還不出錢。發行CDS的銀行或保險業者，最終得概括承擔這筆系統性風險，就像它們與不可勝數的倒楣鬼在二〇〇七與二〇〇八年所學到的慘痛教訓一樣。到了二〇一〇年，由於替銀行紓困的成本過高，加上中止對企業融資之後引發的經濟衰退，歐洲好幾個國家面臨國債危機。這些國家掙扎著想償還公債，並為此大砍政府提供的公共財與公共服務。同一時間，受益於紓困政策的同一批銀行還發起國難財，從裸式CDS上賺到公司兩成左右的總營收。

金融中介——付費的金融服務——也是某種形式的價值萃取，規模取決於金融服務收費與實際承擔風險之間的拉鋸。這些規費被稱為金融中介的成本，但我們已經談過的一點是，金融業在不斷壯大的同時，承擔的風險基本上並沒有多大變化，但金融中介的收費依舊居高不下。網路銀行服務固然是個例外，但那對於全球性的金流規模而言，只是邊緣般的存在。換句話說，金融業並沒有隨著規模的成長變得更有生產力。可以用另一種方法去理解這件其實很單純的事情，那就是衡量投信法人收取的手續費，再比較一下它們操作基金的績效。兩者之間的比率，可以被解讀為一種價值萃取的程度指標：單位績效的收費愈高，散戶投資人的收益就愈低，基金管理人的利潤就愈大。所以，相對於製造業與非金融服務業者都會用營運規模來壓低成本，似乎不適用於金融業者。關於這個主題有一份優秀的研究下了個結論：「一九〇〇年的金融業就足以完成二〇〇〇年金融業的所有業務，包括發行債券與股票，而且收費還比較低廉。」[37]

現在，讓我們把焦距對準基金管理業務這臺巨大金融中介機器中的若干主要部分，好好地研究一下手續費跟風險的問題。

投資基金的存款人數以百萬計，其中又以英國稱為單位信託的共同基金為大宗。我們投資基金，要麼是自己直接跑去申購，要麼是間接透過退休基金等法人為之。任何一名基金經理人的職責與目標，都是為其所監督的基金創造一定的報酬率。這個報酬率的衡量基準，就是該基金相關標的市場表現，所以美股基金就跟美股指數比、歐洲債券型基金就跟歐債市場比、澳洲礦業基金就跟礦業市場的表現比，以此類推。若某基金的目標是透過管理，讓基金表現優於市場的平均報酬率（或基準），就屬於「主動管理」的基金，或更具體一點，就是在「挑選贏家」。報酬率能成功超越基準，我們就說這基金達成了某種 alpha 值（alpha 值若為百分之一，代表基金報酬率在特定期間的表現優於同時市場百分之一）。相對於主動投資，另一種基本的投資管理策略是「被動」投資。被動基金通常是指數型或「追蹤」某基準的基金，亦即基金經理人不會自作聰明，而會乖乖地按比例買進某股市的股票並追蹤某指標。

但基金的績效表現必須與手續費達成某種平衡。以長線投資，比方說上班族四十年的生涯而言，這一點就非常重要。美國基金管理界有一名要角是約翰．柏格（John Bogle），他創立了先鋒基金（Vanguard），這家規模極大並走低手續費路線的指數投資集團（非主動投資）。柏格估計主動管理基金的總投入成本大約是基金價值的百分之二點二七。這個比例看似不高，但柏格總是會不厭其煩地提醒基金投資者：「不要讓成本複利的暴政，淹沒了報酬複利的魔法。」[38]事實上，若假定柏格對基金管理成本的估計無誤，且設定年報酬為百分之七，則投資人在四十年間的總報酬會因為少了手續費而增加百分之六十五。若用白花花的鈔票去想，等於退休金從十萬美元變成十六點五萬美元。[39]所以手續費對基金經理人而言，真的是一門好生意，但投資人就吃虧了。

退一萬步來說，就算主動管理有效，收管理費有道理，我們就當作隨著管理下資產的規模愈來愈大，基金經理人需要應用資訊科技去進行投資組合的評估與管理，也需要與跟客戶

圖十九：美國共同基金之資產規模與收費狀況（1951～2015年）

	2015 資產（十億美元）	1951 費用率	1951 資產（百萬美元）	2015 費用率
MIT基金	472	0.42%	180	1.29%
富達（Fidelity）	64	0.63%	1.615	1.06%
百能（Putnam）	52	0.66%	81	1.31%
資本集團美國基金（American Funds of Capital Group）	27	0.84%	1.216	0.99%
普信（T Rowe Price）	1	0.50%	493	0.84%
前九大基金平均	$1.474	0.62%	$7.195	1.13%

溝通，然後這種種努力都有助於基金獲致規模經濟與效率上的好處，那手續費應該收多少才合理呢？在某次對美國主管機關，證券交易委員會（Securities and Exchange Commission）之資產管理組（Asset Management Unit）的簡報當中，柏格提出了圖十九裡的數據。

柏格的簡報有個令人大吃一驚的結論：在超過六十年的歲月裡，費用率即便在同一間基金公司裡也不降反升，而且還是大幅上升。這話究竟該從何說起？

基金經理人應付的責任最大。首先，基金管理上的「分眾而擊之」策略，就是其中一項原因。為了促成分散投資，讓投資人有不同的投資策略或目標可以選擇，基金經理人讓所管理的基金種類開枝散葉，數量多到讓人眼花撩亂。他們還會把某些基金的控制權交到個別投資組合經理人的手裡，由後者去追求短線的報酬，而不似由整個基金管理集團中的投資委員會相對看得比較全面而長遠。如此授權的結果，就是會催生出更積極的投資動作與更熱絡的資產流動，因為經理人會更頻繁地買賣股票衝高報酬。按照柏格所說，投資組合的周轉率從一九五〇年代與一九六〇年代的百分之三十，在相隔數十年後的現在升至百分之一百四十。[40]資產管理品質的另外一個衡量指標，是波動率：表現在股票價值波動規模上的不確定性與風險高低。伴隨周轉率的上升，基金的波動率也在同一個時期從僅零點八四大漲到一點一一。

第二，基金有交易成本。基金的周轉率愈高——進出股票的支數與張數愈多——手續費也會同步居高不下，但交易成本增加並不代基金投資人就一定享有較高的報酬率，主要是股市具有零和特質，一人的收穫是建立在另一人的損失之上。交易成本對投資人而言是很重要的概念，因為額外的手續費會讓理財的成本升高，投資的報酬降低。事實上在過去三十年間，單筆買賣的交易成本是往下在走，但股市交易的頻率卻在近年呈等比級數增加，由此手續費的金額也同步上升。一如柏格所說：

> 一九五一年我大學畢業剛進這一行的時候，美國股市的周轉率約百分之十五。這之後的十五年，周轉率平均落在百分之三十五上下。到了一九九〇年代尾聲，慢慢進入到百分之百的區間，二〇〇五年更觸及百分之一百五十。二〇〇八年，美股周轉率先飆高到驚人的百分之兩百八十，然後才稍微拉回到二〇一一年的百分之兩百五

十。讓我們想想這些周轉率背後是多少的成交量。話說我六十年前入行時，美股的成交量平均是單日兩百萬股。但近年來，我們日均成交量是八十五億股——兩百萬股的四千兩百五十倍。按年計算，美股一年的成交量超過兩兆股——換算成美金，我估計美股全年的成交金額有三十三兆美元。而這個金額，相當於美國股市市值十五兆美元的百分之兩百二十。[41]

再者，規模如此龐大的交易往往發生在同為基金經理人的兩造之間，這也坐實了股市投資是零和遊戲的說法。金融交易稅的概念（如以諾貝爾獎經濟學者詹姆斯．托賓〔James Tobin〕為名的托賓稅，就是一種金融交易稅）是希望能透過單筆交易成本的提昇降低股市進出的頻率，讓投資人的持股時間更長。這種稅能夠滿足「效率稅」的條件，因為效率稅的目的就是要讓會產生「無謂成本」的交易減少。而要實施這種稅的最大阻礙，就是所有的大型交易都必須課徵該稅，這樣交易才不會移動到不課稅的交易上。

避險基金在許多方面都是一種對於高淨值資產人士需要優化其投資組合報酬率的回應。身為更為主動的股市投資人，避險基金經理人往往自豪於根據自行蒐集之資訊進行選股的能力。這些資訊有可能合法取得，比方說透過內部團隊的調查與研究，也可能經由某種非法管道。好的情報理應帶來好的報酬率，但好的情報並不便宜。只要能確切換得高報酬率，其所花費的成本也算合情合理。問題是，我們別忘了，這到底是一場由贏家與輸家達成平衡，不具有什麼「社會價值」的遊戲：一邊有人賺到錢，得到高於平均值的報酬率，另一邊就一定有對等的虧損與低於平均的報酬率。

雖然某些避險基金確實表現得相當不錯，但平均的表現真的還好而已。每年都有大約兩成的避險基金倒閉。就算是投資報酬表現不錯的年分，其中大概只有一半是投資眼光精準的，另一半其實只是像賭博一樣亂槍打鳥。就以最經典的美國人約翰．保羅森（John Paulson）為例，他在金融危機前「下注」美國房價會崩盤，結果一戰成名賺到二十億美金。但在那之後，他的保羅森避險基金公司再也沒有代表作，不少失望的投資人紛紛抽手。

避險基金平凡無奇、不上不下的報酬率，與它們光鮮亮麗的形象，乃至於與它們——讓投資人很有感——的高額手續費，都形成強烈的對比。經年以來，避險基金典型的手續費率被稱為「二與二十」——從本金抽百分之二的管理費，獲利不論實現未實現都抽高達百分之二十的分成。某些避險基金專攻高頻率的交易——對大量資產進行高速買賣，有時候才幾分之幾秒就數億或數十億元上下，這全靠有專用電腦——當然這種電腦的成本也是間接由投資人買單。林林總總加起來，避險基金的年化手續費率約百分之三。[42]

同樣的「二與二十」收費模型也用於創投基金。就跟避險基金一樣，創投基金也宣稱自己的專業是從初出茅廬的企業與新科技中挑出會賺錢的商機。實際上，創投只是像跟屁蟲一樣，加入別人已經打成一團的混戰，要知道很多創投最愛的基礎科學研究都是由納稅人的錢所資助，而且風險最高、技術最不成熟的階段早已在別人的贊助下結束，創投當初根本碰都不敢碰。

想了解基金經理人如何提高自身獲利的勝率，私募基金公司是一種很適合進行個案研究的對象。私募基金公司也收取每年百分之二的管理費，在一檔基金假設十年的生命週期裡，這筆管理費將相當於吃掉你一開始投入本金的百分之二十，亦即剩下能替你錢滾錢的部分只剩下百分之八十。所以私募基金的有限合夥人就跟共同基金或避險基金的投資人一樣會輸在起跑點上，因為他們一開始的本金就內嵌了需要用報酬率去「追趕」的成本——這並不是件容易的事。再者，如《紐約時報》在二〇一五年所披露，私募基金所投資進駐的若干公司直到又重新公開上市了，還在付費給私募公司，而且一付就是好多年。[43]

除了管理費以外，私募基金還找了其他五花八門的收入來源，全部都是要避免自己得靠投資組合的實際表現來獲利。這當中包括（收購本身、收購的公司收購其他公司、出售部門等）每筆交易都要付手續費給自己（此外已付給顧問、投資銀行、律師、會計師等人的費用），這當中包括進駐各公司董事會後索取的監督費與其他名目的服務費。林林總總加起來，普通合夥人三分之二的投資報酬就不用擔心沒有著落了。[44]

私募基金公司裡壓軸的薪資報酬，就是績效獎金（carried interest），即經理人達成的投資獲利若超出他們承諾合夥人的水準，多出來的部分就可以分紅。多年來直到現在，市場行規都是把超額獲利的兩成發為績效獎金——這個超額的門檻叫作「停止投資率」（hurdle rate），也就是投報率只要低於這個「坎」，某項投資就會喊停。這一路的薪酬，特別是為了讓普通合夥人有動機追求更好的表現，另外私募基金的資本利得還享有優惠稅率。實務上，前述的各種費用之高，績效獎僅占普通合夥人薪酬的三分之一。

萬事不忘保護自己的私募公司還有一招，就是向收購的公司舉債，一般而言是收購成本的六到八成。試想：一筆價值是一百元的資產若以股三債七（三十元買股，七十元算借出去的錢）的條件買下，基金經理人就可以在債務全數清償且持股價值上漲到六十元的狀況下獲致百分之百的投資報酬率。但其實，私募基金平均僅持有它們所管理資金價值的百分之二而已。

那麼私募基金的投資人，能得到什麼好處呢？當私募基金把營運表現告知投資人時，他們通常會強調內部報酬率（IRR），也就是投資資本的報酬率（技術上讓各筆投資（正負）現金流之淨現值會等於零的折現率）。你大可以主張所有的費用與薪酬若能換回超高的投資報酬，那成本高些不算過分。事實上，不少研究確實聲稱私募基金的報酬率高於其他投資工具。根據一份高度獲得引用的研究所繪製的圖二十，似乎顯示近年來，私募基金的表現（二〇〇〇年代的平均與中位數報酬率）優於大盤百分之二十七。但這樣的表現應該放到基

圖二十：併購基金表現 vs. 標普五百指數[45]

基金檔數		併購基金的PME *報酬率		
	基金檔數	平均值	中位數	加權平均
二〇〇〇年代平均	411	1.27	1.27	1.29
一九九〇年代平均	157	1.27	1.17	1.34
一九八〇年代平均	30	1.04	1.03	1.11

*PME=public market equivalent=公開市場等價（此處的公開市場代表是美股的標普五百指數(S&P 500)）

金為期十年（二〇〇〇到二〇〇九）的生命週期上去看。如此算來，每年的超額報酬只有百分之二點四而已。

持平而論，少歸少，超額報酬就是超額報酬，問題是不只一種因素會抵消掉這些報酬。首先，這些表現的達成是靠高度舉債的投資行為，這些投資的流動性都不高（難以變現）。事實上，不少有限合夥人會以此額外風險來要求額外的超額報酬——這部分的溢價大約百分之三——因為他們知道在私募基金優異的表現背後，有著走鋼索一般的高風險。另一點是圖二十中被選用來作為比較基準的標普五百指數，其實跟私募（併購）基金的相關性不高，至少不如美國中小企業指數如羅素兩千或三千（Russell 2000/3000）來得高。若改與後者相較，則私募基金的超額報酬就會一口氣縮水到只剩下百分之一到百分之一點五。

簡言之，一旦用風險與正確的標準去檢視並修正私募基金的真實報酬率，那它們所收的驚天收費就會感覺像在搶劫。

基金管理產業很自然地會主張它們透過對 alpha 值的追尋，為客戶創造出的投資報酬，絕對對得起收取的各種費用。在一篇甚具影響力的文章中，[46]喬安・希爾（Joanne Hill）這名高盛的合夥人指出在某些條件下，追尋 alpha 值其實不見得等同玩一場零和遊戲——這很顯然是在為投資銀行開脫，讓投資銀行的自營業務顯得具有某種社會與經濟價值。但這些條件包含一道假設是市場中存在具備短線與長線投資展望的區隔，而長短線的投資人會各自在不同的時段中以不同的比較基準追求 alpha 值。少了這種人為的區隔與操弄，alpha 值得追求當然是一場零和——甚至可能變成負和，畢竟主動型的基金不同於被動按指數組成買進的被動型基金，前者總是要收一筆選股的手續費。

結論

資產管理已經茁壯成現代資本主義最具代表性的一種特色。不說別的，光論其規模，以及其對於千百萬男女投資人財務安全的核心重要性，讓資產管理這門生意有其影響力。但在此同時，我們也不該忘記圍繞著資產管理的許多活動，都是進行價值萃取而非創造。金融市場僅是把由他處創造出的價值拿來分配，本身並沒有為價值添加活水。追逐 alpha 值——選股後透過加減碼試圖打敗大盤——在本質上是一種在創造贏家之餘也會創造出等量輸家的遊戲。這也說明了何以主動式基金經常輸給被動式基金。所謂基金管理，其實有很大一部分就是一種大規模的尋租練習——沒錯，就是古典經濟學派學者看到之後，會大搖其頭的尋租行為。

改革不是不可能。金融監管可以用來獎勵長期持有，進而引導金融業朝實體經濟靠攏，而非自食其力。確實，（有待實現的）金融交易稅重點就在於獎勵長線投資，打擊瞬息之間就想賺到大錢的投機行為。

再者，資產管理者所賺取的手續費，理應反映真實的價值創造，而不應只依恃常見於私募股權投資的「買進、剝皮、丟棄」策略，或私募、創投與避險基金都愛用的「二與二十」手續費率。基金費用若能更準確地反映其承擔（或未承擔）的風險高低——如創投業者就經常跟進靠稅金養起來的大型新創計畫，其實本身並未承擔什麼風險——那實現或未實現的獲利中，被基金保留下來的部分就會低於現行屬於常態的百分之二十。這並不是說金融業主不准賺錢，或是不能創造價值，但在價值創造機制中的各種努力應該要反映在更為對等的獎賞分配比例上。這一點關乎凱因斯所提「投資社會化」的概念。凱因斯認為只要公共投資的質與量可以同步提升，那經濟便可以成長並更加社會化，進而確保完全就業。他這麼說，意思是以資金挹注基礎建設與創新投資上的資本發展工作，必須要由公共事業、公家銀行或合作社為之，由這些公家機關來導引公家的錢去追求中長期而非短期的投資報酬。

但尋租並不僅見於金融業。尋租也已經滲入非金融產業——主要是金融業獲利在被獨占權力與隱性公家保障放大之後，對非金融企業的公司治理產生了壓力。如果投資人可以預期到把錢放到某個基金中，並將風險分散到各式各樣的賺錢工具，就能期望獲得一定的報酬率，那麼只有當某一產業的投資報酬率高於金融投資許多時，他們才會把資金投入此產業。換句話說，金融投資的報酬率為「真正的」固定投資報酬率設下了最低門檻。隨著金融業投資的報酬率愈來愈高，非金融業想吸引投資的報酬率門檻也愈來愈高。最後就變成打不過金融業的經濟產業，索性加入金融業的行列，也就是開始針對自身的生產與分配活動進行「金融化」。

註釋

1 H. Minsky, 'Reconstituting the United States' financial structure', Levy Economics Institute Working Paper no. 69 (1992).

2 http://www.economist.com/blogs/economist-explains/2016/02/economist-explains-0

3 R. Foroohar, *Makers and Takers* (New York: Crown, 2016), p. 7.

4 H. P. Minsky, 'Finance and stability: The limits of capitalism', Levy Economics Institute Working Paper no. 93 (1993).

5 F. Grigoli and A. Robles, 'Inequality overhang', IMF Working Paper 17/76, 28 March 2017; R. Wilkinson and H. Pickett, *The Spirit Level* (London: Penguin, 2009).

6 W. Churchill, 'WSC to Sir Otto Niemeyer, 22 February 1925', Church-ill College, Cambridge, CHAR 18/12A-B.

7 Bank of England data base, 'Three centuries of macro-economic data': http://www.bankofengland.co.uk/research/Pages/onebank/threecenturies.aspx

8 這句話裡的資料取自於英國下議院圖書館的報告——Standard Note SN/EP/06193 (Gloria Tyler, 25.2.15) and Briefing Paper 01942 (Chris Rhodes, 6.8.15)。歐盟歐洲統計局（Eurostat）裡關於金融與保險業占整體增加值比重的精確數據如下：一九九五年：百分之六點三；二〇〇〇年：百分之五點一；二〇〇九年：百分之九點一；二〇一五年：百分之七點二。或已占GDP比重來算：一九九五年：百分之五點七；二〇〇〇年：百分之四點六；二〇〇九年：百分之八點三；二〇一五年：百分之六點五。

9 Source: (2009-13 data extended by author) P. Alessandri and A. Hal-dane, 'Banking on the State' (Bank of England, 2009): http://www. bankofengland.co.uk/archive/Documents/historicapubs/speeches/2009/speech409.pdf

10 Source: Bureau of Economic Analysis, Matthew Klein's calculations.

11 D. Tomaskovic-Devey and K. H. Lin, 'Income dynamics, economic rents, and the financialization of the U.S. economy', *American Socio-logical Review*, 76(4) (August 2011), pp. 538-59. The figure for 2014 is similar to what it was in 2009.

12 Source:Bureau of Economic Analysis, adapted from Tomaskovic-Devey and Lin, 'Income dynamics, ecnomic rents, and the financialization of the U.S. economy'.

13 https://www.ici.org/pdf/2015_factbook.pdf

14 *Asset Management in the UK*, The Investment Association Annual Survey:http://www.theinvestmentassociation.org/assets/files/research/2016/20160929-amsfullreport.pdf

15 http://www.bbc.co.uk/news/business-37640156

16 http://www.knightfrank.com/wealthreport

17 http://www.businessinsider.com/chart-stock-market-ownership-2013-3?IR=T

18 https://www.ons.gov.uk/economy/investmentspensionsandtrusts/bulletins/ownershipofukquotedshares/2015-09-02

19 https://www.ft.com/content/14cda94c-5163-11e5-b029-b9d50a74fd14

20 http://www.agefi.fr/sites/agefi.fr/files/fichiers/2016/07/bcg-doubling-down-on-data-july-2016_tcm80-2113701.pdf

21 http://uk.businessinsider.com/richest-hedge-fund-managers-in-the-world-2016-3

22 G. Morgenson, 'Challenging private equity fees tucked in footnotes', *New York Times*, 17 October 2015: https://www.nytimes.com/2015/10/18/business/challenging-private-equity-fees-tucked-in-footnotes.html

23 http://www.wsj.com/articles/kkr-to-earn-big-payout-from-walgreen-alliance-boots-deal-1420068404

24 B. Burrough and J Helyar, *Barbarians at the Gate: The Fall of RJR Nabisco*, rev. edn (New York: HarperCollins, 2008).

25 G. Moran, 'Urine lab flaunted piles of gold', *San Diego Union-Tribune*, 24 October 2015; J. Montgomery, 'Bankruptcy court must clarify Millennium Labs fraud release', *Law 360,* 20 March 2017.

26 Barba and de Vivo, 'An "unproductive labour" view of finance' p. 1491.

27 A. Hutton and E. Kent, *The Foreign Exchange and Over-the-counter Interest Rate Derivatives Market in the United Kingdom* (London: Bank of England, 2016), p. 225.

28 Bank for International Settlements, Basel III phase-in arrangements: http://www.bis.org/bcbs/basel3/basel3_phase_in_arrangements.pdf

29 Jordan Weissmann, 'How Wall Street devoured corporate America', *The Atlantic*, 5 March 2013: https://www.theatlantic.com/business/archove/2-13/03/how-wall-street-devoured-corporate-america/273732/

30 L. Randall Wray, Modern Money Theory (Basingstoke: Palgrave Macmillan, 2012), pp. 76-87.

31 Empirical groundwork in Lester Thurow, *Generating Inequality* (New York: Basic Books, 1975), ch. 6, pp. 129-54.

32 Source: Federal Reserve Bank of St Louis, author's elaboration: https://fred.stlouisfed.org/series/FBCOEPQ027S#0

33 Barba and de Vivo, 'An "unproductive labour" view of finance', pp. 1491.

34 Ibid., pp. 1490-91.

35 Andy Verity, 'Libor: Bank of England implicated in secret recording', BBC, 10 April 2017: http://www.bbc.co.uk/news/business-39548313

36 Barba and de Vivo, 'An "unproductive labour" view of finance', p. 1489.

37 T. Philippon, 'Finance vs Wal-Mart: Why are financial services so expensive?', in A. Blinder, A. Lo and R. Solow (eds), *Rethinking the Financial Crisis* (New York: Russell Sage Foundation, 2012), p. 13: http://www.russellsage.org/sites/all/files/Rethinking-Finance/Philippon_ v3.pdf

38 John C. Bogle, 'The arithmetic of "all-in" investment expenses', *Financial Analysts Journal*, 70(1) (2014), p. 18.

39 Ibid., p. 17.

40 John C. Bogle, *The Clash of the Cultures: Investment vs. Speculation* (Hoboken, NJ: John Wiley and Sons,

2012), p. 8.

41 Ibid., p. 2.

42 https://www.ft.com/content/ab1ce98e-c5da-11e6-9043-7e34c07b46ef

43 https://www.nytimes.com/2016/12/10/business/dealbook/just-how-much-do-the-top-private-equity-earners-make.html

44 A. Metrick and A. Yasuda, 'The economics of private equity', *Review of Financial Studies*, 23(6) (2011), pp. 2303-41: https://doi.org/10.1093/rfs/hhq020

45 若私募基金的投資收益相對公開市場的投資收益比值（ＰＭＥ）大於一，那私募投資的表現就會被認為在水準以上。Source: *Journal of Finance*, 69 (5) (October 2014), p. 1860.

46 J. M. Hill, 'Alpha as a net zero-sum game: How serious a constraint?', *Journal of Portfolio Management*, 32(4) (2006), pp. 24-32; doi:10.3905/jpm.2006.644189

第六章

實體經濟的金融化

Financialization of the Real Economy

猛一看，股東權益真的是世界上最蠢的東西。

——傑克．威爾許（Jack Welch），

奇異電子卸任執行長，二〇〇九年[1]

金融業在近三十年來以爆炸性的成長為經濟中的龐然巨獸，但其實化身巨獸的不光是金融部門，也包括各式各樣的金融活動。金融活動已經無孔不入地在廣大的經濟體中蔓延，包含製造業與非金融的服務業。實體經濟的金融化在某些層面上，比金融業本身的擴張是更加特別的現象，同時也對現代人類社會的社會、政治與經濟發展，產生了核心的影響。

在探討此現象時，我會以英美兩國作為觀察的重心，因為這兩國在經濟金融化的路上走得最遠。如我們前面提過，製造業與非金融服務業常被歸類為「生產性產業」，沒有疑義地創造價值，金融業則經常被認為是經營事業時的成本，所以只是價值創造身邊的助手而非價值創造者本人。用更鬆散的方式來說，生產性產業也就是我們常說的「實體經濟」。

若說現代企業是經濟體中的一股重要力量，固然所言非虛但也是老生常談了。二〇一五年，美國五百家最大的股票上市公司雇用了全球將近兩千五百萬名員工，總營收高達九兆美元以上。同一年，英國五百家最大的股票上市公司有逾八百萬名員工，年營收超過一點五兆英鎊。[2]此外，許多站在創新前沿的大企業都是股票公開上市的掛牌公司；另外還得算上許多本身是私人公司，實際營運卻控制在私募與創投基金等高度金融化的股東手中。這些企業做出的決定，特別是在資本配置上的決定，會對價值創造產生非常關鍵的影響。

這也就是何以了解生產性產業的高度金融化，是一件重要的事情。比方說在二〇〇〇年代，福特汽車的美國分支在車貸上賺到的錢，比真正賣車賺到的錢還多。透過所謂的「個人合約方案」（Personal Contract Plan），福特加速把車子從實體產品轉型為金融商品的過程，因為個人合約方案的意思是讓「買家」用月付的方式負擔預期中的折舊，兩三年後不用付清第一輛車的尾款，就可以升級到更新的車款（這當然就代表消費者負擔的貸款本金將超過第二輛車的車價，因為原本養一輛車的人，現在會變成要養兩輛）。在其他車廠紛紛有樣學樣的狀況下，加上打包證券化後可在金融市場上轉售的優點，個人合約方案開始大舉出籠，帶著車廠的業績創下新高，但這也讓監管機關察覺苗頭不對，主要是官方開擔心要是哪天繳不出錢的車主把車子丟回給車廠（就跟屋主在二〇〇八年對房子做的事情一樣），那車市會發生什麼狀況？在同一時期，奇異資本（GE Capital）作為大財團奇異電子（GE）的金融部門賺進了整個集團約半數的獲利。[3]金融資產價值相對於美國GDP的比例會在一九八〇年代以後的四分之一世紀裡拔地而起乃至一飛沖天，像福特與奇異這樣的公司絕對「居功厥偉」。

借錢給客人買車，不見得完全等於前一章所說的那種價值萃取，但確實如我們接下來要講的，經濟的普遍金融化會對企業的行為模式造成深刻的影響。而談到抽象金融價值會損及實體經濟價值最有利的證據，可以從眾多英美上市公司辦理庫藏股的習性說起。

庫藏股的副作用

所謂庫藏股，是公司自股東手中買進自家股票，藉此把公司的資金轉移到股東手裡的一種操作手法。純就金融與經濟學的角度去看，實施庫藏股無異於公司發放現金股利給股東：公司付錢，股東收錢，收付金額相等。唯一的差別就在於股利是平均發給每一位股東，而庫藏股是只發給願意賣股的股東，再者就是庫藏股規避了懲罰性的股利所得稅，主要是政府會更希望看到企業獲利被拿去再投資。

雖然在財務技術上是幾乎一樣的東西，但股利與庫藏股對管理層薪資的影響卻有天壤之別，原因是（不同於股利），庫藏股會縮小作為分母的股本，自動提高每股盈餘，而每股盈餘正是企業營運績效的重要指標。庫藏股會讓每股盈餘成長加速，是很正常的事；而每股盈餘成長又是企業評估執行長等高官的薪資可以離譜到什麼程度的重要標竿。出於這些緣由，企業老闆們都青睞庫藏股勝過股利，主要是上述這兩種基本的績效指標，其結果會因為發庫藏股或發股利的區別顯得非常不一樣，除非會計師能調整股本大小來確保庫藏股與發放股利這兩種本質上無異的東西，也能對企業財報產生完全相同的影響。但很難想像企業老闆會積極地要求會計師把企業派息的帳目標準化。[4]

股東似乎也被每股盈餘的上升迷得團團轉。對於庫藏股讓公司少了一大筆可投資現金的事實，他們也寧可打打馬虎眼，當作沒看見。他們似乎也選擇性不去看到公司老在股價高漲時去推庫藏股，而不在股價低的時候這麼做，[5]即使這顯然在時機上不甚合理。

總而言之，庫藏股的統計數據都會讓令你大吃一驚。二〇一四年，美國經濟學者威廉·拉佐尼克（William Lazonick）記錄下了美國頂尖公司近年來在庫藏股上發放規模。[6]從二〇〇三年到二〇一二年，標普五百的四百四十九間公司共花了二點四兆美元在買回股份上，大部分是經由公開市場購買。這筆金額，相當於這些公司總獲利的百分之五十四。再加上股利又拿走百分之三十七，剩下能進行資本投資的獲利就只剩下百分之九。在此期間，美國前十大的企業共砸出了令人腿軟的八千五百九十億美元在庫藏股上，相當於它們淨利總額的百分之六十八。如圖二十一所示，這十家企業中有七家把百分之百的淨利拿去了庫藏股。

直到最近，很少有投資人意會到企業買庫藏股的金額有多大。相對於固定的股利常被股東當作是一部分的所得來源使用——所以股利被砍會有人跳腳——庫藏股則多被視為是特例。但大家忽略的一個事實便是庫藏股本質上是出於公司的主觀意識，它們這麼做，就是刻意放棄透過再投資來創造長線價值的機遇。

所幸，投資人中有些人終於醒了。二〇一四年三月，賴瑞·芬克（Larry Fink）以世界級法人黑石集團（Blackrock）的執行長身分，致函給標普五百企業的執行長們談超額獲利的分配。觀察到許多公司「減少資本支出或甚至於舉債來發放股利與實施庫藏股」後，芬克

圖二十一：美國前十大庫藏股實施者（2004～2012年），按買回自家股票的絕對金額排行[7]

企業	淨利	股票買回（所買回股票的股利）	股票買回加上股利／淨利
埃克森美孚石油（Exxon Mobil）	$347 bn	$287 bn ($207 bn)	83%
微軟（Microsoft）	$148 bn	$185 bn ($114 bn)	125%
IBM	$117 bn	$130 bn ($107 bn)	111%
思科（Cisco Systems）	$64 bn	$77 bn ($75 bn)	121%
寶鹼（Procter & Gamble）	$93 bn	$108 bn ($66 bn)	116%
惠普（Hewlett-Packard）	$41 bn	$73 bn ($64 bn)	177%
沃爾瑪百貨（Walmart）	$134 bn	$97 bn ($62 bn)	73%
英特爾（Intel）	$79 bn	$87 bn ($60 bn)	109%
輝瑞大藥廠（Pfizer）	$84 bn	$122 bn ($59 bn)	146%
奇異電子（General Electric）	$165 bn	$132 bn ($45 bn)	81%

在信中說：「把現金退還股東固然是資本平衡策略中的一環，但若出於錯誤的動機這麼做，而且還犧牲資本投資來這麼做……此舉會危及一家公司創造永續與長期報酬率的能力。」[8]

然而，芬克的警語並沒有在投資人當中引起共鳴。庫藏股與股利發放占財報獲利的比例可說紋風不動，繼續居高不下。因為設定了幾乎沒有企業經營團隊可以達到的投資報酬目標，所以投資人已經很習慣拿公司用庫藏股或股利來發錢，這種現金流於他們而言是一種很好的補償。

股東價值的最大化

庫藏股可以衝高企業高層的薪酬。為了捍衛高薪可以讓公司高層與股東利益一致的說法，常有人主張庫藏股的實施可以促成「股東價值最大化」（MSV），進而提升公司的營運效率。[9]這一派主張金融操作是企業管理者可用來改善生產力的正規手段，對員工、客戶與股東是三贏的做法。若一家公司可以隨時用錢滾錢來賺到比實際賣車或賣軟體還高的報酬率，那也只能說公司這麼做符合理性，也符合企業與股東的最大利益。亦有一說是，資本的運用既能在金融操作或生產活動中擇一，那（理論上的）汽車或軟體本業就會戰戰兢兢，因為本業變得與金融投資來競爭資本報酬率的高低。由此延伸出去，還可以說貸款給客戶（買自家的產品），是給平民百姓的方便與服務。這麼說並非全無道理——但也不能說真的多有道理。問題是，這些想法是從哪裡冒出來的呢？這些說法合理嗎？

時間推回一九七〇年代，由於經濟危機與經濟成長遲滯影響了企業部門的業績與獲利，投資人的不滿讓衝高股東報酬成為了企業內部的第一要務。一九七〇年，米爾頓·傅利曼在《紐約時報雜誌》（*New York Times Magazine*）登出了一篇文章，這篇撰文就此成為股東價值運動的基石，並在許多方面成為企業管理的經典。在這篇名為為〈企業的社會責任就是增加獲利〉（The Social Responsibility of Business Is to Increase its Profits）的文章裡，傅利曼提倡的觀念是美國經濟表現之所以走下坡，是因為違反了主流經濟學裡的一條金科玉律：企業就是要追求獲利的最大化。做不到這一點的企業經理人，不再因此受到懲罰，股東也無法出手教訓公司，因為太分散，也太沒組織。你也不可能期待市場競爭替天行道，因為上市公司擁有獨占的力量，不會因為產品成本與售價上漲就遭到新進對手襲擊。一九六〇年代，某些經濟學者曾認為「管理主義」（managerialism）會對社會產生助益的潛力，前提是企業老闆得寧願獲利被侵蝕，也要付給員工更高的薪水，並在環保、健康、安全等面向上達到更高的標準，再不然就是要把獲利拿去研發新的產品。但傅利曼為此論戰重新定調的辦法是，主張老闆才不會這麼清高。他們就算犧牲獲利，也只會拿錢為自己的費用銷帳，讓自己得以奢侈度日。此外傅利曼認為，即便是為了負起「企業社會責任」（CSR）而讓企業成本墊高，基本上都是錯的。這篇文章催生出一整批的學術文獻，後來被稱之為「代理（人）理論」（agency theory）。

傅利曼的想法被進一步發揚光大，是在芝加哥大學出身的邁克·簡森（Michael Jensen）手裡。既然出身芝加哥學派，那他對「自由市場」深信不疑也很合理。一九七六年，此時身分是羅徹斯特大學（University of Rochester）教授的簡森與同為傅利曼門生的羅大商學院院長威廉·梅克林（William Meckling）共同執筆，寫成一篇論文，談的是恩師傅利曼的理論要如何落實。這篇文章名為〈企業理論：管理行為、代理成本與所有權結構〉（Theory of the firm: Managerial behavior, agency costs, and ownership structure），主要的論述是現行制度下的企業經理人（代理人）並不受到金融市場或產品市場中的競爭行為約束，原因是他們可以在不衍生虧損也不危及自身職位的狀況下錯置企業資源或胡亂核銷費用，投資人

（委託人）很難令其為行為負起責任。要扭轉這種局面，唯一的辦法就是要強化「市場（力量）」，因為市場足夠中性且客觀，所以有能力確保企業業績蒸蒸日上。這篇論文橫空出世後，後續衍生的是一群理論來附和說企業要能運作良好，僅有的方法就是秉持股東價值最大化。按照這種方式，投資人便能間接地讓企業經理人負起應負的責任。

接下來的十年當中，學術界在「股東價值最大化」的旗幟下集結成一部論述機器，如雨後春筍般出現的新研究遍及法律、經濟與商業等各領域，成為商學院和經濟系教學的主流。至於在企業裡至高無上的目標，股東價值最大化更是沒有對手。具體而言股東價值是什麼，當然就是股價。

只不過，股東價值最大化一點也沒有擔任起企業管理的基石，反倒是差之毫釐，失之千里地觸發了一系列相互增強的趨勢，除了短線主義的抬頭與長期投資的衰弱，另外就是「企業應該令哪些人受益」有了更廣義的解讀。以股東權益最大化為名，企業經理人開始在世界各地搜刮獲利，直接加快全球化的進程，包括將生產委外的中國與墨西哥等地。結果就是本國就業機會減少，社區隨之衰落。在此同時，外加的壓力並沒有讓企業管理的品質提升。好好成為一個對產業瞭若指掌的專業企業經理人，並在該生產什麼產品、該如何生產這項產品的決策上運籌帷幄，不再是商學院高材生的第一志願，因為大家想去的都是華爾街。相對於在一九六五年，哈佛商學院的企管碩士（MBA）只有百分之十一進入金融界，一九八五年

圖二十二：由私募基金進駐的企業占全美企業比重（按企業規模）[10]

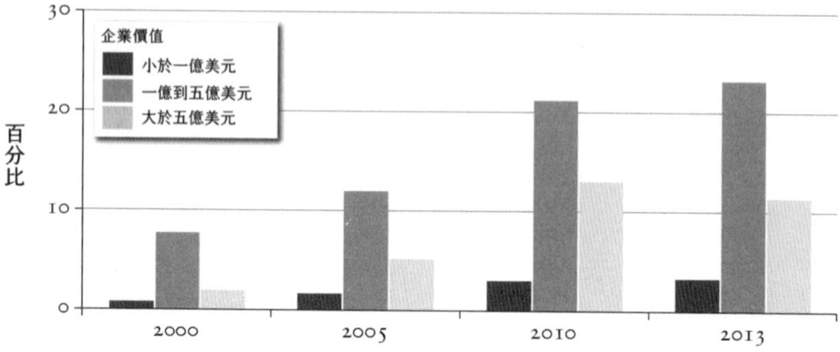

注：所有的企業價值都是估計值；計算過程僅納入營收達一千萬美元以上的企業資料。

已經升高到百分之四十一，而且自此還一路上漲。

圖二十二顯示了私募基金的影響力，畢竟私募基金作為股東權益最大化觀念的代表性產物，在二十一世紀的前十五年於美國都呈現成長態勢。傅利曼、簡森與梅克林的主張是股東價值長年付諸流水，所以要是有一派新的投資人可以攔截住這些不斷流失中的價值，就可以馬上獲得獎賞，包括更豐厚的股利與更大幅度的股價上漲。在私募基金與併購業者的領軍下，這群新投資人就這樣肆虐著全球股票市場。

把股東價值最大化的觀念加裝上渦輪引擎，得到的就是私募基金。不少由私募基金投資的公司都不屬於金融業者；事實上，私募基金投資的不少對象都位於生產邊界具有生產力的那一側。但相對於傳統的法人投資人會滿足於「買進持有」然後等待公司把獲利拿去再投資（而不要發股利），最後帶動股價上漲，私募基金會尋求在幾年之內走完買低賣高的流程。這代表的意義是由私募基金所持有的不少企業，會被催促著把眼光縮得很短——正好與「耐心資本」（patient capital）的精神背道而馳——企業想藉生產力的提升讓社會長期受益，也變得使不上力。若你不信私募基金對於生產性經濟的影響力有這麼誇張，那聽聽這個：黑石集團作為私募基金業者中的佼佼者，其投資組合中有逾七十七家企業，合計年營收達超過六百四十億美元，全球雇用的員工數達到五十一萬四千餘人。[11]

英國近年來的安養院與供水產業發展顯示私募基金能對企業產生多大的影響，而且不見得是正面的影響。在一九九〇年代之前，英國的安養院業者多控制在小型的家族企業或地方政府手裡。[12]時至今日，出於政治與財務上的種種緣由，不少地方上的公設安養院紛紛關門大吉。此時趁虛而入的就成了以私募股權投資作為主要經營模式的新形態金融業者。這些業者往往會把不少據點賣給地方政府，但也繼續賺取私人利益。二〇一五年，英國前五大的連鎖安養院旗下控有全國五分之一左右的床位，而這些業者之所以跳下來，一部分吸引力來自此行業穩定的現金流，包括貢獻自地方政府的部分，另一部分則是可以操作財務工程的各種機會：可取得低利貸款、房地產可以賣出然後租回、債務利息與績效分紅等所得享有的稅務減免，最終也最棒的一點是就算安養院經營不下去，政府也不可能對孱弱無助的老人家見死不救。某些這類安養院業者的企業結構極度複雜，且往往根本將註冊處隱藏在避稅天堂，以享有當地趨近或根本等於零的稅率。考量到地方政府依舊會對老人的安置提供補貼，加上安養院的護理人員多受過國家訓練，我們不得不問：不透明的企業組織加上與超低稅率的組合，怎麼會是英國提供重要公共服務的適當作法？

四季安養（Four Seasons Health Care）就具備了上述安養院的許多特徵。四季是英國規模最大的連鎖安養院業者，二〇一五年的最大收容量達到兩萬三千床。但其實在一九九九年被私募基金「煉金術夥伴」（Alchemy Partners）收購之前，四季其實只是蘇格蘭一家小型連鎖安養院。在四季的規模擴大之後，煉金術於二〇〇四年將四季售予一家私募同業安聯資本（Allianz Capital Partners），安聯又於兩年後將四季售予另一家私人股權公司「三角洲」（Three Delta）。這種「傳禮物」（pass the parcel）[13]的遊戲玩到二〇〇八年，四季的外部債務已經像吹氣球一樣膨脹到十五億英鎊，年息高達一億英鎊以上——相當於每床每週得收一百英鎊的天價才軋得過來。二〇一二年，四季被泰豐資本（Terra Firma）買下——沒錯，你猜對了，又是一家私募基金公司——其老闆蓋伊．漢茲（Guy Hands）在英國是出身高盛的知名金融家。雖然在正式收購四季之前，歷經了造成股票持有人、債券持有人與銀行團三方損失的財務重整，但到了二〇一四年，四季依舊處於虧損，二〇一五年的稅前損失來到七千零一十萬英鎊，之後更惡化到兩億六千四百萬英鎊。[14]會造成情形每況愈下，債務負擔是部分原因。四季怪罪地方政府不該凍結它們該付給安養院住戶的補貼，但地方政府自身也苦於保守黨主導政府撙節計畫造成預算被砍。照護品質委員會（Care Quality Commission）作為英國政府督導安養院服務品質的機構，開始盡責地擔心起四季的營運狀況良窳。最後委員會甚至勒令對四季旗下的二十八處安養院實施「禁運」，意思是不讓它們接受新的住戶。

類似的模式也廣見於英格蘭與威爾斯私有化於一九八九年的供水產業。[15]英國政府讓十家「供水與汙水業者」（WSC）於倫敦證交所掛牌，作為其所謂創造「股東式民主」政策的一環。到了今天，這十家公司只剩兩家還在倫敦證交所公開交易，來自亞洲的基礎建設財團入主了三家，另外一家「威爾斯水務」（Welsh Water / Dŵr Cymru）成了一家「互助公司」（mutual company，不發行股票，公司所有權屬於全體客戶的私人公司），最後四家則成為私募基金的囊中物，當中包括：盎格魯水務（Anglian Water）、泰晤士水務（Thames Water，十家中規模最大者）、南方水務（Southern Water）與約克郡水務（Yorkshire Water）。

就跟安養院業者一樣，這些水務公司的負債比一路攀高：如我們在前一章提過，是被私募公司沾上者的典型特徵。在二〇〇三到二〇一三年之間，這十間公司裡有九間的平均淨負債上升了百分之七十四，公司淨值則下降了百分之三十七，分別是：盎格魯水務、泰晤士水務、諾桑比亞水務（Northumbrian）、塞文特倫特水務（Severn Trent）、南方水務、西南水務（South West）聯合公共事業（United Utilities）威塞克斯水務（Wessex）與約克郡水務。其中負債比最高者──占約資本額的百分之八十──都是私募基金進駐的業者。換個方式說，這九家英國供水與汙水業者的淨利息支出從一九九三年的二點八八億英鎊，暴增到二〇一二年讓人瞠目結舌的二十億英鎊。有趣的是，槓桿（負債占公司淨值比）開最低而信用評比則最高的的業者，是屬於互助公司性質的威爾斯水務。槓桿開最高而信用評比最差的四家業者，則全在私募基金手中。

就像某些安養院集團一樣，供水與汙水公司的所有權結構也往往非常不透明。不見天日的企業組織加上複雜至極的財務工程，或許解釋了何以這些水務公司的老闆可以收到這麼多股利。在二〇〇九到二〇一三年之間，盎格魯、泰晤士、聯合公共事業、威塞克斯與約克郡水務付出的股利比稅後淨利還多。董事薪資占公司所得比重從一九九三年的百分之十三點一八升至二〇一三年的百分之二十點五二。同一期間，水務公司流向員工薪資的比重從百分之十五點三七降至十點二二：換句話說，員工的損失，似乎直接對應到老闆們的收穫。確實自從私有化以來，這些水務公司在英國的供水與汙水基礎建設上投資了超過一千億英鎊，但回到一九八九年，大家還沒有預期到水務產業的金融化，而不論是由英國水務相關監理單位「英國水務辦公室」（Ofwat）所頒布實施的價格管制或資本報酬率上限，似乎都未能防止水市場中的價值萃取。

我們並不能拿英國安養院與水務公司的案例，就全面否定私募基金或金融化，也就是不能從這兩個產業的狀況推到整體經濟。但確實，這兩個產業的狀況說明了一點，那就是重要的社會服務會因為財務工程的介入，而出現產業特性上的變遷。不透明的所有權與大動作的金融化作為私募基金控制下企業的兩種特徵，究竟是在服務企業的客人，還是在服務企業的老闆，起碼這一點還是值得辯論的。

「耐心」資本的退潮

由此代理理論與股東權益最大化，本質上算是相當直白的概念。企業存在的目的，是盡可能讓股東——股權擁有者——取得最大量的投資回報。尤其在公開上市的公司裡，股東是股東，公司派是公司派，兩者之間沒有明顯的聯繫。上市公司的股東只是法律意義上的所有權人，本身並不涉入企業的日常營運，真正這麼做的是專業的經理人。而代理理論的問題癥結就在於此：代理人（經理人）在法律上得對委託人（股東）負責，但股東在這段關係裡，實際上是處於弱勢的：股東無法掌握公司內部的訊息；股東人數眾多，無法集結起來與管理層的菁英周旋；要分配盈餘，股東的排序也落在最後——前面有專業經理人、員工、供應商、債權人，還有房東或地主，只有在公司與這一干人等都兩不相欠或銀貨兩訖之後，股東才能拿到投資報酬，由此股東被稱為「剩餘索取者」（residual claimant），因為在與企業相關的行為主體中，只有股東的付出未獲得財務報酬的保證。他們的權利僅限於在扣除公司與各關係人之間發生的成本之後，剩下的盈餘聲索。[16]

對上市公司而言，最大化股東價值實質等於最大化股市投資者的投資價值，後者的具體表現就是股價數字。實務上這一點也適用於私人公司：私人企業老闆——不論是一個家族、私募基金，還是創投資金——都會用公司脫手時能賣到的價錢或讓其上市能達到的股價，去衡量這家企業的價值。基本上企業上市或有一個比價效應，條件類似的上市公司有什麼樣的行情，新上市的公司就會大抵有什麼樣的行情，而所謂的行情就是股價。

股東權益最大化的起源常可追溯回「企業投資組合理論」（portfolio theory of the firm）的發展，該理論是針對一九五〇與一九六〇年代的大型工業財團發展，最多人接受的解釋方法。企業投資組合理論認為企業——就跟其他類型投資人一樣——可以透過在分化的產業別中擁有資產來分散風險。該理論假定企業只相當於一群創造資產的現金流集合體，而專業經理人——作為現代資本主義崛起中的英雄——可以在任何產業中都表現活躍。商學院作育英才的目標，正是訓練出符合上述描述的經理人。如果要從當時的財團中選出最具代表性的案例，或許就是「環美公司」（Transamerica Corporation）了吧。曾經在某個點上，家大業大的環美公司旗下有美國銀行（Bank of America）、聯合藝術家製片廠（United Artists film studio）、環美航空（Transamerica Airlines）、巴吉特租車（Budget Rent a Car）與不一而足的保險公司。

股東權益最大化的支持者認為財團是在「摧毀」價值，因為無論多麼能幹與訓練有素，經理人都不可能樣樣精通，自然也不可能在這麼多樣化的營運中都取得最好的報酬。分化這件事情，理應留給股東去做比較適宜，各家企業的老闆則應該謹守「專業分際」，不要在隔行如隔山的不同領域裡跳來跳去。財團在效率上的欠缺，可以從一個地方明顯看出：若將之拆成子公司然後分別上市，那其個別股價都會高於財團整體。對也好錯也罷，認為專業經理人可以樣樣皆通的假設都處理不了一個問題，那就是他們不見得每一件事都會把股東利益放在最優先的考量。美國與其他西方國家在一九七〇年代景氣放緩之時，傅利曼等代理理論者曾主張過由於委託人與代理人都是以自利作為前進的動機，因此雙方利益衝突難免。至於唯一的解決之道，就是要讓最終的公司所有權人有更高的權限。傳統的智慧至此遭到顛覆，財團開始瓦解，反正話說到底，所謂公司或企業也不過就如前所述是現金流的集合。經理人與股東的利益在代理理論者的認知裡，應該要設法合而為一：若經理人的薪水用公司的股票或認股權去付，那他們就會有動機要去最大化所有股東的價值。

還有一群人，也跟企業經理人一樣在尋租行為中有利可圖：資產管理者。說起資產管理者，他們正是讓「把財團拆解後萃取更大股東價值」的做法蔚為風潮之幕後推手。不論從經濟還是從社會的角度去觀察，資產管理者都距離企業經理人較近，離真正的客戶比較遠。

畢竟客戶對資產管理者而言，盡是些離他們天高皇帝遠，且什麼資訊也無法取得的退休基金投資人或壽險保單保戶。股東價值最大化的做法，能提供資產管理者一個拿客戶的錢去投資某家公司，以便讓自己隨著該公司經理人一起致富的機會。資產管理者會成為公開交易股權的大戶，至少在名義上成為「剩餘索取者」股東的代言人。這些資產管理者對於公開上市公司，乃至於後來——透過私募基金——對於私人公司的要求，會對生產性經濟部門的行為模式造成深遠的影響。

如前一章所提到的，基金經理人在現代資本主義的發展中扮演了要角。理論上，股東——更精確地說是大型的法人股東——會監督企業的營運表現。他們扮演守門員的角色，從大方向來講可以化解「代理人－委託人」的矛盾，從細部上來講可以監督企業在資本的使用與配置上是否不當。有法人股東扮演這樣的角色，理應能讓生產性資源的分配更加理想，也讓發出去的資源獲得更好的運用：比方說利用代理理論，法人股東與新創企業之間已然架起了正向的連結。[17]然而，這些評估往往在看事情的格局上不夠大，也就是會流於見樹不見林。也難怪在有人主張以「股東行動主義」（shareholder activism）來監督企業的同時，一票公司治理澈底崩潰的醜聞還是在連環爆：美國有金融危機期間的安隆（Enron）與世界通訊（WorldCom）作假帳；英國有運動用品商 Sports Direct 爆出工作環境惡劣；近期有福斯汽車在柴油引擎排放標準的檢查上作弊。

股東並不是企業營運唯一的守門人，其他具有監督職責的角色尚有：稽核人員、信用評等機構、政府監管單位、新聞媒體，還有股票分析師；其中股票分析師是替投資人評估公司好壞的專業人士。關於近年來許多企業營運醜聞的起因，標準的說法是上述守門人未能進到自身監督的職責。在該以批判的眼光對公司進行觀察的時候，股票分析師幹的卻是啦啦隊做的事，銀行都要觸礁了還渾然不覺。獨立稽核者與信評機構本應是監督企業守護、投資人與社會大眾權益的把關者，反之他們卻成為企業的商業夥伴。政府往往在產業遊說團體的壓力之下收起鐵腕，改採「輕觸式」的低度金融監管。媒體在醜聞的察覺與揭發上都顯得遲鈍。企業的董事——別忘了在英國，他們有按照股東利益行事的法律責任——對於管理層各種弊端的制衡相當有限。[18]想要賺取各種服務費的動機——顧問費、分析費、稽核費——讓守門人與上市公司間產生了利益衝突與勾結行為。而雙方面一旦狼狽為奸，結果就是公司治理的崩潰。

守門人的「瀆職」，在很大程度上源於他們用「股東價值最大化」的觀念去思考上市公司的基本角色。在經濟體中，其切身利益與「股東價值最大化」之目標最密不可分一群，得算是機構投資人，也就是法人。委託人與代理人原應虎視眈眈地相互提防，實際上，這兩方發展出一種不是很光彩的結盟關係，以便能聯手從企業中萃取價值。這種關係，是把其他的利害關係人當成犧牲品，包括員工。一般員工的待遇會與執行長或管理層愈差愈遠，就是這樣來的。

短線主義與非生產性的投資

在一九三〇年代的經濟大恐慌期間，也就是早在金融化進入現代語彙之前，凱因斯就發表過以下的觀察：

> （多數）專家級的專業人士，在判斷力與知識上都超越一般的民間投資人……但事實上他們主要關心的，並不是針對一項投資從開始到結束的可能報酬率，進行卓越的長線預估；而是搶在比一般大眾之前一小段時間預見傳統投資估值的改變。[19]

本身也是一位成功投機者的凱因斯，上頭說的是內行話。他提出的警告是：股市會變成「一場鬥智的戰爭，比的是誰能預期到幾個月後的投資估值，而不是長達數年之久後的投資報酬」。[20]事實證明他說得沒錯。股東尋求獲利的時間長短，包括透過股利發放與股價上漲為之，取決於他們持有特定股票的時間長短。而股票投資的平均持有時間，不論是散戶還是法人，都呈現急遽下滑之態勢：一九四五年，美股平均持有時間是四年，二〇〇〇年降至八個月，二〇〇八年剩下兩個月，二〇一一年更因為高頻交易的崛起而縮到只剩下二十二秒。[21]私募基金的平均持股時間曾於二〇〇八年金融危機後的市場急凍期間長達近六年，但到二〇一五年，私募基金的持股時間又毫無懸念地回到下降趨勢線。[22]

凱因斯預言的短線主義，可以總結為指數基金先驅約翰．柏格提出的概念。柏格認為法人其實是在租用其所投資公司的股份，而不是想取得公司長期的控制權。關於這點可以來看看美國股市周轉率的上升：根據世界交易所聯合會（World Federation of Exchanges）這個代表全球公開監管的國際組織所言，美國企業股票（包括於國外上市者）的周轉率在一九七〇年代大約百分之二十，之後陡升至二〇〇〇年代的穩定高於百分之百。周轉率測量的是股票換手的頻率，計算方式是將特定期間內交易的股數除以同期間流通在外的總股數。周轉率上升，代表法人的眼光聚焦在短線的股價波動上，而非企業的本質與長線價值上。高周轉對於法人投資人較有利可圖，對被動長線持股則較無作用。還有一點值得提的是，法人的短線主義行為反應了近四十年來客戶期待快速獲利且厭惡意外，進而對法人所施以的龐大壓力，畢竟只要一個不滿意，法人的客戶就會立刻抽回資金。疊加出來的結果就是企業對每一季的財報念茲在茲，因為季報若能穩定展現獲利成長，那股價表現就不會太差。

二〇一三年，管理顧問公司麥肯錫（McKinsey and Company）與加拿大退休金計畫投資局（Canadian Pension Plan Investment Board）調查了全球一千名企業董事會成員與資深企業幹部來評估他們經營公司的方式。[23]結果大部分的受訪者都說要創造短線佳績的壓力在近五年當中不斷加重，以至於企業經理人不得不拚著去追逐亮眼的獲利。雖然有約半數的受訪者表示自己的策略訂立是三年以內為期，但幾乎所有人都說把眼光放遠可以增進企業的表現、強化財務上的投資回饋，並且讓創新成果更容易浮現。[24]

另一項可以補充說明「股東價值最大化」對企業行為產生何等影響的重要趨勢，是「臨界點報酬率」的上升。所謂臨界點報酬率，如我們在前一章說過，是一家公司在考量投資機會的取捨或進退之際，作為門檻的投資報酬率。換句話說只要案子的投資報酬率低於「臨界點報酬率」，企業就會選擇放棄。但長此以往，公司可能會愈來愈找不到計畫投資，因為好賺錢的早就都被人挑走了。像是汽車製造的產能過剩，就很自然地顯示建新廠不合邏輯（亦即企業應該改投資其他科技）。這當中或許有基本的經濟力量在作用著，但一路以來發生在臨界點報酬率上的事情，讓我們不得不懷疑事情沒有這麼單純。

臨界點報酬率關係到企業配置資本的方式，但這個比率也深受預期心理——或凱因斯口中「動物本能」——的左右。[25]一項投資計畫的臨界點報酬率，經常取決於它與資本成本的高低相關性——基本上，資本成本就是借錢的利息與要付給股東的股息。投資計畫理應創造報酬，而此一報酬經過計算，得到的就是理應高於資本成本的「內部報酬率」（Internal Rate of Return，ＩＲＲ）」或「投入資本報酬率」（Return on Invested Capital，

ROIC）。[26]但此時我們發現到一個不尋常的落差。在一方面，用借款來融資的成本處於歷史低點，所以在理論上借錢來投資應該很熱絡；但另一方面根據J．P．摩根的資料，[27]加權平均資本成本（WACC）雖維持在相當低水準的百分之八點五，但標普五百企業的中位數的臨界點報酬率卻是百分之十八。這顯示除非投資案的預期報酬率能高於資本成本大約十個百分點，否則企業根本不會考慮跳下去。它們就這樣把投資機會輕易放過，理由何在？其中一種解釋，考量到將股東價值最大化的急迫性，便是它們有更輕鬆的辦法可以賺錢——比方說買回庫藏股。

由此股東權益最大化其實是啟動了一個惡性循環。買回庫藏股等短線策略會讓資本減少對實質資本財與研發創新的投資。久而久之，經濟的生產力便會下降，而生產力一下降，薪資上漲的空間便會縮減，進而壓低本地市場需求與經濟中整體的投資傾向。由此，金融化朝著企業決策過程所進行的擴散與滲透，遠遠超出這麼做能帶給股東與經理人的立即利益。一如海曼．明斯基的觀察，資本主義似乎攜帶著無可避免的動能：除非受到合宜的監管或適時遇上緩衝，否則資本主義便會擴張過度。借貸增加所促成的穩定成長在讓價值萃取加速之餘，也會伴隨資產價值的上漲，一切看起來都很美好——直到眾人開始質疑起資產的價值，麻煩也隨之而來。

圖二十三：美國企業執行長的中位數薪酬
（百萬美元，2011 年幣值）[28]

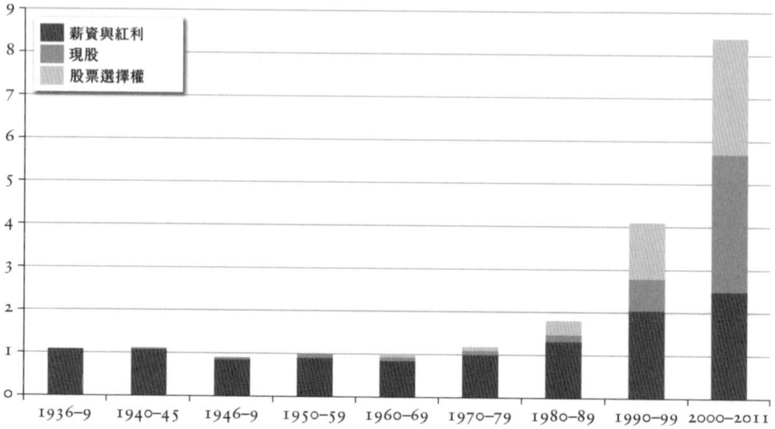

金融化與貧富差距的擴大

我們前面提過，股東價值最大化的一個重要概念是，管理層與股東的價值需達成一致。想要做到這一點，最好的辦法莫過於把股票當成薪資的一部分發給管理層。資深的經理很樂於擁抱股東價值最大化的想法，因為他們很快就發現這有助於他們賺得更多（圖二十三）。股東價值最大化的原始精神由是遭到扭曲：大量的股票選擇權，成為眾多執行長薪資結構裡的主要部分，但這並沒有發揮讓他們的利益與股東一致的效果。經理人——按照他們獲得股票選擇權的條件——在股價上幾乎是穩賺不賠的。他們在某種程度上被隔絕開了長期投資人躲不掉的股價波動影響，這得「歸功」於兩種反併購的

圖二十四：美國企業執行長與基層員工間的薪酬比[29]

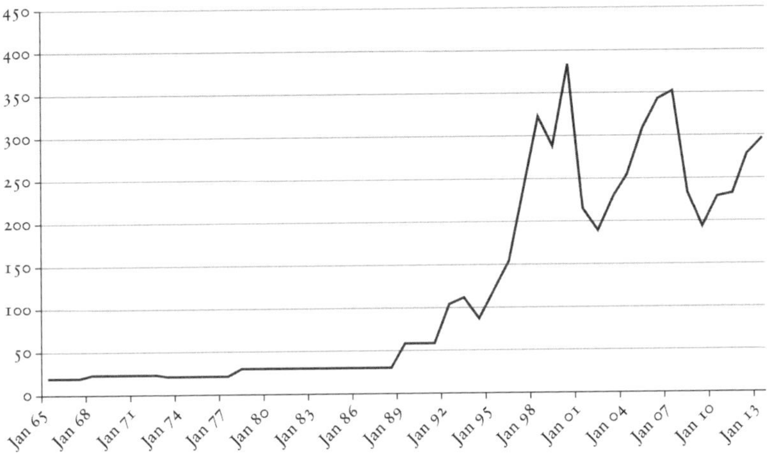

機制設計：其一是「黃金降落傘」（golden parachute），也就是遭到解職時可以拿到的現金報酬；其二是「毒藥丸」（poison pills），也就是在面對敵意併購時觸發某種回應，包括將其集團中屬於金雞母的部門出售降低公司的整體價值。

最佳利益與管理層無法完全一致的利害關係人，不光是股東而已。雖然歷經過一段時期的「組織精簡」（downsizing；企業官腔，說白了就是裁員），這麼做——尤其在過了一九八〇年代尾聲，財團由盛而衰之後——的用意是剔除管理層的冗員並提升續留員工的生產力，但執行長薪酬相對基層員工的比例也直衝雲霄（圖二十四）。

對短期財務績效的強調，還導致了另一種自我實現的預言：管理層的服務年限愈來

圖二十五：美國企業執行長的任期長度[30]

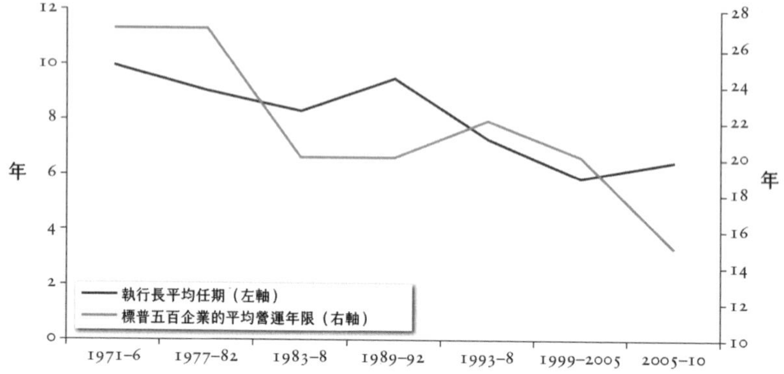

愈短。如圖二十五所示，近幾十年來的企業執行長的平均任期從十年降至六年。若考慮到股價表現占執行長薪酬很高的權重，那企業在短期內拿出成績的需求就不只是一種來自外部守門人的壓力，而可以視為是一種少數菁英犧牲廣大基層來遂行的互惠行為。

每股盈餘成長作為企業表現指標的重要性，已經讓其可以與股價平起平坐，扮演起「股東價值最大化」的另一名代言人。但並不是每股盈餘都享有這種圖騰般的地位。相對於從二〇〇〇年到二〇一一年是ＩＢＭ董事長、二〇〇二年到二〇一一年還兼任其執行長的山繆爾·帕米薩諾（Samuel Palmisano）認為ＩＢＭ的主要營運目標是讓每股盈餘在五年內翻倍，半世紀之前的小湯姆·華森（一九五二至一九七一年擔任ＩＢＭ董事長）在一九六八年提出ＩＢＭ的三項核心要務是：（一）尊重個別員工；（二）致力客服；（三）追求卓越。即便只是口耳相傳的故事，但一家公司分屬兩個時代的兩名執行長所做的不同宣言，仍舊凸顯了企業經營的優先順序歷經的演變。

帕米薩諾的說法反映了多數企業執行長對投資人千篇一律的臺詞。公司表現的衡量標準，最終還是得總結為最主要的兩點：獲利與股本。其中第一點，獲利，是由公司的帳面損益中得到的結果。獲利最為人詬病的，就是很好操弄。獲利的計算一般是根據GAAP，也就是「一般公認會計原則」（Generally Agreed Accounting Principles）這個普遍獲得接受，會計師在擬定財務報表時採用的標準、規則與常態架構。但在GAAP當中，會計師還是有個範圍可以調整獲利來容許例外的條目（必須納入財報但可連續幾年出現）——比方說公司進行結構重整的費用，還有非經常性的損益項目（非必須納入財報的獨立事件）——比方說颶風的天災造成的損害。經理人因此有了部分空間可以美化獲利。再者，公司獲利基本上是決定於公司本業的營業利益，而營業利益又是營收與營業利益率的乘積。

股本大小或股數多寡較無會計上的人為操作空間，但企業還是絕對有辦法產生一些影響。比方說，公司可以發股票或股票選擇權給執行長或管理層來作為薪酬，又或者公司可以買回庫藏股。這當中必須達成微妙的平衡。把股票當薪水發給經理人，會讓股本變大，讓每股盈餘的成長速下降，而買回庫藏股註銷可以讓股本變小，讓每股盈餘有機會在扣除庫藏股成本後升高。

圖二十六：美國企業投資占 GDP 比重[31]

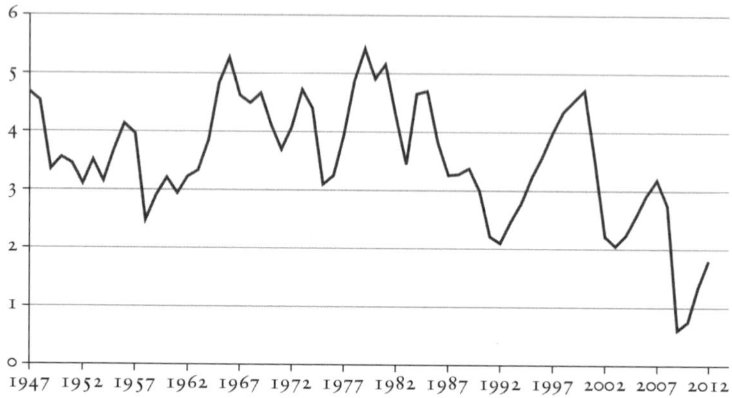

營收成長與獲利率的提升作為是獲利成長的兩大關鍵，會受到投資的正向影響，包括廠房設備等資本財的投資（資本支出）與對研發的投資。投資是企業經理人最愛拿來講的故事。但其實要提升獲利率，企業有一條更快速、更篤定的道路可以走，只是這一塊的故事沒幾個經理人想提，因為這條路叫作削減成本，是眾多企業都曾大力採行的過程——成本一旦成為考量，對投資是不利的。

圖二十六顯示了美國現今的企業投資如何盤旋在六十餘年來的最低點，這是個令人意外又不安的狀態。

在此同時，如前一章討論過的，平均生產率與獲利的脫鉤，意味著整體附加價值中流向一般受薪階層的比重也穩定下降中。

威廉·拉佐尼克作為庫藏股發展的紀錄者，對這兩種趨勢進行了描寫。他認為放在一起看，這兩種趨勢代表著從「保留盈餘，拿去投資」（retain and invest）過渡到「精簡組織，分配盈餘」（Downsize and Distribute）的模型轉移。這裡的第一種策略——保留下盈餘然後拿去投資——只單純藉助金融之力去設立公司並啟動生產。一旦開始賺錢，這類企業就會起碼償還部分貸款，因為保留盈餘對新的生產週期成本與擴大市占所需的產能投資而言，都是很便宜的資金來源。第二種策略——精簡組織，分配盈餘——完全反其道而行。這種做法單純視公司是「金雞母」，所以哪個部門不賺錢，哪個部門就要出售變現，賣得的錢會被分配給經理人與老闆，不會分給沒有功勞但有苦勞的基層員工。長此以往，公司的成長會出現瓶頸，人力需求也可能愈來愈低——此時精簡組織就顯得非常合理。反正只要股東開心，這種策略就算是皆大歡喜，不會有人質疑。

要判斷「精簡組織，分配盈餘」是不是一家企業該採行的策略，有一個辦法就是比較上市與私有企業。圖二十七顯示在好幾種基本的標準上，如在規模、營收、成長率與資產報酬率相同的狀況下，私有公司都比上市企業更勇於投資。

有人會說，上市公司沒有私有企業賺錢，所以能拿去投資的比較少。但實情並非如此。圖二十八顯示美國主要上市公司（標普五百）的獲利率與全美企業（國民所得與生產帳）的獲利率差別不大。圖表中清楚顯示從一九六九到二〇一四的四十五年當中，美國上市公司與全體公司的利潤率都穩定向上，並於近年達到最高峰——貨真價實的「無榮景但有賺到

圖二十七：私有企業 vs. 上市企業投資比率（占總資產百分比）[32]

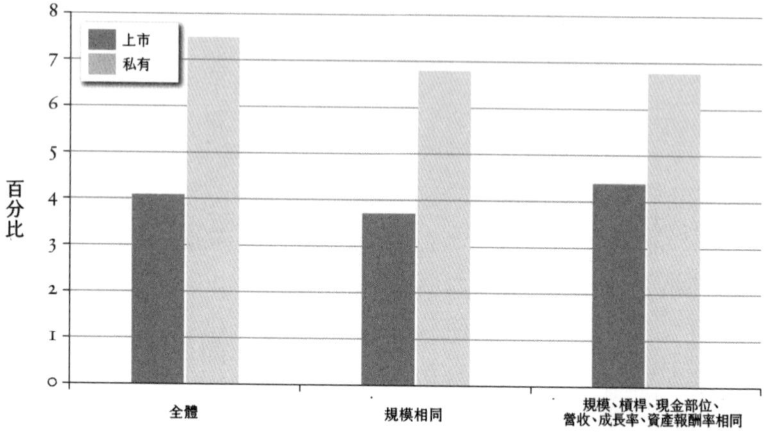

圖二十八：非金融業上市企業的毛利率[33]

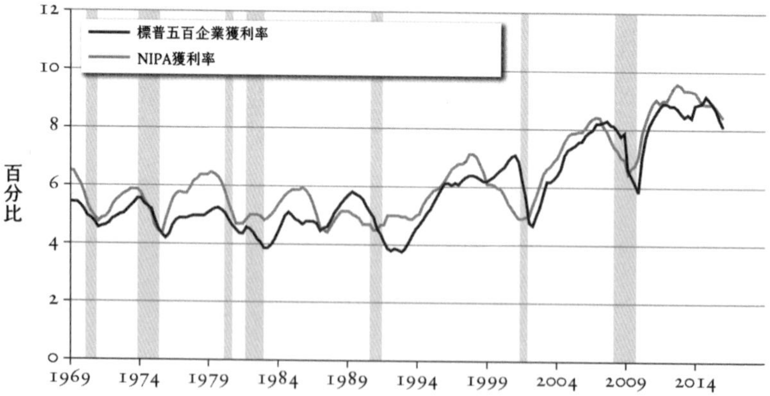

圖二十九：現金流回到股東手上的比重
（美國非金融業者之五年移動平均）[34]

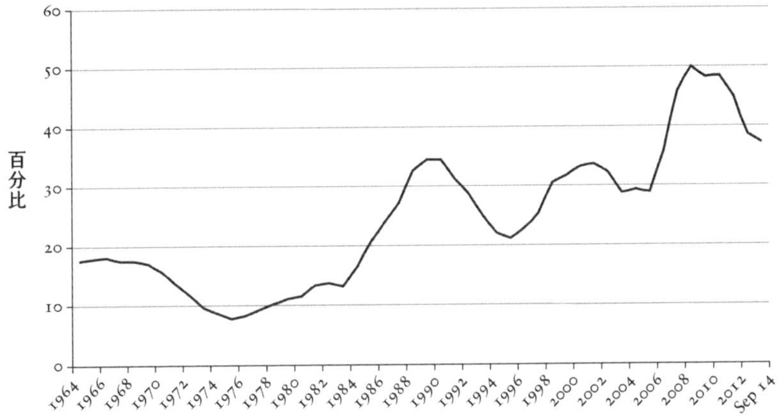

錢」。換句話說，代理人－委託人的問題不見得一定會導致投資下滑與短線主義。

所以，如果獲利率高但投資偏少，那公司都把賺來的錢拿去做什麼了？跟著金流走，我們會赫然發現盡頭是股東。如圖二十九所示，企業大多以股利與庫藏股的形式把獲利都還給股東。在一九七〇年代，回到股東手上的現金流平均為百分之十到二十，如今都穩定在百分之三十以上；甚至在過去三十年的大部分時間，這個比例都高於百分之三十，唯一的例外是一九九〇年代初期，當時企業紛紛進行投資，回到股東手上的現金流比重因而下降。

從目前呈現出的證據中，可以看出的一點端倪是就如同金融業，金融化後的生產性產業也會萃取價值——客觀上說起來就是收租。但其實並不僅限於生產性產業。近年來，英國五花八門的行業，包括從安養院等社會服務提供者到供水與汙水處理等公用事業，這些原本穩定而不引人注意的生意，都在以新老闆的財務工程中受到波及，而這些新老闆往往都是私募基金。最終的結果，就是公共財變為私有財。

金融化可以說是無孔不入，不但滲透經濟，也同時染指社會。雖然有人說金融化對生產性經濟的侵蝕，可以解決與平均薪資、技術與貧富差距等問題，但證據看了並無法讓人開心。如約翰·柏格所言：「以所得在美國家庭中屬於前百分之〇點〇一的十五萬戶為例，他們賺的錢相當於其餘一億五千萬戶家庭總所得的百分之十，是一九四五到一九八〇年的百分之三到百分之四的三倍。在這十五萬戶超級有錢的家庭裡，不可諱言也不是祕密的是，有大約三點五萬戶發跡於華爾街。」[35]

從股東價值最大化，到利害關係人的價值最大化

關於股東價值的意識形態，是奠基於股東是「剩餘索取者」的身分。他們是主要的風險承擔者，關於投資報酬率他們得不到任何保證。傅利曼總結了經典的看法是，創業公司永遠都得在混亂市場中奮力不要滅頂（並暗示顛覆市場來逃出生天是很吸引人的想法），為此傅利曼定義中的企業宗旨是「利用本身資源，在遊戲規則內從事可增進獲利的活動，亦即在不

涉及欺瞞與詐騙的前提下進行開放與自由的競爭」。[36]

但比起股東優先的想法，更為複雜的真相是財富的創造是一個集體進行的過程。畢竟股東再重要、再了不起，也很難想像會有家公司可以不集合員工、供應商、經銷商，與廠房／總部所屬社區等諸多團體的力量來獲致成功，甚至於一國的地方與中央政府也在企業的成功中有可以需要扮演的角色。再者，我們也不宜因為股東獲利的排序被擠在最後面，就逕自假定上述這些參與的團體穩賺不賠。事實上如下一章會提到的，政府投資新科技與基礎科研都非常冒險，根本沒有什麼保證獲利，這些研究一旦成功，之前躲得遠遠的企業又會跑來投資求技轉。

認識到價值創造是一種「集體創作」後，我們便能從股東的角度進階到利益關係人的立場。相對於股東價值最大化把所謂價值濃縮到單一的「股價」標準上，相對應的看法是企業應該著重在利害關係人的價值最大化上：盡可能創造出最大的價值給有利害關係的各方，並將各項決策都視為以達成目標為前提，各方利益間的平衡與取捨——這說起來容易，畢竟商業上的決策有其相當的複雜性。利害關係者價值這一派對股東價值最大化所提出的指控，在於「犧牲其他利害關係人來追逐股東的利益，（是）一種最終會讓股東價值與利害關係人價值同歸於盡的追逐」。[37]就算是在奇異電子執行長二十年任內把股東價值發揮到淋漓盡致，被許多人認為為「股東價值最大化」打了場漂亮勝仗的傑克·威爾許（Jack Welch），都在二〇〇九年謙虛地表示客戶、員工與產品，才是他把公司經營好的三大關鍵，至於股東價值，則被他貶低為「世界上最蠢的東西」。

企業的利害關係人理論不單單是一個告訴你企業該怎麼經營的理論，還可以從中挖掘出關乎社會與經濟的深遠內涵。面對同一個問題：一家企業怎樣才算成功？利害關係人理論的答案會跟股東價值最大化非常不同。傅利曼跟簡森堅信企業的成功只能透過獲利的最大化，而與之形成強烈反差的利害關係人理論則強調管理層與員工之間的社會關係、企業與所屬社區間的社會關係，乃至於企業產品的品質優劣。這些社會關係的存在，會讓企業追求的目標從一個變成兩個。原本只有賺錢這個財務性的目標，現在又多了一個社會性的目標。這兩種目標疊加在一起，便能創造出一種更加可長可久的「競爭優勢」。因為價值的創造是團隊合作，是由多重主體共同投資了不同的資源在其中，所以最後的收穫也理應分配給所有的關係人，不該只分配給股東。

相對於股東價值最大化與其「將短線獲利最大化」與「將人力資源與研發邊緣化」的目標，利害關係人價值理論不光把人視為是生產要素，而是為了達成目標，需要培養的重要夥伴。信任感——任何企業都不可或缺的人際信賴——就這樣在勞工與經理人之間建立起來，主要是基層員工在價值創造中的重要角色獲得認可。願意投資在人身上，等於承認員工也出了一分力在價值的創造上。

我們已經知道短線主義會如何扭曲金融業的運作，讓金融業更加投機。但利害關係人主義對價值的理解，則對應了一種非常不一樣的金融體系：這種比較「有耐心」的金融體系會支持必要的長期投資。在某些國家裡，這種金融體系的運作會透過公營銀行為之，比方說德國的「德國復興信貸銀行」（Kreditanstalt für Wiederaufbau, KfW）與其戰後重建與經濟發展有密切的關連，畢竟該銀行自一九四八年成立以來，已經貸出超過一兆歐元。[38]大部分有公營銀行的國家，都會傾向走上利害關係人模式的企業治理方向，包括讓員工加入董事會的運作。

當然，沒有哪一種企業治理是完美的，近期福斯汽車的「柴油門」醜聞證明了這一點。福斯汽車引以為豪的若干特質，一直都被代理理論者認為有助於拉長投資遠見與促進企業誠實行事，包括擴大股東基礎，並將股東的利益拓展到短線的獲利以外。欺騙美國的消費者也得不到什麼好處的德國勞工，在公司的事務上有強大的發言權。一家家族控股的公司、德國行政區裡的一個邦，還有一個中東的主權基金，三者合計控制了福斯汽車九成的股東投票權，而這三者都是投資屬性非常長線的投資人。福斯汽車在消費者與產業專家的心目中，向以來以精湛的造車工藝著稱，怎麼看都不像是會誤入歧途的公司。

但事實擺在眼前。福斯設計了一款可以在測試時降低廢氣排放，實際上路時卻沒有這種效果的系統，並為此繳納了一筆兩百億美元的罰款，流失了大約一千億美元的股票市值。半世紀之前，福特也蒙受過類似的財務與聲譽損失，原因是高階主管在潛心計算之後，認為把 Pinto 車款的致命缺陷修好，所花費的成本會高於直接賠錢給死者家屬。[39]福斯的隱性設計缺陷雖然不會立刻致人於死，但對人的生命與健康的傷害並不會比較小。真要說福斯與福特有什麼不同，那就是福特不肯把致命的缺陷補起來，是因為嗜財如命的高層在精打細算，但福斯出包則是因為基層有壓力要把業績做出來。福斯的問題，似乎在於內部有一種競爭的企業文化，怕輸的心情讓部分工程師寧願鋌而走險也要達到業績，其他同仁則成了沉默的大眾，對此睜一隻眼閉一隻眼。福斯高層看事情不算短視，但僅限於他們想要擴大市占的部分，至於企業聲譽他們並不算放在心上。公司沒有明說，卻表達得很清楚的立場是，或許有人不想同流合汙，但公司的底線是排放測試不能不過，所以說比起認輸，公司還比較能接受作弊。簡言之，福斯的醜聞讓我們了解到公司治理的結構與規定，都必須要在企業與公共價值兩者一致時才能發揮作用（公共價值的概念容我們留到第八章說明）。

結論

少數幸運兒的所得直衝雲霄，擴大了社會上的隔閡，也讓以美國為首的西方世界充斥惡化中的貧富差距，金融化便是以這些國度為家。

這樣的現況其實理應——也正在——遭受道德上的抨擊。貧富差距，多少反映出我們對百千萬人類同胞的偏差心態，但價值萃取的經濟問題並不是人為規範出來的。前面講過在資本主義社會裡，某些租金是必須存在的：維持經濟體系中的資本流動，有其免不了的標價與成本。只不過，金融業的規模和金融化的發展，已經大到讓價值萃取問題嚴重到有兩件事不得不問的地步：價值如何創造、如何萃取，甚或如何摧毀？這是其一；我們如何能導引經濟遠離過度的金融化，朝真正的價值創造前進？這是其二。各種提案，包括對超高所得與巨富的積累課以重稅，或許可以舒緩過度金融化的某些症狀。但這些做法只是治標不治本，因為它們無法處理深植於價值萃取體系中，且於過去四十年不斷惡化的核心問題。

若我們的目標是長期成長，私部門就應該要為了在決策上延長眼光而獲得獎賞。雖然有部分公司會一心想透過實施庫藏股來炒高股價，然後發更多的股票選擇權（給高階人員當薪水），但也有其他公司會捨易尋難地採取不一樣的做法，包括投資在對員工而言有必要的教育訓練上、引進存在風險的新科技、鼓勵研發，這些做法有可能——運氣好的話——為它們帶來好用的新技術，但更可能的結果是白忙一場。我們應該讓選擇後者多於前者的企業獲得獎勵。

企業高層的薪資應該獲得節制，為此我們要推廣的認知是價值創造不光是企業高層的功勞，做出貢獻的除了執行長等還有許許多多不可或缺的利害關係人，包括基層員工、政府、公民社會運動。將獲利重新投資到實體經濟中——而非囤積起來，或拿去買庫藏股——理應是政府提供補貼、補助、融資或任何支持的先決條件。

委內瑞拉裔的英籍學者卡洛塔・培瑞茲（Carlota Perez）主張金融業與實體經濟的脫鉤並不「自然」，而是去監管化衍生出的假象與過度相信自由市場力量的結果。她在其劃時代的著作中指認出一種模式，即激烈的金融化走在前面，後頭跟著由技術革命製造出的翻轉。[40]她指出在人類迄今（從蒸汽機到資訊科技）的五次革命當中，每一次的前幾十年都先歷經了金融化的狂潮與貧富不均的擴大。但在金融泡沫破裂後，也在接續的經濟衰退與社會動盪當中，政府便會傾向節制金融業，開始推動建立一個有利於生產部門擴張的環境，進而讓廣大的社會受益，也讓金融業安分守己做自己真正該做的事。但要是政府不先跨出這一步來進行它們有責任進行的干預，那金融化就會持續推進而不知伊於胡底。[41]

下一章，我們的重點將轉到創新的世界，一個由才華橫溢的發明家與大無畏的企業家所組成的璀璨競技場，但場中並不像有人宣稱的，都只在做價值創造的工作。

註釋

1 https://www.ft.com/content/294ff1f2-0f27-11de-ba10-0000779fd2ac

2 這些數據可以讓我們對大企業在經濟中的比重有大略的概念。一方面，也些公司並不申報或公告他們的營收，因此企業的整體應收應屬遭到低估；另一方面，這張清單上包含了某些規模極大的銀行。

3 G. Mukunda, 'The price of Wall Street's power', *Harvard Business Review*, June 2014.

4 E. Hadas, 'Seeing straight: Why buybacks should be banned', *Breakingviews*, 14 December 2014: https://www.breakingviews.com/features/why-buybacks-should-be-banned/

5 W. Lazonick, 'Profits without prosperity', *Harvard Business Review,* September 2014.

6 Ibid.

7 Source: Adapted from Lazonick, 'Profits without prosperity'.

8 http://online.wsj.com/public/resources/documents/blackrockletter.pdf

9 Jensen and Meckling, 'Theory of the firm', pp. 305-60.

10 Source: Bain & Co., *Global Private Equity Report* (2015), fig. 2, p. 43.

11 https://www.blackstone.com/the-firm/asset-management/private-equity

12 D. Burns, L. Cowie, J. Earles, P. Folkman, J. Froud, P. Hyde, S. Johal, I. Rees Jones, A. Killett and K. Williams, *Where Does the Money Go? Financialised Chains and the Crisis in Residential Care*, CRESC Public Interest Report, March 2015.

13 譯註：英國的遊戲，大家圍成一圈傳「多層次」的禮物，音樂停下來時手拿禮物的人就可以拆一層獎品，直到獎品被拿光為止。

14 G. Ruddick, 'Four Seasons Health Care reports £264m annual loss', the *Guardian*, 27 April 2016.

15 K. Bayliss, 'Case study: The financialisation of water in England and Wales', FESSUD (Financialisation, Economy, Society and Sustainable Development), Working Paper series no. 52 (2014).

16 W. Lazonick, 'Innovative enterprise or sweatshop economics? In search of foundations of economic analysis', ISIGrowth Working Paper no. 17 (2016).

17 P. Aghion, J. Van Reenen and L. Zingales, 'Innovation and institutional ownership', *American Economic Review*, 103(1) (2013), pp. 277-304.

18 Bogle, *The Clash of the Cultures.*

19 J. M. Keynes, *The General Theory of Employment, Interest and Money* (London: Macmillan, 1936), p. 154.

20 Ibid., p. 155.

21 S. Patterson, *Dark Pools: The Rise of AI Trading Machines and the Looming Threat to Wall Street* (New York: Random House, 2012).

22 Amy Or, 'Average private equity hold times drop to 5.5 years', *Wall Street Journal,* 10 June 2015.

23 D. Barton and M. Wiseman, 'Focusing capital on the long term', *Harvard Business Review*, January-February 2014.

24 Ibid.

25 Keynes, *General Theory of Employment*, pp. 161-2.

26 投入資本報酬率（ＲＯＩＣ）是一種獲利能力的指標，其計算方式是將稅後淨利除以投資資本（減去現金與約當現金）。

27 J. P. Morgan, 'Bridging the gap between interest rates and investments', JPM Corporate Finance Advisory, September 2014.

28 K. J. Murphy, 'Executive compensation: Where we are, and how we got there', in G. M. Constantinides, M.

Harris and R. M. Stulz (eds), *Handbook of the Economics of Finance*, vol. 2 (Amsterdam: Elsevier, 2013), pp. 211-356.

29 L. Mishel and J. Schieder, *CEO Pay Remains High Relative to the Pay of Typical Workers and High-wage Earners* (Washington, DC: Economic Policy Institute, 2017).

30 The Conference Board, *CEO Succession Practices: 2017 Edition*, https://www.conference-board.org/publications/publicationdetail.cfm? publicationid=753730. Fig. 26 depicts data retrieved from the Bureau of Economic Analysiswebsite.

31 Fig. 26 depicts data retrieved from the Bureau of Economic Analysis website.

32 J. Asker, J. Farre-Mensa and A. Ljungqvist, 'Comparing the investment behavior of public and private firms', *NBER Working Paper No. 17394* (September 2011).

33 Author's elaboration of data from the Bureau of Economic Analysis.

34 Author's elaboration of data from the Bureau of Economic Analysis.

35 Bogle, *The Clash of the Cultures*, pp. 22-3.

36 M. Friedman, *Capitalism and Freedom* (Chicago: University Press, 1962), p. 133.

37 R. E. Freeman, J. S. Harrison, A. C. Wicks, B. L. Parmar and S. de Colle, *Stakeholder Theory: The State of the Art* (Cambridge: University Press, 2010), p. 268.

38 https://www.kfw.de/KfW-Group/About-KfW/Identitat/Geschichte-der-KfW/

39 C. Leggett, 'The Ford Pinto case: The valuation of life as it applies to the negligence efficiency argument', *Law & Valuation*, Spring 1999.

40 C. Perez, *Technological Revolutions and Financial Capital: The Dynamics of Bubbles and Golden Ages* (Cheltenham: Edward Elgar, 2002).

41 C. Perez, 'The Double bubble at the turn of the century: Technological roots and structural implications', *Cambridge Journal of Economics* 33(4) (2009), p. 801

第七章

當創新經濟淪為價值萃取的巧門

Extracting Value through the Innovation Economy

第一點，只投資有潛力讓你賺回整筆基金價值的公司。

——彼得．提爾，

《從0到1：打開世界運作的未知祕密，在意想不到之處發現價值》

（*Zero to One: Notes on Startups, or How to Build the Future*, 2014）[1]

關於價值創造的幾個故事

仍在持續展開新頁的科技革命有一處震央，就在美國的矽谷，那兒放眼全世界，也是高科技新創公司最活躍的工業園區。自一九八〇年代以來，矽谷已經讓數以千計的新創公司創辦人、元老、幹部、創投業者晉身百萬富翁之列，當中不乏進階成為億萬富翁者。這些人的創意，無疑改變了我們溝通的方式、交易的方式，以及生活的方式。他們提供的產品與服務，具體而微地體現出現代社會的進步。

矽谷的創業者，常被視為行善的英雄人物。確實，谷歌對外的使命宣言是「不為惡」。二〇一六年四月，《經濟學人》的封面人物是羅馬皇帝造型的臉書創辦人馬克．祖克伯（Mark Zuckerberg），標題則是〈帝國的雄心〉（Imperial Ambition）。在此同時，創新不只在矽谷，而是在全球都被視為是現代資本主義裡的新勢力。「新經濟」、「創新經濟」、「資訊化社會」或「智慧型成長」等用語所共同描繪出的畫面裡有企業家、有車庫發明家，還有他們獲頒的專利。而在這些專利所釋放出的「創造性毀滅」裡，就有人類未來的工作機會。我們被灌輸的觀念是要歡迎像 Uber、Airbnb 等新商業模式，因為它們所代表的創新力量將完成對倫敦的小黑（計程車）或希爾頓等老牌「恐龍」連鎖飯店的掃蕩。

有些新創公司的表現著實令人驚艷。在全球的電腦桌面搜尋引擎市場裡面，谷歌的市占率已經突破八成，[2]而美國僅僅五家公司（谷歌、微軟、亞馬遜、臉書與IBM），就囊括了全球大多數的數據資料，外國唯一稍微看得到這五家公司車尾燈的，只剩下中國的百度一家。如此壓倒性的市占，也順利轉化成為了巨大的財富：二〇一七年的蘋果現金部位高達兩千五百億美元以上。

有人認為這些公司的龐大獲利，還有它們在各自市場中難以撼動的霸業，都是剛好而已，不算過分，畢竟它們創造出來的價值也極為可觀。這一派人認為：這樣的獲利與市場地位，只不過單純反映了他們傲視群雄的財富創造力。同樣地，各大藥廠也自認藥價猛漲有理——C型肝炎等疾病的用藥認真吃起來，可以花到美金上百萬——由此研發有多困難，相關成本有多高，會被這些藥廠一天到晚掛在嘴上。萬一被發現成本其實沒高得那麼誇張，或是有納稅人替藥廠買單，它們就會改口說藥貴是因為效果好，所有有這個「價值」。

本章接下來的內容，要來針砭的標的是創新經濟，還有圍繞著創新經濟的各種傳說。我們會一起來看關於創新者與其成功故事的主流論述，是如何從根本上忽視了創新背後是高度的集體創作，而成功是一個累積的過程。對這種集體累積過程的忽視，會一方面導致創新收益的分配出現問題，一方面造成政策以創新之名獨厚少數公司，令這些少數公司得以從經濟體中萃取價值。

創新經濟中的價值萃取，有幾種特點值得我們注意。首先，這種價值萃取會發生在金融業——特別是創投基金與股票市場——與科技創造過程的互動中；第二，在智慧財產權制度的演化過程中。智財權讓我們不僅可以將研究成果申請專利，也可以將研究工具申請專利，對這些工具進行「限制」，進而創造出經濟學者威廉．J．包默所稱的「非生產性創業」。第三，這種價值萃取會造成創新產品的價格無法正確反映各方對該產品得以問世的集體貢獻，廣見於醫療保健、能源與寬頻網路等領域。第四，創新中的價值萃取會發生在現代科技的網路動能中。比方說，網路中的「先行者優勢」（first-mover advantages）會讓取得先機的大企業透過經濟規模，以及網友會被鎖住（轉換到其他業者太麻煩或無利可圖）的狀況，去收割獨占的利益。本章會說明何以在二十一世紀的知識經濟裡，形式最現代的一種尋租行為是透過將創新經濟中的風險社會化，把收穫的利益私有化。

創新從何而來？

在檢視創新價值萃取的四種面貌之前，我想先討論一下創新過程的三項關鍵特點。創新鮮少獨立發生。實際上，創新具有累積的本質：今日的創新，經常是前人投資的結果。再者，創新是集體性的工作，且需要漫長的前置時間：今日看似劃時代的突破性發現，很可能得歸功於不只一位研究者辛勤努力了幾十年。創新具有非常深的不確定性，因為失敗的機率極高，不少成果往往屬於意外（像威而鋼最初是針對心血管疾病用藥所研發的）。

一、創新的累積性

若說有件事能讓經濟學家一致同意（這可不多見），大概就是科技與組織的變革是長期經濟成長與財富創造的主要來源。以科學知識、技術與生產形式組織等目標進行的投資（後者如亞當·史密斯強調的分工），會推動生產力的提高，並帶動GDP的長期增長。

約瑟夫·熊彼得（Joseph Schumpeter, 1883-1950）在馬克思思想的基礎上，強調科技變革在資本主義中扮演的角色，他可能是最強調創新對資本主義之重要性的經濟學者。「創造性破壞」（creative destruction）一詞，就出自於他的發想，以此形容產品創新（新產品取代舊產品）與製程創新（用新方式去組織生產並進行商品與勞務的流通）如何同時誘發更新與毀滅的過程，包括舊的做法會凋零，造成許多企業邁向破產。熊彼得很著迷所謂的創新「浪潮」，他認為創新會像浪頭，每三十年左右發生一次。馬克思對於技術變遷的興趣，導致他認為創新影響了資本創造剩餘價值的能力，而這一點會讓資本主義陷入危機（若機器取代了人力，那作為獲利來源的勞動力要如何剝削？），相對於此，後來的經濟學者則把焦點放在由熊彼得所強調的創新的正面意義上：創新對提高國家經濟生產能力的作用。

一九八七年，麻省理工學院的勞勃·梭羅教授獲頒諾貝爾經濟學獎，理由是他證明了超過八成以上的經濟成長可以歸因於科技運用的改良。跟隨不少閱讀過熊彼得理論的前人步伐，梭羅認為經濟理論必須知道如何更精準地描繪技術變遷。[3]但創新舊到底是從哪兒來？是創業者隻身一人在車庫中研究出來的？是天才科學家在實驗室裡靈光一閃？還是令人感佩的中小企業與創投金主在不惜成本的努力中掙扎得到的？不，經濟學者的結論是：發明在極高的比例上，都是長期投資、經年累月堆疊出的果實。

舉個顯見的例子：輕薄短小的個人電腦能取代笨重的大型主機，是因為半導體、記憶體與各種零件的製造累積了數十年的演進。個別企業如ＩＢＭ，確實是個人電腦能在一九七〇年代尾聲到一九八〇年代初期成功普及的關鍵要角，但要是沒有其他主體對這漫長過程的參與與貢獻，包括美國政府歷經一九五〇與六〇年代，對半導體研發所展現的投資眼光與採購能力，這一切還是不可能成行。又或者在之後，美國政府對網際網路的發展投入了資源，乃至於（本身也是公家資金挹注對象的）Xerox Parc 等企業也在電腦使用界面的圖形化上進行了投資，這些也都有助於個人電腦的崛起。事實上賈伯斯用在蘋果第一臺麥金塔電腦「麗莎」（Lisa）上的介面，就是這樣來的。

二、創新的不確定性

創新具有不確定的本質，意思是創新多以失敗收場。就算最後能成功，當中也需要通過漫長時間的等待：一個創意從念頭出現，到最後的實現與賺到錢，可能一晃眼就是幾十年。每一次創新所牽涉的風險類型、風險來源，與風險強度，會因為技術、產業的差別而有所不同。以技術面而言，相關風險就會隨目標的複雜化（像是登月或解決氣候變遷問題）或是參與組織內部對相關知識的匱乏而增加。[4]規劃出特定解決方案所需要的時間愈長，競爭對手搶先進入市場、「先行者優勢」拱手讓人的機率就愈高。初始投資想順利回收或是商業模式想順利建立起來，其他的不利因素或風險還包括各種「外溢效果」（spillover effect）；產品進入市場上了，但需求為零；投資人面臨勞動力或稅務問題；以及整體經濟局勢的變化。這些都是何以不論在牽涉到創新的公私部門，風險胃納都很重要。

然而，相對於大無畏的創業者形象，企業方常常不願承擔風險，尤其是遇到資金需求龐大且技術與市場不確定性較高的時候——新藥研發就是一例，網路、生技與奈米科技等領域剛冒出頭的時候也有過類似的遭遇。遇到這種創新被私部門敬而遠之的關鍵時刻，公部門就可以適時跳出來，事實上公部門也一直在這麼做著。民間怯於冒險投資的時候，政府就可以站出來提供長期融資讓創新續命。

三、創新的集體性

理解公部門在提供策略性融資時的角色扮演，以及企業內部員工對於創新所做出的貢獻，就代表我們應該理解：創新是集體行為——由公私部門與第三部門中的不同角色進行互動，對創新而言是極為重要的過程。很多看似自行其是的企業家，其實都因著這種集體性的互動而受益；再者，這些企業家也站在企業界前輩與納稅人的肩膀上，一如我們後面會講到的，為創新打底的基礎建設與固有科技常來自這兩種人的貢獻。

上述集體創作的過程，可以在今日某些無所不在的產品科技上一目了然。像iPhone一開始，靠的就是公家出錢研發的智慧型手機科技，另外像網際網路與個人數位助理SIRI等技術，研發預算都是出自於美國國防部的「防衛先進研究計畫署」（Defense Advanced Research Projects Agency，DARPA）；簡稱GPS的全球衛星定位系統源自美國海軍；觸控螢幕來自中央情報局（CIA）。在製藥產業中，研究顯示三分之二最具創新性的藥品（被判定為優先等級的新分子藥物〔new molecular entity〕），都可以追溯其研究根源到美國國家衛生研究院（National Institutes of Health）的資助。在此同時，能源領域若干最重大的技術技展——從核能、太陽能到頁岩油的水力壓裂開採——都是由美國能源部（Department of Energy）所投資的，這當中包括世人近期在電池儲存上看到的創新，就是「先進能源研究計畫署」（Advanced Research Projects Agency-Energy，ARPA－E）的代表作，而ARPA－E正是DARPA的姊妹機構。微軟的執行長比爾·蓋茲[5]與字母公司（谷歌的控股母公司）的執行董事長艾瑞克·史密特（Eric Schmidt）[6]都曾在近期撰文講述各自的公司是如何顯著受益於公共投資：除了作為全球資訊網（worldwide web）幕後功臣的網際網路與超文本標記語言（html）程式碼都是在歐洲一間公立實驗室「歐洲核子研究組織」（Organisation Européenne pour la Recherche Nucléaire，CERN）所寫出來的以外，就連谷歌自己的演算法都拿了美國「國家科學基金會」（National Science Foundation）的補助款。

創新過程的集體特性，不只可以從公私部門的攜手合作中看出，還可以從勞工扮演的角色看出。在許多於公司治理上傾向「利害關係人」主義的國家裡，包括北歐多國，都會更直接地將勞工帶入創新的過程，透過成熟的職訓計畫來培育勞工：這些國家都把技術人才當成重要的投資，由此員工對創新的貢獻程度會提高，對工作成果也能分享得更多。一旦工會代表能在董事會裡有一席之地，他們便更有空間去要求薪資上的犧牲可以由其他領域的投資增加來作為補償，這些投資最終又能創造出更多更好的工作機會。利害關係人傾向較明顯的經濟體或國家會更習於接受與價值創造不可或缺的各類公私部門合作：例如，德國製造業之所以強大，就跟該國的產學合作有很密切的關係，並具體表現在其橫跨公私部門的「夫朗和斐應用合作促進會」（Fraunhofer Institutes）等組織上。[7]

現在我們理解了創新當中的不確定性、集體性與累積性等特質，這將有助於理解上述的價值創造與創新裡的價值萃取。在創新經濟裡，價值萃取主要以四種型態發生。首先，是經濟體與金融市場的互動。

創新的資金來源

考量到創新是冗長且需要不斷累積的過程，哪些主體會在什麼時間點上以何種方式參與創新過程，成了我們不得不去了解的事情。在圖三十，可以看到在創新發展的流程當中，金融投資的報酬會歷經什麼樣高低起伏。早期的報酬率偏低，主要是此時的風險相對高；等到創新確定成功了，金融報酬率就會提高，且往往是呈指數提高，然後進入平坦的高原期。這種過程的累積特性，也會展現在報酬的分配上（圖三十），不變的事實是誰在創新的什麼階段做什麼事，確實會隨著時間而改變。在最初期，創新往往是公立研發單位或大學的事，是這些機構拿錢出來進行科學基底的研究。只有到創新接近商業應用時，私部門才會介入。公家的研發機構，如前述的DARPA與ARPA－E，乃至於由公部門投入新創公司的早期種子資金，基本上都會比私人的創投資金更早進場。這些具有公家背景的種子資金包括公部門的創投基金（如隸屬於以色列政府的 Yozma 基金〔Yozma，希伯來文的啟動之意〕），包括透過政府採購計畫來資助中小企業（如美國的小型企業創新研究計畫〔Small Business Innovation Research Programme〕），也包括透過公營銀行內部的創新資金來提供金援，像歐洲投資銀行（European Investment Bank）、德國的德國復興信貸銀行與中國的國家開發銀行都屬於這類公營行庫。證據顯示這些願意承擔風險的耐心資本得先進場投資，對風險較敏

圖三十：創新的累積投資報酬

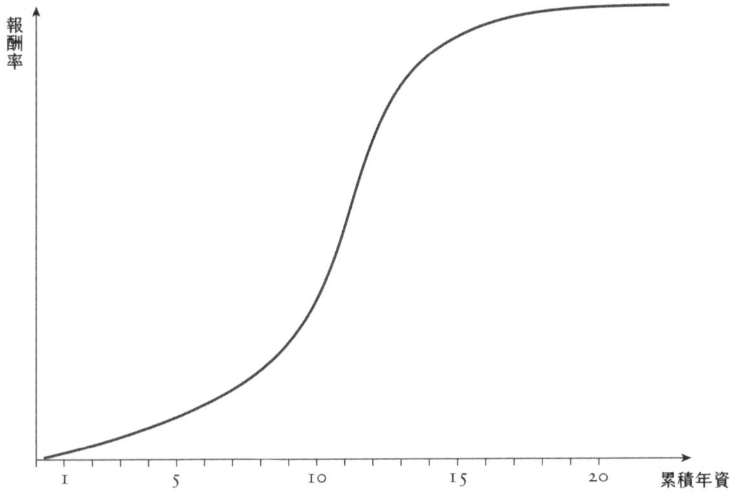

感的私部門金融基金或創投才會跟進。[8]

以創投業者而言，他們真正的「天才」之處似乎在時機的掌握：他們總是能姍姍來遲地進入一個產業，正好與研發風險的高峰擦身而過，卻又沒有遲到錯過大豐收。事實上，他們總是能在情勢最佳的高點進行殺球。雖說創新投資的失敗率很高，但少數押對寶的投資就可以讓基金大賺其財，像創投基金凱鵬華盈（Kleiner Perkins）就是很經典的成功案例。一九七六年，凱鵬華盈拿了十萬美金投資基因泰克（Genentech）這家生技公司，四年後上市時的市值高達三億元。二〇〇九年，基因泰克被總部設於瑞士的羅氏（Roche）藥廠以四百七十億美元收購，投資人大賺一筆。同樣地，彼得・提爾在二〇〇四年拿五十萬美元投資臉書，拿到了百分之十點二的持股。二〇一二年他把手中大部分的臉書股份賣掉，套現高達十億美元。這些早期投資人無疑對創新過程非常重要，問題是：他們拿到的報酬不會跟所冒風險太不成比例了嗎？

你會以為公共資金較早開始冒險，而私人創投是到投資看起來有搞頭來才加入，所以這些投資人會各自因為膽識的高低而獲得不同的報酬率。這種想像很合理，但反過來才是實情。在此處的案例裡，私人創投產業大約可以分到扣除費用與成本後兩成的投資報酬，而公部門的直接分潤則趨近為零。一般認為公部門的收益會來自其他較為間接的管道，比方說等到低成本但高品質的產品上市後，政府便可以從企業的銷售獲利中課到稅款。這種想法不僅是忽視了公共資金在創新初期扮演的關鍵角色與風險，而且還以不成比例的報酬率圖利了私人的投資者。

這一點我們可以看得更仔細。

創投的世界——時機就是一切

美國的創投產業起源於一九四六年，當時成立了「美國研發公司」（American Research and Development Corporation，ARD），向富人與大學基金會爭取投資製造業的科技新創公司。很短的時間內，相關的投資就匯聚了各界的注意。一九五七年，ARD投資了共計七萬美元在ＤＥＣ這家電腦公司上。九年後，這筆投資已經價值三千七百萬美元。儘管如此，創投產業的成長在一九八〇年代以前都算是無甚爆發性。一九八〇年代的創投產業得以勃發，退休基金扮演了功不可沒的發動機角色。

從創投產業的發軔算起，企業家與創投家經常是踏浪而來，但他們腳下的浪尖，往往得歸功於政府鋪陳了數十年的投資。二戰戰後以來，政府對於高科技的投資就在一九五〇年代以軍事結合工業的方式大幅增加，冷戰的背景是很重要的原因。[9]在以一九七一年所創的「矽谷」之名為舉世熟知之前，舊金山灣區就在生產軍事用科技，乃至於從一九六〇年代起，矽谷便會將這些軍事科技轉作商業用途。[10]矽谷第一家正式的創投業者，德雷柏－蓋瑟－安德森（Draper, Gaither and Anderson）公司，是由兩位退役的美國陸軍將軍，外加給艾森豪總統的機密報告執筆人成立，那份報告的內容是關於美國面對蘇聯搶先發射史普尼克號（Sputnik）衛星該如何回應。[11]

將軍事科技商業化的工作，大部分在奇異電子、德州儀器、美國電話電報公司（AT&T）、全錄（Xerox）與ＩＢＭ等老牌資通訊公司的實驗室裡完成。而後這些公司的員工跳出來自立門戶。本身設立於一九五三年的美國政府「中小企業管理局」（Small Business Administration），在一九五八年成立了「中小企業投資公司」（Small Business Investment Company）來協助上述新創業者籌措資金。

一九七一年，美國成立了上市條件不若紐約證券交易所（NYSE）那般嚴苛的那斯達克（NASDAQ）股市來作為政府扶持新創業者的配套。建立這樣一個具有高流通性的國家級市場來供投機性較高的企業股票進行交易，對吸引創投基金投資IT產業有極高的重要性，因為集中市場的存在給了投資者一種安全感，他們知道自己的投資未來不會有無法脫手的問題。[12]創投基金通常在下好注的三到五年後就會開始伺機出場，他們對企業不移情別戀的耐心只有這麼長。

一九七二年，矽谷的創投產業開始朝帕羅奧圖（Palo Alto）市的沙丘（Sand Hill）路三千號這個門牌集結；一年之後，美國「國家創投協會」（National Venture Capital Association，NVCA）成立，並快速崛起成為具有影響力的遊說團體。到了一九八〇年代初期，創投協會便說服國會將資本利得稅率砍半，它們主張此舉可以提供動機讓創投增強投資意願。華倫・巴菲特（Warren Buffett）成為這項政策的主要批評者，他承認含自己在內的多數投資人都沒有在管稅的問題，[13]他們看的是商機。確實，創投產業從一開始就是跟著政府走，就是跟著網路、生技、奈米與潔淨科技等「任務導向」投資所創造的機遇在走。

如我們在第五章所提，國家創投協會的另一項重大勝利來自於說服美國政府在投資規定中放寬「謹慎管理人」的定義。這條目的在於杜絕退休基金涉險的規定一放寬，退休基金經理人便可以最多拿退休基金的百分之五去參與創投等較高風險的投資。這意味著從一九七九年以來，大筆勞工退休金流入了創投基金，而創投基金會從中先抽取百分之二的管理費，外加賺到錢後再從獲利中抽取兩成的績效獎金，與私募基金無異。[14]

一九八四年，法國總統密特朗（François Mitterrand）參訪矽谷，當時保羅・伯格（Paul Berg）作為當年度諾貝爾化學獎的其中一名得主，曾與湯姆・柏金斯（Tom Perkins）這名凱鵬華盈基金的共同創辦人有過一段交流。就在湯姆・柏金斯誇耀創投產業在生技發展中所扮演的要角之時，可以從其言談中感受到創投業突發的景氣之好，似乎無法對應到他們實際上的投資績效。伯格當時說：「基礎科學研究在五〇、六〇年代燒錢的時候，你們人在哪裡？現在（產業）用得很高興的那些科學發現，大都是那時候做出來的耶。」[15]但對創投業者而言，不變的展望是暴利入袋已近在眼前。要說起這種利之所趨的企業精神，怎麼能不提到在那一年掛牌上市的新創公司：蘋果公司。[16]

正面我贏，反面你輸

一九七六年，蘋果電腦公司成立在加州一處車庫裡頭。一九八〇年上市時，蘋果創下了自可敬的福特汽車在一九五六年上市以來，規模最大的IPO（首次公開募股）案，當時福特已經是家五十三歲的老牌企業。[17]蘋果一夕之間成為傳奇，也打開新的路徑：IPO自此成為了數百家科技新創公司的成年禮。在大眾的心目中，這些科技新創公司跟矽谷的繁榮是一體的兩面，它們的上市夢背後有非常好的理由。

ＩＰＯ代表一家公司攜帶的期望與潛力，終於與市場的現實面短兵相接的瞬間。在這一瞬間裡，ＩＰＯ就能把長期累積的價值握在手中。一家公司未來期待能賺到的錢，會在電光石火間於股價上展現。換句話說，對創投而言，時機是一切成敗的關鍵。

透過各類安排讓種種條件匯聚在ＩＰＯ這個點石成金的瞬間——漫長蜿蜒充滿充滿不確定性的合作創新之路，終於在此走到了汗水結晶成現金的終點——創投家、創投以外的投資人、企業創辦人、元老級的員工，終於能收割超乎尋常的報酬。在那一瞬間，原本「受困的價值」（trapped equity）——將靈感發展為商機過程中所累積的創意、努力、勇氣、合作、毅力——一下子獲得解放，並交到股票上市的控制方手中。只不過這個控制方，不見得是原始的創新者或一開始的風險承擔者。

ＩＰＯ首先是一種讓早期投資人可以把錢拿回來的辦法。有朝一日能夠ＩＰＯ的願景，會鼓勵投資——只是我必須說，一開始就一眼看著逃生門，一眼看著秒針的人，恐怕不是很適合陪著潛力企業成長茁壯的投資人。再者，ＩＰＯ可以用來籌募新的資本供企業擴張，而擴張在某些產業中有其必要性，但在其他產業中還好而已，像軟體業就不太需要傳統意義上的擴張，因為對軟體設計而言，人才才是最重要的資本。第三，創辦人可以透過ＩＰＯ，實現他們原本隱藏在公司運作中的腦力與血汗價值。第四，有些新創公司的員工可能原本在發展性低但穩定的工作上做得好好的，ＩＰＯ可以讓他們跳脫舒適圈的勇氣得到報酬，或至少看到這樣一個機會，畢竟只要上市，公司股票就有了流動性。像微軟在一九八六年上市，主要的動機就是創造流動性，畢竟公司從一九八二年就開始發股票選擇權給員工。[18]

重點整理一下：在起步階段投資一家公司，是極其冒險且勝率不高的行為。創投基金在景氣循環中所歷經的波動，顯示出當中的危險所在。[19]儘管如此，不少創投業者仍因矽谷科技公司的成功而躋身超級富豪之列。這是怎麼發生的呢？它們確實冒了風險，所以賺取風險報酬無可厚非，只是他們拿去冒險的幾乎都不是自己的錢。還有一點是，創投賺到錢，是因為它們投資的公司從累積數十年的政府投資中獲得了價值。總之，就是有某一筆ＩＰＯ押對寶了，創投業者就會因為內部人士的優越位置獲得不成比例的報酬。另外，創投適用的資本利得稅率也一天天更加優渥，畢竟創投產業可是花了不少心血，辛辛苦苦才打造出這個有利於它們的稅制。

ＩＰＯ過程中的股權配置，也同樣利於內部人士，包含擔任ＩＰＯ承銷商的投資銀行。內部人士有動機去渲染ＩＰＯ的獲利潛力，包括他們會刻意把承銷價訂低，並限制對外流通額度來刺激股價飆漲。隨著外部人士吵著要入手當紅的新股，內部人士便可以坐地起價大削一筆。[20]幾乎可以將之想成是「正面我贏，反面你輸」的賭局。

把這種賭局玩很大的案例，可以從一九八〇年代處於發展中的微電子產業說起。在當時，是美國創投產業對於自身該如何演進，一個土壤肥沃的測試臺。從二戰戰後到一九八〇年代之間的數十年裡面，政府在這方面持續有所投資，這就代表微電子產業中的新進業者有條件在創投要求的時間線內做出有銷路的產品。漸漸地，創投將其運作模式遷徙到其他新興產業中。生物醫藥產業，也同樣建立在美國政府的巨額投資上，這一次是透過美國生命科學知識自一九三八年以來的大本營——美國國家衛生研究院。從二〇〇九到二〇一六年，美國國家衛生研究院平均每年花費三百一十五億美元（固定以二〇〇九年幣值計算）在各種研究上，相當於其在一九九〇年代的兩倍水準，或是一九八〇年代的三倍水準。二〇一六年，美國國家衛生研究院的研發經費總額是三百二十三億美元。但比起微電子產業，生物醫藥產業裡的產品生命週期要長得多，成敗與否也更加投機，所以較無法配合創投投資多以五年為期的模式。[21]除了安進（Amgen）、健贊（Genzyme）與渤健（Biogen）以外，（現屬羅氏大藥廠一員的）基因泰克算是少數可以依承諾做出暢銷藥品的生物醫藥公司。所謂暢銷的定義是銷售超過十億美元，這是整個產業也才三十種藥品能達得到的高標。[22]

儘管過往的實績如此零零落落，生物醫藥業仍有數百家新創公司得以透過ＩＰＯ募得資金，並持續在市場中生存多年。但其實這一路上，它們都沒有做出任何叫得出名字的產品。這些被稱為「零產品ＩＰＯ」（product-less IPO）的藥廠能夠生存下來，靠得是與大藥廠簽下的研發合約，以及那斯達克股市中以它們為標的進行的股票投機交易。反正一有臨床實驗成功或失敗的消息傳出來，股價漲跌的效應就會隨之發酵。要靠開發出暢銷藥品來扎扎實實地賺錢固然難，想靠這種新藥研發成功的可能性來投機致富，卻相對簡單且門路多元。同時，雖然把靠納稅錢資助的生命科學投資變成暢銷商品的的紀錄並不光彩，但這並未阻止相關企業的高階管理人員把優渥的現金與股票薪酬放入口袋。

古典學派的經濟學者對於創投產業透過轉移資金而非創造價值來萃取價值的方式不屑一顧；對他們來說，重點在於如何讓價值的生產獲得培育，而不在於讓價值的流通變得簡單透明。

但一九九〇年代與二〇〇〇年代初期，那些企業創辦人、創投資本家、公司元老與高層在矽谷科技熱潮中發財的案例，向外擴散漣漪，在已站穩步伐的產業中重設了領導人對薪資的期待與相關待遇的常態。同樣地，膨脹的期待也進駐了專利體系，尤其是在資通訊、生物科技與藥品等創新領域。專利，無疑已經成為價值萃取的同義語。

有專利護體的價值萃取

第二種供人從創新經濟中萃取價值的主要辦法，是透過以智慧財產權中心的專利體系來取得財務報酬。在上個世紀，專利與其相關工具如著作權與商標權，已經從刺激創新變成阻礙創新的制度設計。

專利作為一種制度設計，要保護的是新穎、有（不明顯的）創意與適合工業應用之發明。理論上，專利可以讓創新者無懼於想法遭到抄襲或複製。實務上，大部分的創新都沒有申請專利，這一點本身就顯示了專利的存在欠缺必要性，主要是要保護創新的辦法多得是，當中包括**前置時間**與**營業祕密**（商業機密）。一項研究發現，在一九九七到二〇〇四年間，僅百分之十的「重要」創新取得專利。[23]專利獲得核發通常有兩項理由，而這兩項理由必須全時綁住雙方的平衡，才能讓專利制度有效運作。首先，專利制度必須透過讓發明者獲得時間限制的獨占權來鼓勵創新，[24]這被稱為專利制度的「專屬權」（appropriability）功能。作為換取這種獨占權的代價，發明者必須澈底揭露其發明物品或技術的細部資訊。而這就關係到專利發給的第二項理由：一旦專利到期，該發明就可以透過被稱為專利之「揭露」（disclosure）功能的過程來快速散播至經濟體中的各隅。專利制度若運作得當，其專屬權功能就會與揭露功能達成理想的平衡，大眾與經濟則可因為新知的快速散播而獲得利益。[25]

用這種角度看，專利的本質不應理解為智慧財產「權」，因為權利理應放之四海皆準且不可撼動。我們應該正確地將專利理解為出於整體政策考量而做出的合約或交易。發明人做出了犧牲（放棄發明的資訊），換取某種利益（在限期內獨享發明利益的權利）。在拿捏私人與公共利益的過程裡，主政者必須有所取捨。發給專利有助於增進發明人的創新動機，長期而言會帶動科技進步加速。但是這些專利發出去，也會強化市場上專利所有權人的力量，進而在專利有效期間削弱發明能產生的「經濟效益」，包括拖緩新知的傳播速率。

專利的初衷在於促進價值創造。將你低成本而高效益的創新拿去申請專利，代表你可以確保自身辛苦做出的發明在一定期間內專屬於你，只有你才能將之用於獲利，別人不准抄襲，美國現行的專利期長度是二十年。專利的使用存在產業間的差別，像軟體業就相對不重視專利，[26]而科技密集的產業如製藥業就比較在乎專利。但事實上，要維繫市場優勢有專利以外的方法，比方說善用先行者優勢與商業機密的鞏固。

為了理解專利如何與價值萃取的過程產生互動，我們必須要觀察的是專利究竟保護了什麼，還有專利本身存在何種結構。現行將企業家視為價值創造者的主流論述——在我看來——擾動了專利體系的平衡，其強調的不再是知識的散播，而變成是私利的鞏固。[27]

專利不是創新的助力，而是阻力

今天，若將專利以「交易」視之，已是一筆失衡的交易，由此專利體系不再是創新經濟的助力，而是阻力。四大方面的改變造成了這種失衡：專利保障的目標、專利保護的程度、取得專利的難易度、尋求專利保護背後的理由。

首先，自一九八〇年代以來，可申請專利的領域在美國就不斷擴大，而且主要是向「上游」擴大：換句話說，專利不再僅限於實際的「發明」（產品），而是開始納入「發現」（產品背後的知識）。這意味著，專利的保護對象不再局限於具有「實際或商業用途」的發明。時至今日，專利也適用有助於探索未來創新可能性的各種發現，比方（醫療上的）診斷程序、資料庫、分析方法，或是具有實際應用潛力的科學原則。換句話說，專利現在有一種新身分，是知識基底的守門員。

促成這種變遷的其中一種力量，是美國在一九八〇年通過的《拜杜法案》（*Bayh-Dole Act*），因為《拜杜法案》讓大學與政府旗下的實驗室可以拿公費研究得出的研究成果去申請並持有專利。

《拜杜法案》的宗旨在強化產學之間的互動，並讓技術獲得商品化的動機。但將獨家的權利授予握有專利的大學，會讓後續的創新窒礙難行，因為企業必須與大學交涉完畢並付清款項，才能進入市場取用原本應該免費公諸於世的資訊。[28]相對於鼓勵科技加速轉移——像威斯康辛大學就握有人類幹細胞的專利——現行的體系其實是拖緩了科技的擴散。[29]

美國率先這麼玩，世界各國也有樣學樣。這類大學專利授權所挑戰的是，學術界「開放科學模型」（open science model）的傳統，亦即基礎研究的成果曾經——也理應——可以自由、平等地供所有人取用。但到了今天，開放科學已經讓位給兼具財產制色彩與排他性的運作模式，這一點從谷歌與網景（Netscape）等網路搜尋引擎都使用大學授權的專利，就可以看得出來。

第二，法律規定的改變擴大了專利的保護傘：時至今日，專利成為了雖會到期但可以更新的東西。法條的改變，是源於廠商鍥而不捨的遊說，像藥廠的壓力就曾導致美國在一九八四年通過《哈奇－維克斯曼法案》（*Hatch-Waxman Act*）。這個法案除了讓學名藥產業離地起飛之外（因為此法讓學名藥廠得以繞過美國食品藥物管理局的某些管制），還讓品牌藥的專利期限得以延期。後來這個法案又遭到藥業律師的持續操弄讓專利可以延長得更久。[30]我們可以拿著作權來做類比：在過去一個世紀，娛樂產業將著作權的保護傘從原本的十四年，拉長到九十五年。[31]

第三，現在的專利比從前更容易獲得。負責藥證發放把關的法院與食品藥物管理局因為預算吃緊，削減了不少負責審核專利申請的人力，由此審核被駁回的機率大大降低。

第四，大公司愈來愈常使用「策略性」的專利申請，也就是以專利牆把競爭對手擋在選定的市場外。這就違反了專利存在的第二個宗旨，也就是要讓技術資源得以擴散。這樣的策略性專利申請，在一項科技的發展初期會非常管用，因為技術標準在此時尚未確實建立起來。又或者在節奏快速且專利密集的通訊或生技等領域，這種專利牆也比較常見，主要是這些行業中的創新高度相互依存或有互補關係。[32]早期申請的專利會讓持有者獲得訂定產業主流標準的機遇，但這也會讓別人無法插手提出改進。可能踩到專利紅線的風險，會讓某些企業不敢行銷自家的產品或服務。

另一種相關且日漸普及的市場習性是「專利霸凌」（patent trolling，俗稱專利蟑螂或專利流氓），即策略性取得專利不是為了把發展或商品化其創意，而是為了透過專利的主張來收取權利金。我們現在已經可以看到有一種專利市場，當中專利的價值已經被貨幣化，然後跟產品或服務的生產價值脫鉤。有人認為策略性專利有助於創新，因為中小企業可以藉此獲得產品研發與商品化的所需的成本周轉[33]——但證據顯示這種做法有其弊端。詹姆斯・貝森（James Bessen）與麥可・J・莫爾（Michael J. Meurer）這兩名《專利訴訟爆炸（暫譯）》（*The Patent Litigation Explosion*）的共同作者估計「專利霸凌造成被告公司每年兩百九十億美元的直接成本」。[34]另一份研究則發現整體而言，「專利訴訟會每年摧毀逾六百億美元的企業財富」，[35]其中又以中小企業首當其衝。[36]

不具生產力的創業行為

不過分地說，這些改變共同讓專利之後跟著的不再是生產力，反而是不具生產力的創業行為。沒錯，我們不能假設創業一定具有「生產力」，亦即創業不代表一定會有新產品、新服務或新製程被發現，也不代表社會整體的財富會增長。在許多案例裡，創業都不具生產力，因為這些創業翻新的不是服務或產品，而是尋租的途徑，或是透過「創意」對競爭對手設下精巧的法律陷阱。今日的專利體系對這類不事生產的「創業人士」而言，提供了許多機會。專利可以鞏固獨占，可以強化市場力量的濫用，可以阻礙知識的擴散與後續的創新，還可以讓人更輕易地把公家出資且集眾人之力獲得的研究成果占為己有。實際上，用經濟學家威廉・包默的話去說，「有時，所謂創業家可能是一種寄生蟲般的存在，他們對經濟其實是有害的」。[37]

一般常見的既定想法是，租金只是競爭不完全的結果，但競爭本身對社會還是有益的。另一種追隨馬克思的想法是，租金（包括專利租金）是源自於價值創造本身，而非源自於作弊或不按系統規則進行。換句話說，遊戲規則本身就容許租金。以現代專利制度的架構而言（包括容許上游申請專利，還有容許策略性專利申請），我會認為其可以類比於馬克思所稱的「非生產性勞動」，因為現代專利制度在做的事情是萃取而非創造價值。專利所有權人獲得租金，是透過對生產資源的產權主張，別人不給錢，我就不授權。專利所有權人可以藉此獲取由勞工創造出來但沒有反映在工資上的剩餘價值。在現代經濟裡，這類智財權的累積可以說幾乎無邊無際，所以諳於此道者也可以盡情對價值進行萃取。鄧肯・佛利（Duncan Foley）這名常駐紐約，研究主題是價值萃取習性與古典學派租金論述間關係的非正統經濟學者說：「任何一名（策略性智慧產權的）創造者都可以幾近無限制地拓展他或她的所得，但這絲毫無益於社會價值的生產。」[38]

今日的主流論述總是放大私部門在創新中的角色，貶抑政府做出的貢獻，結果就是創造出寬廣的空間讓專利可以大行其道。這些專利被視為是創業者努力付出的合理回饋，畢竟耕耘有收穫，他們才願意繼續肩負起創新的風險。但其實不論是回饋其創新的風險，還是對未來的創新給予鼓勵——這兩者無疑都很重要——仍不足以讓如今專利運作的失衡獲得合理化。沒有創造價值不說，專利版圖的擴張還給尋租、價值萃取、價值毀滅、策略權謀，與將公共研究成果占為己有等行為添加柴火。《經濟學人》曾評論：「專利制度理應傳播知識，理應要求專利所有權人把自身的創新攤在陽光下，讓眾人知曉……但我們現在看到的，是這個體系創造出一種寄生的生態系，裡頭的專利所有權人不是專利蟑螂，就是吝於分享。他們不想看到創新，至少不想看到他們沒有好處，分不到一杯羹的創新。」[39]

這一切的一切，都深刻關係到全球發展。我們現在在英美德等先進經濟體裡看的高度工業化，其實都發生在智財權的授予非常嚴格、取用則甚具彈性的過往，但今天的狀況早已不一樣。相較於繼西方國家之後工業化的日韓等已開發國家仍曾多少受益過國際智財權環境的「友善」或「寬鬆」，現今開發中經濟體則已然面臨一個有國際貿易協定撐腰，較以往封閉且高度私有化的知識創造體系。[40]

合理的藥價在哪裡

論及現代專利體系最黑暗的一面，肯定要從藥物訂價說起，因為藥價正是價值概念遭到濫用最嚴重的一隅。在藥品這種專利密集的產業裡，較嚴密的專利保護並未導致創新的增加。事實上，正好相反。醫療價值甚低或趨近於零的藥物愈來愈氾濫，[41]同時，不少藥廠為了延長專利，就把藥品中的同一批化合物重新組合，然後興訟。這些訴訟坐實了一種說法：專利法的體系已經成為價值萃取的主要源頭，不再能予人藉新藥發明來創造價值的動機。更糟糕的是，由於公家機構資助了大多數處於醫療創新背後的重要科學發現，[42]所以現在的納稅人等於一頭牛被扒了兩層皮：第一次是出了科研的經費，第二次是付了藥廠的利潤。再者，由專利所帶來的報酬日豐，也使得先卡位的業者地位愈來愈穩，競爭者只能在門外乾瞪眼，不得其門而入。

近期有個例子可以說明專利如何導致獨占性的訂價能力。二〇一四年初，藥業巨擘吉利德（Gilead）在市場上推出一款C型肝炎的新藥，名叫「索華迪」（Sovaldi）。對於C肝這種會危及性命的疾病，索華迪相較舊有的療法是突破性的新藥，有機會造福全美約三百萬名暨歐洲一千五百萬名C肝患者。[43]同年稍晚，吉利德推出了改良版本的索華迪，並重新命名之為「夏奉寧」（Harvoni）。這兩款新藥的推出，獲得的媒體的廣大報導，其受矚目理由並不是卓越療效，而是因為售價之高。三個月份的索華迪要價八萬四千美元（正好一錠一千美元），夏奉寧則是吃三個月要九萬四千五百美元。[44]

索華迪與夏奉寧並非個案。「特殊藥品」（specialty drug）——專門用來治療癌症、人類免疫不全病毒（ＨＩＶ）各種發炎性疾病等複雜慢性病的藥品——價格已於近年來突破天際，這也激發了關於這些藥貴在哪裡與合不合理的熱烈討論。抗癌藥品中即便是可能讓病人多活短短幾個月者，也是吃一天就要好幾百塊美元。索華迪的案例引發了美國國會的關注：參議院財政委員會的兩名成員，包括當時的主席朗．懷登（Ron Wyden）致函吉利德表達關切，並要求具體說明索華迪的藥價作成機制。[45]這問題問得好，因為特殊藥品的價格與其製造成本可謂完全無涉。比方說，學者評估十二週的索華迪療程，製造成本應該落在六十八到一百三十六點四六美元，[46]所以對數百倍於製造成本的藥價，藥廠該如何自圓其說？

病人的健康可以等，獲利不能等

過去最常被藥廠搬出來擋子彈的說法，就是只有高價，才能支應新藥的研發成本，並讓研究與臨床試驗階段的風險獲得補償。但輿論愈來愈懷疑這樣的說法，這種質疑並不是空穴來風，因為相關研究並不支持藥業的說詞。[47]

首先，藥廠在基本研究費用上的支出較其賺得的獲利，真的是小巫見大巫，[48]真要說它們錢花較多之處，輪不到研究，而是行銷，[49]更別說它們常常砸錢買回庫藏股支撐短線股價，畢竟公司股價關係到股票選擇權與經理級人員的薪水。[50]

第二，真正促成合稱為「新分子實體」這種藥品創新的研究，[51]大比例地源自於拿公費運作的實驗室。[52]藥業的研發重心，早就開始朝風險不高的後期階段遷移，不然就是去研發那些跟競品大同小異的「跟風」藥品。

比方說，促成索華迪與夏奉寧中的主要化合物問世者，其實是由美國國家衛生研究院與美國退伍軍人署（Veterans Administration）所資助的研究——而且這筆錢是從初期的科學研究一直給到後期的臨床試驗。私人資金投入索華迪與夏奉寧研發的經費，十年間不超過（而且可能遠低於）三億美元。[53]相對之下，光是在二〇一五年的前六個月，這兩種藥合計就創造出大約九十四億美元的營收（從二〇一四推出到二〇一六的三年之間，兩藥合計營收更達到四百五十億美元）。這麼一比，用研發成本合理化藥價就變得非常沒有說服力。[54]

由此，毫無意外地，藥廠開始轉向另一種說法來捍衛自身的立場。它們開始主張藥價正比於藥物內在的「本質」價值。「藥價的討論是個假議題。」吉利德的執行副總葛雷格·艾爾頓（Gregg Alton）聲稱。他在回應索華迪**價格**遭受的抨擊時說：「我們應該把重點放在藥品的**價值**上。」[55]曾任輝瑞大藥廠副總的藥業領軍人物約翰·拉·瑪提納（John La Mattina）把話說得更白。二〇一四年在《富比世》雜誌上一篇〈政壇不該質疑藥物成本，而應關心其價值〉（Politicians shouldn't question drug costs but rather their value）的文章中，瑪提納是這麼說的：

在病患、醫師與付費者的心目中，藥價的訂定與生醫研發的費用幾乎沒有關聯，也不應與回收研發成本扯上關係。藥價的訂定只應該根據一件事——藥品帶給醫療過程的價值，並具體分為三方面：

(1) 拯救生命；
(2) 緩解疼痛／痛苦，改善病患的生活品質；
(3) 降低整體醫療成本。

有趣的是，瑪提納也坦承不諱價值導向的定價，用意就是要方便業者在定價時完全不考慮生產成本與研發費用。亞力兄製藥（Alexion）的舒立瑞（Soliris）是一種以罕見的貧血或腎病變作為適應症，號稱全世界最貴的藥品（單人每年的療程開價為四十四萬美元），在評論這款藥時，瑪提納表示該價格「真的無關乎此藥品能順利上市的研發成本」。但他的話還沒說完：

在歐洲，民間保險業者與政府衛生機構都樂於付錢用這款藥。為什麼？因為照料這類病人的費用每年可能高達數百萬元。即便舒立瑞這麼貴，實際上卻在替醫療體系省錢，因為使用舒立瑞，可以讓醫療體系大幅減少這些病人在其他方面的費用。[56]

這種論點認為，特殊藥品的高價是合理的，因為它可以使病患個人與社會整體受益。在實務上，這意味著把藥價扯到兩件事情上，一是放著病人不管會造成的社會成本，另一則是用便宜但次等的藥去治療病人會造成的社會成本。所以在藥業公會，也就是美國藥品研究與製造商協會（PhRMA）編纂的「事實說帖」上，我們會不意外地讀到以下資訊：「在聽從醫囑好好吃藥的心肌梗塞／高血壓／糖尿病／高膽固醇病人上多花一塊錢，就能在急診送醫與住院等花費上省下三到十塊錢」，或「癌症死亡率每降低百分之十，就等於為這一代與下一代人創造四點四兆美元的經濟價值」，抑或「由生物醫藥產業所推動的研究與藥品生產是病人與家屬唯一的希望」。[57]這些話說得或許也沒有錯，但我很難想像有人會把這拿來當成（合理化）藥價高昂的藉口。

對此，批評者的回覆是特殊藥品價格與其提供的醫療裨益之間，並無可辨識的關聯。他們這麼說，也是根據證據說話，包括有個案研究顯示癌症藥價與其用藥效益之間並無連動性。[58]二〇一五年，一份研究抽樣了五十八款（美國在一九九五到二〇一三年間核准的）癌症用藥，結果顯示其對病患存活的助益並不足以解釋它們的索價居高不下。知名腫瘤學者彼得・巴赫博士（Dr. Peter Bach）上傳了一個互動計算機到網路上，供人根據癌症藥品的價值因子（平均餘命的延長，乃至於各種好的壞的副作用）推導出其「正確」的藥價。按一按這臺虛擬計算機，會發現多數藥品的價值基礎訂價會低於其市價。[59]

遺憾的是，多數藥業的批判者都跑到大藥廠選擇的戰場上去與之拚搏。換句話說，批評者默默地接受了藥價與藥品某種內在價值有關的觀念，所以我們可以把藥效為病人與社會帶來的助益（或省下的成本）轉成貨幣價值。這種聽來匪夷所思，實則不然。

藥品的價值基礎訂價概念，最初是學者與政策制定者發展出來對抗高藥價，並希望公衛預算的配置可以趨於合理的工具。像在英國，國家健康與照顧卓越研究院（National Institute for Health and Care Excellence，NICE）就是以每一類病人獲得的「生活品質調整人年」（quality-adjusted life years，QALY）年數來計算藥品的價值。生活品質調整人年，指的是健康完全沒有問題的一年；如果病人的健康沒有達到完美，那生活品質調整人年的計算就會按比例計算而不到一年。藥品或療程的成本效益，是根據獲得一個生活品質調整人年所對應的成本。一般來說，國家健康與照顧卓越研究所會認定一種藥品具有成本效益，門檻是每生活品質調整人年的成本落在兩萬到三萬英鎊之間。這種價格導向的評估法影響力不低：英國的國民保健署（National Health Service，NHS）想知道該選哪些藥來給付，問的就是國家健康與照顧卓越研究所。

像國家健康與照顧卓越研究所進行的這種成本效益分析，對國家醫療體系的有限預算配置有其意義。在美國，這樣的成本效益分析就不存在，其國家級的保險體系也依法不得與藥廠討價還價，由此美國的藥價遠高於英國，漲價速度也比英國快得多。導致的結果就是用像生活品質調整人年這樣的量尺去計算，特殊藥品的藥價在美國已經無關乎它們能提供的好處。

需求彈性（可理解為消費者根據商品特性，對其價格表現出的敏感程度）的基本主流分析，就足以說明特殊藥品能摸到天價的原因。相較之下，藥廠含糊其辭的推託話術就顯得更虛弱、更無法服眾了。含索華迪與夏奉寧在內的特殊藥品有專利的保護傘，所以廠商有獨占者的身分。既然是獨占者，競爭就無法對訂價產生任何影響。正常來說，你會期待需求彈性多少有點作用：價格愈高，獨占者的產品需求就愈低。當然在實務上，特殊藥品的需求彈性非常低：畢竟不吃藥就沒命。這些藥是重症病人的浮木，而醫療保險業者不分公私立都有給付的義務。

獨占與剛性需求合體後的邏輯，就是產品價格突破天際，而特殊藥品就是經典案例。這說明了何以藥廠能享有暴利：除了正常的利潤以外，它們還能賺取高額的獨占租金。[60]由國家健康與照顧卓越研究所進行之基於價值基礎的評估，具有其正面意義，因為這有助於降低市場對獨占廠商藥品的需求，防止漫天喊價。其缺點在於在需求彈性放大的同時，部分病人會得不到需要的藥，原因是藥廠願意犧牲利潤而降價的幅度，可能不足以讓所有人得到治療。這種狀況已是英國的現狀，國家健康與照顧卓越研究所已經出於價格考量而不推薦部分癌症用藥。同樣的狀況在美國也有，一些在公私部門都有保險提供者拒絕給付夏奉寧，除非保險者已病入膏肓。

但是，我要在此補充：特殊藥品的價格應該等同其協助省下的社會成本，是一個從根本上就有缺陷的命題。我們若把這種說法當真，那許多基本療程或疫苗價格都應該大漲一波才對。而且，要這麼說的話，那人賴以維生的水又該值多少錢呢？

圍繞著藥價的爭議，讓（不是每個國家都有的）公設醫療體系、公私立保險提供者（國家健保與保險業者）、大型藥廠形成了鼎足的態勢，進行一場打不完的戰爭。只有打破由社會價值為藥價撐腰的迷思，才能找到一勞永逸的解決方案，讓人買得起藥品。

網路效應與先行者優勢

我之前已經探討過創新這種本質上不確定且需要累積的東西，是如何取得資助的，也討論過這種資助的來龍去脈。另外還論述關於創新，其風險的分攤與回饋的分配，當中都存在著不合理的地方，尤其藥品就是最能凸顯這種問題的案例。現在，我想要介紹的是創新的另一個面向：現代數位網路對少數公司得以獨占所屬市場的能力，會產生何種效應。

曾幾何時，谷歌、臉書、推特、亞馬遜與電子灣（eBay）等公司從無名小卒成為全球數十億人日常生活中不可或缺的公司。這些企業日漸掌握我們獲取資訊的方式、我們與人進行連結與溝通的管道、我們經營友誼與感情的途徑，以及我們記錄生活、購物以及與廣大世界分享心思的園地。這些企業背後的新科技，揭開了——或者說創造出——我們內心的嶄新想望與需求。但其實能滿足這些人性需求的，原本大有人在，不一定非上述這幾家公司不可。事實上，早年也不乏企業嘗試過，所以令人好奇的是：這寥寥幾家公司是如何在這麼短的時間裡成就此番霸業，並因此獲得了大規模萃取價值的能力。

若問這一切是怎麼發生的？答案就在於創新的若干特質，亦即時機上的些微差異、遠見、機運等，都可能在對手之間創造出失之毫釐，差以千里的效應。任何人只要率先掌握了契機——建立標準或掌握某個具有黏著性的市場——就可以成為後進非常難以取代的存在。而且隨著「衛冕者」的馬步愈扎愈穩，還可以用脫離常規的比例去擷取市場的價值。

不少創新的發展史都非常忠實地反映出上述的情形。內燃機的霸業維繫了一百多年，但並不是因為世上不存在先天條件比內燃機更好的引擎，而是因為歷史上的陰錯陽差，內燃機在一開始便成功地先聲奪人。另外，後續的引擎創新並沒有想要取而代之，而是集中在內燃機的改良上。於是，內燃機就這樣**後天**被追贈了「最理想引擎形式」的頭銜。[61]同樣的事，也發生在QWERTY版本的電腦鍵盤配置上。QWERTY代表的是鍵盤左上角的六個字母，在機械式打字機當道的年代，這種鍵盤的低下效率反而使其相對打起來較快的DVORAK鍵盤享有優勢，因為慢速使得機械按鍵較不常卡住。來到以電子式鍵盤為主的現在，為了避免「卡彈」而不得不使用QWERTY鍵盤，當然必要性早就不存在了，但其衛冕者的優勢還是傳承下來。使用者一旦習得使用QWERTY的技巧，就不太有意願改變了。這種社會上的慣性，意味著QWERTY鍵盤出於好運的初始優勢，獲得了鎖定。

像這樣的案例，顯示出創新中的「規模報酬遞增」（increasing returns to scale：用戶數愈多，投資報酬率就愈高）具有多大的潛力，主要靠的就是所謂的「路徑依賴」效應（path dependency：出於習慣而持續使用某項服務或產品）或社會慣性。代表即便某產品一開始冒出頭的契機有點沒天理，或者一開始其實只領先一點點，領先者的優勢也可以透過規模放大而延續。舉例來說，有一種現象叫作「網路外部性」（network externalities）：一如電話機的價值會隨著擁有者能打電話的對象增加而增加，社群網路的價值也會因為你擁有朋友數量的增加而增加。臉書或推特使盡渾身解數，就是要增加其用戶數的規模，原因就在此：網路愈大，公司說話就愈有分量。

網路的含金量

照理來說，公司要爭取客戶天經地義，用戶懶得換公司也無傷大雅，但我們還是得思考網路擴張對於企業規模的意義。企業的「規模收益遞增」若獲得保障，一家公司就必然可以成長。谷歌會變成今天的模樣，完全是因為線上服務業者典型的網路效應。谷歌不單單是搜尋引擎，服務項目還包括電子郵件（Gmail）、電話會議（Google Hangout），還有文件檔案編輯（Google Docs、Google Sheets）——這麼多服務都是為了綁住用戶：你不能沒有Gmail帳戶，否則你就無法用 Google Hanghout 來與人聯絡。

這有什麼問題嗎？臉書、亞馬遜與谷歌等網路巨擘常被其經營者與同情者形容為「為善的力量」。它們自詡是推動社會進步的力量，而不只是一家以營利為目的公司。[62]按捺不住興奮之情的支持者會興高采烈地談論著新興且革命性的「分享經濟」甚或「數位社會主義」，[63]他們樂觀地期待著由數位平臺賦予人力量的未來，那是一個誰都可以在網路上無償取得各種服務，不論是想透過社群網路與人聯繫、想用GPS進行定位，還是想監控自身健康，一點問題都沒有的未來。矽谷跟邪惡的華爾街形成了強烈的對比，矽谷像座橋梁似地補起消費力的空檔，為人提供唾手可得的各種網路服務，這一點幾乎無關人的窮富。相對於此，華爾街則是權力與財富集中的元凶，也是所得金字塔前百分之一的走狗。[64]

確實，這些網路巨擘對其用戶而言非常有價值，它們的存在不僅增進用戶的福利，甚至時不時能夠提升其生產力，包括使用者可以在網路上隨手搜尋需要的內容、路徑、人物或書籍。但你若真以為這些服務是好心的矽谷免費提供給全社會，且目的只是為了「給人力量」，讓世界更寬廣開放，那就太天真了。要理性分析這件事情，必須從這些網路大公司的運作模式與獲利來源說起，我們要評估的是這些網路公司在價值創造與價值萃取上，究竟對全社會產生著何種影響。

像谷歌、臉書與亞馬遜之類的公司，乃至於像 Airbnb 與 Uber 這類分享經濟的業者，都很喜歡標榜自己是一種「平臺」。它們直接面對的不是傳統定義下的市場，它們不生產商品或服務，也沒有東西要賣給潛在客群。它們的營運範疇，認真說起來，是落在經濟學家所稱的「雙邊市場」（two-sided market）中，至於它們做的事情，就是在這雙邊市場裡以樞紐、連結者或守門員的身分來同時發展市場中的供需兩端。在其中一端，你會看到它們提供一種服務給人使用；在另外一端，你會看到它們會賣東西給其他業者——可能包括銷售與廣告空間，也可能包括使用者的行為資訊。企業會這樣腳踏兩條船，甚至多條船，並不是什麼新鮮事，但雙邊市場的特別之處在於其兩端相互連結的方式。隨著市場其中一端的使用者人數變多（如搜尋引擎或社群網路的會員增加），廣告的點擊次數與消費者行為模式的資訊量也會隨之增加，由此另一端市場的獲利性就會增強。這種模式很適合谷歌跟臉書等業者對其服務的使用者顯得大方：因為它們要的本來就不是你的錢，而是你的人。這一端的人多了，另一端要賣給企業的產品才賣得動。「社會主義」無論數不數位，在這當中都只是幌子而已。

所以我們不應該覺得谷歌提供了免費的服務給使用者。相反地，是身為服務使用者的我們在提供重要的生產要素給谷歌：它們圖的是使用者的廣告點擊，更重要的是，我們的個人資訊。搜尋引擎與各種服務，只是交換我們付出這些東西。谷歌的主要獲利，來自於把廣告空間與個人資訊賣給其他企業。一項服務在網路上免費，代表你沒有被當成客戶，而是被當成了產品。[65]臉書與谷歌的商業模式，都是建立在個人資訊的商品化上，都是在透過雙邊市場的煉金術，來把我們的友誼、興趣、信念或喜好轉化成可以賣錢的生意。所謂「共享經濟」，根據的也是同樣的概念。「共享」一詞大家如今琅琅上口，但其背後的核心意涵並不是利他主義，而是要找到缺口，讓市場交換行為能滲透我們食衣住行的大小環節——居住、搭車，甚至人際關係——然後把我們生活中這些它們原本碰不到的東西，變成它們可以出售的商品。[66]一如俄羅斯社會觀察家葉夫根尼．莫羅佐夫（Evgeny Morozov）所提出的警語：這樣的發展中，夾帶著一種風險，會把我們全都變成「不停出賣自己的人」，[67]我們會發現自己的人生沒有什麼部分不能拿來交易，更別說這發展還會同時掏空穩定就業市場跟良好生活品質的根基。

站在「平臺資本主義」之上

平臺資本主義（platform capitalism）一詞，常被用來指涉商品與勞務從生產、分享到交付的新模式——平臺資本主義比傳統的商業模式更加水平、更看得到消費者之間的互動，且較無需由傳統機制（如旅行社）來提供中介。所謂「分享經濟」在這種框架下的運作，就是要在雙邊市場中減少兩端的摩擦：把買方與賣家連結起來，把潛在的客戶與廣告主連結起來，並在各種做法上追求效率。表現在外，這是對商品與勞務在生產、分享與交付上一種極端的轉型。平臺資本主義創造附加價值的方式，是把原本在服務中屬於「邊緣人」的部分——以 Uber 為例就是叫車、選車、追蹤車輛與支付車費等環節——找來挑大樑，將之變成服務的核心。但當身障使用者向 Uber 申訴駕駛不幫忙把輪椅搬到後車廂時，Uber 卻只會規避責任，因為它們會宣稱自己不是計程車公司，只是單純的平臺而已。[68]同樣地，愈來愈多用 Airbnb 找住宿的人遇到地點安全性或房東種族歧視的問題時，該公司也是愛理不理。

再者，Uber 透過規模經濟（用戶數的增加）與範疇經濟（economies of scope；業務的多元化——如提供名為 UberEats 的餐點外送服務）的提升，獲致了利潤的成長，但這不啻是對實質上價值創造者的壓榨——我說的是駕駛。事實上，消費者在使用這些愈來愈便宜的搭車服務時，駕駛的成本卻在上漲：二〇一二年，Uber Black（尊榮優步）作為 Uber 的高級搭車服務，舊金山消費者的花費是每英哩四點九美元或每分鐘一點二五美元；到了二〇一六年，這些費用已經降至每英哩三點七五美元或每分鐘零點六五美元，換句話說，消費者賺到了。但同時間發生的事情是，Uber Black 駕駛所得減少，服務標準提高（駕駛有壓力，得提供共乘服務給消費者），以及來自 Uber 其他服務的競爭變強。[69]對於這些狀況，駕駛們愈來愈多怨言，但 Uber 的市場觸及（率）卻蒸蒸日上，每一天都有成長：截至二〇一六年十月，Uber 的全球搭乘量為單月四千萬人次。[70]二〇一六年，Uber 在美國有十六萬名駕駛，全球五百個城市更有數以百萬計的駕駛——全都以「獨立包商」的形式提供服務，由此 Uber 並無義務提供他們醫療保險等各種福利，畢竟他們不是全職的正式員工。

Uber 就跟谷歌、臉書、亞馬遜一樣，看似沒有上限地在成長。瀰漫在線上市場中的網路效應有一項重要的特性：一但某家公司建立起市場領導地位，其霸業就只會不斷成長，且幾乎自動地自我成長。若每個人都在臉書上有一片天地，就不會有人想加入別的社群媒體。多數人上網搜尋用的都是谷歌，於是乎谷歌與其對手的差距只會愈拉愈開，畢竟愈多人用，谷歌能拿來發揮的資訊量就愈多。隨著谷歌的市占率擴大，其能用以吸引使用者的能量也會愈大，這一點又會反過來成為其市占繼續成長的肥沃土壤。[71]

與網路先驅者所說的正好相反，網路效應讓網路的發展愈來愈集中，市場力量愈來愈以排山倒海之勢集中在少數大型業者手裡。光谷歌一家公司就掌握了美國七成的線上搜尋筆數，在歐洲更高達九成。臉書有相當於全球四分之一人口的逾十五億用戶，領先眾家對手好幾條街。亞馬遜現占美國實體書籍販售市場約過半的市占，更別提其在電子書部門一枝獨秀。六家公司（臉書、谷歌、雅虎、美國線上（AOL）、推特與亞馬遜）合占數位廣告市場大約百分之五十三（光谷歌與臉書就拿走百分之三十九）。[72]這樣的霸業，代表網路巨擘可以對其使用者與企業客戶予取予求。像不少書籍的出版業者就很不滿亞馬遜堅持的合作條件，不斷要求改善現狀，但實際上出版商對此根本使不上力，只能狗吠火車而已，畢竟如葉夫根尼・莫羅佐夫所說：「亞馬遜就只有一家，別無分號。」[73]雙邊市場裡強大的網路效應讓這些大公司深植地基，由此谷歌之流的業者雖無獨占之名卻有壟斷之實。[74]沒有獨占罪名纏身，代表它們不像菸草、造車與食品等傳統產業中的大公司一樣被反托拉斯的立法鎖定。

平臺提供者在核心市場中控有的霸業，可以進一步用來在衛星市場中獨厚自家的產品或服務，藉此進一步延伸領先者的業務觸角。歐盟目前正在調查谷歌，就是因為據傳谷歌會系統性地讓搜尋結果倒向自家產品。同樣的道理，不少用戶也對臉書挪用、儲存、分析與販售其個人資訊給第三方客戶非常不滿，但只要他們的朋友還沒離開臉書，他們也沒有別的地方可去。臉書等公司對此最制式化的回應就是「競爭者按一下滑鼠就有」。這樣說反映了它們有恃無恐，因為在網路效應如此強大的市場中，競爭者幾乎絕種。近期賓州大學一項研究調查了一千五百名美國網友，了解他們何以同意放棄部分隱私換取網路服務與應用。關於這點，坊間最典型的回答是，消費者會衡量隱私的成本與免費服務的效益，願意使用就代表他們覺得這是筆划得來的交易。另一種不相上下的說法，則是不少用戶純粹不知道網路公司侵害他們的隱私到何種程度。但有趣的是，賓州大學的調查結果與這兩種解釋都不一致。賓大的研究顯示，消費者之所以接受被追蹤並提供個人資料，並不是樂於這麼做或被蒙在鼓裡，而是因為充滿無力感的他們已經放棄努力。

消費大眾覺得自己沒有選擇，是可以理解的。在今天的社會裡，你怎麼可能不用網路搜尋引擎、怎麼可能不用大家都在用的社群媒體，又怎麼可能都不光顧什麼都賣什麼都不奇怪的購物平臺。但要使用這些服務，代價就是你得接受強勢業者所設定的條件，反正業者的態度就是「不爽不要用」，反正你也無路可走。

數位價值的創造與萃取

數位巨擘的龐大勢力，讓隱私保護、社會控制與政治力量等概念產生了議題性，但我們在此真正關心的是這種市場力量，會如何左右價值創造與價值萃取之間的互動關係。

創新的獨特運作動能——先行者優勢與有利於市場霸主的網路效應——都會對價值創造出來後的分享與衡量，產生深遠的影響。

這當中最主要的第一種影響結果，就是獨占。就歷史上來看，各種產業都會自然而然地發展出獨占，像鐵道運輸跟供水事業就是如此。這類事業要麼會被收歸國有（像在歐洲），要麼會成為嚴控的監管對象（像在美國），主要是怕私人企業濫用這類獨占，對社會大眾造成傷害。唯同樣具有獨占色彩的網路平臺，至今仍控制在私人企業手中，造成許多問題卻不見公部門介入監管。隱私、資訊控制、純粹過大的商業市場力量等，都只是網路平臺弊端的冰山一角。在欠缺跨國且強大中和力量加以制衡的狀況下，首先在市場中搶灘成功的業者就能收獲超凡的利潤。科技公司常能享有的低稅率，也會令人覺得不明所以，畢竟它們當成創業根基的科技多來自公家以稅款支應的高風險投資。[75]一定要說的話，欠納稅大眾恩情的這些科技大廠應該要多付點稅來報恩，而不是要求優惠稅率。再者，分享經濟的崛起也可能會讓業者得以把市場交易的觸角伸進新的領域，然後在這些領域中複製它們的市場占有率。

創新以其獨特性格造就出的第二種主要後果，關乎到價值的創造、衡量，乃至這些價值遭到誰以何種方式萃取。若以國民帳戶去看，網路平臺對GDP計算出的國民所得，其貢獻度就可以平臺業者售予企業的廣告相關服務來作為代表。廣告營收何以能貢獻到實質的國民經濟產出當中，原因並不太清楚，更別說廣告對經濟活動應服務的社會福利有什麼助益，更是令人毫無頭緒，但國民帳戶在這方面確與標準的新古典經濟學派有志一同，都傾向於認為任何自發性的市場交易都象徵著某種產出，就算是金融服務與廣告也不例外。反正只要有行有市，就代表該服務確有其價值存在。[76]但這是一種極具誤導性的看法：若大型網路公司針對社會福利有其貢獻，也是因為它們提供給終端消費的服務，絕不是因為它們強迫使用者接收到的廣告。

古典經濟學派對於這些嶄新數位市場的解讀，似乎還比較有參考性。一如第一章所討論過的，他們區分了所謂的「生產性勞動」，也就是對增加產出價值有貢獻的勞動，反之則為「非生產性勞動」。為線上平臺創造出獲利的活動——廣告與對使用者個人資訊與行為的分析——並不能增加產出的價值，因為此處的產出就是它們提供的那些服務，包括讓使用者在臉書上發訊息或在谷歌上進行搜尋。這些活動的實際作用，是讓企業得以與同業競逐另外更大塊的產出價值。[77]現行在經濟學中儼然是主流，但其實既混淆又誤導人的價值概念，創造出了一種無疑非常弔詭的結果：不具生產性的廣告活動被算作網路巨擘對國民所得的淨貢獻，而它們提供給使用者真正具有價值的服務，反而屏除在國民所得的計算以外。

大數據的興起，常被標榜為廠商與消費者雙贏的機會，但是否如此其實要看大數據握在誰的手中，還有數據是以何種方式獲得「治理」的。智財權範圍變大、效力變強，愈來愈朝上游移動等事實，就跟其獲得治理（或被放任不治理）的方式有關。任何一種市場都必須經過整頓，才能讓其專業知識納入治理，進而讓市場運作的結果符合我們作為一個整體社會的需求。事實上，官方的監管並非如外界普遍認為的是為了干預市場，而是為了讓市場能朝對社會公益最有利的方向運行。以大數據為例，市場幾乎由臉書、谷歌、亞馬遜、ＩＢＭ與微軟等五大所獨占。但這兒的問題不光在競爭，也就是產業中業者的數量與規模。由少數幾家公司來達成足夠的經濟規模，藉此把成本壓低，把資料變便宜，不見得是件壞事，畢竟大家的實質所得都在下滑當中。

關鍵的問題，在於網路獨占者與所得下降之間的關係。數據遭私有化後不拿去作為公益用，反而拿去幫忙企業賺錢，一種新型態的不平等於焉誕生——大數據催生出的獲利只掐在特定人手裡。光是把獨占的資訊賣便宜一點給消費者，算不上真正的解決之道。亞馬遜等企業所倚賴的基礎建設是用公家錢所蓋的（前面討論過，網際網路就是稅金堆出來的成果），這些企業所喝的奶水也來自各方集體產生出來的網路效應。當然，企業想利用新型態的數據創造出各種服務，無可厚非，但關鍵的問題在於如何確保資料的所有權與管理權能如其資料來源——社會大眾——一樣集體而多元。一如莫羅佐夫所說：「與其由我們付費給亞馬遜來使用——用我們的數據做出來的——人工智慧，不如要求亞馬遜付給我們資料使用費。」[78]

風險的分攤與利益的分享

承認創新的集體特性，就等於承認累積自創新的利益應該進一步拿出來分享。忽視集體貢獻的事實，只把創新的功勞歸給一小撮人，影響到的是智財權理應歸誰所有、藥價多高可以讓人接受、誰應該（或不應該）在新公司裡或新技術突破上分一杯羹，稅務負擔又該如何公平的分配等種種問題的答案。創新成功前的風險均分，與創新成功後的利益由少數私人獨享，這當中的落差，就是租金觀念現代化的最新版本。

現行關於價值、財富創造與風險承擔的論述，習於凸顯個別發明家與資本家的貢獻，也讓大家接受了創新的果實應由這些人瓜分——這是一種「應得」的概念。話說這「應得」的概念源自於英國哲學家約翰．洛克（John Locke, 1632-1704），而他會產生個人理應獲得工作成果的觀念，是因為個別勞工確實在當年的生產體系中比較有存在感，貢獻度也較為舉足輕重。但到了今天，科技帶動的成長常是團隊合作的結果，像以研究組織決策著稱並獲得一九七八年諾貝爾經濟獎的賀伯．賽門（Herbert Simon, 1916-2001；他另有一漢名為司馬賀）就很強調現代經濟的眾志成城。「再怎麼看得起我們自己，」賽門說，「我想，我們也只能說五分之一的所得是靠我們自己，其餘都是我們身為某龐大生產社會系統一員而獲得的贈與。這體系累積了大量的有形資本，以及無法計算的智識資本，包括分散在我們每個人身上的各種知識、技術與組織竅門。」[79]無視於這種集中人之力構成的社會體系，就是特定個人會心安於出一分力但賺十分錢的原因。但更精確地說，忽視社會乃群策群力這一點所造成的影響，會表現在稅制、專利與價格等政策上，而這些政策不當都會造成貧富差距的惡化。

所以，問題是：我們能做什麼？

擬定政策時，應該先對創新是集體過程這一點有所理解。考量到納稅錢被政府拿去投資網路等新科技時所冒的巨大風險，我們難道不可以透過制度面的建立，讓創新收益在分配時可以跟其風險的承擔一樣擴及社會？這些制度面的辦法，可以包括開發過程中有公部門參與的新藥藥價；包括在挹注公共資源時附帶條件，像是要求獲利必須重新投入生產而不可以花在買回庫藏股等投機行為上；包括讓公家機關可以對投入下游資金的科技保留分配股利或權利金的權利；也包括在貸款的時候附帶要求對方將來賺了錢要慢慢還，就像學貸。

一將功成萬骨枯，科技創投的特性就是充滿不確定性，贏家有，輸家更多。成功了一個網際網路（美國政府的正確投資），背後就有無數臺「白色大象」，中看不中用的協和式噴射機（英法兩國合資研發的超音速跨洋客機；問題一堆，現已停飛）。或者，也可以來比較一下索林卓（Solyndra）跟特斯拉。二〇〇九年，索林卓作為一家太陽能面板的新創，拿到了美國能源部五點三五億美元的擔保貸款；同年，特斯拉電動車也取得了類似條件的四點六五億美元貸款。以那一年為起跑點，特斯拉業績蒸蒸日上，並在二〇一三年結清了貸款。至於索林卓，則在二〇一一年申請破產，從此在財政保守主義者之間成為了政府投資眼光拙劣的代名詞。當然，政府學人家去投資創投，勝率不高也沒有話說，問題是民間創投有賺有賠，政府創投卻賠錢的時候有份，賺錢的時候沒份。納稅義務人為索林卓的虧損買單，但從特斯拉那兒分到的利潤卻幾乎是零。話說美國政府當初借錢給特斯拉的時候，開出了一個著實令人費解的條件：特斯拉若還不出錢來，美國政府就可取得三百萬股的特斯拉股權——難道美國政府有被虐狂，這麼喜歡當賠錢公司的股東？特斯拉如期在二〇一三年還清貸款，所以若美國政府當年選擇以對方創業**成功**為條件入股特斯拉，其收益就可以填補索林卓方面的虧空且還有剩。特斯拉拿到政府貸款的那一年，該公司以十七美元的價格成為掛牌的上市公司，而它們還清政府貸款時的股價是九十三美元，如今則在兩百美元以上。

再來說到藥價。與其去爭論「放著疾病不治療會造成的社會成本該如何量化」這個見仁見智的問題，應該要試著去理解藥業的生產層面，還有藥業與生化、醫療器材等相關產業的相互依存關係。我們可以透過對藥價的形塑來確保有實際需要的藥品可以持續生產下去（相對於一窩蜂做出來但沒有額外效益的跟風藥品則應該減少），可以藉此把藥品供應給每一位有需求的病患，也可以藉此確保新藥研發可以形成一條穩定且目標明確的「生產線」。像這樣的系統，不見得需要高於製造成本的藥價來維持。比方說，我們可以廢除藥品的專利，同時建立起獎勵競爭機制，讓公私部門都有動機提出目標明確的藥品創新。若能多利用學名藥（與品牌藥成分相同的副廠藥），那我們就能讓藥普及，並推動藥廠專注在突破性的創新上，而不要只是生產一些名為創新但其實大同小異的東西，也不要在那邊買庫藏股炒股價。

政策制定者應該要清楚地了解這過程中有那些參與者存在，好避免有人搭公家資助創新的便車，或是出現「贏者全拿」這種不令人樂見的結果。相對於讓人對創新經濟中的創投家等特定主體產生迷思，很重要的是我們必須認清不同主體在不同創新階段中的重要性。稅制可以改變，以便鼓勵創新過程中的不同參與者進行真正有感的連結。比方說，可以把創投者所享有的投資報酬與稅務優惠收回一點，讓其比例可以更符合各利害關係人所承擔的風險比重。了解到國家角色就是去做企業界不願意做的事情——從事高風險的早期基礎研發工作——也就代表著稅額抵減等特定政策必須透過設計，讓需要的創新可以先於可能有利可圖但隨機的創新獲得政府補貼。

員工待遇在此也是個重要的問題。一家公司在做出成績之後，往往會打著最大化股東價值的名義對老員工大開殺戒，但這些老員工很可能當初沒日沒夜地流血流汗，就是巴望著有一天公司能大放異彩，然後自己可以跟公司一起苦盡甘來，共同分享努力的報酬。一旦被裁員，他們就失去了獲得合理報償的機會，反倒是那些後來跑來插花的創投等投資人得以吃香喝辣。員工對這些企業的貢獻，理應獲得更好的保障。

在歐洲各國的首都如柏林與巴黎，Airbnb、Uber 與 Netflix 等企業的營運已經開始得遵守相關協議的規範與條件限制。[80]公益用途獲得保障的專利池開始建立起來。不分產品與技術類別，政府投資高風險產業開始可獲得股權或權利金的回收。開發過程中獲得公共資源挹注者，其價格必須經過協商來反映公部門的貢獻比重。大數據必須透過治理來反映當中有多少資料取材自公共的來源，過程中又使用了多少由公共出資的基礎建設。凡此種種，都代表我們不應該炒作科技的進步，而應該認可創新過程裡的團隊合作，並以創造公益為目的管理這些創新成果。

結論

很難想像少了創新，經濟成長要如何成行。但創新必須接受適當的管理，確保其誕生過程與誕生方式可以無礙於價值的創造，而不會淪為價值萃取的噱頭。這意味著我們不但要關注創新發生的速率與方向（創新的產品為何），也要關心新價值的諸多創造者之間談成了哪些協議。

首先，我們必須了解創新並不是一個中性的概念。創新可以有各種不同的目的——就像一支鐵鎚要麼用來蓋房子，要麼用來殺人。大數據的革命可以行善，也可以為惡，這技術可以用來處理醫療公衛、能源使用、消費習性等公共數據，也可以用來服務私人利益。又或者這技術可以用來改善消費者或公民所接受到的服務。要注意的是公民是公民、顧客是顧客，二者不能混為一談。作為公民，我們有權享受創新帶來的機會，有權使用公共空間，有權抗拒權威，有權分享經驗與品味而無須擔心自己的故事與喜好跑到網站或資料庫裡面。在這層意義上，推動「普惠」創新的運動是重要的，因為這些運動關心改變由誰預判，誰又能從改變中受益。

第二，創新是一種向量，有一個參數是速率，一個參數是方向。關於創新方向的民主辯論，就跟關於創新成長速率的討論一樣重要——這些討論關係到我們能不能理解創新可能出現的各種方向，以及政策可能對此方向產生的影響。一般人會假定政策應該要負責提供公平的競賽環境，但論及達成成長所需的特定創新（如綠色環保創新），我們需要的不是把場地弄平，而是要把場地弄斜使其對某一方有利。再者，創新需要的不只是政策擬定的心態調整，創新還需要一種不同的組織結構：在公部門中進行探索、實驗與集思廣益的能力。就是透過這種核心能力，各組織才得以培育出當代最具革命性的各種創新，包括網際網路、衛星定位與開採油頁岩用的壓裂法。關於如何使用任務導向的創新來迎戰社會與科技上的重大挑戰——像氣候變遷或社會照護等問題——我們還需要更多討論。[81]就像資訊科技革命是一種有方向性的選擇，我們也可以將綠色環保科技與照護改革設定為下一波的創新方向。我說的方向設定，並不是由高層下令我們現在要生產什麼東西，規定哪些主體具有「生產性」，然後強迫每個主體要按何種方式去行動。相對於此，我們需要的是讓公部門與私部門（還有公私以外的第三部門與公民社會）間建立起新的契約，以便藉此培育出共生的關係，並攜手進行在可以讓經濟發展遠離高耗材與高耗能（化石燃料）的投資。我們可以從像人類登月這樣的任務導向投資中學習到一些事情。想確保地球可以永續宜居，我們需要擁有與阿波羅計畫不相上下的野心、組織、計畫、下而上的實驗、公私部門對風險的分攤，以及摻有急迫性的使命感。[82]確實由於這類投資具有革命性，所以關於為什麼特定的科技雀屏中選，我們又要拿這科技去做什麼應用等問題，都需要更透澈與更廣泛的討論。像是油頁岩的壓裂開採明明是政府出資促成，卻在其問世之前甚少公開討論，就是件很耐人尋味的事情。

第三，一如之前所述，創新之事乃眾志成城，因此有難同當之後也該有福同享。高昂藥價、專利制度與大數據的運作生態背後漏洞百出的論述，說明了混淆而據誤導性的價值概念會讓我們付出多高的代價，因為這會讓大型的獨占企業獲取巨額租金，社會成本則交由我們來承擔。但其實只要我們能突破思考的盲點，事情並不用非如此不可。

很多人認為專利等同智慧財產權，但專利本身就不應該被視為是一種「權利」，專利的定位應該要是一種工具，一種刺激相關領域進行創新的工具——但過程必須確保讓公部門也不會變成光付出而一無所獲的工具人；藥價可以變得「更公平」，反映不同主體在藥品研發中所做出的貢獻，並讓醫療體系的運行長久保持平衡。共享經濟不會等同於少數企業占公共基礎建設的便宜，然後利用網路效應去獨占市場的行為。真正的共享經濟，必須不分種族、性別與能力地去尊重所有勞工的血汗，讓他們享有自己付出換來的成果。一天工作八小時，週休二日等例假日，還有帶薪的病假等由工運團體跟工會所奮力爭取來的勞動條件，也是非常重要的經濟創新，一點也不會輸給看起來很了不起的抗生素、微晶片與網際網路。

在一個獲利被大量囤積的時代裡，必須要思考的一大課題是想透過協議去讓企業願意把獲利繼續拿出來投資，而不要存起來，需要什麼樣的催化劑。而這個問題的答案就是：兼具自信與能力的政府——一個已經累積出能力來投資科技商機，且有自信按自己的意思去談判出產業環境的政府。像專利這樣的獨占合約，必須由兩造談判來達成協議。其中一方（企業）要獲得獲利的保障，另外一方（政府）就該要能爭取到公眾利益表現在較低的價格（憑藉規模經濟）上、創新的擴散（透過專利來揭露創新資訊）上，或是要爭取到讓企業把獲利再投資在有利於經濟成長的特定領域上——包括我們此處所討論的創新領域上。

事實上，發展中國家就很常對外投資：你可以來我們的國家，用我們的資源，但你賺了錢就得進行在地的再投資，讓我們也能分享到好處。但像這類的投資談判，在西歐的現代資本主義國家裡，幾乎看不太到。西方政府除了縱容企業把專利用在不具生產性的創業活動上以外，還放任讓企業停止獲利的再投資。若說這些獲利是完全靠自己達成，沒有用到公家的資金，那企業想讓錢落袋為安也就無可厚非。但一如我在本章中一再強調的，不少新科技與其奠基的網路都是集體創作的作品，所以其成果分享也自當由各參與方一起來商討。

凡此種種考量背後有一個關鍵的問題，在於政府對於經濟成長的貢獻有多少——也就是「公共價值」（public value）的大小。為什麼一路走來都很少有經濟學者提起這件事？更重要的是，為什麼現在的政府拿不出信心來為公共價值辯護或奮戰，之前卻可以勇於限縮專利的適用範疇，或對獨占者施壓，要求他們把獲利拿出來再投資？這些就是我們下一章要探討的課題。

註釋

1 Peter Thiel, *Zero to One: Notes on Startups, or How to Build the Future* (New York, Crown, 2014).

2 https://www.netmarketshare.com/search-engine-market-share.aspx?qprid=4&qpcustomd=0

3 R. Solow, 'Technical change and the aggregate production function', *Review of Economics and Statistics*, 39 (3) (1957), pp. 312-20: JSTOR 1926047; R. R. Nelson and S. G. Winter, *An Evolutionary Theory of Economic Change* (Cambridge, MA: Harvard University Press, 2009).

4 D. J. Teece, 'Profiting from technological innovation', *Research Policy*, 15(6) (1986), pp. 285-305.

5 https://www.theatlantic.com/magazine/archive/2015/11/we-need-an-energymiracle/407881/

6 https://www.washingtonpost.com/opinions/americas-miracle-machine-isin-desperate-need-of-well-a-miracle/2017/05/05/daafbe6a-30e7-11e7-9534-00e4656c22aa_story.html?utm_term=.b38348fbc471

7 https://hbr.org/2014/05/why-germany-dominates-the-u-s-in-innovation

8 M. K. Block and F. Keller, 'Explaining the transformation in the US innovation system: The impact of a small government program', *Socioeconomic Review* 11(4) (2013), pp. 629-56: https://doi.org/10.1093/ser/mws021

9 S. W. Leslie, *The Cold War and American Science: The Military-Industrial-Academic Complex at MIT and Stanford* (New York: Columbia University Press, 1993).

10 參見 W. Lazonick, *Sustainable Prosperity in the New Economy? Business Organization and High-Tech Employment in the United States* (Kalamazoo, MI: W. E. Upjohn Institute for Employment Research, 2009), ch. 2: doi: https://doi.org/10.17848/9781441639851

11 *Business Week*, 1960, cited in H. Lazonick, *Sustainable Prosperity in the New Economy? Business Organization and High-tech Employment in the United States* (Kalamazoo, MI: Upjohn Press, 2009), p. 79.

12 W. Lazonick and M. Mazzucato, 'The risk-reward nexus in the innovation-inequality relationship: Who takes the risks? Who gets the rewards?', *Industrial and Corporate Change*, 22(4) (2013), pp. 1093-128: https://doi.org/10.17848/9781441639851. 此一市場結構之所以格外重要，在於其有助於我們了解創新的真正風險位於何處。流動性是由造市者提供，造市者會以「初次公開上市」（ＩＰＯ）的承銷商身分來確保新創公司股票快速成交，而且成交價不會脫離市場行強太遠。透過這種方式，投資人的風險會被轉移到造市者身上。造市者背後有投資銀行在支持，而投資銀行——不用驚訝——身後又有政府在背書。(K. Ellis, R. Michaely and M. O'Hara, 'When the underwriter is the market maker: An examination of trading in the IPO aftermarket', *Journal of Finance*, 55(3) (1999), pp. 1039-74.。

13「我在工作上跟投資人交手已經一甲子，而我到現在都沒看過有任何一個人——即便是在一九七六到一九七七年，資本利得稅率高達百分之三十九點九的時候——會因為稅太高而放棄有利可圖的投資。人投資是為了了賺錢，潛在的稅金不會把他們嚇退。至於有人說高稅率會妨害就業，我的回應是從一九八〇到二〇〇〇年，美國淨增加了將近四千萬個工作機會，而那之後的事情大家都清楚：稅率愈來愈低，新工作愈來愈少。」*The New York Times*, 14 August 2011: http://www.nytimes.com/2011/08/15/opinion/stop-coddling-the-super-rich.html?_r=2&hp

14 Lazonick and Mazzucato, 'The risk-reward nexus in the innovation-inequality relationship'.

15 N. Henderson and M. Schrage, 'The roots of biotechnology: Government R&D spawns a new industry', *Washington Post*, 16 December 1984: https://www.washingtonpost.com/archive/politics/1984/12/16/government-r38/cb580e3d-4ce2-4950-bf12-a717b4d3ca36/?utm_term=.27fd51946872. I am grateful to William Lazonick for pointing me to this article.

16 講到創投角色的這一段，還有論及高階經理人薪酬後一段，都大幅度引用自 Lazonick and Mazzucato, 'The risk-reward nexus in the innovation-inequality relationship'.

17 Ibid.

18 Ibid.

19 P. A. Gompers and J. Lerner, *The Venture Capital Cycle* (Cambridge, MA: MIT Press, 2002).

20 參見 S. Davidoff, 'Why I.P.O.s get underpriced', Dealbook, *New York Times*, 27 May 2011; J. Ritter, IPO data website, 2012: http://bear.warrington.ufl.edu/ritter/ipodata.htm ; M. Gimein, E. Dash, L. Munoz and J. Sung, 'You bought. They SOLD', *Fortune*, 146(4) (2002), pp. 64-8, 72, 74.

21 Gary P. Pisano, *Science Business: The Promise, the Reality, and the Future of Biotech* (Boston, MA: Harvard Business School Press, 2006).

22 W. Lazonick and Ö. Tulum, 'US biopharmaceutical finance and the sustainability of the US biotech business model', *Research Policy*, 40(9) (2011), pp. 1170-87.

23 R. Fontana, A. Nuvolari, H. Shimizu and A. Vezzulli, 'Reassessingpatent propensity: Evidence from a dataset of R&D awards, 1977-2004', *Research Policy* 42(10) (2013), pp. 1780-92.

24 更正式的說法是專利持有者會獲頒一種「概率（專利）權」（probabilistic right）來排除他人使用或商品化一項發明的機會。(M. A. Lemley and C. Shapiro, 'Probabilistic patents', *Journal of Economic Perspectives*,

19(2) (2005), pp. 75-98: doi: 10.1257/0895330054048650) 專利權人必須有意願跟能力去對侵犯其專利者執行自身的權利。專利權人可以授權他人使用其發明來換取權利金。

25 不論是就專利的專屬性與資訊揭露程度而言，申請專利的密度與重要程度都會隨國家、產業、技術領域與企業規模的不同而產生差異。比方說製藥、生物科技與資通訊科技的企業，就會比其他領域的公司更熱衷於專利申請。其中專利對於藥廠而言，是最重要的專屬性機制，這一點不同於其他領域的公司會更加仰賴用機密性、生產前置時間、商標與額外的互補性資產來從自身的發明中取得利益。同樣地，比起美國製造業者的實驗室會比較重視出版與非正式的資訊交流，日本製藥業者的實驗室就期待靠專利促成資訊的擴散。W. M. Cohen, A. Goto, A. Nagata, R. R. Nelson and J. P. Walsh, 'R&D spillovers, patents and the incentives to innovate in Japan and the United States', *Research Policy*, 1(8-9) (2002), pp. 1349-67:doi: http://doi.org/10.1016/S0048-7333(02) 00068-9

26 根據 M. A. Lemley, in 'Software patents and the return of functional claiming', Wisconsin Law Review, 2013(4), pp. 905-64，軟體創新的成本低於生命科學的創新成本。軟體也在著作權的保護之下，即著作權法本身就有效預防了軟體遭到抄襲。網路效應可能會幫助創新者取得報酬，不受到智財權保護的影響（這一點本章後方會有更多著墨）。此外，社會上還有開放程式碼的社群存在，顯示出專利不見得是軟體產業創新的必要條件。最後，軟體的專利申請門檻也有區域跟國家之別（如歐洲與印度的限制較多，美國的申請條件較為寬鬆），而這顯示專利保護與否有時只是一種政策上的選擇。

27 Baumol, 'Entrepreneurship: Productive, unproductive, and destructive'.

28 R. Mazzoleni and R. R. Nelson, 'The benefits and costs of strong patent protection: A contribution to the current debate', *Research Policy*, 27(3) (1998), pp. 273-84.

29 M. Kenney and D. Patton, 'Reconsidering the Bayh-Dole Act and the current university invention ownership model', *Research Policy,* 38(9) (2009), pp. 1407-22.

30 http://www.nybooks.com/articles/2004/07/15/the-truth-about-the-drug-companies/

31 L. Burlamaqui and R. Kattel, 'Development as leapfrogging, not convergence, not catch-up: Towards Schumpeterian theories of finance and development', *Review of political Economy*, 28(2) (2016), pp. 270-88.

32 Mazzoleni and Nelson, 'The benefits and costs of strong patent protection'.

33 S. Haber and S. H. Werfel, 'Why do inventors sell to patent trolls? Experimental evidence for the asymmetry hypothesis', Stanford University Working Paper, 27 April 2015.

34 J. Bessen and M. J. Meurer, 'The Patent Litigation Explosion', *Loyola University Chicago Law Journal*, 45(2) (2013), pp. 401-40: http://lawecommons.luc.edu/luclj/vol45/iss2/5

35 J. E. Bessen et al., 'Trends in private patent costs and rents for publicly-traded United States firms'(March 2015). Boston University School of Law, Public Law Research Paper no. 13-24: SSRN: https://ssrn.com/abstract=2278255 or http://dx.doi.org/10.2139/ssrn.2278255

36 C. V. Chien, 'Startups and patent trolls', *Stanford Technology Law Review*, 17 (2014), pp. 461-506.

37 W. J. Baumol, *Entrepreneurship, Management and the Nature of Payoffs* (Cambridge, MA: MIT Press, 1993), ch. 2, p. 25; see also ch. 4.

38 Foley, 'Rethinking financial capitalism and the "information" economy'.

39 *The Economist*, 8 August 2015: http://www.economist.com/news/leaders/21660522-ideas-fuel-economy-todays-patent-systems-are-rotten-way-rewarding-them-time-fix

40 C. Forero-Pineda, 'The impact of stronger intellectual property rights on science and technology in developing countries', *Research Policy* 35(6) (2006), pp. 808-24.

41 E. M. F. t'Hoen, *The Global Politics of Pharmaceutical Monopoly Power: Drug Patents, Access, Innovation and the Application of the WTO Doha Declaration on TRIPS and Public Health* (Diemen: AMB, 2009).

42 M. Mazzucato, *The Entrepreneurial State: Debunking Private vs. Public Sector Myths* (London: Anthem Press, 2013).

43 Source: US Department of Health and Human Services: http://www.hhs.gov/opa/reproductive-health/stis/hepatitis-cand World Health Organization: http://www.euro.who.int/en/health-topics/communicable-diseases/hepatitis/data-and-statistics

44 索華迪其實整體使用成本比夏奉寧還貴，因為前者需要與其他藥品搭配服用。

45 該信函可於下列網站查閱：http://www.finance.senate.gov/imo/media/doc/Wyden-Grassley%20Document%20Request%20to%20Gilead%207-11-141.pdf

46 A. Hill, S. Khoo, J. Fortunak, B. Simmons and N. Ford, 'Minimum costs for producing hepatitis C direct-acting antivirals for use in large-scale treatment access programs in developing countries', *Clinical Infectious Diseases*, 58(7) (2014), pp. 928-36: doi: 10.1093/cid/ciu012

47 M. Mazzucato, 'High cost of new drugs', *British Medical Journal*, 354: i4136 (2016): http://www.bmj.com/cgi/content/full/354/jul27 10/i4136

48 D. W. Light and J. R. Lexchin, 'Pharmaceutical research and develop-ment: What do we get for all that money?', *British Medical Journal* 345:e4348 (2012): http://dx.doi.org/10.1136/bmj.e4348

49 A. Swanson, 'Big pharmaceutical companies are spending far more on marketing than research', *Washington Post*, 11 February, 2015: http://www.washingtonpost.com/news/wonkblog/wp/2015/02/11/big-pharmaceutical-companies-are-spending-far-more-on-marketing-than-research/

50 Lazonick, 'Profits without prosperity'.

51 Mazzucato, *The Entrepreneurial State*.

52 H. Kantarjian and S. V. Rajkumar, 'Why are cancer drugs so expensive in the United States, and what are the

solutions?', *Mayo Clinic Proceedings*, April 2015, report that 85 per cent of basic cancer research in the US is funded by the government.

53 J. Sachs, 'The drug that is bankrupting America', *Huffington Post*, 16 February 2015: http://www.huffingtonpost.com/jeffrey-sachs/the-drug-that-is-bankrupt_b_6692340.html

54 V. Roy and L. King, 'Betting on hepatitis C: How financial speculation in drug development influences access to medicines', *British Medical Journal,* 354:i3718 (2016).

55 P. Barrett and R. Langreth, 'Pharma execs don't know why anyone is upset by a $94,500 miracle cure', *Bloomberg Businessweek*, 3 June 2015: https://www.bloomberg.com/news/articles/2015-06-03/specialty-drug-costs-gilead-s-hepatitis-c-cures-spur-backlash

56 LaMattina's article on Forbes is available at: http://www.forbes.com/sites/johnlamattina/2014/08/04/politicians-shouldnt-question-drug-costs-but-rather-their-value-lessons-from-soliris-and-sovaldi/

57 R. Zirkelbach, 'The five essential truths about prescription drug spending', March 2015, available on PhRMA website at: http://catalyst.phrma.org/the-five-essential-truths-about-prescription-drug-spending

58 See for example Hilner and Smith, 'Efficacy does not necessarily translate to cost effectiveness'.

59 彼得・巴赫的互動式計算機可參見：www.drugabacus.org

60 根據富比世在二〇一四年的排序，前十大藥廠平均淨利率為百分之十九——在富比世全球分析所納入的各產業中排名第一。其中領頭的輝瑞更創下高達百分之四十一的淨利率。只有眾所周知能靠規模與政治影響力賺取高額租金的大型銀行，可以在淨利率上與大藥廠分庭抗禮。相對之下，汽車業雖然也是全球很賺錢的產業之一，但前十大車廠的平均淨利率不過百分之六而已。

61 P. David, 'Clio and the Economics of QWERTY', *American Economic Review*, 75(2), *Papers and Proceedings of the Ninety-Seventh Annual Meeting of the American Economic Association* (May 1985), pp. 332-7; G. Dosi,

'Sources, procedures, and microeconomic effects of innovation', *Journal of Economic Literature*, vol. 26 (1988), pp. 1120-71.
62 比方說根據其自身的任務宣言，「臉書的任務是要賦予人們力量去分享，並讓這變成一個更加開放、更加有所連結的世界」(investor.fb.com/faq.cfm)。塞吉．布林（Sergey Brin）作為谷歌創始人一員與其母公司 Alphabet 的總經理，會經常提到谷歌的存在是為了對抗邪惡，所以他們是一股「為善的力量」。
63 K. Kelly, 'The new socialism: Global collectivist society is coming online', *Wired* magazine, 17 June 2009.
64 E. Morozov, 'Silicon Valley likes to promise "digital socialism"-but it is selling a fairy tale', the *Guardian*, 28 February 2015.
65 出處眾多，主要典出於二〇一〇年，安德魯．路易斯（Andrew Lewis）以「藍色甲蟲」（blue beetle）的代號在網誌 MetaFilter 上所言：「只要沒付費，你的定位就不是客戶，而是商品，被拿去賣錢的商品。」http://www.metafilter.com/95152/Userdriven-discontent#3256046
66 M. J. Sandel, *What Money Can't Buy: The Moral Limits of Markets* (London and New York: Allen Lane and Farrar, Straus and Giroux, 2013).
67 Evgeny Morozov, 'Don't believe the hype, the "sharing economy" masks a failing economy', the *Guardian*, 28 September 2014: http://www.theguardian.com/commentisfree/2014/sep/28/sharing-economy-internet-hypebenefits-overstated-evgeny-morozov; Evgeny Morozov, 'Cheap cab ride? You must have missed Uber's true cost', the *Guardian*, 31 January 2016: http://www.theguardian.com/commentisfree/2016/jan/31/cheap-cab-ride-uber-true-cost-google-wealth-taxation
68 Evgeny Morozov, 'Where Uber and Amazon rule: welcome to the world of the platform', the *Guardian*, 7 June 2015: http://www.theguardian.com/technology/2015/jun/07/facebook-uber-amazon-platform-economy
69 https://www.bloomberg.com/news/articles/2017-02-28/in-video-uber-ceo-argues-with-driver-over-falling-fares

70 http://fortune.com/2016/10/20/uber-app-riders/

71 直接與間接的網路效應之間存在一個有用的區別。當參與人數變多且可以讓個別參與者受益時（如臉書），就是直接的網路效應。當成員（如買家）變多可以讓非使用非成員的另外一群人（如賣家）在使用平台時的方便性提高時，在這當中發酵的就是間接網路效應。

72 Source: Statista database (www.statista.com), and http://uk.businessinsider.com/facebook-and-google-winners-of-digital-advertising-2016-6?r=US&IR=T

73 Morozov, 'Where Uber and Amazon rule'.

74 關於直接與間接網路的差異，請參考註71。

75 Mazzucato, *The Entrepreneurial State.*

76 Foley, 'Rethinking financial capitalism and the "information" economy'.

77 參見前註，對於經典的剩餘價值理論有相當嚴謹且簡而易懂的解釋，並透過該理論對所謂的「新經濟」作另一種解釋。

78 https://www.theguardian.com/commentisfree/2016/dec/04/data-populists-must-seize-information-for-benefit-of-all-evgeny-morozov

79 H. A. Simon, 'Public administration in today's world of organizations and markets', *PS: Political Science and Politics*, December 2000, p. 756.

80 https://www.theguardian.com/technology/2016/jun/09/uber-suffers-legal-setbacks-in-france-and-Germany https://www.theguardian.com/technology/2016/jun/08/berlin-ban-airbnb-short-term-rentals-upheld-city-court. https://www.theguardian.com/media/2016/may/25/netflix-and-amazon-must-guarantee-20-of-content-is-european

81 關於任務導向政策之標準與執行面議題的探討，可參見我近期的報告：M. Mazzucato, Mission-oriented

research & innovation in the European Union-A problem-solving approach to fuel innovation-led growth, European Commission, 2018.

82 這類的思想，確實激發了「創新任務」（Mission Innovation；MI; http://mission-innovation.net）這個由二十二名部長暨歐盟所組成的聯盟，其宗旨是要透過國家力量的投入打擊氣候變遷，具體而言是該聯盟會投資約兩百億美元在潔淨能源的創新發展上。該聯盟是在二〇一五年十一月三十日於巴黎，藉聯合國氣候變遷綱要公約締約國大會的場合宣布成立。在私部門方面，「突破同盟」（Breakthrough Coalition）也承諾會投資相同的金額。自二〇一四年以來，我便領導著一項倡導這類任務導向創新思想必要性的計畫：http://marianamazzucato.com/projects/mission-oriented-innovation-policy/。

第八章

被低估的公共價值

Undervaluing the Public Sector

政府的要務，不是去做個體已經在做的事情，這些事政府不論做得比個人好一點還是壞一點，影響都不大。政府該做的，是當下完全沒有人在碰的事情。

——凱因斯，《自由放任的終結》（*The End of Laissez-Faire*, 1926）[1]

《經濟學人》

在二〇一〇年一月號的《經濟學人》雜誌裡，大政府的危險性被當成了主題。該期封面的主角是一隻大怪獸，主筆則在社論裡有感而發說：「富饒的工業國家得做出一個顯而易見的抉擇：從過去的錯誤中學習，還是眼睜睜地看著利維坦（舊約中的海怪）成長為真正的巨獸。」在更近期的內容中講到未來科技革命的時候，《經濟學人》挑明了認為政府應該要專心把遊戲規則訂好：投資只要放在教育與基礎建設等基本經濟財，此外請別擋路，把地方讓出來，革命大業交給民間企業就好。[2]

這當然不是頭一回有人這麼說、這麼想。縱觀經濟思想史，政府始終被視為是有必要但沒生產力的存在，是需要花錢養的監管者，而不是價值的創造者。

前面的章節，提過金融業與矽谷的主體最愛吹捧自身在價值創造上所扮演的角色，以價值創造者自居，讓它們有底氣去遊說政府給予其特殊待遇。這些特殊待遇又可以反過來讓它們收割與其所創造價值不相稱的獲利。同樣的道理，非金融與非科技業也被誤打成「沒有生產力」的一群。

如我們之前所見，金融業最終其實不如其所聲稱地有生產力。在本章裡，我想要探討的是政府，這個功勞被漠視，價值創造能力也嚴重被低估的經濟主體——須知政府的貢獻愈遭低估，就形同於讓其他主體有更大的空間可以侵門踏戶，把價值創造的功勞占為己有。但想為政府出頭，首先遇到的第一個問題，就會是「公共價值」一詞在經濟學討論中連名分都沒有。一般假定價值是由私部門創造的，公部門頂多就是提供價值創造的環境與可能性。

「公共價值」的概念已經存在了數千年，社會與哲學有對其的辯論，至少可上溯到亞里斯多德時代的《尼各馬可倫理學》（*Nicomachean Ethics*）。但在經濟學的研究範疇裡，始終是一個灰姑娘似的主題。經濟學裡固然有「公共財」這個重要概念——公共財是其產出能使所有人受益的財貨，因此必須由公家來提供，因為私部門的相關生產一定不足夠——但如我們後續會提到的，這個概念也同樣被用來阻礙政府的活動範圍（限縮了政府只能涉足特定領域，此外其能力將無從發揮）。換句話說，這種觀念無助於政府發揮創意去思考如何在經濟中產生價值。

認為政府不具效率且其角色應該受到限縮，以免破壞市場的運作，這種論述是相當有力量的。這一套說法認為政府頂多專心在創造讓企業方便投資的環境，應該專心維持一個繁榮經濟需要的基本面：私人財產的保護、基礎建設的投資、良好的法治、具有效率的專利系統。完成這些工作之後，政府就應該知所進退地讓開到旁邊，不要多管閒事，不要設置太多規定。我們被正襟危坐地告知一項事實：政府並不「創造價值」，政府只能為價值創造提供方便的環境，並——視授權——透過稅制進行價值重分配。這類觀點經過精心梳理，聽起來頭頭是道，充滿說服力，並導致今日社會上充斥的想法是：政府是市場能量的缺口，是私部門活力永恆的威脅。

但主流經濟理論中確實承認——而且強調——政府可以在一個地方派上用場，那就是：修復市場失靈。如之前所討論過的，市場失靈發生於私部門在有利於公益領域中投資不足時（如非常難以賺到錢的基礎科學研究），或在有害於公益領域中投資過多時（如高汙染行業，並在過程中創造出公司成本上看不到的負外部性）。政府可以對好的投資給予補貼，對壞的投資額外課稅。但當下政府接收到的訊息卻是：等有問題你再來插手，否則請閃一邊，專心提供良好的經營環境，至於創造價值的工作就交給企業去操心吧。

雖然政府的角色似乎已經約定俗成，但只要瞄一眼資本主義的發展史，我們會發現其他一些或許過於簡化，但讀起來十分有力的故事，故事的主角正是政府在經濟體系中占據的位置。第二次世界大戰打到一半，卡爾．波蘭尼（Karl Polanyi）這名早年出身奧匈帝國，且將對人類學、歷史學與哲學的造詣融入到政治經濟學裡的激進思想家，寫出了一本非常重要的著作《大轉型》（*The Great Transformation*；一譯《巨變》）。他在書中主張市場絕非「自然」或必然的產物——相對於此，他認為市場源自於人為的政策操作：「通往自由市場的道路會被開通出來並始終維持暢通，背後可以看到長期由中央組織並控制的干涉主義大規模崛起……主政者必須片刻不得鬆懈地盯著，才能確保市場體系自由運作。」[3]

波蘭尼在書裡追蹤了地方與國際市場的長期發展史。在這過程中，他告訴我們的是，各國的資本主義市場——也就是在經濟學課堂上套用供需曲線的研究對象——其實是被國家逼出來的。波蘭尼主張，政府並沒有「扭曲」市場；事實上，是政府創造出市場的。說白一點：沒有國家就沒有市場。這種觀點並非一廂情願——政府當然可以投資在被認為有問題的領域，像是戰爭科技或是頁岩油的壓裂開採……等確實也有人強烈反對的地方。正是政府這種潛在的強大作用，讓我們知道該更用心地去釐清納稅人的錢（或政府印出來的鈔票）究竟投資到什麼東西。

一如在前一章所討論的，政府政策在網際網路等促成矽谷成功的關鍵科技上，都發揮了重要的擘劃與資助功能。在催生出這些科技的過程中，政府也賦予了生命給「網際網路經濟」（dot.com economy）等新生市場。

市場與政府間關係的歷史與體制性觀點，與風行於現下的主流觀點大相逕庭，並且也在主流經濟學裡杳無蹤跡。在此——來掉一下書袋——你會發現只有在觀察國家監管行為或經濟刺激方案（透過本章稍後會講到的乘數效應）對GDP產生何種影響時，政府才會在相關的總體經濟模型中粉墨登場。但如果是在個體經濟學範疇中的「生產函數」（production function）討論裡，政府就消失得無影無蹤。所謂生產函數是：一項商品的產出量與其所需的生產要素投入量，兩者之間的關係；或者簡單地說，就是對企業營運表現的分析指標。生產函數的假定裡讓國家缺席，等於間接在說價值全是企業創造出來的。政府被留在生產邊界以外。

有些理論更過分，認為政府在本質上就是腐敗的，有輕易被既得利益「綁架」的體質。由於政府在本質上不具生產力，所以限制政府的行動等於限縮了非生產性的活動，進而可以為具有生產力的主體與活動創造更好的條件，最終引領經濟體邁向成長。按此邏輯，結論便會是政府的手腳最好綁起來，也不要讓政府太多資源亂來：預算該砍就砍，公有資產最好私有化，不然至少要委外經營。用時下流行的說法，就是政府應該戴上「撙節」的金箍咒。

這一章的重點，就是現行對政府的主流看法是錯的，而且主要錯在意識形態的偏見。外界對於政府的流言蜚語，掏空政府的自信，限縮政府原本可以在經濟的塑造上扮演的角色，貶低政府對於國民產出的貢獻，錯誤地導致過度的國有資產私有化與委外經營，忽視納稅義務人在集體——且具公共性——之價值創造過程中，也有對獲利分一杯羹的權利，進而造成價值萃取的惡化。關於政府的這些閒言閒語，固然是穿鑿附會，卻被現代人接受為「常識」——任何事被說成是常識，就要小心了。關於撙節，我們已經聽多了於各種好處與壞處的討論，但關於政府的辯論，重點不應放在其規模大小或預算高低。真正的問題，應該在於政府可以創造出何種價值——因為想知道政府該在經濟體系中扮演什麼角色，就無可避免地得先知道政府有什麼內在價值。政府究竟有生產力還是沒有生產力？我們究竟要如何估量政府各種舉措與活動的價值？

關於撙節的各種迷思

在二〇〇八的金融市場崩盤，這場主要由私部門債務而非公債導致的危機之後，各國政府紛紛出手搭救資本主義系統，使其不致土崩瓦解。政府不僅挹注資金進入金融體系，還接手了私人資產。雷曼兄弟破產的幾個月後，美國政府就接管了通用汽車與克萊斯勒，英國政府則經手主流的銀行，經濟合作發展組織中的各國政府則承諾投入相當於GDP百分之二點五的金額進行紓困。

雖然這場危機的雙重成因是私人債務過高與金融業的魯莽行徑，但政策面上的結論卻莫名其妙地把錯歸給政府——明明政府透過紓困與逆週期的刺激方案拯救金融體系於澈底崩盤。挺身而出解決民間金融業的爛攤子，沒有被當成英雄就算了，政府還不知為何成了壞人。當然，政府不是完全沒有錯，因為沒有人完全沒有錯——異常的利率走勢確實造成了債務的上升——但主流論述確實被扭曲到面目全非。這種扭曲，肇因於一九七〇年代以來的看法，認為公部門出於某種莫名的理由，就是不如私部門善於規劃並創造成長。從這樣的看法延伸出去，便是歐洲各國普遍在政府端進行撙節。令人遺憾地，孱弱的歐洲各國沒能獲准靠投資重返經濟衰退前的產出與就業水準，而被「三頭馬車」（troika；國際貨幣基金、歐洲央行、歐洲委員會）三令五申要削減公共支出到見骨。任何一國的預算赤字升破馬斯垂克條約（Maastricht Treaty）規定的水準，都會面臨嚴峻的罰則；另外，紓困條件嚴格到連撙節派的國際貨幣基金都在日後承認是自取滅亡。

簡而言之，撙節的假設是公債不利於經濟成長，要降低公債的唯一辦法，就是不計社會成本的削減政府支出，並利用預算盈餘來減少債務。撙節派認為只要政府債務低到一個不特定的程度，政府財政達到「健全」，那私部門就會獲得解放，重新點燃繁榮。

撙節的「政治學」，框住了英國財政大臣與歐洲各國財政部長將近十年。在美國，從一九九〇年代的金瑞奇（Newt Gingrich）到金融危機後透過立法進行的「聯邦自動減支」

（sequestration），美國國會定期以關閉聯邦政府威脅行政部門達成更低的預算目標。

但這種想用撙節來減債的強迫症，錯失了一個基本的重點：真正要緊的是經濟的長期成長、成長的來源（投資標的的選擇），還有成長的分配（誰能享受到經濟擴張的好處）。如果以撙節之名，預算的刪減影響到創造未來經濟成長必要的區塊（教育、基礎建設、健康人口所需的醫療照護），那麼ＧＤＰ（無論在定義上在怎麼灌水）都將無以成長。再者，這當中有個諷刺之處，光是削減政府赤字，不見得能讓債務債ＧＤＰ的比重變好看，因為分子固然變小，但分母可能也會同時受到影響。要是這些預算刪減造成貧富差距擴大——英國近幾年的撙節方案已經「財政研究機構」（Institute for Fiscal Studies）證明過有此效果——那消費的成長動能就只剩下借錢（如刷信用卡購物）所提供的購買力。相對於此，若公共投資可以投入到基礎建設、創新、教育與公衛醫療等領域，讓全體國民都能享受到更健康的社會與更多的發展機會，那稅收就肯定會成長，國債占ＧＤＰ比重也肯定會降低。

我們必須了解，經濟政策不是百分百的科學命定。你可以實施撙節，期待經濟成長，即便這樣的政策會剝奪經濟體中的需求；你也可以專注投資在醫療、教育訓練、科學研發與基礎建設上，並堅信這些領域是ＧＤＰ長期成長的主戰場。話說到底，政策選擇會在很大程度上取決我們對政府在經濟體中角色的想像——政府是價值創造的關鍵主角？還是頂多能當個在一旁加油的龍套？

魔術數字

當前關於撙節的論戰，皆對公共價值避而不談。不論是政府預算問題上的鴿派或鷹派，都沒有認真質疑過不少撐起市場機制「常識」底下的價值理論。而這種好奇心的缺席，一大原因是兩派陣營似乎被桎梏在所謂的「魔術數字」裡，由此雙方都困在特定的辯論框架中走不出來。

一九九二年，歐洲的整合透過馬斯垂克條約的簽訂進入緊鑼密鼓的階段。簽下馬斯垂克條約，就代表簽署國同意各式各樣的義務，包括量入為出。據體而言，馬斯垂克條約的簽署國必須控制整體公債不得超過該國GDP的百分之六十，年度赤字（債務就是赤字的累積）不得超過GDP的百分之三。這些數據，似乎是想要讓政府的負債程度處於客觀的界線內，但這些數字是怎麼訂出來的？你或許會想像它們是通過某些科學流程推導出來的——若是真這麼想，你就錯了。這些數字是憑空生出來的，理論或實務面的根據都付之闕如。

先從債務談起。二〇一〇年，《美國經濟評論》（*American Economic Review*）登出一篇文章，執筆者是哈佛大學兩名頂尖的經濟學教授：其中一位是隔年被《彭博市場》（*Bloomberg Markets*）雜誌選為金融界最具影響力的五十人之一，卡門．萊恩哈特（Carmen Reinhart），另一位是肯尼斯．羅格夫（Kenneth Rogoff），原本任職於國際貨幣基金的重要經濟學家。[4]在這篇文章裡，兩位作者宣稱當政府債務的規模（占GDP比重）超過百分之九十（遠高於馬斯垂克條約規定的百分之六十，但仍低於許多國家的狀況），經濟成長率才會下滑。事實顯示，公債占GDP比重超過百分之九十的富國，在一九四六到二〇〇九年間經濟成長率驟降。這是個非常重要的發現，因為負債水位接近九成或超過九成的國家，不在少數。根據國際貨幣基金的資料，美國的債務占GDP比重在二〇〇七年處於百分之六十四，二〇一四年來到百分之一〇五；英國的負債比在二〇〇七年是百分之四十四，二〇一四年來到百分之八十一；歐盟的同期負債比則是從百分之六十五升至百分之九十四。

因為意會到這些數據會讓小政府的倡議者有很多的發揮空間，兩名作者急忙向讀者保證自己絕對沒有要加入蹚大小政府論戰的渾水。他們表示自己的看法並非根據意識形態，而是純粹基於實證資料。為了明志，他們甚至特別強調自己的研究工作並無作為基礎的政府設計理論。「我們的研究策略，」他們重申，「絕對是實證屬性的。」[5]

果不其然，一群巴不得讓公共支出獲得「制衡」的政客與技術官僚一看到這兩位的研究內容，興奮地像是撿到槍一樣。確實在二〇〇八年金融危機後，關於撙節政策的論辯當中，萊恩哈特與羅格夫的研究產生了很大的影響。在其二〇一三年版，由美國眾議院通過的聯邦預算計畫書中，共和黨議員保羅・萊恩（Paul Ryan）引用他們的研究當作證據，證明政府負債偏高對經濟成長的負面衝擊。另外像英國財相喬治・奧斯朋（George Osborne）與歐盟經濟事務專員歐利・雷恩（Olli Rehn）所提出的撙節政策裡，都看得到萊羅二人研究的身影。

另外在二〇一三年作為其博士論文研究的一環，湯瑪斯．赫恩登（Thomas Herndon）這名二十八歲的麻薩諸塞大學阿默斯特分校（University of Massachusetts Amherst）學生測試了萊羅二人的資料。[6]最終他發現自己無法複製兩人的研究結果：他的計算並未顯示出經濟成長率在高債務時重挫。在檢視兩位教授的資料表時，赫恩登發現一處簡單的試算表錯誤，另外還發現被引用的國家與資料之間有兜不起來的地方。[7]在《紐約時報》上的兩篇文章裡，[8]兩位教授為他們整體的結論辯護，但也接受試算表上確實有錯。魔術數字，突然感覺也沒那麼魔術了。

來看另一個被歐盟經濟學者當成寶的魔術數字：三。歐元區的「周邊」國家被敦促要透過縮小政府規模重拾競爭力，因此按馬斯垂克條約的標準，塞普勒斯、希臘、愛爾蘭與葡萄牙等國家獲得紓困的條件，都是要削減政府開支。若是政府支出超過GDP的百分之三，那紓困資金就會有下不來的危險。從二〇一〇到二〇一七年，希臘獲得的紓困金共約兩千六百億歐元，交換條件就是削減政府支出。但由於希臘經濟的結構性問題無法以單純的撙節措施化解，所以砍預算只是讓希臘陷入更深沉的衰退，這衰退又惡化成為澈底的蕭條。希臘的債務並未因此減少，反倒是經濟欠缺成長讓債務占GDP比重升至百分之一百七十九。以為的解藥，這下子成了毒藥。

這種眼裡只有國家赤字的執著，忽視了一項清清楚楚擺在眼前的現實。歐元區內部一些弱國的赤字比強國更低，像德國的赤字就不是最低。所以真正重要的不是赤字高低，而是政府怎麼花錢。只要錢是投資在具有生產力的醫療、教育、研發等產業上，那債務占GDP比例的分母就會變大，債務比的放大就會受到控制。

義大利是一個魔術數字不管用的血淋淋例子。過去二十年來，義大利的預算赤字都比德國低，超過GDP百分之三是很少有的。事實上，自一九九一年以來，義大利都是基本維持預算盈餘，僅有的例外是二〇〇九年。即便如此，義大利的負債占GDP比重卻始終居高不下：二〇一五年是百分之一百三十三，[9]遠高於百分之六十的天花板。會出現這個比例，比較不是受到分子方面（預算赤字）的影響，主要是受到公私部門投資不振，影響到分母方面（GDP成長率）。在撙節連續實施三年之後，義大利GDP在二〇一五年僅成長了百分之一，為這三年最高，二〇一四年僅成長百分之零點一，二〇一六年則僅成長百分之零點九（事實上，義大利的實質經濟成長率因為撙節措施而大幅退步：二〇一二年還有百分之二點八，二〇一三年時也還有百分之一點七）。那麼，為何義大利的經濟成長停滯？這個問題的答案很複雜，至少有一部分理由是提高GDP成長的投資不足，像是技職訓練的投資、新科技與研發工作等投資。更糟糕的是，政府預算長期緊縮，弱化義大利經濟中的需求，降低了投資意願。

即便如此，歐元區的政策仍盲目堅持撙節可以解決問題的傳統觀念，甚至成長不夠就是因為撙節的力道太弱。回到二〇一四年，在對歐元區政經情勢進行針砭之際，[10]喬瑟夫・史迪格里茲不假顏色地寫下：「撙節明明是一場失敗，其辯護者卻寧可抓著一點點孱弱的證據宣稱勝利，而那證據就是：經濟已經停止崩潰，所以撙節一定發揮了功效！但如果這邏輯沒問題，那我們是不是也能說跳下懸崖是下山最好的辦法，畢竟一跳下去，跌勢也就馬上停止了。」撙節政策包含減稅跟減少政府支出在內，並沒有喚醒投資與經濟成長，因為真正的問題出在需求羸弱。而像在希臘與西班牙等半數年輕人找不到工作的國家，採取無助於投資——所以也無助於就業——的政策，就等於是宣布一整個年輕世代將無權享有光明的未來。

政府負債與預算赤字的問題，經常跟政府規模大小的問題混為一談，主要是政府規模常以政府支出占經濟體規模的比重作為標竿。但事實上關於政府怎樣算太大，怎樣算太小，並沒有什麼魔術數字可供參考。法國經常被舉為是「大政府」的範例，其政府支出占ＧＤＰ比重為百分之五十八。英國政府的支出也常被認為有一定的規模，但其實以其占ＧＤＰ百分之四十的比重來說，跟被認為是「小政府」的美國並沒有相差太大——美國的政府支出占ＧＤＰ也有百分之三十六。比較令人意外的是常被視為典型國營經濟體的中國，但其政府支出卻只占ＧＤＰ的百分之三十。

然而，關於政府規模對經濟成長率的影響，近期的研究幾乎無異議地顯示小政府若是小到無法維護起碼的基礎建設、提供法治（如養活一定量的警力），還有滿足國民受教育的需求，那其弊大於利就是確定的。反過來說，同一批研究的另一個結論是，大政府若是大到「排擠」了私部門，[11]讓私部門的規模變小，或過度限制私部門的活動，讓民眾的生活受到不當的干預，那這種大政府就也是壞事。[12]但在這些相對明顯的界線以內，政府的理想規模其實難以量化——其中一個原因是政府的理想規模，很大程度上取決於你希望它替你做些什麼，還有你如何計算政府活動的價值。在此我們會遇到一個問題：經濟學者無論在歷史上或近幾十年來，都鮮少有人去思考政府創造出了多少價值。

經濟思想史上的政府價值

經濟學這門學問的出現，在很大程度上是為了主張並確保私部門在生產上的優先性。從法國的重農主義者開始，經濟學者就發現我們必須靠政府來維持社會有秩序的運作，進而讓價值的創造具備條件。但就政府本身，並不具備生產性的本質；政府不扮演生產者，而是提供大局穩定性的背景力量。重農主義者向路易十五要求的是**自由放任**——不要為了把黃金搜刮一空而對經濟進行微管理，因為大小事都管會破壞價值真正獲得創造的精巧機制[13]——價值創造是透過土地的生產力，而不是經由貴金屬的累積。我們在第一章提過，根據奎奈的《經濟圖表》，農業創造出的價值是如何在經濟體中流通，但「不具生產力的」政府在那過程中缺席了。作為統治階級的一環，政府成員之所以能分配到價值的一部分，單純只因為他們手握政治權力。[14]

儘管如此，奎奈知道《經濟圖表》不足以自行，因為總是有一些東西需要「治理」。奎奈主張一國的財富要不至於崩潰，必須透過「總體性的行政部門進行適切的管理」——也就是我們所稱的政府監管。[15]他認為自由競爭最有利於經濟——但要達到此境地，奎奈不但不認為政府應該被排除在外，還覺得經濟體中最好有一個行動派的政府能打破獨占，建立起競爭與自由貿易得以蓬勃發展、價值創造可以繁盛的必要體制。[16]

另一方面，亞當．史密斯則將其《國富論》第五冊獻給了政府在經濟體中的角色扮演。他這麼做，目的不僅在於解釋國家繁榮的原因，也在於希望藉此「讓國家或聯邦獲得充足的收入來支應公共服務」。[17]跟奎奈一樣，亞當．史密斯也認為國家有其必要。事實上，他相信國家的財富要增加只有透過在「獲得良好治理的社會」中進行分工，[18]而在這樣的社會中，他特別點出了三種重要的政府功能：軍事、司法，以及包含基礎建設在內的其他公共服務。[19]這些東西都是公共財——生產者無法排除任何一位使用者。對亞當．史密斯而言，這些公共財必須由國家來買單，[20]因此某種形式的稅款必須存在。

古典學派經濟學者中最反政府的，應該是李嘉圖。雖然《政治經濟學及賦稅原理》的書名裡包含了政府一項關鍵活動（徵稅），但李嘉圖從未思索過稅款能如何讓政府有資源去鼓勵生產與價值創造。對李嘉圖而言，稅金是「交由政府運用的一部分土地與勞力產出」，包括教育等領域都是要花稅金的地方監管。[21]他寫道，如果這些領域的花費過高，那一國的資本就會縮減，「痛苦與毀滅就會隨之而來」。[22]李嘉圖從沒有提出亞當・史密斯所問的一個問題，那就是我們究竟該不該拿一部分的稅去幫忙資本家進行生產。李嘉圖認定基礎建設──包含司法體系等公共服務──都是理所當然的。實質上，李嘉圖嚴格窄化了經濟價值的生產到私部門的範圍。相對於亞當・史密斯流暢多變，而且還跨領域的哲學政治思想，李嘉圖的論述顯得更本於分析且嚴謹，受其吸引的經濟學者們也跟隨李嘉圖，走上了把政府排除在生產圈外的道路。

再來說到馬克思的政府觀，則是源自於他的唯物史觀，即社會的組織（包含政府架構）都是在反映經濟系統（馬克思稱之為「生產模式」）與基本的社會關係：不同階級間的互動。所以在他看來，在以剝削勞工創造出剩餘價值為根基的資本主義「生產模式」底下，政府與法律反映的是資本家的需求。亞當・史密斯與李嘉圖的部分追隨者，成為了馬克思的戲謔對象，因為馬克思認為這些人在滔滔不絕地數落政府官員是「附在實際生產者身上的寄生蟲」之後，才意會到他們需要這些「寄生蟲」來撐起資本主義系統。儘管如此，馬克思也跟在他之前的亞當・史密斯一樣，一邊強調國家部分功能的必要性，一邊又把政府官員歸到非生產性勞工，讓他們落在生產邊界之外。資本家階級出於切身利益，會願意支持國家與政府有一定的力量可以確保法治——但他們只是為了增進自身的權益：「現代國家的行政權分之，不過就是一個為了管理布爾喬亞全體共同事務而生的委員會」。[23]馬克思關心的問題，在於什麼樣規模的政府可以恰恰好提供各種社會必須的服務，但又不會奪走不需要奪走的額外利益。

新古典經濟學者固然與勞動價值理論分道揚鑣，但他們並沒有脫離前輩認為政府是必要之惡的看法（沒有生產力）。邊際效用我們前面說過，將價值置於自由市場中的每筆成交價上。按照這種看法，政府確實什麼都沒有生產出來：因為政府無法透過成交價創造出價值。政府主要的收入來源是稅收——只是現有私部門價值的移轉。

深具影響力的阿弗列．馬歇爾在《經濟學原理》書中有對人類經濟生活很精微的探討，但他也建議經濟學應該「盡其所能」避開與政府有關的議題。[24]他認為政府對市場的的干預或監管，都常發生在有既得利益者想操控市場來圖利自己時（即政府會「落入」這些利益人士的手裡）——所以這些干預或監管只會傷害到特定的對手，卻無法造福社會大眾。[25]

凱因斯與反週期的政府治理

但對於身為小老百姓的公民而言，政府不創造價值或許不是那麼一目了然。到目前為止，我們看到了三種政府創造價值的方式：為銀行紓困；投資在基礎建設、教育、基礎科學上；資助革命性的另類或創新科技。

重點是，許多這些政府活動都牽涉到風險承擔與投資行為——正好是撙節政策不要政府做的事情——在這樣的過程中，政府就會創造出價值。只是這些價值並非顯而易見，理由很簡單，這些價值大多進了私部門的口袋。有一個人至少部分理解這個問題：凱因斯。

一九二九年，全球經濟危機爆發，復甦看似遙遙無期。經濟大恐慌粉碎了經濟進步永無止境的幻夢，因為一反主流的理論共識，經濟並不會自行恢復。凱因斯對此的解釋與當年的傳統智慧大相逕庭。[26]市場照他所稱，具有不穩定的本質，一旦進入衰退期，經濟可能會保持在「長期處於經濟活動落至正常值以下的局面，難言會維持多久，且期間不論朝復甦的方向或是朝澈底崩潰的方向，都不會有太明顯的趨勢」。[27]在這樣的狀況下——凱因斯強調——政府的角色就變得非常關鍵：因為政府將會是「最後的支出者」。

別忘了，凱因斯在其《就業、利息與貨幣的一般理論》中所關注的是，解釋經濟體如何因為需求不足而處於「非自願性失業」的狀態——想要工作的勞工找不到工作。他主張這種狀態會造成GDP成長低於經濟滿載運轉（完全就業）時的增速。新古典經濟理論非常不適於說明這種情境，原因是新古典學派推定人會按喜好進行選擇，包括選擇他們要以特定的價格／薪資「供應」多少勞動力給市場，而市場會設法確保每個人都從中得到最大的效用。在這種看法下，失業變成勞工自願的選擇。

凱因斯揚棄了供應會自行創造出需求的假設。他主張生產者對於需求與消費的預期決定他們的投資規模，進而導出之後的就業機會與產量多寡；[28]換句話說，生產者的低預期會導致低就業；他稱為「有效需求原則」（principle of effective demand）：投資會因為對未來的期待或賭注降低而減少——從包括二〇〇八年金融危機在內的種種例子，我們都應該知道十賭九輸，人的預期常可以錯得離譜。

在此一理論的基礎上，凱因斯提出了新的角色供政府扮演。當私部門因為展望低迷而削減產量的時候，他認為政府可以進行積極的干預，也就是透過額外的政府支出來增加需求。市場上的支出增加了，消費展望就會出現正面的發展，私部門就會有誘因投資，進而帶動GDP成長。

因此，在凱因斯的總體經濟理論裡，政府能創造價值是因為它讓經濟體生產出比其出手干預前更多的商品與勞務。關於我們對政府在經濟體中角色看法的改變，這算得上是一個轉捩點。對凱因斯而言，政府其實是非常重要的存在，因為政府可以透過振興需求來創造價值——尤其是在經濟衰退需求墜地時，或是企業信心低迷之際。

當然，政府必須借貸才能有錢支出，意味著政府必須在衰退的經濟中背負更大的債務。但此一高負債是危機的果，而不是危機的因。凱因斯認為政府不應為了這種舉債過度憂心，因為一朝復甦成行，大規模舉債的需求就會過去，舊債也得以慢慢還清。

凱因斯觀念中由赤字帶動復甦的看法，很快就讓各政府點頭稱是，尤其在一九三〇年代末期，凱因斯主義密集獲得採用來刺激大恐慌之後的經濟成長。到了一九四〇年代初期，凱因斯主義又迎來一波高峰，主要是戰時有龐大的軍需支出。二戰之後，凱因斯的觀念快速擴張並廣受好評，戰後「輝煌三十年」（trente glorieuses）間前所未見的繁榮，被認為是凱因斯主義的功勞。到了二十世紀末，凱因斯藉其經濟思想被《時代雜誌》選入該世紀最具影響力的百大人物之一，為此他獲得的介紹是：「他認為政府應該借錢來支出的想法聽來激進，卻或許正是資本主義能活到現在的原因。」[29]事實證明，這些話準得像預言一樣。在《就業、利息與貨幣的一般理論》出版的八十年後，金融危機後的全球政府紛紛祭出刺激方案：就像是在像凱因斯致敬一樣。

但話說到底，凱因斯只把事情做了一半。他改變世人的想法，讓我們相信政府可以在不景氣時透過反週期政策創造價值。問題是，他跟他的追隨者並沒有提到在景氣好的時候，政府又能如何扮演價值創造的角色。即便是在凱因斯主義與戰後繁榮的高峰期，與其唱反調的聲音都還是可以聽到。麻省理工學院的經濟學教授保羅．山繆森作為二十世紀後半葉重要的經濟學者跟第一位贏得諾貝爾經濟學獎的美國人，精心嘗試要證明一件事：新古典經濟理論可以解釋經濟體如何在正常情況下運作，只有衰退期讓貨幣政策失效的時候例外；也就是說，當增加貨幣供給不能降低利率，只會增加閒置的資金，又無法刺激成長的時候（即所謂「流動性陷阱」）。本質上，薩繆森認為在正常的經濟狀況下，政府不需要刻意去走凱因斯的路子去管理或干預經濟（像是促進就業），否則只會導致通膨升溫。

在一九七〇年代，通膨開始升高了，這也開了一條路給傅利曼領軍的貨幣學派。作為一名自由（意志）主義者，傅利曼拒絕接受政府支出有益於經濟的看法，他認為這麼做最可能的後果，就是導致通膨。但這想法有一個問題，那就是這等於預設了經濟已經滿載運行，所以任何額外的需求（在由政府刺激出來之後）只會導致物價被推高。但凱因斯理論的全部觀點，就在於經濟體經常不處於滿載運轉的狀況。對傅利曼而言，控制經濟體系中的貨幣數量才是他關心的事。新古典主義者也挑戰凱因斯，主張政府支出無用論，他們認為政府支出只會排擠私人投資。按照新古典主義的說法，政府赤字的增加會造成利率升高（因為發債競逐資金會造成利率上揚），這麼一來，私人投資的規模就會縮減。出於這些理由，他們認為政府的角色應該限縮在提供誘因給個別廠商或勞工，讓他們願意供應更多產出與勞動力——比方進行減稅。

但新古典主義者誤解了利率影響投資的方式。首先，利率不是由供需決定的市場現象。真相是，利率是由央行透過貨幣政策所設定並控制的，[30]政府以舉債赤字支應費用增加，並不會讓利率升高。第二，低利率並不一定能帶動投資，因為在投資決策上，企業在乎的主要不是利率高低，而是未來的商機與成長。一如第七章所言，能塑造這些商機與未來性的力量，正是積極投資的政府。

國民帳戶中的政府定位

如我們在第三章所見，國民帳戶深受凱因斯思想的影響。GDP的計算可以用三種方式：生產、所得與支出。政府雖然規模不容小覷且在經濟體中有其重要性，但「政府」一詞卻鮮少出現在生產與所得的討論裡。相反的，通常只是從支出的角度來檢視政府——私部門生產並賺得的價值是如何被政府花掉。

對凱因斯而言，額外的公共支出是常態性的需求，確保經濟體不會動輒受到衰退或蕭條的威脅；透過採購商品，政府在支出方面增加了GDP，藉此彌補經常過低的企業投資。所採用的會計方法只單純地是將政府從事生產的成本加總，減去直接的物料投入，然後將其差額——基本上就是公務員的薪水——等同於政府的產出。由此明明是是國民會計帳中活躍的生產者，政府卻總擺脫不了亂花錢的形象。

這些都由不得我們輕忽。這些帳目似乎在傳達一項訊息：政府只會從創造價值的企業處徵稅，然後亂花稅款。但真相有可能是這樣嗎？

其實，國民帳戶未能掌握到來自政府的全數附加價值，且在好幾項重要的假設上都有缺陷。首先，國民帳戶將多數政府方面的附加價值都視為成本，主要是付給公務員的薪水；政府活動欠缺能揭注其經濟附加價值的營業剩餘。若與民間企業相比，員工薪資占私部門附加價值的比重鮮少超過七成。在此基礎上，你可以說政府的附加價值平均被打了七折計算。

第二，政府投資的報酬率，被推定為零。按照此邏輯，政府完全沒有賺到經濟剩餘。投資報酬只要超過零，就會顯示為營業剩餘。在一九九〇年代之前，美國官方並沒有正式把公部門的經常性支出（日常政府運作的成本，如公務員的薪資）與資本性支出（如進行基礎建設的資金）分開，這便強化了會計師覺得政府不懂賺錢，只知道花錢的印象。但當然政府的重要投資所在多有，顯而易見的例子就包括美國聯邦政府蓋的一條條州際公路，或是英國政府蓋的高速公路。輕率推定政府的大型投資一無所獲，完全說不過去，畢竟類似的私部門投資確實會創造出報酬率。再者，要估算政府投資的報酬率是完全可行的，其中一種做法是套用市政債券的殖利率——各城市所發行債券的整體投報率。[31]這裡的重點是，政府投資報酬率為零不是必然的科學結論，而是政治選擇。

第三，假定政府產出價值等於投入要素價值，意味著政府活動無法增加經濟體中任何有意義的生產力：畢竟生產力的增加，必須來自於產出的成長率高於要素投入量的成長率。但如果政府產出的定義只是為了做某件事而耗用的成本，那麼產出的增加就永遠會需要同額的投入要素增加。一九九八年，英國國家統計局（Office for National Statistics）開始估算公部門的產出，為此用上了各種不同的具體指標，包括每英鎊預算能讓多少人受益於醫療、教育與社會安全等公共服務。二〇〇五年，英國經濟學者安東尼．艾金森爵士（Sir Anthony Atkinson, 1944-2017）針對個別公共服務的量化指標引進重要的改進，並針對醫療與教育的質化評估有詳盡的著墨。[32]有趣的是，當這些改變獲得採用後，結果顯示政府的生產力在一九九八與二〇〇八年間平均每年下降百分之零點三。[33]政府生產力顯著增加，是金融危機後的事情。但此一生產力的提升不是因為產出變多，而是因為投入減少。沒錯，撙節的目的就是要減少投入（政府支出），但同時間創造出「同樣」的產出。[34]所以不太令人意外地，這種生產力的「改善」並沒有創造出更好的公共服務——你沒看到英國健保有多難掛號嗎？

第四，各國政府經常手握具有生產力的事業，比方說鐵路、郵政與能源等企業。但依照會計傳統，以市價出售產品或服務的國營企業，會被列入私人企業，所以其附加價值也會被歸入相關的私部門產業：如國營的鐵路局會被歸入交通運輸業，而不被列為政府部門。亦即國營事業雖然也有賺錢（在統計數據裡，高獲利就意味著高附加價值），這些獲利卻會被算進其所屬的產業，與政府無關。所以，如果鐵路局在營收跟獲利上都大賺其錢（代表高附加價值），加到分的不是政府，而是交通運輸業，即便拿掉鐵路局的交通產業可能根本表現很差。根據相關定義，政府當中只有不以物價做生意的單位才會納進政府部門。簡單來說，從國民會計的角度觀之，只要在從事的是市場所需的生產，就不會被認定具有政府身分。所以，以（幾乎）免學費的國民義務教育而言，增聘教師固然可以提升ＧＤＰ（因為要給老師薪水），但老師所生產出的價值卻不能挹注ＧＤＰ。這一切的一切，都意味著政府只能靠非依市價的生產來貢獻自身的附加價值，這也掩蓋了政府在經濟中的重要性：政府旗下公營事業所創造的價值，並沒有在官方的統計數據中現身，就像教育或醫療的價值也隱形了一樣。

這些會計方法會這樣規定，目的是讓人在交代經濟活動時更直接了當。然而，當你把會計傳統的缺點集合起來看——政府被跟家戶被歸為「最終」消費者；政府不能創造經濟剩餘、不能賺取投資報酬、不能透過依市價進行的生產來提升自身的生產力或提高自身的經濟附加價值——你很難不注意到，相對於各方面的努力都拚命想把金融業拱成有生產力的部門，政府卻在每一個環節上都遭受到反向的打壓。只因為現行的生產力定義如此，所以政府支出大於其附加價值的狀況便不斷加深了普遍印象：政府沒有生產力，所以只能拿別人的錢來花。這種想法從定義上限縮了政府能夠影響經濟走向的程度，也為撙節政策提供了理論基礎。這基本上，是「政府寓言」傳誦幾世紀後產生的後果。

價值的繁殖

國民帳戶並沒有考慮到公共支出與ＧＤＰ中產出、消費、投資與淨出口等其他成分的互動。

為了理解這種互動關係，經濟學者估計了所謂「乘數」（multiplier）這種東西的價值。乘數，是凱因斯對政府在經濟體中角色持正面看法的一大原因。這個由凱因斯在劍橋的學生和同僚李察·卡恩（Richard Kahn, 1905-1989）發展出來並由凱因斯發揚光大的概念，讓政府支出可以激發經濟發展一事獲得了名分。乘數概念顧名思義，代表政府花出去的每一英鎊都會成倍增加，原因是這一英鎊所創造出的需求，會一連導致數回合的額外支出。重點是，凱因斯的研究也同時完成了乘數的量化，由此主政者很快就接納了這樣的見解，並能手握扎扎實實的數據來支持凱因斯主義者對於刺激性支出的倡議。[35]

更精確地說，乘數指的是一種效應：支出（需求）的增加對整體產量的影響。乘數效應的重要性在於從凱因斯與卡恩的角度去看，政府支出創造的經濟效應遠不止其直接創造出來的需求。接獲政府採購訂單的企業本身也會進行額外的採購，像高速公路的包商得買混凝土當原料，然後還要付薪水給員工，這些員工領了薪水，又會去進行其他商品的消費，比方說寬螢幕電視，讓製造電視機的公司賺到錢，家電公司發薪給員工，這些員工也會去消費，比方說參加康瓦耳（Cornwall）的旅遊行程——這過程創造出的消費金額，會是原始政府支出再乘上許多倍，在經濟體中不斷繁衍，不斷以支出的形式進行輪迴。正因為乘數效應的存在，所以遇到經濟衰退，政府支出會格外被視為是經濟重回正軌的利器，畢竟此時的一塊錢丟出去，對生產造成的效果遠大於一塊錢的漣漪。

這個生猛有力又影響深遠的概念，不可避免地引來許多爭議，其中爭議的重心就在乘數的大小——也就是一英鎊的政府支出可以創造出多少經濟價值。關於這個研究主題，有大量的文獻可以區分為兩派：新古典學派與凱因斯主義。

按照支持財政撙節措施的新古典學派所言，乘數的值小於一，甚至有可能是負值。[36]從這樣的想法出發，新古典學派主張公共支出對經濟產出存在**非凱因斯**的效應。換句話說，新古典學派認為每一塊錢的公共支出，創造出的經濟價值不到一塊，甚至對經濟規模有害，理由是這會排擠到私人投資。會有負值的乘數，是因為他們認為公共支出會摧毀經濟價值，理由是公共支出每花一英鎊，抵銷的力量會大於一英鎊，這力量來自於ＧＤＰ當中其他成分的減少，包括消費、投資與淨出口。

不過，凱因斯主義的看法已經在近年來重新奮起，主要是從實施在南歐各國的撙節措施結果看起來，經濟整體產出是降低了，失業率也因此上升，亦即ＧＤＰ成長與就業增加的目標落空了。這些接受紓困國家的經濟表現低迷，讓人對新古典學派開立的撙節藥方產生質疑。國際貨幣基金的近期研究也顯示政府支出對經濟產出有正面效應，[37]且乘數的值大於一——說得更精確一點，是一點五。[38]公共支出每增加一英鎊，經濟整體產出就會增加一點五英鎊。簡言之，政府支出不會摧毀私人價值，而會刺激私人投資與消費來創造價值的看法，獲致了更高的可信度。

公共選擇理論：私有化與委外的合理化

一九八〇年代的反政府浪潮，部分是肇因經濟體要擔心的比較不是「市場失靈」，而是「政府失靈」。政府失靈的概念浮上檯面，便是所謂的「公共選擇理論」（Public Choice theory），這套思想與美國人詹姆斯・布坎南（James Buchanan）等經濟學家和布坎南就讀的芝加哥大學息息相關。一九八六年，布坎南獲頒諾貝爾經濟學獎。

公共選擇理論認為政府失靈的起因是私人利益透過用人唯親的裙帶關係、用親信搞小團體、貪腐或尋租行為、[39]把公家的錢投資到不成功的新科技裡的各種資源錯置（選擇到輸家），[40]或與民爭利（「排擠」掉原本應該可以成功的私人投資）等行為，而「脅持」了政府的決策方向。[41]

公共選擇理論強調政府政策必須謹慎確認政府政策利大於弊，也就是政府干預的收益要能大於政府失靈時的成本。[42]這當中的概念是我們得在兩種不具效率的結果中做出取捨：一種是由自由市場運作造成的市場失靈，一種是由政府干預造成的政府失靈。承繼凱因斯思想而自命為「新凱因斯學派」的一群經濟學者對此提出解決方案，那就是專注在從正／負外部性產生的各種失靈狀況來進行修正。正外部性包括基礎研究等公共財，而基礎研究是政府必須要在私人部門出於獲利考量而退縮時，應該要挺身而出去投資的。至於負外部性，則牽涉到企業沒有納入其經常性成本會計中的汙染成本，所以政府或許會得透過碳稅的課徵來把這筆成本加回給企業。[43]所以說，在公共選擇理論者擔心政府失靈，而新凱因斯主義者擔心市場失靈的同時，兩陣營對於政策干預的辯論最終都沒有嚴重挑戰到邊際效用理論的優先性。

推到極致，源自邊際主義的公共選擇理論所要求的，是希望政府盡可能不插手經濟的運行，藉此最小化政府失靈的風險。公部門應該要自絕於私部門以外，包括要避免前述所謂「代理脅持」（agency capture），也就是某監管機關與其主管產業走得太近的現象。

對於擔心政府失靈，導致不少國家的政府相信它們應該盡可能效法私部門。這兒有個預設立場是政府會無可避免地因為代理人與委託人的界線變模糊而出現貪腐或怠惰的現象，所以讓公共服務更有「效率」就成為當務之急。從一九八〇年代以降，私部門的效率指標就被拿來套用到公部門身上，在這樣的過程中，政府就被「市場化」了。這包括連公部門的說話方式都變了：醫院的病患、社會服務的案主與受教育的學生，統統搖身一變成為了「客戶」或「顧客」。

公共選擇理論的邏輯，勢不可擋地導致政府推卸責任、減少對自身「產能建立」的投資，最終導致了私有化。私有化的發生，可以透過某單位的實際售出，就像公股銀行被賣掉那樣。或者有些私有化會間接透過「委外」來進行，也就是由私人包商收公家的錢來提供政府的服務，包括教育、居住、醫療、交通，甚至監獄、道路交通管理與效益評估，都可以委外出去。

一九八〇年代，當公共選擇理論開始對公共政策產生重大影響之際，連帶而生的便是一波私有化與委外的浪潮，首見於英美，然後慢慢擴散到歐洲大部。也在一九八〇年代，金融化開始如我們已知地生根。認為政府對生產性企業的控制不具效率且是一種浪費的意識（型態）開始，開始成為一種常識。在當時的英國，這想法與柴契爾夫人想創造一處資產主國度的理念不謀而合，她希望大家去買股票或買民營出租的社會住宅都好。那是一個「要是見到席德，記得跟他說一聲」的年代，這句知名的廣告詞是在叫英國公民去買英國天然氣公司（British Gas）的股票。該公司在一九八六年民營化，而在同一時期被私有化的還有英國電信、英國航空（British Airways）、電力與供水產業，還有一票較小型的國營企業。英國鐵路的私有化比較晚一點，要等到一九九〇年代。

不少國家並沒有跟英國一樣，這麼熱情地去擁抱私有化／民營化——像是法國的電力產業，基本上仍維持由國家控制——但私有化還是很快地席捲了全世界。國際貨幣基金與世界銀行動輒運用其舉足輕重的影響力，去說服開發中國家出售國營企業。即便是在私有化風潮已經弱化的國家——因為能賣的都賣得差不多了——國家不應該擁有，只應該出資（或不出資更好）的想法也已深植人心。時至今日，我們已經很難看到政府或政治人物主張大規模的國有化或由政府來當老闆了。

但公共選擇理論永遠帶有一個風險，那就是一竿子打翻一船人。因為堅稱政府無法創造價值——甚至可能摧毀價值——公共選擇理論淹沒了一個或許不是那麼招搖，卻同樣重要的議題：政府其實可以創造的價值有哪些？牽扯到自然而然會演變為獨占的產業——包括攸關民生的公共事業如自來水、天然氣與電力——由政府維持顯著的公股比重是很有說服力的做法。一方面可以讓這些資源的供應受益於規模經濟，一方面也可以防止投機性的尋租行為染指民眾的日常基本需求。在較為消費者導向的產業裡，特別是當中的科技正在改造市場的產業裡（如智慧型手機），由政府介入主導的正當性就相對低——唯歷史顯示公私混血才是最耐人尋味的產業類型，一如法國電信（後來變成Orange電信）所示。

天然獨占問題的解法是管制。在英國，一系列監管機關的出現都對應了各自的產業，它們的角色都是要站在社會大眾與業者之間。管制型的資本主義（regulatory capitalism）取代了國家資本主義，這並不是純公共選擇理論派想要的；事實上，管制型資本主義正好導致了他們警告過很危險的用人唯親以及貪汙腐敗。

公共選擇理論造成的另一項後果是由金融中介機制提供公共活動資金的趨勢崛起。主要會以兩種型式發生，一種是所謂的「民間金融提案」（private finance initiative，ＰＦＩ），比方說建醫院。另一種形式如前述，是由政府將眾多服務外包給私人廠商來供應。這兩種形式的共通點在於公共活動由民間提供資金。為了公共建設找上民間金融提案，又被稱為「偽私有化」（pseudo-privatization），因為民間企業的所得並非來自市場中的客戶，而是透過保證的利潤而來自政府。委外的合約，本質上就是一種獨占，政府在其中就是一種被鎖定的單一客戶。以在英國而言，政府外包市場中的包商競爭程度有多激烈，其實是很令人質疑的：包商數量不多，比較大的幾家像Capita、士瑞克保全集團（G4S）與信佳集團（Serco）就吃下了大部分的肥肉。[44]

採用民間金融提案的目的在於分攤成本，並讓與醫院等大型計畫相關的負債從政府的資產負債表上消除；但對公部門而言，這種做法其實成本很高，因為這些建設的資金來源會變成私人控有的債權與股權，這兩樣都比公開舉債要昂貴得多。政府還得為此支付私人包商每年本金加利息加維護等龐大的費用，一付就是幾十年，還會隨著通膨調整費率。所以獨家的民間金融提案在本質上，其實就是一種特許的獨占，政府為此付出的成本往往高於自己來提供這些服務。以下我們就舉醫療與基礎建設為例來進行說明。

醫療的私有化與委外運作

一九四八年，英國仍處於漫長而艱辛的戰後重建期中（那一年的政府公債占GDP比重遠高於百分之兩百），民眾卻在此時收到了一張傳單，上頭是這麼寫的：「您全新的國民健保服務將於七月五日展開。服務內容為何？您要如何獲得服務？答案是健保會提供您所需的一切醫藥、齒科與護理服務。所有人——不分男女老幼窮富——都一視同仁地享有各種照顧。」英國的國民保健署於同一年在衛生大臣安奈林．貝文（Aneurin Bevan）的推動下成立，其成立有三項核心的宗旨：[45]

- 必須滿足眾人的需求。
- 必須在服務當下免費提供。
- 必須根據臨床的需求，而非根據經濟能力的高低提供服務。

在其將近七十年的歷史當中，英國健保儼然是全球效率甚佳，同時也是最公平的模範公醫體系，這兩點較早曾獲世界衛生組織[46]肯定，近期則有大英國協基金會（Commonwealth Foundation）[47]的背書。在英國，健保被視為國寶，在國民心目中的地位與女王陛下與英國廣播公司不相上下。英國健保也是先進經濟體中收費最低廉的公醫系統：根據經濟合作發展組織二〇一五年的統計，[48]英國醫療支出占GDP比重僅百分之九點九，遠低於採用半民營系統且效率差很多的美國（百分之十六點九）。

英國健保能一路走來這麼成功，得歸功於其公益之宗旨與普惠原則，外加執行面上有由中央統籌採購並提供醫療服務而帶來的效率與低成本。英國民眾已經再三確認過英國健保的公益本質：以目前而言，有百分之八十四的英國民眾認為健保應該維持在公部門中運作。[49]就連當時的首相柴契爾夫人都在一九八二年的保守黨大會上公開說「英國健保在我們手中安全無虞」，由此暫時擱置了由英國內閣辦公廳的中央政策審核小組（Central Policy Review Staff）所提出，澈底將健保民營化的計畫。

只不過這種對於英國健保優點的正面發言，很快就變成了一種障眼法，目的是要掩護一系列漫長的改革來漸進引入私營的元素到英國的醫療體系中。在《國民保健服務與社區照護法案》（*National Health Service and Community Care Act*）於一九九〇年通過後，公醫制度的管理與病患的照顧被迫採取一種「內部市場」的模式來運作，醫療主管機關與醫療人員變成拿有限預算去採購醫療服務的自主買家。醫院變身成為英國健保制度下的自治信託機構，其資源多寡取決於與採購者之間建立的合約。由最低價者得標進行外包的做法，也成為了委外的第一準則，國民保健署則遠離醫療服務提供者的角色，漸漸成為一名單純的顧客。自一九九二年以來，由民間金融提案所創造出來的委外流程也涉入健保醫院的建立。經由民間金融提案，私人企業有了機會可以興建醫院，然後再由英國健保把這些醫療院所以高價租回去。民間金融提案在各屆「新工黨」[50]政府執政期間獲得廣泛的使用來節約基礎建設投資金額，但這些醫院的租金也於日後成為了英國健保預算的沉重負擔。最後在二〇一二年，《醫療與社會照護法案》（*Health and Social Care Act*）實質上宣判了原版英國健保第二條原則的死刑，主要是該法案引入了使用者付費與以保險作為基礎的美式體系，由此將成本與風險都轉嫁給病患，畢竟新制度下的病患已經形同醫療市場中的顧客。此一最終版的改革，也讓外包的範疇擴大到許多不同的領域，當中包括清潔、設備管理、非看診時間的醫師服務、臨床服務，資訊服務等。[51]

這些改革的目標是透過在醫療服務的提供中引入市場元素，藉此來創造出更具效率與成本效益更高的健保體系。但事實上經過這一番改革，公醫體系的效率幾乎是原地踏步，而日益珍稀的資源也廣泛地遭到錯置，而這便是英國社會與政治學者柯林・克魯奇（Colin Crouch）所稱的「公共服務委外的矛盾」。[52]市場導向的醫療改革忽視了由證據所指向的事實，那就是這類公共服務根本不存在所謂競爭性的市場：包商合約一簽都是好幾年，而且僅有少數幾家業者壟斷相關的委外市場。這些業者開始專事在各領域裡競逐政府標案，但它們不見得有對應的專業。由此，市場變得高度集中，而外包服務工作的多元性，也導致得標者提供的品質參差不齊。

由葛拉罕・寇克伍德（Graham Kirkwood）與艾莉森・波洛克（Allyson Pollock）共同進行的一項研究顯示，隨著由民間業者供應的醫療服務變多，直接由國民保健署提供的服務量則相應減少，醫療服務品質相應下降，而成本全由公部門買單。[53]外包政策造成的無效率結果，可說是罄竹難書。比方說由英國健保中由 Copeform 擔綱的東南沿岸救護車服務，或是在康沃耳由 Serco 負責的非看診時間醫師合約，[54]都是這樣慘痛的教訓；在某些案例裡，公家甚至得在民營包商落跑時承擔損失。再者，委外體系整體扭曲了英國健保中人員的行為模式。如波洛克所言，「臨床醫師、護理師、經理人、顧問與律師大軍都整天在忙著籌備招標、競標、簽約事宜，沒有人真正去照顧病人」。[55]

最後一點，委外有其非常不合乎成本效益的問題。外包活動會創造出一票「新市場官僚」負責經手各種冗贅的流程，而這些行政流程都是一種負擔，都是實質上的交易成本。以美國而言，這部分的成本就占掉整體醫療支出大約三成。英國方面的確切數據雖然不清楚，但市場化之前的行政成本大概僅占英國健保總支出的百分之六。[56]或許真正大家都不敢提的那隻「房間裡的大象」，還得算是合約到期時的民間金融提案會對公眾造成的巨大負擔。特別是以英國健保醫院的案例而言，合約到期後的成本估計會比標的資產（醫院）的實際價值高出數倍。[57]

雖然追求以低成本提供高效率的醫療服務，始終是英國國民保健署對外冠冕堂皇的說法，但近期的證據似乎顯示這只是杭士基（Noam Chomsky）口中「標準私有化技術」的第二階段：「付不出錢來，服務運作不下去，讓民眾很生氣，然後把資產拱手讓給私人資本。」[58]

把蘇格蘭的基礎建設外包出去

民間金融提案獲得的採用，在一九九三年到二〇〇六年之間的蘇格蘭達到高峰。蘇格蘭政府發布的資料顯示在此期間完成的八十筆ＰＦＩ計畫將在未來數十年間花掉公部門三百零二億英鎊——比原估的五十七億英鎊高出五倍有餘。除了性價比不高外，這些ＰＦＩ計畫更讓人提心吊膽的是，它們的服務品質低劣到可能造成危險：二〇一六年四月，愛丁堡關閉了十七間靠ＰＦＩ蓋起來的學校，理由是校舍營建的缺陷被評估存在安全上的疑慮。

隨著民間金融提案的爭議愈來愈大，蘇格蘭政府不得不有所回應，在二〇一〇年後發展出所謂的「非營利分配」（Non-Profit Distribution，ＮＰＤ）模式來投資教育、醫療與交通等三大領域內的各種計畫。在此新模式下，可以滋生股利的的股權沒有了，私部門的投資報酬也被設了上限；即便如此，項目的資金來源依舊是期待能獲得市場行情報酬的私人貸款，因此以ＮＰＤ模式取得資金的投資計畫，其成本依舊顯著高於直接發行公債。[59]像近期由新經濟學基金會（New Economics Foundation）發表的一篇研究便顯示從一九九八年到二〇一五年間，蘇格蘭政府原本可以捨棄ＰＦＩ或ＮＤＦ的模式，改由某蘇格蘭公設投資銀行來直接注資來進行各項建設，如此將替蘇格蘭省下兩百六十億英鎊的支出。[60]

如我們一路所言，外包常會導致成本增加，而且其本身就是一種獨占。以推動《大誌》（*Big Issue*）、咖啡直達（Cafédirect）與伊甸計畫（Eden Project）等組織發展為宗旨的「英國社會企業聯盟」（Social Enterprise UK）直指這種由外包商把持的寡占市況，是英國國內的「影子國度」（Shadow State），是屬於灰色地帶的國中之國。Capita、士瑞克與信佳集團等包商仍持續在英美兩地拿下標案合約，絲毫不受其因為管理不善而被罰鍰的前科影響。[61]比方說在二〇一六年，一篇調查報告就顯示士瑞克在二〇一〇到二〇一六年間因違約而被開罰的監獄管理不當行為，起碼有一百筆，當中包括「未能達成搜查目標、走私違禁品、安全程序有失、嚴重的『聯合違紀』、人質遭到脅持、獄友爬上屋頂等。其他稍微次要的問題還包括門忘了鎖、衛生條件欠佳與人力員額不足等」。[62]

但這些罰款比起信佳與士瑞克賺到的錢，可以說是九牛一毛——這類公司不但沒有因為粗心大意或亂砍成本而付出代價，反而不斷簽下新合約。像歐巴馬健保（Obamacare）的申請程序作業就在二〇一三年由美國政府外包給信佳，總金額為十二億美元。[63]

實際上，美國聯邦政府發包給這些廠商的合約數量，正在快速攀高。近期一份美國政府責任署（Government Accountability Office，GAO）報告顯示，二〇〇〇年美國政府的外包合約支出是兩千億美元，二〇一五年時暴增到四千三百八十億美元。[64]這樣的金額幾乎等於政府自由裁量支出（即非必要支出）的四成。同一份報告中還區分了商品合約支出與服務合約支出。在非軍系的政府機構中，八成的外包合約費用都是用於採購服務，其中「專業支持服務」為最大宗。責任署的報告指出「由包商提供這類服務，存在著由民間執行本質上是政府公務的高度風險」。確實，委外作業當中一個很大的疑慮不只在於政府給了包商那麼多錢，而在於這些外包服務中有很大的比重屬於「專業支持服務」，這點往往意味著本質上就該由政府來進行的工作，落到了包商的手中。

納稅人為了養包商工人而付出的成本，是養公務員成本的一倍，這並不是因為包商旗下員工的待遇比較好——他們經常得忍受低薪與惡劣的工作環境——而是因為包商的各種費用、固定成本與利潤都要有人出，而包商員工人數與公務員人數的比例有時會高達四比一，完全凸顯了外包作業的灌水與欠缺效率。[65]近期一項研究顯示「（美國）聯邦政府核准的服務合約的收費費率——它們認為公允而合理的水準——比聯邦雇員的薪資福利總額高出一點八三倍，相當於以同工作性質而言，私部門受雇者薪資福利總額的兩倍以上。」[66]不過還是那句話，拿到最多好處的不是替包商賣命的勞工，而是逐公共標案而生的無良業業者。

透過私有化達成高效率的口號，由此看來還真就是個事實並不支持的口號——前提是如果你得看到事實。會這麼說，是因為雖然一般認為私部門的運作比較透明，但其實相關的事實並不容易揪出來。私有化並未通過給予消費者更多選擇而強化市場競爭，反而常導致選擇變少、民主蒙塵——這包括前述英國健保將眾多服務外包，還有透過PFI合約來興建並經營醫院的成本之高，形同讓事實昭然若揭，明明白白攤在眾人眼前[67]。社會大眾所獲得的，經常是較混濁的透明程度，較低劣的服務品質、較高的成本與較強的獨占——這與私有化在理論上應該達成的目標背道而馳（雖然一開始也沒必要私有化就是了）。

民營就是好，公營就是壞

同樣令人不敢置信的，還有另一個普遍存在的「常識」：公家即便真的擁有一項集團資產，也應該將其私有化，並在過程裡把其中「壞」公司留在公家手上，把「好」公司賣掉。這種民營等於好，公營等於壞的論述，大家應該比我更清楚。最有代表性的案例，就是皇家郵政（Royal Mail）的私有化。皇家郵政的主要業務是遞送郵件，並在全英營運由一萬一千家郵局組成的郵政網絡。但一如大家在過去二十年間所見證的發展，電子郵件與網際網路的崛起造成郵務流量巨幅減少。二〇〇八年，由政府指派進行的一項獨立審查在曾任英國通訊管理局副局長（來促進市場競爭）的李察．胡珀勛爵（Richard Hopper CBE）指揮下，得到一個結論是，皇家郵政與郵局應該被拆分兩家獨立的民營業者。五年之後，由保守黨領導的英國政府執行了皇家郵政的私有化，令其在倫敦證交所公開上市，僅保留三成的公股。至於拆分後的郵局有限公司（Post Office Ltd.）則至今仍完全是百分百公股持有。這樣的結果，讓英國政府被各界抨擊是賤賣了皇家郵政：上市當天短短數小時，皇家郵政的股價就像火箭升空似地從掛牌價每股三百三十便士飆升到每股四百四十五便士。由此，部分批評者指出皇家郵政上市的市值不該是三十三億英鎊，而應該是五十五億英鎊。再者，付給包含銀行、律師、會計師與各種顧問的費用合計高達一千兩百七十萬英鎊。大大增加了此次私有化對投資人吸引力的糖精，是英國財政部承諾概括承受皇家郵政的退休金計畫，那可是規模全英國無人可出其右的第一大退休金計畫，受益者包含拆分前的皇家郵政與郵局公司員工。這不論橫看豎看，都是好康我全要，壞康統統推給納稅人的行為。

同樣的狀況，也發生在受到壞帳影響的銀行上，比方說英國的蘇格蘭皇家銀行（RBS）。這類銀行的資產負債表上，最後會只剩下一堆形同具文的債權，進而讓銀行再無能力去進行放款業務。遇到這類狀況，常見的標準處理流程是把「有毒」的資產從銀行切割出來，讓銀行剩下「好」的部分，然後將有毒資產放到公營的「壞」銀行裡。這麼做的用意是讓民營銀行可以東山再起，至於問題資產要如何處理與脫手的責任則丟給納稅義務人來承擔，所導致的後果是風險的社會化與報酬的私有化，也就是我們在第七章檢視過的現象：就像索林卓的爛攤子要美國政府來收，特斯拉賺到的錢卻由私人拿走，納稅義務人一方面替公有資產中爛的那一塊付帳單，一方面把好的那一塊賣給私人——而且經常是像車庫拍賣那樣的賤賣——活脫脫就是個冤大頭。同樣的案例其他國家也有：二〇一四年，義大利的國航義大利航空（Alitalia），被拆分為一家好公司跟一家爛公司，好公司賣給私人，壞公司留在政府手中。

好、壞二字在上述例子裡所代表的意涵，可以說是再直白不過了：民營等於好，公營等於壞。就算你一開始不相信自己是擋路的石頭，是競爭的阻礙，說久你也就會信了。

重拾信心與任務設定

公共選擇理論認為政府失靈比市場失靈嚴重的看法，還有想讓政府效率提高的動力，衍生出的結果是公共服務的信念與士氣遭到掏空。杯弓蛇影的指控讓政府辦事的能力與信心降低（**煤氣燈效應**[68]），公務員也不再敢於思想上「放大格局」。

在本章的引言裡，凱因斯主張政府格局必須要大——做沒有人做的事情，這顯示他相信政府必須勇於任事，必須心懷使命感，不能僅跟在私部門的屁股後面山寨，必須澈底走出自己的路來。若認為凱因斯的話是指政策的擬定只是為了填補私部門不做或做得不好的地方，或是以反週期的方式在景氣衰退的時候進行投資，會是一種錯誤的解讀。在經濟大恐慌之後，凱因斯宣稱就算是付錢把人找來挖水溝，再把水溝填回去，都有助於經濟復甦——但他的作品啟發了小羅斯福總統的雄心，不要只甘於推動「隨時可下鏟的計畫」（shovel-ready project；難度不高的基礎建設），由此羅斯福總統的「新政」包含了在「公共事業振興署」

（Works Progress Administration）、「平民保育團」（Civilian Conservation Corps）、「國家青年總署」（National Youth Administration）底下各種深具創意的活動。同樣地，光靠量化寬鬆來創造經濟體中的流動性，是不夠的。經濟復甦需要的，是為投資與成長創造出新的機會——基礎建設與金融業的存在，必須要奠基在更大規模的系統性改革之上。

希望把美國第一位太空人送上月球的甘迺迪總統談到政府有必要接受使命感的導引時，用了令人振奮的語言。一九六二年，他在萊斯大學（Rice University）的演講中如是說：

> 我們選擇在這十年中完成登月等各種壯舉，不是因為這些事情不困難，反而正是因為這些事情深具挑戰，因為此一目標有助於我們把所有的能量與技術組織起來，測試我們能力的極限，因為那是一個我們願意接受的挑戰，一個我們不願意拖延的挑戰，一個我們打算贏下來的挑戰，就像我們也要贏得的其他挑戰。[69]

換句話說，把夢做大與克服萬難市政府的職責所在——正好與公共選擇理論希望政府扮演的輔助角色恰恰相反。公共選擇理論只能創造出一堆怯懦而無能，日後方便被私有化收購的公立機構。

把這些政府該有的雄心壯志，代換為金融層面上的成本效益分析，結果就是政府原本可以創造出的公共價值被打入冷宮。公務員接收到的訊息是要退後、是要省錢、是要學著像私部門一樣思考，還是要對犯錯戒慎恐懼。政府部門收到的命令是要削減開支，這無可避免地會造成大小公部門組織在技能與產能上的衰退。政府一旦停止投資自身的技能與產能，自信就會動搖，戰力就會下降，吃敗仗的機率就會升高。讓特定政府職能繼續存在的立論就會收到挑戰，進而讓私有化或民營化成為選項或事實。這種對政府欠缺信心的想法，很容易形成一種自我實現的預言：一旦我們質疑政府創造價值的能力，政府最終就會真的失去這種能力。這時就算政府真的創造出價值了，無法置信的我們也會當作沒看見，或將功勞歸給私人企業。

在第七章，我們談到政府在發展關鍵基礎建設與科技上的重要性，而那些基礎建設科技發展正是二十世紀資本主義崛起的根基，只是少有人肯定政府這一點罷了。當然，故事並不總是結局完美的。協和號噴射客機並沒有順利商用化；多數新藥研發也無疾而終。擔保貸款撥給企業也可能石沉大海，就像較近期的例子，如我們所見，就是二〇〇五年由美國能源部提供給太陽能電池廠索林卓的五點二八億。沒想到矽晶片價格不久後跳水，索林卓隨之破產，徒留納稅義務人為虧損買單。[70]

然而，任何一個創投者都會告訴你，創新的本質就是要探索新且困難的道路，失敗是路上必然的風景。提供給特斯拉研發 Model S 電動車的（四點六五億美元）擔保貸款，如我們在第七章提過是以成功收場的。嘗試錯誤的過程，在私部門是完全可以接受的——但同樣的事情發生在政府身上，官員或公務員就會被視為是出包、砸鍋、無能、誤判，就得承擔「識人不明」的責難。由此，公家機關常獲得指示要謹守分際，不要脫稿演出，在鼓勵競爭之餘不要「扭曲」了市場運作，因此只能慎選特定的科技、產業或企業來投資。[71]

在這方面限制政府，等於澈底忽視政府過往的實績。從觸控螢幕技術的發展到再生能源技術的創新，由使命感驅策的政府常常是表現最好的政府——因為正如甘迺迪總統所言：這很困難。

擇「難」固執，意味著願意去探索、去實驗、去犯錯，然後從錯誤中學習。但在一個政府失靈被視為是罪大惡極的環境裡，犯錯的空間蕩然無存。四周的人都手拿上膛的槍，手指扣在扳機上，就等著政府犯點小錯。

當然，這並不代表政府什麼錯都可以犯。尋租行為導致的錯誤，會引發既得利益者對政府產生影響力。如我們所知，租金會發生在人用特權去萃取價值的時候，像是補貼或減稅，或是發生在有企業或個人無功卻大肆受祿，把他人創造出的財富大肆拿走時。追求獲利最大化的企業有可能為了多賺錢，設法索取特殊的政策優惠，而它們往往也都能夠得逞，原因是政客與決策者通常無法抗拒這樣的影響力，甚至他們有人本身就很貪腐。這類（政府遭到既得利益）脅持的狀況，是一個惱人的問題，但讓局勢更加險峻的原因，在於政府的價值沒有獲得明確的肯定。如果政府被視為無關緊要的局外人，久而久之也會失去自信，失去拒絕與「財富創造者」同流合汙的免疫力——如此一來，這些所謂的財富創造者就可以恣意把主政者玩弄在股掌之間，茶來張手飯來伸手地要政府把有助於他們擴大財富與權勢的優惠待遇送到面前。

不經大腦就對公共投資角色妄下定論，會導致很多誤解。企業投資主要著眼的是未來的商機，包括在嶄新的產業裡（如奈米科技的崛起），或在被認為可以讓新點子大展身手的區域市場中，都是如此。如我們之前所見，這樣的機會以往都是由政府直接注資，範例包括DARPA對網際網路前身進行的那類投資，也包括像丹麥政府近期對再生能源進行的投資。歷歷在目的這些實例，都證明了一廂情願地認為私人企業永遠想投資，而這些民間投資只需要稅務優惠去當作引信的政策思考，說得客氣一點是單純，說難聽一點是天真。這些政策激勵（等於是透過減稅進行的間接政府支出）若無政府直接投資的策略性配套，鮮少能讓原本就不會發生的事情發生（用經濟學的術語來說，就叫作政策刺激不具外加性〔additionality〕）。由此，企業或個人經常會因為減稅而賺到更多錢，卻不會因此增加投資，也不會創造出更多價值。而主政者的主要目標應該是增加企業投資不是增加企業獲利。事實上一如前述，企業獲利與薪資的比值正處於歷史的高點。所以我們有的不是獲利問題，而是投資問題。72

公家與私人的「應得」

一旦我們體認到政府不光只會花錢，其實也具有投資者與冒險者的身分後，那麼合理的下一步就是要想辦法確保政策通往的結果不只是風險的社會化，也要是報酬的社會化。公私部門中的風險與報酬關係若能重新校準，那我們就能讓發軔於智慧與創新的成長，昇華為包容性的普惠性成長。如前所述，新古典學派的價值理論基本無視由政府創造的價值，比方說具備一定教育程度的勞動力、人力資本與最終落實在創新產品上的科技。政府在研究生產的個體經濟學裡幾無立錐之地，頂多就是負責調節生產投入與產出的價格而已。在將完整經濟體視為研究對象的總體經濟學中，政府的地位稍微高一點，但其定位也僅僅是作為企業所創造出之財富的分配者，或是基礎建設或技職教育等企業所需發展條件的投資人。

邊際效用理論發展出的觀念是，集體生產出的價值源自於個體的貢獻。然而，正如二〇〇一年諾貝爾經濟學獎得主之一的美國經濟學者喬治・阿克洛夫（George Akerlof）所說，「我們的邊際產品並不專屬於我們」[73]——這些產品是長期的學習與投資累積出來的果實。集體的價值創造會衍生出甘冒風險的公部門——但我們在經濟學課堂上所習得的常見風險報酬相關性——似乎不適用在這裡。所以關鍵的問題不僅在於讓政府價值獲得認可，還在於讓政府價值獲得回饋：投資的獲利要如何在公私部門間分配？

如勞勃・梭羅告訴我們的，生產力在二十世紀前半葉的大部分增長，可以歸因於科技的進步而非勞力或資本。而科技進步不僅如前一章所述是因為教育與基礎建設的進步，也是因為公部門一路以來以「創業型國家」（entrepreneurial state）的代表之資扮演技術發展的火車頭，因為這些發展背後存在著集體性的合作。[74]但投資風險的全社會分攤，卻沒有連帶通往投資報酬的全社會共享。

因此，這裡我們要問的是：政府如何從成功的投資中收穫一些利益（上檔空間），來抵銷投資不可避免的損失（下檔空間）——起碼要讓政府有利益可以延續下一輪投資。要讓政府與社會有利可圖，我們在第七章提過的辦法有數種：持有公股、必須轉投資的要求、設立產品價格上限，或是對專利權進行限縮。

從公共財到公共價值

在本章，我們討論了政府活動在經濟體中受到的歧視。政府的角色動輒被限縮在「解決問題」上；政府不得越俎代庖、多管閒事，因為政府失靈比市場失靈更加嚴重。政府對經濟的掌舵必須輕手輕腳，必須知所進退，必須專注在技職與升學教育、基礎研究等經濟基礎上，而不要撈過界去生產任何東西。反正就算政府真的有生產力，就像國營企業那樣，我們現行的會計方法也不會讓它以公部門產出之姿展現在GDP數字上。

事實上，政府所做的事情，幾乎沒有一樣被認定落在生產邊界裡。政府支出被視為是純粹的支出，完全不是生產性的投資。有一派人認為政府支出是社會所需，另一派人則認為政府支出沒有必要且應該由私部門去花這個錢。不論哪一派，都沒有人站出來主張政府活動具有生產性，也沒有人認為政府支出是資本主義經濟的繁榮所繫。太多時候，意識形態左右了我們的經驗判斷。

對於彰顯公共支出在創造乘數效應，進而帶動經濟成長上所扮演的積極角色，凱因斯的存在不可或缺。當然乘數效應的存在與否，本身也有爭論，且聲援政府經濟刺激方案的一方常處於被動與守勢。這有一部分的問題出在關於政府財政支出的討論，各界仍把重點放在如何（透過反週期的措施）緩和景氣，卻少有人發揮創意去思考如何將經濟長期導向正確的方向。

尤其重要的是，我們得重新思考描述政府的遣詞用字。將政府描繪成積極的價值創造者——政府花錢是投資，不是單純的支出，所以有資格賺取投資報酬——就能塑造出政府的新形象，政府的行為模式也會慢慢變得不一樣。大多時候，政府只認為自己是市場體系的「輔助者」，而非財富與各個市場的共同創造者。諷刺的是，這種想法正好創造出批評者最愛抨擊的那種政府：羸弱且看似「重商」，但又很容易被利益團體脅持，很容易被貪腐侵蝕，同時經濟中原可用於創造公共財與集體財的部分，也會在私有化的過程中由這種政府拱手讓人。

由此，新的價值論述，不應該只是單純地讓私部門地位高於公部門的狀況翻轉過來。我們需要的是對公共價值有嶄新、深刻的理解，要知道「公共價值」四個字，幾乎是一種哲學概念，卻幾乎在今日的經濟學裡銷聲匿跡。這種（公共）價值，不該只單獨在私部門市場中的內裡或外部被創造出來，而是應該由整個社會一起創造出來；作為一種目標，公共價值也可以用來塑造市場。公共價值的概念一旦獲得普遍的理解與接納，急切需要完成的下一步就是進行「重新鑑價」——我們得重新評估何者為公、何者為私，價值的本質又是什麼。「公共價值作為一種價值，可以為我們提供有如規範般的共識來說明以下幾點：一，公民應該（或不應該）有權享有的權利、福利與特殊待遇；二，公民對於社會、國家與彼此所負有的義務；三，政府與政策應引以作為建立基礎的原則。」[75]

公共價值作為一種概念，其涵蓋範圍要大於現下較為風行的「公益」一詞。公益常帶有負向的意涵，其用意是要把政府能做的事情限制在某個範圍之內，而非刺激政府的想像力，去設法迎向未來的挑戰。像英國廣播公司在製播非洲長頸鹿紀錄片的時候，被認為是在服務公益，但要是它們拍了一部肥皂劇，或開了一個談話性節目，外界就會有所質疑。國家機構常會出於「正向外部性」而去資助基礎科學研究，但不會針對下游應用去做同一件事。公股銀行可以提供反週期性的融資，但無法將放款導向對社會具有價值的領域，比如說綠色經濟。這些主觀的公私有別，反映的是一種狹隘的經濟觀，而這種經濟觀常會導致公部門遭指控對私人投資產生「排擠」，甚至會被說成是擅闖「挑選贏家」的危險水域：國家或政府只應該撿私部門不想做的事情去做，不應該對築夢踏實的未來願景有太多自己的想法。

公家機關可以重拾其作為公共利益僕人的天職，它們必須把思想格局放大，必須在未來的重大變革中全心投入，扮演要角，正面接戰氣候變遷、人口老化與二十一世紀所需之基礎建設與創新等強敵。政府必須克服會自我實現的預言、對失敗的恐懼，並理解到實驗與嘗試錯誤（包括一錯再錯）是學習曲線的一部分。憑藉自信與責任感，政府將可以期待自己的高勝算，而隨著勝利的累積，政府也將能吸收並留住一流的人才。政府可以換一套新的論調，可以改變話語權，少一點去除風險，多一點風險的分攤，乃至於收益的共享。

至於民間企業，也有該做的改變。作為各類公共投資與補貼的受益者，民間企業應該要回過頭來適量參與非直接獲利的活動。說到這一點，貝爾實驗室（Bell Labs）就是一個值得眾人學習的榜樣。貝爾實驗室的誕生，源自於政府下令具獨占地位的AT&T把獲利拿出來投資而不要囤積現金，就像今天常見的狀況。貝爾實驗室在接獲這項任務後，開始投資其管理層與政府包商評估認為能創造最大公共價值的領域。事實上，貝爾實驗室的職權範圍遠超過任何一種狹隘定義下的電信業務。純由政府出資的研究計畫，與貝爾實驗室跟DRAPA

等機構合資的研究計畫，兩邊自此進行合作，結果獲致重大的具體成果：不少應用都進了我們現在的包包或口袋。[76]

要能用更大膽的角度去看待公共政策的角色扮演，還需要改變用來進行政策評估的指標。今日典型的靜態成本效益分析，並不足以協助我們判斷各種決定必然衍生出的間接後果。更為積極主動的分析方式、更能有效掌握市場形塑過程的分析方式，於我們而言是一種迫切的需求。比方說，想要測量政府執行電動車充電基礎建設計畫的成功與否，就必須設法考量其日後有沒有可以延伸的技術發展機會、環境汙染有沒有減少，還有就是減少了對從有問題的國家進口非再生性燃油的依存性，是不是能收獲政治上與生態上的利益。

我們的重要課題，是要找到一款能有利於長期投資與創新的價值測量標準。回到一九八〇年代，英國廣播公司（ＢＢＣ）製播教學節目「電腦程式」（The Computer Programme），讓孩童學寫程式碼，其動力並非來自某次成本效益的分析。因為這個節目，打著ＢＢＣ旗號的 BBC Micro 學習用電腦進入了英國的校園，成為課堂上的一員。雖然 BBC Micro 本身並沒有大賣特賣，但其零組件的採購訂單帶動了艾康電腦（Acorn Computers）的茁壯，最終催生出安謀控股（ARM Holdings）這家英國近幾十年當中算是非常成功科技業者。為了讓公部門確實創造出價值一事獲得肯定，必須要找到辦法評估這項價值，包括來自像ＢＢＣ這類宏大公共投資的外溢效應。英國廣播公司的這項計畫不僅幫助學童習得程式碼，還讓孩子對有益於社會與經濟的科技發展產生更大的興趣。同時，此一投資還對不同產業產生直接與間接的效應，包括讓新公司得以成長茁壯、吸引新的投資人加入英國科技界。同樣地，若是新創體系與公共採購政策之間能存在更大規模的互動，那歐洲的高科技成功案例一定會比現在多。然而，要讓公部門創造價值一事獲得承認，我們首先必須找到辦法去評估這些價值，包括從這類充滿雄心的公共注資中產生的外溢價值。

公共價值的治理

閱讀印第安納大學（Indiana University）經濟學者暨二〇〇九年諾貝爾獎得主伊莉諾·歐斯壯（Elinor Ostrom, 1933-2012）的著作，有助於了解新的價值量尺如何幫助我們改變經濟行為，經濟行為又會反過來影響價值量尺的模樣，進而為政府與市場之間的衝突關係解除引信。歐斯壯告訴我們，現行作為主流的公私部門區隔，是粗糙到捕捉不到橫跨在這道鴻溝之上——從跨黨派政府的監管機構到國立大學到國營研究企劃——各種組織結構與組織關係中的複雜性。相對於此，她強調共有資源的匯聚，也強調系統的形塑要將集體性的行為納入考量。

歐斯壯的論述支持波蘭尼《大轉型》中的歷史性結論：各個政府，外加社會中眾多的體制與傳統，是孕育市場的子宮，也是後來會推著市場去服務公益的親職角色。政府在現代經濟裡的一項重要責任——歐斯壯也在前工業時代的成功經濟體中發現的同一種政府功能——是去限縮以非集體性方式創造出來的財富抽成，亦即租金，這又讓我們回到亞當．史密斯對於「自由市場」的定義：不應該受到租金的綁縛。

今天，這些想法可以讓既非完全私人，也不是百分百公家的許多重要組織受益。大學可以驕傲地推廣知識的追求，無需擔心要如何創造出馬上可以帶來獲利的母集團與分拆公司；醫學研究所可以得到雄厚的資金支持，不用為了得爭取關愛的眼神而壓力纏身；智庫一但能心無罣礙地用研究成果來支持公眾的價值，便可以甩開遊說團體的汙名；合作社、互助公司與其他非營利企業，都將可以成長茁壯，無須擔心要如何在公私部門的對峙中選邊站。

在這新的論述當中，肯定不會再有人說公部門幹嘛管私部門的閒事，或公部門有責任拯救私部門。相對於此，大家將能普遍接受公私部門，乃至於公私部門之間的各種組織，可以在對創造經濟價值這一共同目標的追求當中，共生共榮、相互扶持。不同部門間的互動會少一分敵意，多一分相互尊敬。

一旦價值創造的論述獲得扭轉，各種改變就可以讓民間企業與其公家夥伴勇氣大增。將股東價值代換成利害關係人價值這一單純卻深刻的權宜調整，將能讓私部門脫胎換骨。事實上，這種觀念並不新，已經存在幾十年之久，但大部分的國家仍持續讓企業運行由股東價值把持，由此季報上的獲利成為企業追求的最大化目標。利害關係人價值則體認到企業並非真的是一群提供金融資本並進行利潤分成者的獨家私人財產。作為社會中的一類主體，企業一定得把員工、顧客與供應商的福利考慮進去。經由他人的分享，企業得以受益於各種智慧與文化傳承，這些無形的傳承正是源自於企業作為根據地的社會；除此之外，企業同時受益於政府提供的法治，更別說它們使用了由國家出資訓練、具備教育程度的勞工，也使用了用納稅錢做出的寶貴研究成果；由此企業理應回過頭來把好處分享給所有利害關係人。當然，分配的平衡點不會那麼如意取得共識，但即使大家為此爭得面紅耳赤，也遠勝過目前為企業追求股東利益最大化的陋習。事實上，把利害關係人對價值創造之理解當作基礎，由此進行運作的合作社，像是在英國的約翰·路易斯百貨公司（John Lewis）或西班牙的蒙德拉貢公司（Mondragon），都可以作為證據來說明企業的架構可以有不同的想像。若有政府想要藉創新帶動成長，就應該捫心自問：有一種企業肯定員工的價值；另一種企業則單純把員工當成一臺利潤創造機器的附屬品，大部分的好處都被少數股東撈走。哪一邊的勞工比較願意把好主意拿出來分享？

這自然不是一件容易的事，但千里之行始於足下，而我們的起點，就一定要是把價值創造視為一種集體創作，然後把每一種參與者都重新定位為共同主角。

總而言之，只要跳脫框架，放大思考的格局，政府才有可能創造出價值與希望。

註釋

1 https://www.gov.uk/government/speeches/mansion-house-2015-speech-by-the-chancellor-of-the-exchequer

2 'The third industrial revolution', *The Economist*, 21 April 2012: http://www.economist.com/node/21553017

3 K. Polanyi, *The Great Transformation: The Political and Economic Origins of Our Time* (1944; Boston MA: Beacon Press, 2001), p. 144.

4 C. M. Reinhart and K. S. Rogoff, 'Growth in a time of debt', *American Economic Review*, 100(2) (2010), pp. 573-8.

5 Ibid., p. 573.

6 T. Herndon, M. Ash and R. Pollin, 'Does high public debt consistently stifle economic growth? A critique of Reinhart and Rogoff', *Cambridge Journal of Economics*, 38(2) (2014), pp. 257-79: http://doi.org/10.1093/cje/bet075, p. 5.

7 Ibid., pp. 7-8.

8 Reinhart and Rogoff: http://www.nytimes.com/2013/04/26/opinion/debt-growth-and-the-austerity-debate.html?_r=0 and Reinhard and Rogoff: http://www.nytimes.com/2013/04/26/opinion/reinhart-and-rogoff-responding-to-our-critics.html

9 http://www. focus-economics.com/countries/italy

10 https://www.theguardian.com/business/2014/oct/01/austerity-eurozone-disaster-joseph-stiglitz

11 排擠效應通常指的是政府支出或投資可能對民間投資產生的負面效應，這一來是因為政府借貸會推升利率（令企業貸款難度增加），二者是政府對商業市場出手會造成與民爭利的結果。關於排擠效應的分析一直存在許多爭議，原因是我們對私部門的投資意願一直沒有掌握得很好。

12 A. Bergh and M. Henrekson, 'Government size and growth: A survey and interpretation of the evidence', *Journal of Economic Surveys*, 25(5) (2011), pp. 872-97: http://doi.org/10.1111/j. 1467-6419.2011.00697.x
13 P. Steiner, 'Wealth and power: Quesnay's political economy of the "Agricultural Kingdom" ', *Journal of the History of Economic Thought*, 24(1) (2002), pp. 91-110.
14「不具生產力階級」包括城市居民或手工業者。在熊彼得的著作 *History of Economic Analysis* 第二三九頁中，以相同的詞彙描述「布爾喬亞」，杜爾哥（Turgot）則用而「一次性階級」形容地主階級（classe proprietaire/souveraine/distributive）。
15 Quesnay, quoted in Steiner, 'Wealth and power', p. 99.
16 Schumpeter, *History of Economic Analysis*, p. 230; Steiner, 'Wealth and Power', p. 100.
17 Smith, *The Wealth of Nations*, Book IV, Introduction.
18 Ibid., Book I, ch. 1.
19 Ibid., Book V, ch. 1.
20 Ibid.
21 David Ricardo, *The Works and Correspondence of David Ricardo*, ed. P. Sraffa with the collaboration of M. H. Dobb, vol. 1: *On the Principles of Political Economy and Taxation* (Cambridge: University Press, 1951), p. 150.
22 Ibid., p. 151.
23 Karl Marx and Friedrich Engels, *The Communist Manifesto* (1848; London: Penguin Classics, 2010), ch. 1.
24 A. Marshall, *Principles of Economics* (1890; London: Macmillan, 1920), Book I, ch. 4, para. 4.
25 Ibid.
26 B. Snowdon and H. Vane, *A Macroeconomics Reader* (London: Routledge, 1997), p. 3
27 Keynes, *The General Theory of Employment, Interest and Money*, p. 249.

28 這句話及以下內容來自法譯本的〈序言〉，見 *The General Theory of Employment, Interest and Money*。

29 R. Reich, 'Economist John Maynard Keynes', *TIME* magazine, 29 March 1999.

30 McLeay, Radia and Thomas, 'Money creation in the modern economy', p. 14.

31 BEA, *Measuring the Economy: A Primer on GDP and the National Income and Product Accounts* (Washington, DC: Bureau of Economic Analysis, US Department of Commerce, 2014), pp. 9-4: http://www.bea.gov/national/pdf/nipa_primer.pdf

32 T. Atkinson, *Atkinson Review: Final Report. Measurement of Government Output and Productivity for the National Accounts* (Basingstoke and New York: Palgrave Macmillan, 2005).

33 M. G. Phelps, S. Kamarudeen, K. Mills and R. Wild, 'Total public service output, inputs and productivity', *Economic and Labour Market Review*, 4(10) (2010), pp. 89-112: http://doi.org/10.1057/elmr.2010.145

34 ONS (Office for National Statistics), *Public Service Productivity Estimates: Total Public Services, 2012* (2015): http://www.ons.gov.uk/ons/dcp171766_394117.pdf

35 乘數效應看的是 GDP 有多少成長來自於政府初始的支出資加。其計算的假設是我們已知儲蓄與消費的邊際傾向，亦即消費者每賺到一英鎊或一美元，會花掉或存起來多少。如果花掉的比例是百分之八十，那 GDP 增加的幅度就會是 1/(1−0.8) 乘以初始的刺激，亦即若初始的額外支出是一百萬英鎊，那英國的 GDP 就會增加五百萬英鎊。

36 'Fiscal policy as a countercyclical tool', *World Economic Outlook*, ch. 5 (Washington DC: International Monetary Fund, October 2008); L. Cohen, J. Coval and C. Malloy, 'Do powerful politicians cause corporate downsizing?', *Journal of Political Economy*, 119(6) (2011), pp. 1015-60: doi:10.1086/664820; R. J. Barro and C. J. Redlick, 'Macroeconomic effects from government purchases and taxes', *Quarterly Journal of Economics* 126(1) (2011), pp. 51-102: doi: 10.1093/qje/qjq002

37 D. Leigh, P. Devries, C. Freedman, J. Guajardo, D. Laxton and A. Pescatori, 'Will it hurt? Macroeconomic effects of fiscal consolidation', IMF *World Economic Outlook* (Washington, DC: International Monetary Fund, 2010), pp. 93-124.

38 D. Leigh and O. J. Blanchard, 'Growth forecast errors and fiscal multipliers', Working Paper no. 13/1 (Washington, DC: International Monetary Fund, 2013).

39 A. O. Krueger, 'The political economy of the rent-seeking society', *The American Economic Review*, 64(3) (June 1974), pp. 291-303.

40 G. Tullock, A. Seldon and G. L. Brady, *Government Failure: A Primer in Public Choice* (Washington, DC: Cato Institute, 2002).

41 B. M. Friedman, 'Crowding out or crowding in? Economic consequences of financing government deficits', *Brookings Papers on Economic Activity*, 3 (1979), pp. 593-654.

42 J. M. Buchanan, 'Public choice: The origins and development of a research program', *Champions of Freedom*, 31 (2003), pp. 13-32.

43 J. E. Stiglitz, *Economics of the Public Sector* (New York: W. W. Norton, 3rd edn, 2000).

44 National Audit Office, 'Memorandum on managing government suppliers', 12 November 2013.

45 NHS, 'Principles and values that guide the NHS' (2018): http://www.nhs.uk/NHSEngland/thenhs/about/Pages/nhscoreprinciples.aspx#

46 WHO, 'The world health report 2000-Health systems: improving performance' (2000): http://www.who.int/whr/2000/en/whr00_en.pdf?ua=1

47 E. C. Schneider, D. O. Sarnak, D. Squires, A. Shah and M. M. Doty (2017). *Mirror, Mirror 2017: International Comparison Reflects Flaws and Opportunities for Better U.S. Health Care*, The Commonwealth

Fund.

48 OECD, 'Health expenditure and financing' (2017): http://stats.oecd.org/index.aspx?DataSetCode=HEALTH_STAT

49 YouGov, 'Nationalise energy and rail companies, say public' (2013): https://yougov.co.uk/news/2013/11/04/nationalise-energy-and-rail-companies-say-public/

50 譯註：新工黨是從上世紀九〇年代中期至二〇一〇年的工黨發展階段，期間歷任布萊爾及布朗兩位黨魁與首相。工黨首次於一九九四年的黨大會上使用了這種說法，以標榜自身的改革形象，朝市場經濟靠攏，並最終於一九九七年以此修正路線結束了大選的四連敗，讓工黨登上了階段性的高峰。

51 J. Lethbridge, *Empty promises: The Impact of Outsourcing on NHS Services*, technical report, UNISON (London, 2012).

52 C. Crouch, 'The paradoxes of privatisation and public service outsourcing', in Jacobs and Mazzucato (eds), *Rethinking Capitalism*.

53 G. Kirkwood and A. M. Pollock, 'Patient choice and private provision decreased public provision and increased inequalities in Scotland: A case study of elective hip arthroplasty', *Journal of Public Health*, 39(3) (2017), pp. 593-60.

54 We Own It, 'We love our NHS-keep it public': https://weownit.org.uk/public-ownership/nhs

55 A. Pollock, 'This deadly debt spiral was meant to destroy the NHS: There is a way to stop it', the *Guardian*, 5 July 2016: https://www.the-guardian.com/commentisfree/2016/jul/05/debt-spiral-destroy-nhs-health-social-care-act-bill

56 A. Pollock, 'The NHS is about care, not markets', the *Guardian*, 3 September 2009: https://www.theguardian.com/commentisfree/2009/sep/03/nhs-business-markets

57 J. Davis, J. Lister and D. Wringler, *NHS for Sale: Myths, Lies & Deception* (London: Merlin Press, 2015).

58 N. Chomsky, 'The state-corporate complex: A threat to freedom and survival', lecture given at the University of Toronto, 7 April 2011: https://chomsky.info/20110407-2/

59 L. MacFarlane, *Blueprint for a Scottish National Investment Bank* (New Economics Foundation, 2016): http://allofusfirst.org/tasks/render/file/?fileID= 3B9725EA-E444-5C6C-D28A3B3E27195B57

60 Ibid.

61 C. Crouch, *The Knowledge Corrupters: Hidden Consequences of the Financial Takeover of Public Life* (Cambridge: Polity Press, 2016).

62 https://www.theguardian.com/society/2016/apr/15/g4s-fined-100-times-since-2010-prison-contracts

63 https://www.washingtonpost.com/news/wonk/wp/2013/07/16/meet-serco-the-private-firm-getting-1-2-billion-to-process-your-obamacare-application/?utm_term=.0ffc214237a8

64 United States Government Accountability Office, 'Contracting data analysis; Assessment of government-wide trends', March 2017: https://www.gao.gov/assets/690/683273.pdf.

65 As reported in J. A. Sekera, *The Public Economy in Crisis: A Call for a New Public Economics* (Springer International Publishing, 2016); J. Dilulio, *Bring Back the Bureaucrats: Why More Federal Workers Will Lead to Better (and Smaller!) Government* (West Conshohocken, PA: Templeton Press, 2014); and Paul R. Verkuil, (2007) *OutsourcingSovereignty: Why Privatization of Government Functions Threatens Democracy and What We Can Do about It* (Cambridge: University Press, 2007), p. 128.

66 http://www.pogo.org/our-work/reports/2011/co-gp-20110913.html#Executive%20Summary

67 Crouch, *The Knowledge Corrupters.*

68 譯註：典出一九三八年的英國舞臺劇《煤氣燈》（*Gas Light*）以及之後的電影版本（包括一九四〇年的

英國版與一九四四年的年美國版）。到了一九六〇年代，煤氣燈效應已在英語中廣泛使用，用於描述有人試圖操縱或破壞他人對現實的認知。

69 https://er.jsc.nasa.gov/seh/ricetalk.htm

70 R. Wood, 'Fallen Solyndra Won Bankruptcy Battle but Faces Tax War', *Forbes*, 11 June 2012.

71 G. Owen, *Industrial Policy in Europe since the Second World War: What Has Been Learnt?* ECIPE Occasional Paper no. 1 (Brussels: The European Centre for International Political Economy, 2012): http://eprints.lse.ac.uk/41902/

72 J. M. Poterba, 'Venture capital and capital gains taxation', in L. H. Summers (ed.), *Tax Policy and the Economy*, Vol. 3 (Cambridge, MA: MIT Press, 1989), pp. 47-68.

73 G. Akerlof, 'Comment' on the chapter by William J. Baumol in G. L. Perry and James Tobin (eds), *Economic Events, Ideas, and Policies: The 1960s and After* (Washington, DC: Brookings Institution Press, 2010).

74 Mazzucato, *The Entrepreneurial State*.

75 https://www.project-syndicate.org/onpoint/growth-and-public-sectorinvestment-by-mariana-mazzucato-2017-12?barrier=accesspaylog

76 J. Gertner, *The Idea Factory: Bell Labs and the Great Age of American Innovation* (London and New York: Penguin, 2013).

第九章

希望經濟學

The Economics of Hope

爆發在二〇〇八年，並且餘波盪漾世界好幾年的全球金融危機，點燃了各界對於現代資本主義體系鋪天蓋地的抨擊：有人說資本主義太過「投機」；有人說比起正牌的「財富創造者」，資本主義給了「尋租者」太優渥的回饋條件；有人說資本主義放任、縱容金融業猖獗成長，讓金融資產的投機性交易獲得比真正能創造出實體資產與就業機會的一般投資，還要高的報酬率。無法永續的成長日益成為論戰的焦點，大家擔心的除了成長的幅度降低，還有成長方向正不正確的問題。

對於這種系統失能，澈底改革的配方包括：讓金融業更加專注在長期投資上；改變企業的治理結構，好讓股價波動與季報獲利不要如此動見觀瞻；對進進出出的投機交易加重稅賦；立法限縮企業管理層過高的薪酬。

在本書中，我主張這類的針砭很重要，但也不容易找到著力點——去帶動對經濟體系的實質改革——除非它們可以深植於以經濟價值創造過程的討論裡。光是主張減少價值萃取、增加價值創造是不夠的。首先，曾經處於經濟思想核心的「價值」一詞，必須要能夠重新賦予生命，重新獲得理解。

價值曾經在經濟理論核心占有一席之地，與生產動態（分工、生產成本變動）息息相關，如今價值變成一種與各經濟主體的「偏好」綁在一起的主觀判斷。許多弊病——像是薪資成長的停滯——都被主觀解讀為特定主體在經濟體系內所做的選擇所致。如失業現象，就被視作是勞工在工作與休閒之間做出的抉擇。而被奉為資本主義動能來源之創業行為，則被視為是個人選擇的結果，與創業者周遭的生產體系毫無瓜葛——換句話說，創業並不是集體努力的成功，而是企業家一人之天縱英才。在此同時，價格成為了價值的指標：一項商品只要有行有市，有買有賣，就代表它有價值。亦即，並非價值理論決定價格，而是價格的理論決定東西的價值。

伴隨這種價值觀念的基本遷徙，一種不同的論述開始生根。重點放在財富創造者、風險承擔與創業行為上的論述，已然涓滴滲透進政壇與公共輿論當中。這種論述氾濫到連批判這個體系的「進步改革派」，都時不時會在無意間為其背書。英國工黨在輸掉二〇一五年大選時，黨內領導班子宣稱之所以輸，是因為他們沒有擁抱「價值創造者」。[1]他們以為財富創造者是誰？當然是那些領導著工黨的企業與創業者，那群把價值由私部門創造，然後由公部門分配的觀念餵食給工黨的人。但一個黨的名字裡有勞工的工字，怎麼還能不知道勞工與政府同樣是價值創造裡的另兩支中流砥柱呢？

此等關於財富產生的推論，已經在人心中根深柢固到接近無敵的狀態。由此，那些以財富創造者自居的人，用如今很多人都會背的金科玉律，壟斷政府的關注。他們嚷著：稅要少、監管要鬆、國家干預要少、市場要多。

我們一旦失去辨別價值創造與價值萃取的能力，等於是開了方便之門給特定人士，讓他們可以肆無忌憚地僭稱價值創造者之名，行價值萃取之實。讓大家了解價值創造的來龍去脈與我們的生活息息相關——即便這個專有名詞令你感到陌生——是本書關注的一大重點，也是資本主義未來要繼續走下去的命脈所繫。

要造就真正的改革，不能只是針對個案提出解方，得要發展出一種框架，讓我們能藉此框架塑造出新的經濟型態：一種會為了公益努力的經濟型態。這種改變必須深刻、必須一不做二不休。光是重新定義GDP納入幸福的量化測量值、[2]無償照護勞動的估算價值、網路上的免費資訊、教育與人際溝通[3]等生活品質的指標是不夠的；光是對富人課稅，也是不夠的。雖然這些做法也不是不重要，但並沒有對應到我們所面對的最大挑戰：對流向財富創造之集體貢獻進行定義與測量，藉此減少價值萃取假扮成價值創造來闖關的狀況。如前所述，價格可以決定價值與市場比誰都善於決定價格的這套觀念，會造成各式各樣不道德的後果。歸納而言，有四個最顯著的問題。

首先，這種論述會讓在金融等行業中的價值萃取者更價肆無忌憚。在此最核心的問題——哪一類活動能增加經濟中的價值？哪一種活動又只會為賣方萃取價值？——是不會有人問的。在現行的思想模式下，金融交易、無節制的放貸、用金錢製造房價泡沫等行徑，都在定義上是能增加經濟價值的作為，只因為價格決定了價值：只要有交易可以進行，當中就一定會存在價值。同樣的道理，若某家藥廠用成本的百倍或千倍賣出一款藥，也不能說藥廠的行為有什麼問題，因為市場已經決定了藥的價值就是這麼高；執行長等級的薪水比一般基層員工高出三百四十倍（二〇一五年，標普五百上市公司的實際比例），也只是剛好而已，因為這就是市場決定的價值[4]——你也只能閉嘴。經濟學家知道某些市場並不是太公平，像是谷歌幾乎壟斷了關鍵字搜尋廣告的市場，但這些學者往往被市場效率的說法洗腦得太嚴重，以致忘了擔心或質疑這些受益究竟是一分耕耘一分收獲的所得，還是不勞而獲的租金。事實上，獲利與租金的區別在現世根本付之闕如。

價格等於價值的想法會鼓勵企業優先照顧金融市場與股東，至於利害關係人則被置之腦後。這種想法忽視了價值創造的現實——價值創造是一個集體創作的過程。事實上，每一件事情只要牽涉到公司的營運，特別是作為地基的創新與技術發展，都是民選官員的決策、各級學校與公立機關的各項投資，甚或是非營利組織所推行之運動，各方面緊密交織出來的結果。企業領袖說股東是承擔風險最大的一群，因此值得拿走最大塊的營運報酬，其實與事實並不完全相符。

第二，傳統觀念對於私人企業部門以外的現役與潛在價值創造者，都非常不友善。這些非私部門的價值創造者，在傳統觀念中被貶低、恐嚇。一天到晚被說成是垃圾，是問題的一部分，任誰都很容易自信崩盤。但這就是在公部門中工作者常身處的狀況，不論他們的身分是護理師、公務員或學校教師，都無法倖免於此。用來測量公部門貢獻的靜態量尺，還有公共選擇理論認為政府「效率不足」的看法，都讓不少公務員相信自己比較差，心生矮人一截的感覺。這狀況足以打擊官僚的士氣，讓他或她心生不如歸去，進而轉投待遇普遍較佳的私部門。

公部門的成員會有壓力模仿私部門，跟私部門一樣想辦法賺快錢。畢竟價格決定價值。你，身為公僕，不會膽敢建議自己的單位衝第一，不會去對某個問題提出長遠的建言，不會去考慮一個專案的方方面面（不光是賺不賺錢而已），不會去花（即便去借貸）該花出去的錢——還有，小聲說——不會去設法增加公共價值。這樣的你會把宏大的構想留給私部門去處理，你只會想乖乖地照大家的建議扮演輔助角色。當蘋果之類的民間企業賺取數十億元給股東、給高層薪水一發數百萬美金的時候，你大概不會認為這麼多錢主要是靠別人的努力賺到的——但其實政府機關、非營利組織、民間社會團體真的都出了份力，像工會就是為勞工爭取教育訓練機會的主力。

第三，這類市場形象會混淆主政者的視聽。大致而言，各式各樣的主政者都會想要造福所屬的社會與國家，他們會覺得要達到這個目的，最好的辦法就是對市場機制多一分信任，至於政策只有在一旁敲邊鼓的作用。所以，對政治家而言，一門很重要的功課是，一邊主張進步改革，一邊與企業界保持友好。但因為不甚了解價值的來源，所以主政者還有眾多公務員會成為自命價值創造者手中的黏土，任其揉捏。監管機關落得被企業遊說關說，最還為能讓既得利益者繼續發財的政策背書——這些政策只會增加企業獲利，卻不會增加經濟體中的投資。要舉實例，我會說西方各國大多的政府都曾被說服過要降低資本利得稅，但其實若政府的目標是要促進長期而非短線投資，那官方根本沒有理由照企業界的意思去做。遊說團體拿著用創新二字編出來的故事，讓「租稅優惠政策」闖關成功，這就是一個讓人藉由專利權獨占市場，並在二十年間的獲利稅務減免政策——即便這種政策的主要影響只是讓政府減少稅收，而不會增加一開始催生專利的類似投資。[5]整個看下來，這些遊說出來的政策，只是讓經濟中的價值減少，讓廠商以外幾乎所有人的未來都黯淡一點點。因為沒有看清價值創造是一個集體過程，所以公部門就這樣被「脅持」、被綁架了——政府被財富創造的鬼故事給迷惑，進而任由累退稅率（所得愈高，稅率愈低），讓貧富不均一再惡化。

第四與最後一點，就是獲利與租金傻傻分不清楚的狀況，出現在我們測量經濟成長的指標上：GDP。事實上，一提起GDP，名為生產邊界的噩夢就又會來與我們糾纏不清了：如果東西有價格就等於有價值，代表估算國民產出的GDP其實無法分辨何者是價值創造，何者是價值萃取。這麼一來，為了價值創造所設計的政策，反而可能導致價值萃取。這種情形不只會發生在處理汙染絕對會增加GDP（因為有清潔費的支出），乾淨的環境卻可能對GDP無助（甚至還可能因為讓「產出」減少而有損於GDP）的矛盾環境裡，還可能發生在金融業，因為朝著金融圈看過去，我們會發現有些金融服務真的是在滿足產業對長期融資的需求，而有些金融服務只是金融同業間在相濡以沫，而這兩種金融服務之間並沒有很清楚的界線。

只有針對價值一事進行愈辯愈明的討論，才有辦法讓價值萃取在公部門乃至於經濟社會的各個角落無所遁形，進而讓價值萃取不再能抓著政治力與意識形態呼風喚雨。

市場永遠是對的

價值的重新定義要跨出第一步，必須對今日多數政策用以奠基的概念進行深入的探究。首先，最基本要問的是：市場是什麼？市場不是像哲學上所謂「物自體」那樣憑空蹦出來的獨立存在，市場是由社會所形塑，是在特定脈絡下由多重主體互動的結果。若能這樣看待市場，那我們對於政府政策的看法也會改變。政府政策不會再是對自由獨立市場經濟的一系列侵入與干預，而能夠以原本的面貌示人：在共同形塑與創造競爭性市場的社會過程中，政府政策也是其中一環。第二，公私部門之間是什麼樣的夥伴關係？或者更精確一點，什麼樣的公私部門間的夥伴關係，才可以為社會提供它期望的理想結果？要回答這個問題，經濟學者應該要放棄用物理學的角度去看事情，改用生物學的架構去思考問題。經濟學者要知道能發揮功能性的公私夥伴關係，應該模擬的是互助互惠的生態系，而不是**寄生蟲與宿主**或**掠食者**

與獵物之間的關係。

一如卡爾．波蘭尼筆下所寫，市場深植於社會與政治體制當中。[6]市場是多種繁複過程的結果，也是經濟體中含政府在內，不同主體互動的結果。這種論點不是人規範出來的，而是觀察新的社經格局如何誕生出來，所作出的結構性看法。市場由不同主體共同形塑出來——尤其主政者在當中扮演關鍵角色——這一項事實，讓我們得以懷抱希望，也讓我們相信更好的未來有機會建構出來。我們可以選擇用會產生理想結果的方式去形塑市場樣貌，目標是「綠色經濟成長」，或是一個「以關懷為本」，並讓關懷二字表現在社會性與硬體性基礎建設上的社會。或者反之，我們也可以任由投機性的金融交易去壓過長期性的正常投資。一如前述，就連亞當．史密斯的看法也認為市場需要進行形塑。相對於現代人將其著述精神解讀為「自由放任」（不插手經濟運作），亞當．史密斯認為真正的自由不等於政府政策全盤缺席，而是經濟免於租金萃取的自由。要是他在天之靈知道現代人將經濟自由理解為將非私人活動壓到最低，肯定會丈二金剛摸不著頭腦吧。他的《國富論》是一本巨著，主要是因為，即便最最單純的經濟世界裡，可以供其討論的尋租活動都多到不可勝數。他投注了許多篇幅在生產性與非生產性的活動分類上，他常見的做法是把簡單地把部分活動歸進生產邊界裡，其他則分到生產邊界外。卡爾．馬克思稍微講究一點：重要的不是產業本身在從事什麼行為，而是要看產業如何與價值創造的過程互動，又如何與在他理論中很重要的剩餘價值概念互動。

波蘭尼的出現，帶我們超越了亞當·史密斯與馬克思。相對於把重點放在各項活動分別位於生產邊界的裡或外，我們今天可以設法讓所有活動——不論是實體經濟或金融業裡的活動——都能夠有助於達成我們想要的結果：如果一項活動的本質與特性能幫助實現真正的價值，就應該獲得納入到生產邊界內的獎勵。主政者必須獲得鼓勵去運籌帷幄，以各種條件去創造出公私部門間共生性的夥伴關係。以金融業為例，代表我們得（透過像是金融交易稅等措施）讓長期投資獲得比短線投資更好的待遇，但更重要的是，建立新的金融機構（如任務導向的公營銀行），提供策略性的長期融資給風險雖高，但對價值創造所需要的探索與研究都不可或缺的投資計畫。

在金融業以外，專利法與監管機制都應該鼓勵大藥廠去培育研究，讓研究的觸角伸進重要的藥品開發中，而不是像現在常見的狀況一樣，大藥廠豎立起專利的長城阻礙競爭與創新。有一種可能的做法是在上游限縮專利的發給，讓藥品研發所需要的工具可以供外界公開取用。另外，藥價理應反映公私部門主體間所談成的整體條件，而不應該讓納稅人有被剝兩層皮的感覺。再者，庫藏股在產業界的高度氾濫，應該要有人去質疑，否則我們就不應該慷納稅人之慨提供投資優惠。整體而言，政府對產業的奧援應該要有條件，業者必須一方面拿政府的補貼，一方面承諾增加實質投資，藉此減少企業囤積獲利或與進行金融化的行為。

在資訊通訊與數位產業中，需要更努力思考如何針對 Uber 與 Airbnb 等企業實施適當的稅制。我們要知道，這些公司的存在，是因為先有衛星定位系統與網際網路等由公家出錢研發出的技術，而它們能為自身創造出具有潛在暴利的先行者優勢，靠的是網路效應。應該清楚明白的一點是，許多人——不只是企業的員工——都在這些業者的競爭優勢中貢獻了力量。我們治理科技的方式，會影響誰能分享到科技帶來的利益。數位革命需要配合參與式的民主，藉此讓公民而非大企業或大政府處在科技變遷的原點。以智慧電表（smart meter）為例，莫羅佐夫認為，若它們只是傳遞資訊的黑箱，那「我們在做的事情，基本上就是單純地不斷引入封閉的系統，從我們自己出錢所蓋的基礎建設中擷取租金，而沒有讓我們這些公民利用同一批基礎建設來滿足自身的需求或監督政府的一舉一動，姑且不論這政府是市政府還是中央政府」。[7]

有了上述的想法，我們就可以超越公共財只是一種「修改」的觀念，而且這些「修正」還僅限於（因為公共財能利用其正外部性）去為經濟提供必要修改的領域，進而讓公共財本身成為一種目的。這需要我們重新將政府政策理解為一種積極「塑造」市場、「創造」市場的手段，其目的是要創造出公共價值，藉以讓社會受益的層面擴大。

讓公共價值成為一種更合理、更獲得認同，且評價更高的存在，主政者就有可能獲致一套新的語彙來與其搭配。政府將不再只是醫療服務或數位議程的「監管者」，而可以以醫療與數位革命的共同創造者自居，獲得更大的聲量來爭取讓改變的利益由眾人共享。一套不同的語彙，加上一個嶄新的政策擬訂框架，將足以讓政治家多少治好膽怯的毛病。要知道，就是因為他們不敢勇於任事，所以很多亟需的基礎建設投資才會一拖幾十年原地踏步；也是因為他們不敢擇善固執，所以面對二〇〇八年金融危機與事後的經濟衰退，主政者才會在財政與修法上做不到大刀闊斧。一旦政府行政與立法分支能促進社會公益的潛能獲得充分認可，那民選的官員就可以開始符合我們更高、但也不至於不切實際的期待。年輕、有抱負的社會成員將會開始通過選舉從政，或是經由國家考試踏上仕途，而不會一味地去倫敦的金融城或企業上班——這願景的前提是，年輕人得視為政府效力是有價值，並受到社會肯定的工作。

經濟學出任務

不變的問題是：經濟要採取什麼樣的走向，才能讓最多人雨露均霑呢？GDP的最大化作為這年頭的標準答案，實在是粗糙到沒有任何建設性：這樣一句話，撇除了所有關於價值意義的嚴肅問題。另外一種常見的答案，是財政紀律，也就是政府要保持財政的收支平衡，或甚至像德國那樣創造出財政盈餘。但這套說法一樣粗糙，還不經大腦。各國在二〇〇九年經濟衰退時所推動的政府減赤，至今依舊阻礙著歐洲經濟的復甦。壓低財政赤字是一個搞錯方向的目標，因為真正的問題不在於花多花少，而是政府如何透過支出與投資創造出長期的成長。這類投資或許會造成政府赤字在短期內升高，長期而言卻能帶動GDP加速成長——由此，負債占GDP比重也將不至於失控。這就是何以那麼多國家的赤字看起來還好，負債比卻居高不下的原因。

所以，思考經濟成長的問題，重點不該放在成長率的高低，而是成長的方向。對經濟價值進行更開誠布公的探討，在我看來，會有助於形塑此一方向性的討論內涵。看似前進的論調一反對起財政撙節，就常落入高呼進行基礎建設投資的窠臼，彷彿一鏟子下去就可以解決所有問題，但這是一種相當沒出息的論調。事實上，去討論基礎建設投資，還有這種投資與更宏大社會目標之間的關係，代表非常不成熟的心態。只是造橋鋪路而已嗎？由雄心與願景所推動出的公共建設，其格局不應該畫地自限在傳統硬體基礎建設的各種項目，太小兒科了。我們該踏出的第一步，是嚴肅地思考問題，綠色轉型需要的不僅是綠建築等基礎建設，而是要對綠色生活有明確的想法與願景。這樣的轉型需要各個產業的參與，包括含鋼鐵在內的傳統產業都需要減少對原物料的使用。

事實上，處理社會上各種棘手問題的一個關鍵之道，就是回顧歷史上有人能大破大立解決技術難題的時期。以登月任務而言，參與者教會了我們兩件事。首先是參與的機構，從NASA到DARPA，都建構出它們各自的能量與能力。它們沒有把任務本身或從中累積出的知識都外包給私部門。這一點在公私部門合作甚為風行的此刻，非常值得借鏡。這兩家機構的做法，成就了一次幹勁十足且知識含量甚高的合作典範，雙方都對投資自身的技術水平與能力，展現了同等的決心。

再者，阿波羅任務需要不同的經濟主體與產業部門的合作方能成事，從航太到紡織的創新，每個環節都一樣重要。所以，任務的重點不在於給予特定產業（如航空）補貼，在於如何集眾人之力解決共同問題，不分產業、不分公私部門的主體——即便像不是什麼高科技的紡織產業，都在阿波羅任務中有角色可扮演。同樣地，今天我們想要扭轉人類對環境造成的傷害，這項挑戰也不是光靠增加對再生能源的投資就可以成功——即便再生能源本身已經是一項在科技上難度很高的挑戰——而是需要整個社會共同承諾透過新的生活型態降低對物質的需求。想要與氣候變遷一搏，或是想要根除癌症，都需要透過各式的合作去建構具體的任務內容——有明確的目標、各產業或主體的攜手參與、針對新領域的共同投資與探尋，但也要有長期抗戰來達成目標的耐心。過去的科技大躍進，都會牽動到生活方式的改變，像是工業化的大量生產與郊區化的關聯就是一例。[8]綠色革命會需要社會價值觀發生刻意且有意識的改變，包括整體經濟的轉向，乃至各個產業中生產、經銷與消費方式的轉型。

許眾人一個美好的未來

價值的概念必須重返經濟思想中的的核心位置。讓人感到滿足的工作崗位變多、汙染變少、照護品質提高、同工同酬更加普及——我們想要的是什麼樣的經濟？先回答這個問題，才能敲定策略去形塑經濟活動，進而能滿足上述目標的活動遷至生產邊界內，讓它們能因為導引經濟成長朝理想的方向前進而獲得回饋。在此同時，我們也可以在對純屬尋租活動的壓抑，在與正牌生產性活動的合流，有比現在好上許多的成績。

我在一開始曾表明本書的目的不是要證明某種價值理論優於其他價值理論。我所盼望的是這本書能夠攪亂一池春水，激起新的論辯，並讓價值一詞重回經濟論述的中央位置。我並沒有要為生產邊界拉出一道確切且再不移動的標線，也沒有要為某些主體貼上寄生蟲或拿取者，而另一些主體貼上光榮的生產者或製造者的標籤。相對於此，我們該做的是更積極地去思考在我們身處的社會目標脈絡下，拿取跟創造分別代表的意涵。在這過程中，主客觀的因子無疑會產生作用，但我們不該讓主觀因素把所有事情都簡化為個人抉擇，而完全不去考慮這些決定所身處的社會、政治與經濟脈絡，因為科技發展與企業治理結構變化等客觀動能，影響到的正是這些脈絡。科技發展與企業治理結構的演進，會影響所得分配的方式，如同勞工的議價能力會決定他們能分到多少企業獲利。這些結構性的力量，是組織內部決策的結果。沒有什麼東西是非如此不可，也沒有什麼結論是一種宿命。

我主張價值的創造具有集體性，也主張政策應該要積極涉入市場的共同塑造與共同創造，更主張真正的進步需要我們針對二十一世紀面對的問題進行積極的分工。我一直在嘗試的，就是想透過這些主張開啟新的對話，若我批判的口氣重了些，那是因為我們亟需批評；除了提供必要的批判，這也是新經濟必經的序幕：希望經濟學。畢竟若我們無法夢想一個更好的未來並嘗試實現，那價值是什麼我們又何必在乎。而這，或許就是這本書裡最重要的訊息了。

註釋

1 不論是前英國首相東尼．布萊爾（Tony Blair），還是被工黨視為明日之星的影子商務大臣楚卡．烏穆納（Chuka Umunna），都認為工黨必須要擁抱商業發展，並將商界稱之為財富的創造者。https://www.theguardian.com/commentisfree/2015/may/09/tony-blair-what-labour-mustdo-next-election-ed-miliband 以及 Chuka Umunna https://www.theguardian.com/commentisfree/2015/may/09/labours-first-step-to-regaining-power-is-torecognise-the-mistakes-we-made

2 http://ec.europa.eu/eurostat/documents/118025/118123/Fitoussi+Commission+report

3 D. Elson, *Macroeconomics and Macroeconomic Policy from a Gender Perspective*, Public Hearing of Study Commission on Globalization of the World Economy-Challenges and Responses, Deutscher Bundestag, Berlin, 18 February 2002.

4 https://www.theguardian.com/us-news/2016/may/17/ceo-pay-ratio-averageworker-afl-cio

5 https://www.ifs.org.uk/publications/5362

6 P. Evans, *Embedded Autonomy: States and Industrial Transformation* (Princeton, NJ: University Press, 1995).

7 E. Morozov, 'Democracy, Technology and City', transcript of CCCB lecture, Barcelona, 2014.

8 C. Perez, 'Capitalism, technology and a green global golden age: The role of history in helping to shape the future', in M. Jacobs and M. Mazzucato (eds), *Rethinking Capitalism: Economics and Policy for Sustainable and Inclusive Growth* (Chichester: Wiley-Blackwell, 2016).

Wolff, E. N., Growth, Accumulation, and Unproductive Activity: An Analysis of the Postwar U.S. Economy (Cambridge: University Press, 1987).
Wood, R., 'Fallen Solyndra won bankruptcy battle but faces tax war', Forbes, 11 June 2012.
Wray, L. R., *Modern Money Theory* (Basingstoke: Palgrave Macmillan, 2012).
Zirkelbach, R., 'The Five essential truths about prescription drug spending', March 2015, available on PhRMA website at http://catalyst.phrma.org/the-five-essential-truths-about-prescription-drug-spending

n't Hoen, E. F. M., *The Global Politics of Pharmaceutical Monopoly Power* (Diemen: AMB Publishers, 2009): https://www.msfaccess.org/sites/default/files/MSF_assets/Access/Docs/ACCESS_book_GlobalPolitics_tHoen_ENG_2009.pdf

Tassey, G., 'Underinvestment in public good technologies', *Journal of Technology Transfer*, 30(2) (2005), pp. 89-113.

Teece, D. J., 'Profiting from technological innovation', Research Policy, 15(6) (1986), pp. 285-305.

Thiel, P. and Masters, B., *Zero to One: Notes on Startups, or How to Build the Future* (New York: Crown, 2014).

Tomaskovic-Devey, D. and Lin, K. H., 'Income dynamics, economic rents, and the financialization of the U.S. Economy', *American Sociological Review*, 76(4) (2011), pp. 538-559: http://doi.org/10.1177/0003122411414827

Tullock, G., Seldon, A. and Brady, G. L., *Government Failure: A Primer in Public Choice* (Washington, DC: Cato Institute, 2002).

Turner, A., *Economics After the Crisis: Objectives and Means* (Cambridge, MA: MIT Press, 2012).

Tversky, A. and Kahneman, D., 'Advances in prospect theory: Cumulative representation of uncertainty', *Journal of Risk and Uncertainty*, 5(4) (1992), pp. 297-323: doi:10.1007/BF00122574. ISSN 0895-5646.

Vanoli, A., *A History of National Accounting* (Washington, DC: IOS Press, 2005).

Veblen, T., 'The limitations of marginal utility', Journal of Political Economy, 17(9) (1909), pp. 620-36.

Verkuil, P. R., *Outsourcing Sovereignty: Why Privatization of Government Functions Threatens Democracy and What We Can Do about It* (Cambridge: University Press, 2007).

Walker, D. A. and van Daal, J. (eds and trans.), *Leon Walras, Elements of Theoretical Economics: Or the Theory of Social Wealth* (Cambridge: University Press, 2014).

Walras, L., *Elements of Theoretical Economics*, trans. and ed. by Donald A. Walker and Jan van Daal (1883; Cambridge: University Press, 2014).

pp. 91-110.

Stiglitz, J. E., *The Price of Inequality: How Today's Divided Society Endangers our Future* (London: Allen Lane, 2012)

Stiglitz, J. E., 'Austerity has been an utter disaster for the Eurozone', the *Guardian*, 1 October 2014: https://www.theguardian.com/business/2014/oct/01/austerity-eurozone-disaster-joseph-stiglitz

Stiglitz, J. E., Sen, A. and Fitoussi, J. P., *Mismeasuring Our Lives: Why GDP Doesn't Add Up* (New York: The New Press, 2010)

Stiglitz, J. E., Sen, A. and Fitoussi, J. P., *Report by the Commission on the Measurement of Economic Performance and Social Progress* (Paris: Commission on the Measurement of Economic Performance and Social Progress, 2010).

Stiglitz, J. E. and Weiss, A., 'Credit rationing in markets with imperfect information', *American Economic Review*, 3(71) (1981), pp. 393-410.

Stone, R., 'Definition of the national income and related totals', in Subcommittee on National Income Statistics, *Measurement of National Income and the Construction of Social Accounts* (Geneva: United Nations, 1947).

Studenski, P., *Income of Nations* (New York: University Press, 1958).

Stuvel, G., *National Accounts Analysis* (Basingstoke: Macmillan, 1986).

Sunga, P. S., 'An Alternative to the current treatment of interest as transfer in the United Nations and Canadian systems of national accounts', *Review of Income and Wealth*, 30(4) (1984), pp. 385-402: http://doi.org/10.1111/j.1475-4991.1984.tb00487.x

Swanson, A., 'Big pharmaceutical companies are spending far more on marketing than research', *Washington Post*, 11 February 2015: http://www.washingtonpost.com/news/wonkblog/wp/2015/02/11/big-pharmaceutical-companies-are-spending-far-more-on-marketing-than-research/

Sweney, M., 'Netflix and Amazon must guarantee 20% of content is European', the *Guardian*, 25 May 2016: https://www.theguardian.com/media/2016/may/25/netflix-and-amazon-must-guarantee-20-of-content-is-europea

Robbins, L., *An Essay on the Nature and Significance of Economic Science* (London: Macmillan, 1932).
Rogers, C., *Money, Interest and Capital: A Study in the Foundations of Monetary Theory* (Cambridge: University Press, 1989).
Roncaglia, A., *The Wealth of Ideas: A History of Economic Thought* (Cambridge: University Press, 2005).
Roose, K., 'Silicon Valley's secessionist movement is growing', *New York* magazine, 21 October 2013: http://nymag.com/daily/intelligencer/2013/10/silicon-valleys-secessionists.html
Rubin, I. I., *Essays on Marx's Theory of Value* (1928; Detroit, Ill: Black and Red Press, 1972).
Rubin, I. I., *A History of Economic Thought* (1929; London: Pluto Press,1989).
Saez, E., 'Striking it richer: The evolution of top incomes in the United States' (University of California, Berkeley, Department of Economics, 2015).
Samuelson, P., *Economics*, 3rd edn (New York: McGraw-Hill,1955).
Sandel, M. J., *What Money Can't Buy: The Moral Limits of Markets* (London and New York: Allen Lane and Farrar, Straus and Giroux, 2013).
Say, J.-B., *Traite d'economie politique* (Paris: 1803).
Schumpeter, J. A., *History of Economic Analysis* (New York: Oxford University Press, 1954).
Sekera, J. A., *The Public Economy in Crisis: A Call for a New Public Economics* (Switzerland: Springer International Publishing, 2016).
Simon, H. A., 'Public administration in today's world of organizations and markets', *PS: Political Science and Politics*, December 2000.
Smith, A., ed. Skinner, A., *The Wealth of Nations* (1776; London: Penguin, 1999)
SNA 1968: *A System of National Accounts* (New York: United Nations, 1968).
SNA 2008: *System of National Accounts 2008* (New York: United Nations, 2009).
Snowdon, B. and Vane, H., *A Macroeconomics Reader* (London: Routledge, 1997).
Steiner, P., 'Wealth and power: Quesnay's political economy of the "agricultural kingdom" ', Journal of the History of Economic Thought, 24(1) (2002),

Review, 89 (2011), pp. 62-77.

Poterba, J. M., 'Venture capital and capital gains taxation', in L. H. Summers (ed.), *Tax Policy and the Economy*, Vol. 3 (Cambridge, MA: MIT Press, 1989), pp. 47-68.

Protess, B. and Corkery, M., 'Just how much do the top private equity earners make?', Dealbook, *New York Times*, 10 December 2016.

Reich, R. B., *The Work of Nations: Preparing Ourselves for the 21st Century Capitalism* (New York: Knopf, 1991).

Reich, R. B., 'Economist John Maynard Keynes', *TIME* magazine, 29 March 1999.

Reich, U. P. and Horz, K., 'Dividing government product between intermediate and final uses', *Review of Income and Wealth*, 28(3) (1982), pp. 325-44.

Reinert, E. S., *How Rich Countries Got Rich and Why Poor Countries Stay Poor* (London: Constable, 2008).

Reinhart, C. M. and Rogoff, K. S., 'Growth in a time of debt', *American Economic Review*, 100(2) (2010), pp. 573-8.

Reinhart, C. M. and Rogoff, K. S., 'Debt, growth and the austerity debate', *New York Times*, 25 April 2013: http://www.nytimes.com/2013/04/26/opinion/debt-growth-and-the-austerity-debate.html?_r=0

Reinhart, C. M. and Rogoff, K. S., 'Reinhart and Rogoff: Responding to our critics', *New York Times*, 25 April 2013: http://www.nytimes.com/2013/04/26/opinion/reinhart-and-rogoff-responding-to-our-critics.html

Ricardo, D., *The Works and Correspondence of David Ricardo*, ed. Sraffa, P. with the collaboration of Dobb, M. H., vol. 1: *On the Principles of Political Economy and Taxation* (Cambridge: University Press, 1951).

Ritter, J., IPO data website, 2012: http://bear.warrington.ufl.edu/ritter/ipodata.htm.

Ro, S., 'Chart of the day: Here's who owns the stock market', *Business Insider*, 13 March 2013: http://www.businessinsider.com/chart-stock-market-ownership-2013-3?IR=T

Perez, C., 'Capitalism, technology and a green global golden age: The role of history in helping to shape the future', in Jacobs, M. and Mazzucato, M. (eds), *Rethinking Capitalism: Economics and Policy for Sustainable and Inclusive Growth* (Chichester: Wiley-Blackwell, 2016).

Pessoa, J. P. and Van Reenen, J., 'The UK productivity and jobs puzzle: Does the answer lie in labour market flexibility?', Centre for Economic Performance, Special Paper no. 31 (2013).

Petty, W., *A Treatise of Taxes and Contributions* (London: 1662), in Charles Henry Hull (ed.), *The Economic Writings of Sir William Petty*, 2 vols (Cambridge: University Press, 1899).

Petty, W., *Several Essays in Political Arithmetick* (London: 1699), in Charles Henry Hull (ed.), *The Economic Writings of Sir William Petty*, 2 vols (Cambridge: University Press, 1899).

Phelps, M. G., Kamarudeen, S., Mills, K. and Wild, R., 'Total public service output, inputs and productivity', *Economic and Labour Market Review*, 4(10) (2010), pp. 89-112: http://doi.org/10.1057/elmr.2010.145

Philippon, T., 'Finance vs Wal-Mart: Why are financial services so expensive?', in Blinder, A., Lo, A. and Solow, R. (eds), *Rethinking the Financial Crisis* (New York: Russell Sage Foundation, 2012): http://www.russellsage.org/sites/all/files/Rethinking-Finance/Philippon_v3.pdf

Pigou, A. C., *The Economics of Welfare* (London: Macmillan, 1926).

Piketty, T., *Capital in the Twenty-First Century* (Cambridge, MA: Harvard University Press, 2014).

Pisano, G., *Science Business: The Promise, the Reality, and the Future of Biotech* (Boston, MA: Harvard Business School Press, 2006).

Polanyi, K., *The Great Transformation: The Political and Economic Origins of Our Time* (1944; Boston, MA: Beacon Press, 2001).

Pollitt, C. and Bouckaert, G., *Public Management Reform: A Comparative Analysis* (Oxford: University Press, 2004).

Porter, M. E., *Competitive Advantage* (New York: Free Press, 1985).

Porter, M. E. and Kramer, M. R., 'Creating shared value', *Harvard Business*

2014.
Mun, T., *England's Treasure by Forraign Trade* (1664; London: Macmillan, 1865).
Newcomer, E., 'In video, Uber CEO argues with driver over falling fares', *Bloomberg*, 28 February 2017: https://www.bloomberg.com/news/articles/2017-02-28/in-video-uber-ceo-argues-with-driver-over-falling-fares
Oltermann, P., 'Berlin ban on Airbnb short-termrentals upheld by city court', the *Guardian*, 8 June 2016: https://www.theguardian.com/technology/2016/jun/08/berlin-ban-airbnb-short-term-rentals-upheld-city-court ONS (Office for National Statistics), *Public Service Productivity Estimates: Total Public Services*, 2012 (2015): http://www.ons.gov.uk/ons/dcp171766_394117.pdf
Osborne, G., Mansion House speech by the Chancellor of the Exchequer, 10 June 2015: https://www.gov.uk/government/speeches/mansion-house-2015-speech-by-the-chancellor-of-the-exchequer
Ostrom, E., *Governing the Commons: The Evolution of Institutions for Collective Action* (Cambridge: University Press, 1990).
Ostrom, E., *Understanding Institutional Diversity* (Princeton, NJ: University Press 2005).
Owen, G., *Industrial Policy in Europe Since the Second World War: What Has Been Learnt?* ECIPE Occasional Paper no. 1, 2012 (Brussels: The European Centre for International Political Economy): http://eprints.lse.ac.uk/41902/
Oxfam, *An Economy for the 1%*, Oxfam Briefing Paper, January 2016: https://www.oxfam.org/sites/www.oxfam.org/files/file_attachments/bp210-economy-one-percent-tax-havens-180116-en_0.pdf
Oxfam, *An Economy for the 99%*, Oxfam Briefing Paper, January 2017: https://www.oxfam.org/sites/www.oxfam.org/files/file_attachments/bp-economy-for-99-percent-160117-en.pdf
Palin, A., 'Chart that tells a story-UK share ownership', *Financial Times*, 4 September 2015: https://www.ft.com/content/14cda94c-5163-11e5-b029-b9d50a74fd14

Economics Institute Working Paper no. 93 (1993).

Mirowski, P., *More Heat than Light: Economics as Social Physics, Physics as Nature's Economics* (Cambridge: University Press, 1989).

Mirowski, P., 'Learning the meaning of a dollar: Conservation principles and the social theory of value in economic theory', *Social Research* 57(3) (1990), pp. 689-718.

Mishan, E. J., *The Costs of Economic Growth* (New York: Praeger, 1967).

Morozov, E., 'Don't believe the hype, the "sharing economy" masks a failing economy', the *Guardian*, 28 September 2014: http://www.theguardian.com/commentisfree/2014/sep/28/sharing-economy-internet-hype-benefits-overstated-evgeny-morozov

Morozov, E., 'Silicon Valley likes to promise "digital socialism" - but it is selling a fairy tale', the *Guardian*, 28 February 2015.

Morozov, E., 'Where Uber and Amazon rule: Welcome to the world of the platform', the *Guardian*, 6 June 2015.

Morozov, E., 'Cheap cab ride? You must have missed Uber's true cost', the *Guardian*, 31 January 2016: http://www.theguardian.com/commentisfree/2016/jan/31/cheap-cab-ride-uber-true-cost-google-wealth-taxation

Morozov, E., 'Data populists must seize our information-for the benefit of us all', the *Guardian*, 4 December 2016: https://www.theguardian.com/commentisfree/2016/dec/04/data-populists-must-seize-information-for-benefit-of-all-evgeny-morozov

Moulton, B. R., *The System of National Accounts for the New Economy: What Should Change?* (Washington, DC: Bureau of Economic Analysis, US Department of Commerce, 2003): http://www.bea.gov/about/pdf/sna_neweconomy_1003.pdf

Moulton, B. R., 'SNA 2008 in the US national income and product accounts' (Eurostat Conference: 'The Accounts of Society', Luxembourg,12-13 June 2014).

Mukunda, G., 'The price of Wall Street's power', *Harvard Business Review*, June innovation policy', special issue of *Industry and Innovation*: 'Innovation policy-Can it make a difference?', 23(2) (2016).

Mazzucato, M. and Penna, C., 'Beyond market failures: The market creating and shaping roles of state investment banks', *Journal of Economic Policy Reform*, 19(4) (2016), pp. 305-26.

Mazzucato, M. and Shipman, A., 'Accounting for productive investment and value creation', *Industrial and Corporate Change*, 23(4) (2014), pp. 1059-85: http://doi.org/10.1093/icc/dtt037

Mazzucato, M. and Wray, L. R., 'Financing the capital development of the economy: A Keynes-Schumpeter-Minsky Synthesis', Levy Economics Institute Working Paper no. 837 (2015).

McLeay, M., Radia, A. and Thomas, L. R., 'Money creation in the modern economy', *Bank of England Quarterly Bulletin*, 54(1) (2014), pp. 1-14.

Meek, R. L., The Economics of Physiocracy: Essays and Translations (London: George Allen & Unwin, 1962).

Merler, S. and Huttl, P., 'Welcome to the dark side: GDP revision and the non-observed economy', Bruegel, 2 March 2015: http://bruegel.org/2015/03/welcome-to-the-dark-side-gdp-revision-and-the-non-observed-economy/

Metrick, A. and Yasuda, A., 'The economics of private equity', *Review of Financial Studies*, 23(6) (2011), pp. 2303-41: https://doi.org/10.1093/rfs/hhq020

Minsky, H. P., 'The financial instability hypothesis: An interpretation of Keynes and an alternative to "standard" theory', *Challenge*, 20(1) (1977), pp. 20-27.

Minsky, H. P., *Stabilizing an Unstable Economy* (New Haven and London: Yale University Press, 1986).

Minsky, H. P., 'Reconstituting the United States' financial structure', Levy Economics Institute Working Paper no. 69 (1992).

Minsky, H. P., 'The capital development of the economy and the structure of financial institutions', Hyman P. Minsky Archive, Paper no. 179 (1992).

Minsky, H. P., 'Finance and stability: The limits of capitalism', Levy

Understanding National Accounts, 2nd edn (Paris?: OECD Publishing, 2014): http://doi.org/10.1787/9789264214637-en

Leslie, S. W., *The Cold War and American Science: The Military-Industrial-Academic Complex at MIT and Stanford* (New York: Columbia University Press, 1993).

Levina, I., 'A puzzling rise in financial profits and the role of capital gain-like revenues', Political Economy Research Institute Working Paper no. 347 (April 2014).

Light, D. W. and Lexchin, J. R., 'Pharmaceutical research and development: What do we get for all that money?', *BMJ*, 2012;345:e4348: http://dx.doi.org/10.1136/bmj.e4348

MacFarlane, L., *Blueprint for a Scottish National Investment Bank* (London: New Economics Foundation, 2016).

Malthus, T. R., *An Essay on the Principle of Population*, critical edn ed.

James, P. (1798; Cambridge: University Press, 1989).

Marshall, A., *Elements of Economics of Industry* (London: Macmillan, 1892).

Marshall, A., *Principles of Economics* (1890; London: Macmillan, 1920).

Marx, K., *Theories of Surplus Value* (vol. 4 of Capital), Part I (Moscow: Progress Publishers, 1863).

Marx, K., *Capital*, vol. 1 (London: Penguin Classics, 2004).

Marx, K., *Capital*, vol. 3 (London: Penguin Classics, 1992).

Marx, K. and Engels, F., *The Communist Manifesto* (1848; London: Penguin Classics, 2010).

Mason, R., 'G4S fined 100 times since 2010 for breaching prison contracts', the *Guardian*, 15 April 2016: https://www.theguardian.com/society/2016/apr/15/g4s-fined-100-times-since-2010-prison-contracts Mazzoleni, R. and Nelson, R., 'The benefit and costs of strong patent protection: A contribution to the current debate', *Research Policy*, 27 (1998), pp. 273-84.

Mazzucato, M., *The Entrepreneurial State: Debunking Public vs. Private Sector Myths* (London: Anthem Press, 2013).

Mazzucato, M., 'From market-fixing to market-creating: A new framework for

Lavoie, M., *Introduction to Post-Keynesian Economics* (Basingstoke: Palgrave Macmillan, 2009).

Lazonick, W., *Sustainable Prosperity in the New Economy? Business Organization and High-Tech Employment in the United States* (Kalamazoo, MI: W. E. Upjohn Institute for Employment Research, 2009): https://doi.org/10.17848/9781441639851

Lazonick, W., 'Profits without prosperity', *Harvard Business Review*, September 2014.

Lazonick, W., 'Innovative enterprise or sweatshop economics? In search of foundations of economic analysis', ISIGrowth Working Paper no. 17 (2016).

Lazonick, W. and Tulum, Ö., 'US biopharmaceutical finance and the sustainability of the biotech business model', *Research Policy*, 40(9) (2011), pp. 1170-87.

Lazonick, W. and Mazzucato, M., 'The risk-reward nexus in the innovation-inequality relationship: Who takes the risks? Who gets the rewards?', *Industrial and Corporate Change*, 22(4) (2013), pp. 1093-128: https://doi.org/10.1093/icc/dtt019Lazonick, W., Mazzucato, M. and Tulum, O., 'Apple's changing business model: What should the world's richest company do with its profits?', *Accounting Forum*, 37 (2013), pp. 249-67.

Leigh, D. and Blanchard, O. J., 'Growth forecast errors and fiscal multipliers', Working Paper no. 13/1 (Washington, DC: International Monetary Fund, 2013).

Leigh, D., Devries, P., Freedman, C., Guajardo, J., Laxton, D. and Pescatori, A., 'Will it hurt?Macroeconomic effects of fiscal consolidation', IMF *World Economic Outlook* (2010), pp. 93-124.

Lemley, M. A., 'Software patents and the return of functional claiming', *Wisconsin Law Review*, 2013(4), pp. 905-64.

Lemley, M. A. and Shapiro, C., 'Probabilistic patents', *Journal of Economic Perspectives*, 19(2) (2005), pp. 75-98: DOI: 10.1257/0895330054048650.

Lequiller, F. and Blades, D., 'The general government account', in

1407-22.

Keynes, J. M., *The End of Laissez Faire* (London: Hogarth Press, 1926).

Keynes, J. M., *The General Theory of Employment, Interest and Money* (London: Macmillan, 1936).

Keynes, J. M., *How to Pay for the War* (New York: Harcourt, 1940).

Keynes, J. M., 'Proposals for an International Clearing Union', in *The Collected Writings of John Maynard Keynes*, ed. Moggridge, D., vol. 25: *Activities 1940-1944. Shaping the Post-War World. The Clearing Union* (Cambridge: University Press, 1943).

Kirkwood, G. and Pollock, A. M., 'Patient choice and private provision decreased public provision and increased inequalities in Scotland: A case study of elective hip arthroplasty', *Journal of Public Health*, 39(3) (2017), pp. 593-60.

Kliff, S., 'Meet Serco, the private firm getting $1.2 billion to process your Obamacare application', *Washington Post*, 16 July 2013: https://www.washingtonpost.com/news/wonk/wp/2013/07/16/meet-serco-the-private-firm-getting-1-2-billion-to-process-your-obamacare-application/?utm_term=.33eeeadf4a01

Kokalitcheva, K., 'Uber now has 40 million monthly riders worldwide', *Fortune*, 20 October 2016: http://fortune.com/2016/10/20/uber-app-riders/

Krueger, A. O., 'The political economy of the rent-seeking society', *American Economic Review*, 64(3) (1974), pp. 291-303.

Kuznets, S., *National Income: A Summary of Findings* (New York: National Bureau of Economic Research, 1946).

LaMattina, J., 'Politicians shouldn't question drug costs but rather their value.

Lessons from Soliris and Sovaldi', *Forbes*, 4 August 2014: https://www.forbes.com/sites/johnlamattina/2014/08/04/politicians-shouldnt-question-drug-costs-but-rather-their-value-lessons-from-soliris-and-sovaldi/#5d9664502675

La Roche, J. and Crowe, P., 'The richest hedge fund managers in the world', *Business Insider*, 2 March 2016.

Jacobs, M. and Mazzucato, M. (eds), *Rethinking Capitalism: Economics and Policy for Sustainable and Inclusive Growth* (Chichester: Wiley-Blackwell, 2016).

Jensen, M. J. and Meckling, W. H., 'Theory of the firm: Managerial behavior, agency costs and ownership structure', *Journal of Financial Economics*, 3(4) (1976), pp. 305-60.

Jevons, W. S., *The Theory of Political Economy*, 2nd edn, ed. Collison Black, R. D. (Harmondsworth: Penguin, 1970).

Jorgenson, D. W., 'A new architecture for the U.S. national accounts', *Review of Income and Wealth*, 55(1) (2009), pp. 1-42.

J. P. Morgan, 'Bridging the gap between interest rates and investments', JPM Corporate Finance Advisory, September 2014.

Kantarjian, H. and Rajkumar, S. V., 'Why are cancer drugs so expensive in the United States, and what are the solutions?', *Mayo Clinic Proceedings*, April 2015.

Kasperkevic, J., 'America's top CEOs pocket 340 times more than average workers', the *Guardian*, 17 May 2016: https://www.theguardian.com/us-news/2016/may/17/ceo-pay-ratio-average-worker-afl-cio

Keller, M. R. and Block, F., 'Explaining the transformation in the US innovation system: The impact of a small government program', *Socio-Economic Review*, 11(4) (2013), pp. 629-56: https://doi.org/10.1093/ser/mws021

Kelly, K., 'The new socialism: Global collectivist society is coming online', *Wired* magazine, 17 June 2009.

Kendrick, J., 'The historical development of national-income accounts', *History of Political Economy*, 2(2) (1970), pp. 284-315.

Kennedy, J. F., 'Moon speech', Rice Stadium, 12 September 1962: https://er.jsc.nasa.gov/seh/ricetalk.htm

Kennedy, J. F., 'Address before the Irish Parliament in Dublin', 28 June 1963: https://www.jfklibrary.org/Asset-Viewer/lPAi7jx2s0i7kePPdJnUXA.aspx

Kenney, M. and Patton, D., 'Reconsidering the Bayh-Dole Act and the current university invention ownership model', *Research Policy*, 38(9) (2009), pp.

economic growth? A critique of Reinhart and Rogoff', *Cambridge Journal of Economics*, 38(2) (2014), pp. 257-79: http://doi.org/10.1093/cje/bet075

Hill, A., Khoo, S., Fortunak J., Simmons, B. and Ford, N., 'Minimum costs for producing Hepatitis C direct-Acting antivirals for use in large-scale treatment access programs in developing countries', *Clinical Infectious Diseases*, 58(7) (2014), pp. 928-36:https://doi.org/10.1093/cid/ciu012

Hill, C., *The Century of Revolution 1603-1714* (London: Nelson, 1980).

Hill, J. M., 'Alpha as a net zero-sum game: How serious a constraint?', *Journal of Portfolio Management*, 32(4) (2006), pp. 24-32:https://doi.org/10.3905/jpm.2006.644189

Hill, P., 'The services of financial intermediaries, or FISIM revisited', paper presented to the Joint UNECE/Eurostat/OECD Meeting on National Accounts, Geneva, 30 April-3 May 1996: http://www.oecd.org/dataoecd/13/62/27900661.pdf.

Hilner, B. E. and Smith, T. J., 'Efficacy does not necessarily translate to cost effectiveness: A case study in the challenges associated with 21st-century cancer drug prices', *Journal of Clinical Oncology*, 27(13) (2009).

Hooper, R., 'Saving the Royal Mail's universal postal service in the digital age: An update of the 2008 *Independent Review of the UK Postal Services Sector*, September 2010: https://www.gov.uk/government/uploads/system/uploads/attachment_data/file/31808/10-1143-saving-royal-mail-universal-postal-service.pdf

Houlder, V., Beesley, A. and Barker, A., 'Apple's EU tax dispute explained', *Financial Times*, 30 August 2016: https://www.ft.com/content/3e0172a0-6e1b-11e6-9ac1-1055824ca907

Hutton, D., Smith, I. R. and Hooper, R., *Modernise or Decline: Policies to Maintain the Universal Postal Service in the United Kingdom, Independent Review of the UK Postal Services Sector* : https://www.gov.uk/government/uploads/system/uploads/attachment_data/file/228786/7529.pdf

'Fiscal policy as a countercyclical tool', *World Economic Outlook*, ch. 5 (Washington, DC: International Monetary Fund, October 2008).

(2009): http://www.oecd.org/officialdocuments/publicdisplaydocumentpdf/?doclanguage=en&cote=eco/wkp(2009)9

Gaus, G. F., *Value and Justification: The Foundations of Liberal Theory* (New York: Cambridge University Press, 1990).

Gertner, J., *The Idea Factory: Bell Labs and the Great Age of American Innovation* (London and New York: Penguin, 2013).

Gimein, M., Dash, E., Munoz, L. and Sung, J., 'You bought. They SOLD', *Fortune*, 146(4) (2002), pp. 64-8, 72, 74.

Glyn, A., *Capitalism Unleashed: Finance, Globalization and Welfare* (Oxford: University Press, 2006).

Gompers, P. A. and Lerner, J., *The Venture Capital Cycle* (Cambridge, MA:MIT Press, 2002).

Goodhart, C. A. E., 'Competition and credit control', Financial Markets

Group, London School of Economics, Special Paper no. 229 (2014).

Greenspan, A. and Kennedy, J., *Estimates of Home Mortgage Originations, Repayments, and Debt on One-to-Four-Family Residences*, Finance and Economic Discussion Series 2005-41 (Washington, DC: Board of Governors of the Federal Reserve System, 2005).

Haber, S. and Werfel, S. H., 'Patent trolls as financial intermediaries? Experimental evidence', *Economics Letters*, 149 (2016), pp. 64-6:http://dx.doi.org/10.2139/ssrn.2552734

Hadas, E., 'Seeing straight: Why buybacks should be banned', *Breakingviews*, 14 December 2014: https://www.breakingviews.com/features/why-buybacks-should-be-banned/

Haywood, W. D., *Bill Haywood's Book: The Autobiography of Big Bill Haywood* (New York: International Publishers, 1929).

Henderson, N. and Schrage, M., 'The roots of biotechnology: Government R&D spawns a new industry', *Washington Post*, 16 December 1984: https://www.washingtonpost.com/archive/politics/1984/12/16/government-r38/cb580e3d-4ce2-4950-bf12-a717b4d3ca36/?utm_term=.27fd51946872

Herndon, T., Ash, M. and Pollin, R., 'Does high public debt consistently stifle

Falck, O., Gollier, C. and Woessmann, L., 'Arguments for and against policies to promote national champions', in Falck, O., Gollier, C. and Woessmann, L. (eds), *Industrial Policy for National Champions* (Cambridge, MA: MIT Press, 2011), pp. 3-9.

Fama, E., 'Efficient capital markets: A review of theory and empirical work', *Journal of Finance*, 25(2) (1970).

Farrell, G., 'Blankfein defends pay levels for "more productive" Goldman staff', *Financial Times*, 11 November 2009: http://www.ft.com/intl/cms/s/0/c99bf08e-ce62-11de-a1ea-00144feabdc0.html

Farrell, M., 'The Internet of things-Who wins, who loses?', the *Guardian*,14 August 2015.

Fioramonti, L., *Gross Domestic Problem* (London: Zed Books, 2013).

Foley, D. K., *Adam's Fallacy: A Guide to Economic Theology* (Cambridge, MA: Belknap Press, 2006).

Foley, D. K., 'Rethinking financial capitalism and the "information" economy', *Review of Radical Political Economics*, 45(3) (2013), pp. 257-68: http://doi.org/10.1177/0486613413487154Forero-Pineda, C., 'The Impact of stronger intellectual property rights on science and technology in developing countries', *Research Policy*, 36(6) (2006), pp. 808-24.

Foroohar, R., *Makers and Takers* (New York: Crown, 2016).

Fortado, L., 'Hedge funds fees take a trim', *Financial Times*, 22 December 2016: https://www.ft.com/content/ab1ce98e-c5da-11e6-9043-7e34c07b46ef

Freeman, R. E., Harrison, J. S., Wicks, A. C., Parmar, B. L. and de Colle, S., *Stakeholder Theory: The State of the Art* (Cambridge: University Press, 2010).

Friedman, B. M., 'Crowding out or crowding in? Economic consequences of financing government deficits', *Brookings Papers on Economic Activity*, 3 (1979), pp. 593-654.

Friedman, M., *Capitalism and Freedom* (Chicago, Ill.: University Press, 1962).

Furceri, D. and Mourougane, A., 'Financial crises: Past lessons and policy implications', OECD Economics Department Working Papers no. 668

American Economic Association (May 1985), pp. 332-7.

Davidoff, S., 'Why I.P.O.s get underpriced', Dealbook, *New York Times*, 27 May 2011.

Davies, R., 'Uber suffers legal setbacks in France and Germany', the *Guardian*, 9 June 2016: https://www.theguardian.com/technology/2016/jun/09/uber-suffers-legal-setbacks-in-france-and-germany

Dezember, R., 'KKR to earn big payout from Walgreen-Alliance Boots deal', *Wall Street Journal*, 1 January 2015.

Dosi, G., 'Sources, procedures, and microeconomic effects of innovation', *Journal of Economic Literature*, 26 (1988), pp. 1120-71.

DiIulio, J., *Bring Back the Bureaucrats: Why More Federal Workers Will Lead to Better (and Smaller!) Government* (West Conshohocken, PA: Templeton Press, 2014).

The *Economist*, 'The third industrial revolution', 21 April 2012: http://www.economist.com/node/21553017

The *Economist*, 'Time to fix the patents', 8 August 2015: http://www.economist.com/news/leaders/21660522-ideas-fuel-economy-todays-patent-systems-are-rotten-way-rewarding-them-time-fix

Eichengreen, B., *The European Economy since 1945: Coordinated Capitalism and Beyond* (Princeton, NJ: University Press, 2008).

Ellis, K., Michaely, R. and O'Hara, M., 'When the underwriter is the market maker: An examination of trading in the IPO aftermarket', *Journal of Finance*, 55(3) (1999), pp. 1039-74.

Elson, D., *Macroeconomics and Macroeconomic Policy from a Gender Perspective*, Public Hearing of Study Commission on Globalization of the World Economy-Challenges and Responses, Deutscher Bundestag, Berlin, 18 February 2002.

Epstein, G. A., *Financialization and the World Economy* (Cheltenham and Northampton, MA: Edward Elgar Publishing, 2005).

Evans, P., *Embedded Autonomy: States and Industrial Transformation* (Princeton, NJ: University Press, 1995).

(2011), pp. 112-40.

Christophers, B., *Banking Across Boundaries* (Chichester: Wiley-Blackwell, 2013).

Churchill, W., 'WSC to Sir Otto Niemeyer, 22 February 1925', Churchill College, Cambridge, CHAR 18/12A-B.

Clark, J. B., *The Distribution of Wealth: A Theory of Wages, Interest and Profits* (New York: Macmillan, 1899).

Cohen, L., Coval, J. and Malloy, C., 'Do powerful politicians cause corporate downsizing?', *Journal of Political Economy*, 119(6) (2011), pp. 1015-60: https://doi.org/10.1086/664820

Cohen, W. M., Goto, A., Nagata, A., Nelson, R. R. and Walsh, J. P., 'R&D spillovers, patents and the incentives to innovate in Japan and the United States', *Research Policy*, 31(8-9) (2002), pp. 1349-67:http://doi.org/10.1016/S0048-7333(02) 00068-9

Cournede, B. and Denk, O., 'Finance and economic growth in OECD and G20 countries', OECD Economics Department Working Paper no. 1223 (2015).

Coyle, D., *GDP: A Brief but Affectionate History* (Princeton, NJ: University Press, 2014).

Crane, E., *Ownership of UK Quoted Shares: 2014* (London: Office for National Statistics, 2015): https://www.ons.gov.uk/economy/investmentspensionsandtrusts/bulletins/ownershipofukquotedshares/2015-09-02

Crouch, C., 'Privatised Keynesianism: An unacknowledged policy regime', *British Journal of Politics and International Relations*, 11(3) (2009), pp. 382-99.

Crouch, C., *The Knowledge Corrupters: Hidden Consequences of the Financial Takeover of Public Life* (Cambridge: Polity Press, 2016).

Dahl, R., *Charlie and the Chocolate Factory* (New York: Knopf, 1964).

David, P., 'Clio and the economics of QWERTY', *American Economic Review, 75(2), Papers and Proceedings of the Ninety-Seventh Annual Meeting of the*

capital buffers: The role of credit aggregates', BIS Working Paper no. 355 (November 2011).

Boss, H. H., *Theories of Surplus and Transfer: Parasites and Producers in Economic Thought* (Boston, MA: Unwin Hyman, 1990).The Boston Consulting Group, Doubling Down on Data, Global Asset Management (2016): http://www.agefi.fr/sites/agefi.fr/files/fichiers/2016/07/bcg-doubling-down-on-data-july-2016_tcm80-2113701.pdf

Bozeman, B., *Public Values and Public Interest: Counterbalancing Economic Individualism* (Washington, DC: Georgetown University Press, 2007).

Brown, G., '2007 Financial Statement at the House of Commons': http://www.publications.parliament.uk/pa/cm200607/cmhansrd/cm070321/debtext/70321-0004.htm

Buchanan, J. M., 'Public Choice: The origins and development of a research program', *Champions of Freedom*, 31 (2003), pp. 13-32.

Buffett, W. E., 'Stop coddling the super-rich', *New York Times*, 14 August 2011: http://www.nytimes.com/2011/08/15/opinion/stop-coddling-the-super-rich.html?_r=2&hp

Buiter, W., 'Housing wealth isn't wealth', National Bureau of Economic Research Working Paper no. 14204, July 2008.

Burns, D., Cowie, L., Earles, J., Folkman, P., Froud, J., Hyde, P., Johal, S., Rees Jones, I., Killett, A. and Williams, K., *Where Does the Money Go? Financialised Chains and the Crisis in Residential Care*, CRESC Public Interest Report, March 2015. *Business Week*, ' Blue-ribbon venture capital', 29 October 1960.

Butler, S., 'How Philip Green's family made millions as value of BHS plummeted', the *Guardian*, 25 April 2016: https://www.theguardian.com/business/2016/apr/25/bhs-philip-green-family-millions-administration-arcadia

Chien, C. V., 'Startups and patent trolls', *Stanford Technology Law Review*, 17 (2014), pp. 461-506.

Christophers, B., 'Making finance productive', *Economy and Society*, 40(1)

Baumol, W. J., 'Contestable markets: An uprising in the theory of industry structure', *American Economic Review*, 72(1) (1982).
Baumol, W. J., 'Entrepreneurship: Productive, unproductive, and destructive', *Journal of Political Economy*, 98(5) (1990), pp. 893-921.
Baumol, W. J., *Entrepreneurship, Management and the Nature of Payoffs* (Cambridge, MA: MIT Press, 1993).
Bayliss, K., *Case Study: The Financialisation of Water in England and Wales*, FESSUD (Financialisation, Economy, Society and Sustainable Development) Working Paper series no. 52 (2014).
BEA, *Measuring the Economy: A Primer on GDP and the National Income and Product Accounts* (Washington, DC: Bureau of Economic Analysis, US Department of Commerce, 2014): http://www.bea.gov/national/pdf/nipa_primer.pdf
Beesley, A. and Barker, A., 'Apple tax deal: How it worked and what the EU ruling means', *Financial Times*, 30 August 2016: https://www.ft.com/content/cc58c190-6ec3-11e6-a0c9-1365ce54b926
Bentham, J., *A Fragment on Government* (London: 1776).
Bergh, A. and Henrekson, M., 'Government size and growth: A survey and interpretation of the evidence', *Journal of Economic Surveys*, 25(5) (2011), pp. 872-97: http://doi.org/10.1111/j. 1467-6419.2011.00697.x
Bernanke, B. S., 'The Great Moderation', remarks at the meetings of the Eastern Economic Association, Washington, DC, 20 February 2004.
Bessen, J. and Meurer, M. J., *The Patent Litigation Explosion*, 45 Loy. U. Chi. L. J. 401 (2013): http://lawecommons.luc.edu/luclj/vol45/iss2/5
Bessen, J. and Meurer, M. J., 'The direct costs from NPE disputes', *Cornell Law Review*, 99(2) (2015).
Bogle, J. C., *The Clash of the Cultures: Investment vs. Speculation* (Hoboken, NJ: John Wiley and Sons, 2012).
Bogle, J. C., 'The arithmetic of " all-in" investment expenses', *Financial Analysts Journal*, 70(1) (2014).
Borio, C., Drehmann, M. and Tsatsaronis, K., 'Anchoring countercyclical

參考資料

Aghion, P., Van Reenen, J. and Zingales, L., 'Innovation and institutional ownership', *American Economic Review*, 103(1) (2013), pp. 277-304.

Alperovitz, G. and Daly, L., 'Who is really "deserving"? Inequality and the ethics of social inheritance', *Dissent*, Fall 2009, p. 90.

Arrow, K., *Social Choice and Individual Values* (New Haven: Cowles Foundation, 1951).

Atkinson, T., *Atkinson Review: Final Report. Measurement of Government Output and Productivity for the National Accounts* (Basingstoke and New York: Palgrave Macmillan, 2005).

Barba, A. and Pivetti, M., 'Rising household debt: Its causes and macroeconomic implications-A long-period analysis', *Cambridge Journal of Economics*, 33(1) (2009), pp. 113-37.

Barba, A. and de Vivo, G., 'An "unproductive labour" view of finance', *Cambridge Journal of Economics*, 36(6) (2012): http://doi.org/10.1093/cje/ber022

Barrett, P. and Langreth, R., 'Pharma execs don't know why anyone is upset by a $94,500 miracle cure', *Bloomberg Businessweek*, 3 June 2015: https://www.bloomberg.com/news/articles/2015-06-03/specialty-drug-costs-gilead-s-hepatitis-c-cures-spur-backlash

Barro, R. J. and Redlick, C. J., 'Macroeconomic effects from government purchases and taxes', *Quarterly Journal of Economics*, 126(1) (2011), pp. 51-102: https://doi/org:10.1093/qje/qjq002

Barton, D. and Wiseman, M., 'Focusing capital on the long term', *Harvard Business Review*, January-February 2014.

NEXT 283

萬物的價值

經濟體系的革命時代，重新定義市場、價值、生產者與獲利者

The Value of Everything: Making and Taking in the Global Economy

作者	瑪里亞娜・馬祖卡托（Mariana Mazzucato）
譯者	鄭煥昇
責任編輯	鄭莛
特約編輯	鄭又瑜
責任企劃	林進韋
封面設計	謝捲子
內頁排版	張靜怡
總編輯	胡金倫
董事長	趙政岷
出版者	時報文化出版企業股份有限公司 108019 臺北市和平西路三段 240 號 7 樓 發行專線｜02-2306-6842 讀者服務專線｜0800-231-705｜02-2304-7103 讀者服務傳真｜02-2302-7844 郵撥｜1934-4724 時報文化出版公司 信箱｜10899 台北華江橋郵局第 99 信箱
時報悅讀網	www.readingtimes.com.tw
電子郵件信箱	ctliving@readingtimes.com.tw
人文科學線臉書	http://www.facebook.com/jinbunkagaku
法律顧問	理律法律事務所｜陳長文律師、李念祖律師
印刷	紘億印刷有限公司
初版一刷	2020 年 12 月 25 日
定價	新臺幣 580 元

ISBN 978-957-13-8448-1｜Printed in Taiwan

萬物的價值：經濟體系的革命時代，重新定義市場、價值、生產者與獲利者／
瑪里亞娜・馬祖卡托（Mariana Mazzucato）著；鄭煥昇譯.
-- 初版. -- 臺北市：時報文化, 2020.12｜488 面；14.8×21 公分.
譯自：The Value of Everything: Making And Taking In The Global Economy
ISBN 978-957-13-8448-1（平裝）｜1. 經濟學 2. 資本主義｜550｜109017521

時報文化出版公司成立於一九七五年，並於一九九九年股票上櫃公開發行，於二〇〇八年脫離中時集團非屬旺中，以「尊重智慧與創意的文化事業」為信念。